Gonglu Gongcheng Yanghu Jishu

公路工程养护技术

张风亭　武春山　主编
刘治新　丁雪松　主审

人民交通出版社股份有限公司
China Communications Press Co.,Ltd.

内 容 提 要

本书分析了影响公路使用的因素,介绍了公路病害类型、等级、检测方法及相应的养护对策;详细阐述了现代养护技术,包括养护施工程序、施工要点、注意事项、养护标准等;简要介绍了公路工程养护发展方向。本教材结合工程实例,通过图片、动画、视频等多媒体手段把公路养护施工现场搬到了课堂,实现与工程"零距离"贴近,用以提高学生的学习效率。书中介绍了我国公路养护暂行管理模式供同行参考。

本书可作为公路养护管理与从业人员自学、培训用书,也可作为职业院校公路工程养护专业中、高级工和技师教材使用。

图书在版编目(CIP)数据

公路工程养护技术 / 张风亭, 武春山主编. — 北京:
人民交通出版社股份有限公司, 2017.1
ISBN 978-7-114-13642-9

Ⅰ.①公… Ⅱ.①张…②武… Ⅲ.①公路养护—技术 Ⅳ.①U418

中国版本图书馆 CIP 数据核字(2017)第 004347 号

书　　名:公路工程养护技术
著 作 者:张风亭　武春山
责任编辑:刘永芬
出版发行:人民交通出版社股份有限公司
地　　址:(100011)北京市朝阳区安定门外外馆斜街 3 号
网　　址:http://www.ccpress.com.cn
销售电话:(010)59757973
总 经 销:人民交通出版社股份有限公司发行部
经　　销:各地新华书店
印　　刷:北京鑫正大印刷有限公司
开　　本:787×1092　1/16
印　　张:16.5
字　　数:383 千
版　　次:2017 年 1 月　第 1 版
印　　次:2017 年 1 月　第 1 次印刷
书　　号:ISBN 978-7-114-13642-9
印　　数:0001—3000 册
定　　价:45.00 元(含课件)
(有印刷、装订质量问题的图书由本公司负责调换)

《公路工程养护技术》编写人员名单

主　　编：张风亭　武春山

主　　审：刘治新　丁雪松

参编人员：杨庆振　高培山　王志君　张桂霞
　　　　　刘克军　牟志杰　刘文止　张德成
　　　　　徐云鹏

课件制作：李方敏　董　瑞　李　皓　马涵辰

前　言

我国公路交通行业发展迅猛史无前例，至2015年底全国公路通车总里程达457.7万公里，已建成高速公路12.35万公里，农村公路398.06万公里；桥梁77.92万座(4592.77万米)。社会经济的快速发展，人民生活水平的提高，人们对出行的要求也随之提高，安全、舒适、快捷、美观成为人们出行的基本要求。因此，必须对现有公路进行养护，确保路面强度、刚度、平整度、稳定性、耐久性、抗滑性能、抗渗性能等指标满足要求，提高公路的使用品质。我国面临公路养护的高峰期，任务急剧增加，公路运营安全越来越受到重视，为避免和减少公路病害和灾害性事故发生，需要对现有公路养护技术进行总结和创新，为公路的管理者、建设者、养护者提供参考依据。为使广大公路养护人员更快、更好地掌握现代公路工程养护技术，提高公路养护管理水平，培养更多公路养护技能型人才，特编写本书并有配套课件。本书既可用于在校学生的教学，也可用于养护职工培训，还适用于养护管理和施工人员自学。使用者能提高学习效率，激发学习兴趣，把养护施工现场与理论学习紧密结合起来。

本书涵盖公路养护基础知识、路基养护技术、路面养护技术、桥涵养护技术、公路沿线设施养护技术、公路养护管理等内容，重点介绍现有养护技术的应用和养护技术要求，并配有多媒体课件，通过文字、声音、图片、动画、视频等来展现养护施工现场，实现与实际工程“零距离”的接近。

本书由山东公路技师学院张风亭、武春山、杨庆振、高培山、王志君、张桂霞编写，配套课件由山东公路技师学院李方敏、董瑞、李皓、马涵辰制作，山东公路技师学院刘治新、丁雪松审核。在编写和资料采集过程中，得到了山东省烟台市公路勘察设计院刘克军、烟台市市政养护管理处牟志杰、国道205高速公路滨州管理处刘文正、山东日照市公路管理局张德成、山东菏泽通达交通工程监理有限公司徐运鹏等同志的大力协助，在此深表感谢。

本书及配套课件的编辑、出版、发行得到了人民交通出版社和山东泰易岩土工程有限公司的大力支持，在此致以衷心感谢！

由于编写时间仓促且水平有限，错误之处在所难免，欢迎使用者批评指正，提出宝贵意见，以便进一步修改完善。

编　者

2016年10月

目　　录

单元一　公路养护基础知识

公路是国家经济发展和现代化建设的重要基础设施，是为汽车运输服务的线形工程结构物。公路竣工进入运营期后，会受到行车荷载的反复作用和自然因素的影响，特别是交通量和超重轴载的不断增加，以及部分筑路材料的性质衰变，再加上在设计、施工中留下的一些缺陷，致使公路的使用功能逐渐下降，难以适应汽车高速、大吨位和交通量日益增长的需要。因此，公路养护是保证汽车高速、安全、舒适行驶的不可缺少的经常性工作，是提高公路服务质量的重要保证。

课题一　影响公路使用的因素

知识点：

◎ 作用在公路上的车辆荷载类型。

◎ 自然因素对公路的影响。

技能点：

◎ 分析各种作用对公路的影响。

◎ 自然因素对公路作用的后果判断。

汽车运输总的要求是安全、迅速、舒适和经济，它是由驾驶者、车辆和公路三方面共同保证的，而公路作为汽车行驶提供服务的构造物，会受到复杂的车辆荷载的作用及当地诸多自然因素的影响。

一、车辆荷载对公路的影响

作用于公路上的车辆荷载主要有：垂直力、水平力、动压力和真空吸力。

1. 垂直力

(1)垂直力的定义

传递给路面的垂直作用力，其大小主要取决于车辆的类型和轴载。

(2)垂直力对路面的影响

在车辆垂直荷载作用下，路面将产生压缩和弯曲。

①对于柔性路面因其材料的黏弹性质不仅会产生可以恢复的弹性变形，还会产生不可恢复残余变形。在车辆荷载的反复作用下，如果压力不超过一定的限度，不可恢复的变形逐渐减小，而弹性变形增加，使路面密实度得到增加而强化。但当压力超过一定限度时，残余变形就会增加，从而使路面因残余变形的累积而逐渐产生沉落。对于低级路面在雨季潮湿状态下，以及沥青路面在夏季高温时表现尤为明显。对于高级沥青路面，由于渠化交通的作用，可导致车

辙产生。

②对于水泥混凝土路面、沥青路面以及半刚性等整体材料路面，在车辆垂直荷载作用下将产生弯拉变形。当荷载应力超过材料的疲劳强度时，路面将产生疲劳而开裂破坏。重复作用的荷载次数愈多，材料可以承受疲劳作用的强度则愈小，路面就越容易被破坏。

2. 水平力

(1)水平力的定义

汽车在行驶状态时，由于其起动、制动、变速、转向以及克服各种行车阻力而作用于路面上的力，称为水平力。其大小除与车辆的行驶状况和轮胎性质有关外，并与路面的类型及其干湿状况有关。

(2)水平力对路面的影响

在水平力的作用下，路面将产生表面变形而影响其平整度。

①水平力对路面的影响首先表现在对路面的磨损上。路面的磨损是由车辆在行驶过程中车轮产生滑移造成的。强烈的路面磨损发生在车辆的制动路段，如公路的下坡道、小半径平曲线和交叉口之前以及通过居民点和交通稠密的路段上，在曲线上，因车辆侧向滑移而使路面产生磨损。在不平整的公路上，由于车轮轮胎表面通过的距离比车轮中心通过的距离要长，以及因振动在车辆上下起伏时使车轮压力减小，都将引起车轮滑移使路面磨损。路面的磨损除了受行车的作用外，还与大气因素(如雨水冲刷和风蚀)、路面的类型及其材料的性质有关。路面材料愈耐磨，其磨损也愈小。在相同条件下，中、低级路面的磨损量最大，水泥混凝土路面较小，沥青路面则最小。

注意：路面磨损不仅使路面材料受到损失并使厚度减薄，而且由于外露石料表面被磨光，使路面的摩擦系数减小，从而影响行车安全。

②车辆水平力还可使沥青路面表面的粒料产生脱落，并逐渐扩大形成坑槽。在雨天泥泞时，在碎石、砾石路面上，水平力也可使其表面粒料产生拉脱。

③在车辆垂直力与水平力的综合作用下，路面中将产生较大的剪应力。当剪应力超过面层与基层间的抗剪强度或面层材料的抗剪强度时，路面面层将沿基层顶面产生滑移或面层材料产生剪切变形，使路面表面形成壅包或波浪等病害。前者多产生于沥青面层厚度较薄、层间结合不良的路段，后者多产生在面层较厚或厚度虽薄但层间结合良好的以级配原则铺筑的砾石路面或沥青路面上。这类路面的强度除由粒料颗粒间的摩阻力提供外，在很大程度上还取决于结合料的黏结力。由于黏结力易受水温条件变化的影响使材料抗剪强度下降，从而导致路面失稳变形。

3. 动压力

(1)动压力的定义

汽车自身的振动以及因路面不平整引起车辆颠簸产生振动而对路面作用的动压力，其值主要与车速、路面的平整度和车辆的减振性能有关。车速愈高、路面平整度愈差，对路面作用的动压力就愈大。路面上出现的有规律的波浪变形(即搓板)，是与汽车系统重复产生一定频率的振动和冲击有关。

(2)动压力对公路路面的影响

①在汽车的动压力作用下，轮胎对路面的水平推移、磨耗和真空吸力等作用也具有相应的规律性，从而使路面产生有规律的波浪变形而形成搓板。特别是路面的不平整，将使汽车的振

动与冲击作用加剧，水平推移与真空吸力作用也随之增大，从而加速了路面搓板的形成与发展。

②汽车产生冲击、振动的能量，大部分消耗在汽车轮胎和钢板的变形上，部分作用于路面，使路面产生短周期的振动运动，并在路面中产生周期性的快速变向应力。

注意：动力作用对路面的影响与路面的刚度有关，路面的刚性愈强，对路面的破坏性就愈大。由于路面的振动，可能产生对路面强度有危险的应力，使水泥混凝土路面出现裂纹，碎石路面降低其密实度。潮湿的路基土在受到振动后引起湿度的重分布而可能危害路面，并使路基土挤入粒料垫层而影响其功能。沥青路面由于具有较大的吸振能力，因而振动对它的影响较小，实际上它起到了车轮冲击、振动的减振器作用。

4. 真空吸力

(1)真空吸力的定义

真空吸力是在车轮后方与路面之间由于形成暂时的真空而对路面产生的吸力。

(2)真空吸力对公路路面的影响

①真空吸力主要对材料黏结力差的路面起作用，导致路面骨料松动，路面结构逐步发生破坏。

②有尘土或不洁净的路面将产生扬尘，污染环境。

二、自然因素对公路的影响

自然因素对公路的影响主要表现在温度、湿度两个方面，同时空气、阳光对沥青路面技术性质的变化也有重要影响。

1. 水对公路的影响

(1)水对路基路面的破坏机理

水对路基路面破坏主要来自大气的降水和蒸发、地面水的渗透以及地下水对路基路面的影响。当路基内出现温度差异时，在温差作用下水还会以液态或气态的方式从热处向冷处移动和积聚，从而改变路基的湿度状态。

公路路基和路面的物理力学性质将随其水温状况而改变。水浸湿路基可使其强度和稳定性下降，使路基失稳，引起坍方、滑坡等病害。

(2)水对公路路基路面的影响

①对于土基承受荷载较大的柔性路面，常因承载能力的不足，在车轮荷载作用下使路面产生沉陷，有时在沉陷两侧还伴有隆起现象。严重时，在沉陷底部及两侧受拉区产生开裂形成纵裂，并逐渐发展成网裂。

②对于水泥混凝土路面，则可因土基出现较大的变形，特别是不均匀的变形使混凝土板产生过大的荷载应力而导致断裂。

③在北方冰冻地区，在地下水位较高的情况下，冬季将使路基产生不均匀冻胀，路面被抬高，从而出现冻胀裂缝，严重时拱起可达几十厘米；在春融季节则产生翻浆，在行车作用下路面发软、出现裂缝和冒泥浆现象导致路面结构遭致全部破坏，使交通中断。

④在非冰冻地区，中、低级粒料路面在雨季潮湿季节，强度和稳定性最低，路面容易遭致破坏，而在干燥季节，路面尘土飞扬，磨耗严重，影响行车视线并污染周围环境。

⑤沥青路面虽然可以防止雨水下渗，但它同时阻止了路基中水分的蒸发，在昼夜温差作用

下，路基中的水分以气态水的形式凝聚于基层上部，改变了基层原来的湿度状况，当基层采用水稳性不良的材料时，可导致路面的早期损坏。

⑥沥青路面在浸水情况下，其体积会膨胀，并削弱沥青与集料之间的黏附性，从而降低沥青混合料的物理力学性能。水对黏附性的影响，主要决定于沥青的性质和集料的岩性，同时与集料的吸水性能也有关。当水中含有易溶盐时，会使沥青产生乳化作用，从而加剧了沥青的溶蚀作用。

⑦水泥混凝土路面的接缝渗入雨水后，使基础软化，在频繁的车辆荷载作用下，路面将出现错台或脱空、唧泥等现象，并导致板边产生横向裂缝，从而造成混凝土板的破坏。

2. 温度对公路的影响

(1)温度对公路影响的机理

暴露于大气中的路面，直接经受着大气温度的影响。路面温度随气温一年四季和昼夜的周期性变化而相应地变化，并沿深度方向产生温度梯度。通常，路面的最高温度和最低温度分别出现于每年的 7 月份和 1 月份。根据观测资料可知，由于路面对太阳辐射热的吸收作用，沥青路面的最高温度可比气温高出 23℃，水泥混凝土路面高出 14℃左右，冬季的最低温度发生在路表，并等于最低气温。

(2)温度对公路的影响

①沥青路面在冬季低温时，强度虽然很高，但变形能力则因刚性增大而显著下降。当气温下降，路面收缩而受基层约束产生的累积温度应力超过沥青混合料的抗拉强度时，将使路面产生一定间距的横向裂缝。水分浸入裂缝后，基层和土基承载力下降，使裂缝边角产生折断碎裂。影响低温缩裂的主要因素一是沥青混合料的性质，包括沥青的性质和用量、集料的级配；二是当地的气候条件，包括降温速率、延续时间、最低气温和每次降温的间隔时间等。此外，路面的老化程度、结构条件与路基土类也有一定的影响。

②采用无机结合料的半刚性基层可因其干缩和温缩产生的裂缝而引起沥青面层出现反射裂缝。路面的反射裂缝除与半刚性基层材料的收缩性能有关外，还与面层的厚度和采用的沥青性质有关。通常，采用水泥或石灰粉煤灰稳定的材料比采用石灰的收缩性要小；稳定粒料、粒料土比细粒土的收缩性小。同时，含水率、密实度和稳定剂用量对收缩也有较大影响。

③温度的变化同样要引起水泥混凝土路面板的胀缩变形。当变形受阻时，使板内产生胀缩应力和翘曲应力。由于水泥混凝土是一种拉伸能力很小的脆性材料，为了减小温度应力以避免板的自然开裂，所以需把板体划成一定尺寸的板块并修筑各种接缝。当板块尺寸设置不当或接缝构筑质量不合要求时，可使板产生断裂并引起各种接缝的损坏。

④拌制的水泥混凝土混合料的水分过大或在施工养生期水分散失过快时，也可引起混凝土板的过大收缩和翘曲，在板的表面产生发状裂纹以至早期出现断板。

注意：阳光、温度、空气等大气因素可以引起沥青路面的老化，使沥青丧失黏塑性，路面变得脆硬、干涩、暗淡而无光泽，抗磨性能降低，在行车荷载作用下相继出现松散、裂缝以至大片龟裂。当地的日照愈强烈，气温愈高，空气愈是干燥和流通，则路面老化速度愈快。

三、其他方面的影响

筑路材料性质的衰变，设计、施工中遗留的某些缺陷等都会影响公路的使用。公路在使用过程中所受的行车和自然因素作用是十分复杂的，它往往是多种因素的综合作用，在这些因素的作用下，公路会产生各种病害和损坏现象。随着时间的推移，公路的技术状况和服务能力将逐渐恶化。为了保持公路的使用性能良好，延长其使用寿命，在寿命周期各个不同阶段必须本着“预防为主，防治结合”的原则，根据损坏的现象，综合分析损坏的原因，制订合理的养护对策，采取适当的工程技术措施，坚持日常养护，及时修复损坏部分，保持公路完好、畅通、整洁、美观，周期性地进行预防性大、中修，逐步改善技术状况，提高公路的使用质量和抗灾能力。

复习思考题

1. 作用于公路上的车辆荷载主要有哪些？
2. 对公路影响的自然因素有哪些？
3. 温度对公路影响机理是什么？

课题二　公路养护的任务及其工程分类

知识点：

◎ 公路养护的定义。

◎ 公路养护的分类。

技能点：

◎ 公路养护的分类。

一、公路养护的基本知识

1. 公路养护的定义

公路养护是交通主管部门或公路管理机构（经营性收费公路为该公路经营企业）为保证公路安全畅通，并使公路处于良好的技术状态，在公路运营期间按照相关的法律法规、地方政府规章、制度、办法和交通主管部门的技术文件、技术规程，对公路、公路用地和公路沿线附属设施开展的保养、维修、水土保持、绿化和管理的各项业务工作。

2. 公路养护与管理的目的

运用先进的技术和科学的管理方法，合理地分配和使用养护资金，通过养护维修使公路在设计使用年限内经常保持完好状态，并有计划地改善公路的技术指标，以提高公路的服务质量，最大限度地发挥公路的运输经济效益。

3. 公路养护的基本任务

（1）保持公路及其设施的完好状态，及时修复损坏部分，保障行车安全、快速、舒适且经济；除不可抗力外，在任何情况下均应保持畅通。

（2）采取正确的技术措施，提高养护工作质量，延长公路的使用年限，以节省资金。

（3）防治结合，治理公路存在的病害和隐患，逐步提高公路的抗灾能力。

（4）对原有技术标准过低的路段和构造物以及沿线设施进行分期改善和增建，以提高公路的通行能力和服务水平。

二、公路养护的指导方针和技术政策

1. 公路养护的指导方针

(1)公路养护工作现阶段的指导方针是“全面规划,加强养护,积极改善,重点发展,科学管理,保证畅通”和“普及与提高相结合,以提高为主”。在整个公路工作中,各级公路管理机构都应把公路的养护和技术改造作为首要任务。

(2)公路养护工作必须贯彻“预防为主,防治结合”的方针,应根据积累的技术经济资料和当地具体情况,通过科学分析,预作防范,消除导致公路损毁的因素,增强设施的耐久性,提高抗御灾害的能力。

2. 公路养护的技术政策

(1)因地制宜、就地取材,尽量选用当地天然材料和工业废渣,充分利用原有工程材料和原有工程设施,以降低养护成本。

(2)应用和推广先进的养护技术和科学的管理方法,改善养护生产手段,提高养护技术水平。

(3)重视综合治理,保护生态平衡、路旁景观和文物古迹,防止环境污染,注意少占农田。

(4)全面贯彻执行桥梁养护管理工作制度,加强桥梁的检查、维修、加固和改善,逐步消灭危桥。

(5)公路养护工程应遵照相关的法律法规、地方政府规章、制度、办法和交通主管部门的技术文件、技术规程,严格操作规程,施工时应注重社会效益,保障公路畅通。

(6)加强以路面养护为中心的全面养护。

(7)大力推广和发展公路养护机械化。

3. 公路养护工程的技术措施

(1)认真开展路况调查,分析公路技术状况,针对病害产生的原因和后果,采取科学、有效、先进、经济的技术措施。

(2)加强养护工程的前期工作以及各种材料试验和施工质量检验与监理,确保工程质量。

(3)推广路面、桥梁管理系统,逐步建立公路数据库,实行病害监控、决策科学化,让有限的资金发挥最大的经济效益。

(4)推广 GBM 工程,实施公路的科学养护与规范化管理,研究、推广先进合理的公路养护作业形式,改变现有公路面貌,提高公路的整体服务水平。

(5)认真搞好公路交通情况调查工作,积极开发、采用自动化观测和计算机处理技术,为公路规划、设计、养护、管理、科研和社会各方面提供全面、准确、连续、可靠的交通情况信息资料。

(6)改革养护生产组织形式,提高养护机械化水平,管好、用好现有的养护机具设备,积极引进、改造、研制新型养护机械,逐步实现养护机械装备的标准化、系列化,以保障养护工程质量,提高养护生产效率,降低劳动强度,改善劳动环境。

(7)加强对交通设施(包括标志、标线、通信、监控等)、收费设施、服务管理设施等的设置、维护、更新工作,保障公路应有的服务水平。

三、公路养护分类

1. 公路养护工程的分类

我国对公路养护的过程按照交通部 2001 年颁布的《公路养护工程管理办法》之规定，分为小修保养、中修、大修和改建工程四类，具体划分原则如下：

(1)小修保养工程

小修保养是对管养范围内的公路及其沿线设施经常进行维护保养和修补其轻微损坏部分的作业。

(2)中修工程

中修工程是对公路及其沿线设施的一般性损坏部分进行定期的修理加固，以恢复公路原有技术状况的工程。

(3)大修工程

大修工程是对公路及其沿线设施的较大损坏进行周期性的综合修理，以全面恢复到原技术标准的工程项目。

(4)改建工程

改建工程是对公路及其沿线设施因不适应现有交通量增长和载重需要而提高技术等级指标，显著提高其通行能力的较大工程项目。

对于当年发生的较大水毁等自然灾害的抢修和修复工程，可另列为专项工程办理。对当年不能修复的项目，则转入下年度的中修、大修或改善工程计划内完成。

具体的公路养护工程分类见表 1-1 所列。

公路养护工程分类 表 1-1

工程项目	小修保养	中修工程	大修工程	改建工程
路基	小修： (1)小段开挖边沟、截水沟或分期铺砌边沟 (2)清除零星坍方，填补路基缺口，处理轻微沉陷翻浆 (3)桥头接线或桥头、涵顶跳车的处理 (4)修理挡土墙、护坡、护坡道、泄水槽、护栏和防冰雪设施等局部损坏 (5)局部加固路肩 保养： (1)整理路肩、边坡，修剪路肩、分隔带草木，清除杂物，保持路容整洁 (2)疏通边沟，保持排水系统畅通 (3)清除挡土墙、边坡、护栏滋生的有碍设施功能发挥的杂草，修理伸缩缝、疏通泄水孔及松动石块 (4)修理路缘带	(1)局部加宽，加高路基，或改善个别急弯、陡坡、视距 (2)全面修理、接长或个别增建挡土墙、护坡、护坡道、泄水槽、护栏及铺砌边沟 (3)清除较大坍方，处理大面积翻浆、沉陷 (4)整段开挖边沟、截水沟或铺砌边沟 (5)过水路面的处理 (6)平交道口的改善 (7)整段加固路肩	(1)在原路技术等级内整段改善线形 (2)拆除、重建或增建较大挡土墙、护坡等防护工程 (3)大塌方的清除及善后处理	整段加宽路基，改善公路线形，提高技术等级

续上表

工程项目	小修保养	中修工程	大修工程	改建工程
路面	小修： (1)局部处理砂石路的翻浆变形、添加稳定料 (2)碎砾石路面修补坑槽、沉降，整段修理磨耗层或扫浆铺砂 (3)桥头、涵顶跳车的处理 (4)沥青路面修补坑槽、沉陷、处理波浪、局部网裂、啃边等病害 (5)水泥混凝土路面板块的局部修理 保养： (1)清除路面泥土、杂物，保持路面整洁 (2)排除路面积水、积雪、积冰、积砂，铺防滑料、灭尘剂或压实积雪维持交通 (3)砂土路刮平、修理车辙 (4)碎砾石路面匀扫面砂，添加面砂，洒水润湿，刮平波浪，修补磨耗层 (5)处理沥青路面的泛油、壅包、裂缝、松散等病害 (6)水泥混凝土路面日常清缝、灌缝及堵塞裂缝 (7)路缘石的修理和刷白	(1)砂土路面处理翻浆，调整横坡 (2)碎砾石路面局部路段加厚、加宽，调整路拱加铺磨耗层，处理严重病害 (3)沥青路面整段封层罩面 (4)沥青路面严重病害的处理 (5)处理水泥混凝土路面严重病害 (6)水泥混凝土路面接缝材料的整段更换 (7)整段安装、更换路缘石 (8)桥头搭板或过渡路面的整修	(1)整段用稳定材料改善土路 (2)整段加宽、加厚或翻修重铺碎砾石路面 (3)翻修或补强重铺，高级、次高级路面 (4)补强、重铺或加宽高级、次高级路面	(1)分段提高公路技术等级，铺筑高级、次高级路面 (2)新铺碎砾石路面 (3)水泥混凝土路面病害处理后，补强或改造为沥青混凝土路面
桥梁、涵洞、隧道	小修： (1)局部修理、更换桥栏杆和修理泄水孔、伸缩缝、支座和桥面的局部轻微损坏 (2)修补墩、台及河床铺底和防护圬工的微小损坏 (3)涵洞进出口铺砌的加固修理 (4)通道的局部维修和疏通修理排水沟 (5)清除隧道洞口碎落岩石和局部修理圬工接缝，处理渗漏水 保养： (1)清除污泥、积雪、积冰、杂物，保持桥面的清洁 (2)疏通涵管，疏导桥下河槽淤泥等 (3)伸缩缝养护，泄水孔疏通，钢支座加润滑油，栏杆油漆 (4)桥涵的日常养护 (5)保持隧道内及洞口清洁	(1)修理、更换木桥的较大损坏构件及防腐 (2)修理更换中小桥支座、伸缩缝及个别构件 (3)大中型钢桥的全面油漆除锈和各部件的检修 (4)永久性桥墩、台侧墙及桥面的修理和小型桥面的加宽 (5)重建、增建、接长涵洞 (6)桥梁河床铺底或调治构造物的修复和加固 (7)隧道工程局部防护和加固 (8)通道的修理与加固 (9)排水设施的更新 (10)各类排水泵站的修理	(1)在原技术等级内加宽、加高、加固大中型桥梁 (2)改建、增建小型桥梁和技术性简单的中桥 (3)增改建较大的河床铺底和永久性调治构造物 (4)吊桥、斜拉桥的修理与个别索的调整更换 (5)大桥桥面铺装的更换 (6)大桥支座、伸缩缝的修理更换 (7)通道改建 (8)隧道的通风和照明排水设施的大修或更新 (9)隧道的较大防护、加固工程	(1)提高公路技术等级，回转、加宽、加高大中型桥梁 (2)改建、增建小型立体交叉桥和10km以内整段改善的大中桥 (3)增建公路通道 (4)新建渡口的公路接线、码头引线 (5)新建短隧道工程

续上表

工程项目	小 修 保 养	中 修 工 程	大 修 工 程	改 建 工 程
沿线设施	小修： (1)护栏、隔离栅、轮廓标、标志牌、里程碑、百米桩、防雪栏栅等修理、油漆或部分添置更换 (2)路面标线的局部补画 保养： 标志牌、里程碑、百米桩、界牌、轮廓标等理置、维护或定期清洗	(1)全线新设或更换永久性标志牌、里程碑、百米桩、轮廓标、界牌等 (2)护栏、隔离栅、防雪栏栅的全面修理更换 (3)整段路面标线的划线 (4)通信、监控设施的维修	(1)护栏、隔离栅、防雪栏栅的增设 (2)通信、监控设施的更新	(1)整段增设防护栏、隔离栅等 (2)整段增设通信、监控设施
渡口、码头、浮桥	(1)上船段块石路面修补、勾缝,混凝土路面面层修补、防护工程和栏杆等局部维修 (2)板桩前沿抛石 (3)防浪堤堤头正常抛石 (4)防浪堤局部整坡、勾缝 (5)停泊区正常维修保养 (6)待渡区路段的一般维护保养 (7)靠船设施除锈、油漆防护 (8)码头区照明设备少量更换灯具、保险、开关等 (9)浮桥的日常养护	(1)修理翼墙、板桩、上船段道路水下部分局部严重破坏、位移、严重裂缝、坍塌 (2)防浪堤大面积坍塌修理 (3)停泊区局部严重坍塌修理 (4)待渡区路段局部维修 (5)靠船设施修理、更换个别零部件 (6)码头照明设备部分检修,更换部分设施	(1)修理码头的水下部分、上船段翼墙、板桩坍塌破坏 (2)防浪堤冲毁修复 (3)停泊区大面积坍塌修理 (4)待渡区路段加铺翻修 (5)靠船设施更换总成件 (6)码头照明设备全面改造	增加一个泊位(包括公路接线、引道)的工程
道(渡)班房	小修： (1)房屋、围墙小损坏的修理 (2)墙壁、地板、门窗等的粉刷、油漆 (3)屋面的部分修理或临时房屋的翻修 保养： 清除下水道、自来水管道堵塞,保持室内整洁	道(渡)班房的翻建、增建,可列入大、中修工程项目或另列专项工程项目		
绿化	小修： (1)行道树、花草缺株的补植 (2)行道树冬季刷白 保养： (1)行道树、花草的抚育、抹芽、修剪、治虫、施肥 (2)苗圃内幼苗的抚育、灭虫、施肥、除草	更新、新植行道树、花草、开辟苗圃等绿化工程单列绿化费用		

2. 高速公路养护工程的分类

根据其特点，高速公路养护工程分为维修保养、专项工程和大修工程三类。

(1)维修保养是为保持高速公路及其附属设施的正常使用功能，而安排的经常性保养和修补其轻微损坏部分的作业。

(2)专项工程是对高速公路及其附属设施的一般性磨损和局部损坏，进行定期修理、加固、更新和完善的作业。

(3)大修工程是当高速公路及其附属设施已达到其服务周期时，所必须进行的应急性、预防性、周期性的综合修理，使之全面恢复到原设计的状态，或由于水毁、地震、交通事故、风暴、冰雪等造成的高速公路及其附属设施的重大损坏，为保证其正常使用而及时进行的修复作业。

高速公路养护工程具体内容见表 1-2 所列。

高速公路养护工程分类 表 1-2

工程项目	维修保养	专项工程	大修工程
路基	(1)整修路肩、边坡，修剪路肩杂草，清除挡墙、护坡、护栏、集水井和泄水槽内的杂物 (2)疏通边沟和修理路缘石 (3)小段开挖、铺砌边沟 (4)清除路基塌方，填补缺口 (5)局部整修挡墙、护坡、泄水槽工 (6)加固路肩	(1)全面修理挡墙、护坡、泄水槽，铺、砌边沟和路缘石 (2)清除大塌方、大面积翻浆 (3)整段增设边沟、截水沟 (4)局部软土地基处理	(1)拆除、重建或增建较大的挡土墙、护坡等防护工程 (2)重大水毁路基的恢复 (3)整段软土地基处理
路面	(1)清除路面上的一切杂物 (2)排除积水、积雪、积冰，铺防滑、防冻材料 (3)水泥混凝土路面接缝的正常养护 (4)处理沥青路面和水泥混凝土路面的局部、轻微病害 (5)处理桥头跳车 (6)日常巡视和定期调查	(1)处理路面严重病害 (2)沥青路面整段罩面	(1)周期性或预防性的整段路面改善工程 (2)黑色路面整段加铺面层 (3)更换水泥混凝土路面板整段更换或改善 (4)重大自然灾害造成的路面损坏的修复
桥隧及交叉工程	(1)清除污泥、积雪、杂物，保持结构物的整洁 (2)清除立交桥下和隧道涵洞中的污泥杂物 (3)伸缩缝清理修整、泄水槽疏通、部分栏杆油漆 (4)局部更换栏杆、扶手等小构件 (5)局部修理泄水槽、伸缩缝、支座和桥面 (6)维修防护工程 (7)涵洞整修 (8)疏通排水系统 (9)日常巡视和定期调查	(1)更换伸缩缝及支座 (2)桥墩、桥台及隧道衬砌局部修理 (3)桥梁河床铺底及调治构造物的修复 (4)排水设施整段修理或更新 (5)承载能力检测 (6)金属构件全面除锈、油漆	(1)增建小型立体交叉或通道 (2)整段改善大、中桥梁 (3)隧道衬砌全面改善

续上表

工程项目	维修保养	专项工程	大修工程
绿化	路树花草的抚育管理和补植	开辟苗圃，更新树种、花木、草皮，增设公路绿色小品和公路雕塑	
沿线设施	（1）对标志、标线和集水井、通信井等设施的正常维修养护和定期检查 （2）对护栏、隔离栅和标志局部油漆和更换 （3）路面标线局部补画	（1）全面修理护栏、隔离栅和各种标志 （2）整段重划路面标线 （3）整段钢质沿线设施定期油漆 （4）通信和监控设施修理	（1）整段更换沿线设施 （2）各种钢质沿线设施的定期油漆

3. 农村公路养护工程分类

我国农村公路目前在技术等级和使用功能上差异比较大，在经济发达的乡村，其农村公路技术等级较高，而且交通量比较大、轴载较重，可以按同等级的干线公路来进行公路的养护维修；而在经济欠发达地区的农村公路大部分是四级公路或等外公路，显著特点是交通量较小、重车比例不大，交通的使用者主要为行人、兽力车、农用机械、农用车、摩托车和汽车，其所面临的最主要问题是进行路面硬化、提高技术等级。因此为了能更好地结合农村公路养护现状，其养护维修应分两大类型。

（1）技术等级为四级或者四级以上的农村公路养护工程分类（参照前述的公路养护工程分类）分为小修保养、中修、大修和改建工程。

（2）等外的农村公路养护维修工作内容可以分为小修保养、恢复更新和改建工程。这里的小修保养主要指以人工消耗为主的预防性和常规性维修保养工作；恢复更新是主要指以材料和机械消耗为主并且是恢复性的养护工作；改建工程是对公路及其工程设施因不适应交通量、轴重的需要和群众出行需求而逐段提高技术等级，或通过改善显著提高其通行能力和服务水平的较大工程项目。

农村公路养护工程工作内容见表 1-3 所列。

农村公路养护工程分类 表 1-3

项目	小修保养	恢复更新	改建工程
路基	（1）清除路肩、边坡、挡土墙上的杂物，保持路容整洁 （2）疏通边沟、排水沟，保持排水系统畅通 （3）清除零星塌方，填补路基缺口 （4）修理挡土墙、护坡等局部破坏	（1）路基严重病害、塌方、水毁等严重自然灾害的处治 （2）边沟、截水沟等排水系统的维护或增设 （3）挡土墙、护坡等防护工程的维修或增设	（1）路基整段加宽 （2）边沟、排水沟等排水系统的整段增设 （3）挡土墙、护坡等防护工程的整段增设

续上表

项目	小修保养	恢复更新	改建工程
路面	(1)清除路面杂物,保持路面整洁 (2)砂土路刮平,修理车辙 (3)碎砾石扫匀、加面砂,洒水刮平波浪 (4)处理局部砂石路的翻浆、变形,添加稳定料 (5)碎砾石路面修补坑槽,修理磨耗层、扫浆铺砂	(1)局部路面的修整或硬化 (2)砂土路面大面积刮平,修理车辙 (3)处理砂石路局部翻浆变形,添加稳定料 (4)碎砾石路大面积扫匀、加面砂,洒水、刮平波浪 (5)碎砾石路面修补坑槽,修理磨耗层或扫浆铺砂	整段提高路面技术等级
桥梁涵洞	(1)清除污泥、杂物,保持桥面系涵洞洞口清洁 (2)疏通涵管,疏导桥下河床 (3)修理桥面系的局部轻微损坏 (4)修理涵洞和洞口铺彻 (5)修理排水沟	(1)桥梁护栏、泄水孔及桥面铺装的维修 (2)桥梁基础、墙身的修复或加固 (3)涵洞修复、加固、改善 (4)涵管更换	新增桥梁构造物
渡口码头浮桥	(1)上船段块石路面修补、勾缝,水泥混凝土路面面层修补、防护工程和栏杆等局部维护 (2)板桩前沿抛石 (3)防浪堤堤头正常抛石 (4)防浪堤局部调整、勾缝 (5)停泊区正常维修保养 (6)待渡区路段的一般保养 (7)靠船设施除锈、油漆防护	(1)上船段块石路面修补、勾缝,水泥混凝土路面面层修补、防护工程和栏杆等局部维护 (2)板桩前沿抛石 (3)防浪堤堤头正常抛石 (4)防浪堤局部调整、勾缝 (5)停泊区正常维修保养 (6)待渡区段的一般保养 (7)靠船设施除锈、涂漆 (8)码头区照明设备少量更换灯具、保险、开关等 (9)浮桥的日常养护	增加一个泊位(包括公路接线、引道)的工程
绿化	乔、灌木、花草管护	乔、灌木、花草缺株补植	
沿线设施	护栏、标志牌、百米桩、界牌等的清洁、扶正、埋置与维护修理	新置护栏、标志、百米桩、界牌等	

复习思考题

1. 公路养护的定义是什么?
2. 公路养护的基本任务有哪些?
3. 公路养护工程的技术措施有哪些?
4. 公路养护的分类是什么?

单元二　路基养护技术

路基是在天然地表面按照公路设计线形和设计横断面的要求开挖或堆填而成的岩土结构物。应具有承受汽车荷载反复作用和各种自然因素影响的能力。为此,必须对路基进行预防性、经常性养护和维修工作,使其长期处于坚固稳定状态。路基养护与维修主要包括路肩、边坡、排水设施、防护构造物的维修与加固,预防与处理翻浆、滑坡、泥石流等病害。有计划、有针对性地对局部路基进行加宽、加高,改善急弯、陡坡和视距不良地段,使之达到所要求的技术标准。

课题一　路基常见病害及产生原因

知识点:

◎ 路基沉陷。

◎ 路基边坡塌方。

◎ 路基沿山坡滑动。

◎ 泥石流。

技能点:

◎ 不良地质水文条件造成的路基破坏。

◎ 路基塌方判断。

由于路基土体自重、行车荷载和水、温度等因素的作用,路基的各部分会产生可恢复的变形和不可恢复的变形,那些不可恢复的变形,将引起路基高程和边坡坡度、形状的改变,甚至造成土体位移和路基横断面几何形状的改变,危及路基及其各部分的完整和稳定,从而造成路基的病害。常见的路基病害有路基沉陷、路基边坡塌方、路基沿山坡滑动、泥石流等。

一、路基沉陷

1. 定义

路基沉陷是指路基在垂直方向产生较大的下沉,如图 2-1 所示。路基的不均匀下沉,将造成局部路段破坏,影响交通。

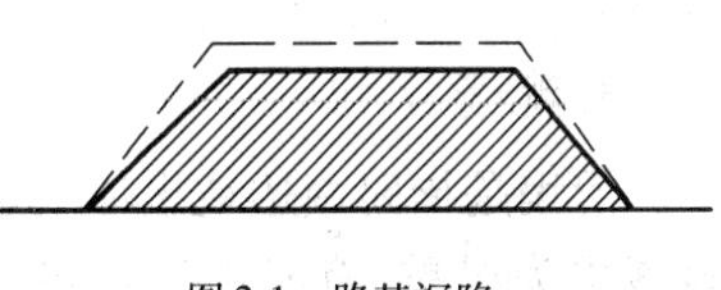

图 2-1　路基沉陷

2. 路基沉陷的原因与防治方法

(1)堤身下陷原因

因填料选择不当,填筑方法不合理,压实不足,在荷载和水温综合作用下,堤身可能向下沉陷。如图 2-2 所示。

(2)地基沉陷的原因

原地面为软弱土层，如泥沼、淤泥、流沙或垃圾堆积等，填筑前未经换土或压实，造成地基承载力不足，发生侧面剪裂凸起，地基发生下沉。如图 2-3 所示。

(3)路基沉陷的防治方法

①注意选用良好的填料，泥炭、淤泥、冻土、强膨胀土、有机土及易溶盐超过允许含量的土等，不得直接用于填筑路堤。严禁用腐殖土或有草根的土块。路基填料应分层填筑、分层夯实，并及时排除流向路基的地面水并处理好地下水。

②填石路堤从下而上，应使用从大到小的石块认真填筑，并用石渣或石屑填空隙。

③原地面为软弱土层时，路堤高度较低且可中断行车时，应挖除换上良好的填料，然后按原高度填平夯实；路堤高度较高且又不能中断行车时，可采用打砂桩、混凝土桩等进行处理。

二、路基边坡的塌方

路基边坡的塌方，按其破坏规模与原因的不同可分为剥(碎)落、滑塌、崩塌和坍塌等。其产生的主要原因有：边坡过陡，路堤填筑方法不当，土体过于潮湿，坡脚被水冲刷，岩石破碎和风化严重等。

1. 剥落

剥落是指边坡土层或风化岩层表面，在大气的干湿或冷热的循环作用下，表面发生胀缩现象，使表层土或岩石成片状从坡面上剥落下来的现象，而且老的脱落后，新的又不断产生。土体不均匀和易溶盐含量大的土层(如黄土)及泥灰岩、泥质岩、绿泥岩等松软岩层较易发生此种破坏现象。路堑边坡剥落的碎屑堆积在坡脚，堵塞边沟，妨碍交通并影响路基的稳定。如图 2-4所示。

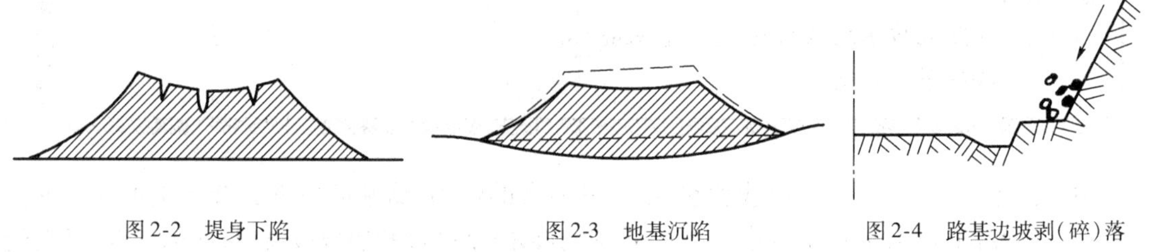

图 2-2　堤身下陷　　图 2-3　地基沉陷　　图 2-4　路基边坡剥(碎)落

2. 碎落

碎落是一种坡面岩石成碎块状的剥落现象。其规模与危害程度比剥落严重。产生的主要原因是路堑边坡较陡(>45°)，岩石破碎和风化严重，在胀缩、振动及水的浸湿与冲刷作用下，块状碎屑沿坡面向下滚落(直径>40cm 以上的单个或多个石块落下，称为落石或坠石)。落石块大落速快，产生的冲击力可使路基结构物遭到破坏，威胁行车和行人的安全等。如图 2-4 所示。

3. 滑塌

滑塌是指路基边坡土体或岩石，沿着一定的滑动面整体向下滑动。其规模与危害程度较碎落更为严重，有时滑动体可达数百立方米以上。产生的主要原因是边坡较高(大于 10～20m)，坡度较大(>50°)，填方不密实，缺少应有的支撑与加固措施。挖方的岩层倾向路基，岩层倾角在 25°～70°之间，夹有较软和透水的薄层或岩石严重风化等，在水的浸湿和冲刷作用下形成滑动面，致使土石失去平衡产生滑塌。如图 2-5 所示。

4. 崩塌

崩塌是指大的石块或土块脱离原有岩体或土体而沿边坡倾落下来，崩塌体的各部分相对位置在移动过程中完全被打乱。如图 2-6 所示。

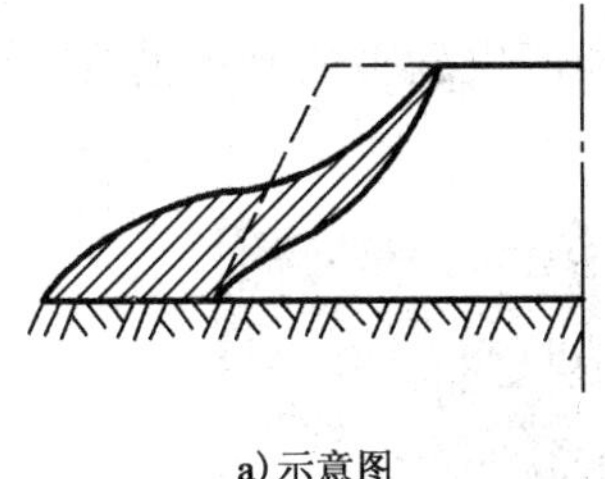

a）示意图

b）实例图

图 2-5　路基边坡滑塌

图 2-6　路基边坡崩塌

崩塌与滑塌明显的区别是：崩塌发生急促，无固定滑动面，地基无移动，并有倾倒、翻滚现象。崩塌发生时产生的冲击力，使建筑物受到严重破坏，阻断交通，威胁行车和行人的安全等。滑塌一般是沿着固定滑动面（或滑动带）整体、缓慢地向下滑动。

5. 坍塌

坍塌主要是由于土体（或土石混杂的堆积物）遇水软化，在边坡较陡且无支撑的情况下，自身重量所产生的剪切力，超过了黏结力和摩擦力所构成的抗剪力，因而土体沿松动面坠落散开，其运动速度比崩塌慢，很少有翻滚现象。产生的主要原因是由于开挖路堑边坡较陡，使边坡的支持力量减弱，或堆积物受到地表水以及地下水的影响，使土壤的抗剪强度降低，此外土壤受到冻结融化的反复作用，使边坡土体的稳定性降低或受到风化作用、地震作用、气温的变化等，使边坡的稳定性受到影响。

三、路基沿山坡滑动

在较陡的山坡上填筑路基，如果原地面较光滑，未经凿毛、挖台阶，或杂草未清除，坡脚未进行支撑；特别是在受到水的浸润后，填方路基与原地面之间摩阻力减小，在荷载及自重作用下，有可能使路基整体或局部沿地面向下移动，使路基失去整体稳定性。如图 2-7 所示。

四、泥石流

泥石流是挟带大量泥沙、石块的间歇性洪流，是一种灾害性的地质现象。当山体固体松散物质储备丰富、坡面坡度和沟谷纵比降较大（谷深坡陡的地形），可从高强度降水或冰雪融水获得充足的水源供给时，大量的水体浸透山坡或沟床中的固体堆积物质，使其稳定性降低，饱含水分的固体堆积物质在自身重力作用下沿斜坡或沟谷突然流动，就形成了泥石流。突发时刻，来势凶猛，携带泥石，高速前进，具有强大的能量，破坏性极大。泥石流所到之处，一切尽被摧毁。如图 2-8 所示。

五、其他原因造成的路基破坏

造成路基破坏的主要原因可归纳为以下几个方面：

（1）不良的工程地质与水文条件。如地质构造复杂，岩石风化严重，地下水位高等。

（2）不利的水文与气候因素，如降雨量大、洪水、干旱、冰冻、积雪或温差过大等。

(3)设计不合理。断面尺寸不符合要求，路基处于潮湿或过湿状态，排水不良，防护与加固不妥等。

(4)施工不符合有关规定。填筑顺序不当，土基压实不足，采用大型爆破，不按操作规程施工。

总之，在路基众多病害产生原因中，地质条件是影响路基质量和产生病害的基本前提，水是造成路基病害的主要原因。

图 2-7　路基沿山坡滑动

图 2-8　泥石流

复习思考题

1. 路基边坡的塌方的类型有哪些？

2. 路基沉陷的原因及防治措施是什么？

课题二　路基技术状况评定

知识点：

◎ 路基检查的分类与内容。

◎ 路基技术状况评定内容。

技能点：

◎ 路基检查记录表的填写。

◎ 路基技术状况的评定。

一、路基的检查

公路建成通车以后，经受着反复的行车荷载作用，暴露于大自然环境中，遭受诸如雨水入渗、地下水变动以及路基填料强度的衰变等诸多因素的影响，极易发生路基不均匀变形、侧滑失稳、边坡滑塌、挡墙变形等病害。然而，由于路基被路面结构层所覆盖，其病害在初期难以直观识别而被忽略，但积累到一定程度后即会引起路面破损甚至车毁人亡的严重后果。因此，加强对特殊路段路基的质量检测，对于延长道路结构的使用寿命、提高道路的抗灾能力至关重要。

1. 路基检查的分类

路基检查分为日常巡查、定期检查和定点观测。路基检查表见表 2-1 ~ 表 2-3 所列。

2. 路基检查的内容

要进行路基的经常性养护，首先应对路基进行检查，以发现路基早期破坏、病害及其他异常，作为及时制订养护措施、养护计划、治理病害方案的依据。

日常巡查记录表 表 2-1

单位： 日期： 年 月 日

路线名称	桩号	内容	损坏程度及范围	备注

记录人： 审核人： 负责人：

定期检查记录表 表 2-2

单位： 日期： 年 月 日

路线名称	桩号	内容	损坏程度及范围	养护意见	备注

记录人： 审核人： 负责人：

定点观测记录表 表 2-3

工点名称		桩号	
观察时间		天气	
观察人员			
观察方法及仪器			
观察内容			
现状描述			
处理意见			

观测人： 审核人： 负责人：

路基检查内容见表 2-4 所列。

路 基 检 查 内 容 表 2-4

日常巡查	常年（其中：汛前、汛期应加强）	目测	(1)边坡是否有冲沟、危岩、浮石、浮土、滑动、碎落、坍塌 (2)防护工程是否有破碎、开裂变形 (3)支挡结构是否有变形，泄水孔是否有堵塞，伸缩缝（沉降缝）是否完整 (4)边沟是否有影响水流的杂物、杂草，排水设施是否损坏 (5)路肩是否堆积有杂物且影响排水
定期检查	每半年一次	目测并配合望远镜、照相机、卷尺等	(1)路基沉陷、边坡稳定及损坏情况 (2)防护及支挡工程损坏情况 (3)排水设施是否完善及损坏情况 (4)软基、高填方沉降情况 (5)山体滑动情况
定点观测	视情况定时（周、旬、月）观测一次	测量仪器及探测工具等	(1)软基沉降 (2)高填方沉降 (3)支挡结构物倾斜、开裂 (4)山体滑动

二、路基技术状况评定

路基技术状况用路基技术状况指数（SCI）评价，按式（2-1）计算。

$$SCI = \sum_{i=1}^{8} W_i (100 - GD_{iSCI}) \tag{2-1}$$

式中：GD_{iSCI}——第 i 类路基损坏的总扣分，最高分值为 100，按表 2-5 的规定计算；

W_i——第 i 类路基损坏的权重，按表 2-5 取值；

i——路基损坏类型，具体见表 2-6 所列。

路基损坏扣分标准 表 2-5

类型 i	损坏名称	损坏程度	计量单位	单位扣分	权重 W_i
1	路肩边沟不洁	—	m	0.5	0.05
2	路肩损坏	轻	m	1	0.1
		重		2	
3	边坡坍塌	轻	处	20	0.25
		中		30	
		重		50	
4	水毁冲沟	轻	处	20	0.25
		中		30	
		重		50	
5	路基构造物损坏	轻	处	20	0.1
		中		30	
		重		50	
6	路缘石缺损	—	m	4	0.05
7	路基沉降	轻	处	20	0.1
		中		30	
		重		50	
8	排水系统淤塞	轻	m	1	0.1
		重	处	20	

路基损坏调查表 表 2-6

<table>
<tr><td>路线名称</td><td colspan="4">调查方向：</td><td colspan="11">调查时间：　　　　调查人员：</td></tr>
<tr><td rowspan="3">调查内容</td><td rowspan="3">程度</td><td rowspan="3">单位扣分</td><td rowspan="3">权重 W</td><td rowspan="3">计量单位</td><td colspan="10">起点桩号：　　　　终点桩号：</td><td rowspan="3">累计损坏</td></tr>
<tr><td colspan="10">路线长度：　　　　路面宽度：</td></tr>
<tr><td>1</td><td>2</td><td>3</td><td>4</td><td>5</td><td>6</td><td>7</td><td>8</td><td>9</td><td>10</td></tr>
<tr><td>路肩边沟不洁</td><td>—</td><td>0.5</td><td>0.05</td><td>m</td><td></td><td></td><td></td><td></td><td></td><td></td><td></td><td></td><td></td><td></td><td></td></tr>
<tr><td rowspan="2">路肩损坏</td><td>轻</td><td>1</td><td rowspan="2">0.1</td><td rowspan="2">m</td><td></td><td></td><td></td><td></td><td></td><td></td><td></td><td></td><td></td><td></td><td></td></tr>
<tr><td>重</td><td>2</td><td></td><td></td><td></td><td></td><td></td><td></td><td></td><td></td><td></td><td></td><td></td></tr>
<tr><td rowspan="3">边坡坍塌</td><td>轻</td><td>20</td><td rowspan="3">0.25</td><td rowspan="3">处</td><td></td><td></td><td></td><td></td><td></td><td></td><td></td><td></td><td></td><td></td><td></td></tr>
<tr><td>中</td><td>30</td><td></td><td></td><td></td><td></td><td></td><td></td><td></td><td></td><td></td><td></td><td></td></tr>
<tr><td>重</td><td>50</td><td></td><td></td><td></td><td></td><td></td><td></td><td></td><td></td><td></td><td></td><td></td></tr>
</table>

续上表

路线名称	调查方向：				调查时间：					调查人员：					
调查内容	程度	单位扣分	权重 W	计量单位	起点桩号：					终点桩号：					累计损坏
					路线长度：					路面宽度：					
					1	2	3	4	5	6	7	8	9	10	
水毁冲沟	轻	20	0.25	处											
	中	30													
	重	50													
路基构造物损坏	轻	20	0.1	处											
	中	30													
	重	50													
路缘石缺损	—	4	0.05	m											
路基沉降	轻	20	0.1	处											
	中	30													
	重	50													
排水系统淤塞	轻	1	0.1	m											
	重	20		处											
评定结果：SCI =					计算方法：$SCI=\sum_{i=1}^{8}W_i(100-GD_{iSCI})$										

课题三　路基日常养护与维修

知识点：

◎ 路基养护工作的内容及要求。

◎ 路基养护。

◎ 边坡养护。

技能点：

◎ 排水系统的养护及维修。

◎ 防护工程的养护与维修。

◎ 路基翻浆的防治。

一、路基养护工作的内容及要求

1. 路基养护工作的内容

路基养护应通过对路况进行日常巡视和检查，发现病害，查明原因，采取有效措施进行修复或加固，消除病害根源，其作业范围应包括下列内容：

(1)维修、加固路肩和边坡。

(2)疏通、改善排水设施。

(3)维护、修理各种防护构造物。

(4)清除塌方、积雪，处理塌陷，检查险情，防治水毁。

(5)观察和预防、处理翻浆、滑坡、泥石流等病害。

(6)有计划、有针对性地对局部路基进行加宽、加高，改善急弯、陡坡和视距不良地段，使之逐步达到所要求的技术标准。

2. 路基养护工作的要求

为保证路基完整，使其发挥正常有效的作用，路基养护工作必须符合下列要求：

(1)整体。各部分保持完整、尺寸符合标准要求，不损坏，不变形。

(2)路肩。路肩应保持平整、坚实，横坡适顺，排水顺畅。土路肩或草皮路肩的横坡应略大于路面横坡，硬路肩与路面同坡。

(3)边坡。边坡应保持平顺、坚实，遇有缺口、坍塌、高边坡碎落、侧滑等病害，应分别针对具体情况采取各种相应的加固整修措施。

(4)排水设施。排水设施应保持排水畅通。如有冲刷、堵塞和损坏，应及时疏通，修复或加固。对暗沟、渗沟等隐蔽性排水设施，应加强检查，防止淤塞；如有淤塞，应及时修理、疏通。原有排水设施不能满足使用要求时，应适时增设和完善。新增排水设施时，其设计、施工应符合现行《公路路基设计规范》(JTG D30)和《公路路基施工技术规范》(JTG F10)的有关规定。

(5)挡土墙。对挡土墙应加强检查，发现病害应查明原因，并观察其发展趋势，采取相应的修复、加固等措施；损坏严重时，可考虑全部或部分拆除重建。保持挡土墙的泄水孔畅通，定期检查和维修，清理伸缩缝、沉降缝，使其正常发挥作用。重建或增建挡土墙时，应根据公路所在地区地形及水文地质等条件合理选择挡土墙类型，并应符合现行《公路路基设计规范》(JTG D30)和《公路路基施工技术规范》(JTG F10)有关规定。

(6)路基病害。对翻浆路段要及时处理，并尽快修复；对塌方、山体滑坡、水毁、沉陷、泥石流等病害要做好防范抢修工作，尽力缩短堵车时间。

二、路肩的养护

路肩位于行车道外缘和路基边缘之间，其功能是保护路面边缘、供行人和非机动车通行，也为设置交通安全设施(如标志、防护栅等)或埋设地下管线及养护作业提供场地。造成路肩病害的主要因素是水，因此，路肩的养护与维修工作的重点就是减少或消除水对路肩的危害。

路肩要经常保持平整密实，保持适当的横坡，坡度顺适。硬路肩与路面横坡相同，土路肩或植草路肩应比路面横坡大1% ~2%，以利排水。

1. 土路肩

土路肩出现车辙、坑洼、错台以及堆积物形成的高路肩等，必须及时整修或清除；积水与淤泥及时排出和清理，并用与原路肩相同的土填平夯实，恢复其原有状态。路肩过高妨碍路面排水时，应铲削整平，达到规定坡度。路肩外缘由于流水冲刷等各种原因形成缺口时，应及时修补，必要时可采用石块、水泥混凝土预制块或草皮铺砌成宽20cm左右的护肩带，既保护路肩，又美化路容。

2. 陡坡路肩

陡坡路段由于纵坡大，易被暴雨冲成纵横沟槽，甚至冲坏路堤边坡，可采取以下防护措施：

(1)设置截水明槽。自纵坡坡顶起，每隔20m左右，两边交叉设置30 ~50cm宽的斜向截水明槽，并用砾(碎)石填平；同时在路肩边缘处设置高×上宽×下宽(10cm×10cm×20cm)的拦水土埂，在每条截水明槽处，留一出水口，其下面的边坡用草皮或砌石加固，使雨水集中由槽内排出，如图2-9所示。

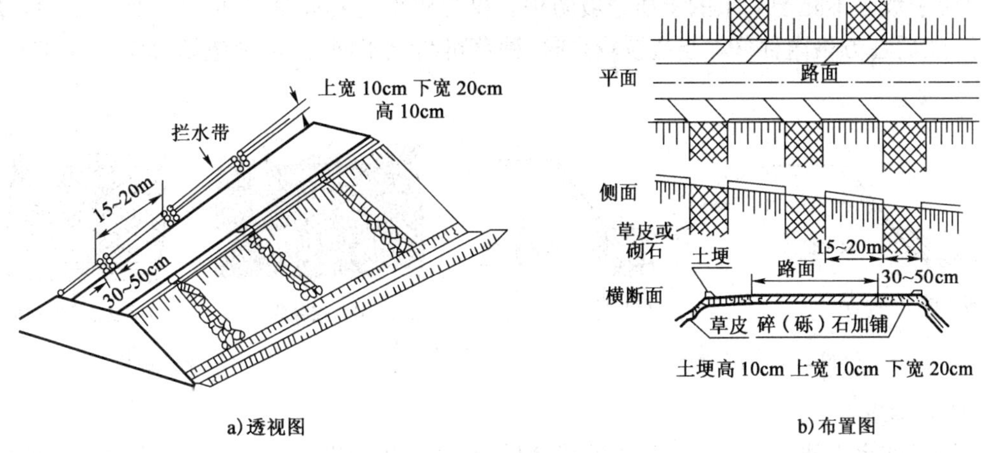

图2-9　路肩截水明槽

（2）有计划地铺成硬路肩，如砂石加固、泥结碎（砾）石及稳定类加固等。

（3）在陡坡路段的路肩和边坡上人工植草，以防冲刷。

3. 路肩上严禁种植农作物和堆放任何杂物

路肩上严禁种植农作物和堆放任何杂物。对养路材料，应在公路以外连接路肩处，根据地形条件，选择适宜地点设置堆料台，堆料台间距为200～500m，如图2-10所示。

三、边坡的养护

路基边坡包括路堤边坡及路堑边坡。它是保护路基的重要组成部分。

1. 路堑边坡

当土质路堑边坡出现冲沟时，应及时用黏土填塞夯实；如出现潜流壅水，可开沟隔断水源，将水引向路基以外。

对于石质路堑边坡，应经常观察边坡坡面岩石风化发展情况，如发现危岩、浮石等，应及时处理、清除，并根据情况采取抹面、喷浆、勾缝、灌浆、嵌补、锚固等进行维修，以免堵塞边沟或危及行车和行人安全。

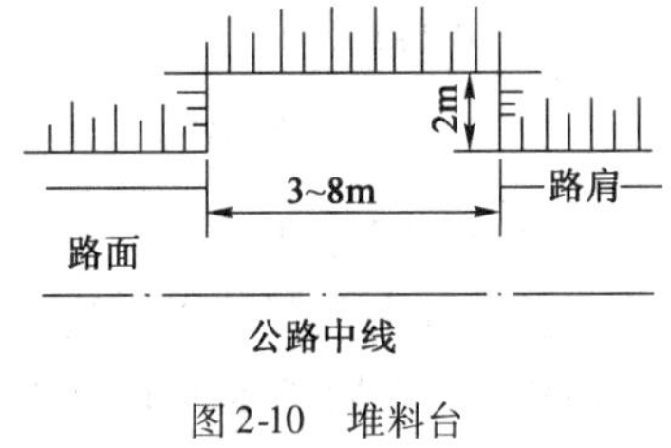

图2-10　堆料台

2. 路堤边坡

土质路堤边坡因雨水冲刷，易形成冲沟和缺口，应及时用与原边坡相同的土修补拍实。对大的冲沟和缺口，不能在原边坡上贴土修补，应在原边坡上自下而上先挖成土台阶，再分层填土夯实，夯实后的宽度要稍超出原来的坡面，以便最后切削出坡面。

当土质路堑边坡、碎落台、护坡道等出现缺口、冲沟、沉陷、塌落时，应及时用与原边坡相同的土填塞夯实；当受洪水、边沟流水冲刷及浸水时应根据水流、土质等情况，选用种草、铺草皮、植树、栽灌木丛、铺柴束、抛石、投放石笼、干砌、浆砌片石护坡等措施，进行防护和加固。

严禁在边坡上及路堤坡脚、护坡道上取土或种植农作物，如在边沟内取土，应采用正确的方法，如图2-11所示。禁止在边坡上割草、放牧。

3. 路基边坡防护与加固措施

(1)种草

可用于坡率不陡于1∶1的土质边坡防护。仅为防止地表水渗入,可直接种草或用草皮铺成方格,然后在方格内种草。当边坡较高时,种草可与土工网、土工网垫结合防护。如图2-12所示。

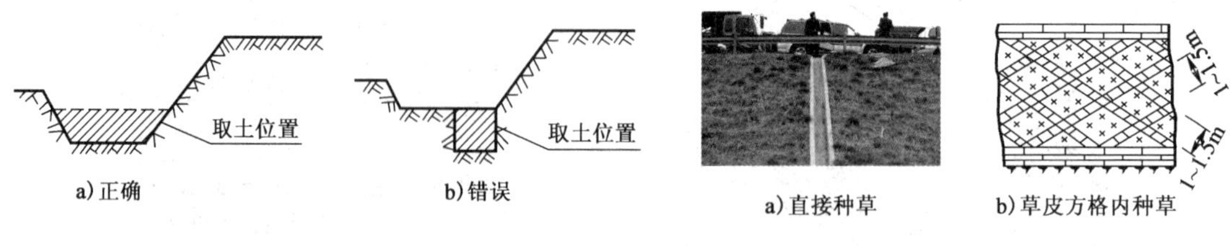

a)正确　b)错误

图2-11　边沟取土

a)直接种草　b)草皮方格内种草

图2-12　种草防护

(2)铺草皮

可用于坡率不陡于1∶1的土质边坡或全风化、强风化的岩石边坡防护。土质适宜种草,路堤浸水但地面径流速度不超过0.6m/s,可在边坡上分排打入长30~50cm的小木桩,然后在坡面上平铺草皮,如图2-13所示。

(3)植树

可用于坡率不陡于1∶0.75的土质,软质岩石和全风化岩石边坡防护。在堤岸边的河滩上,用来降低流速,促使泥沙淤积,防止水流直接冲刷路堤。如图2-14所示。

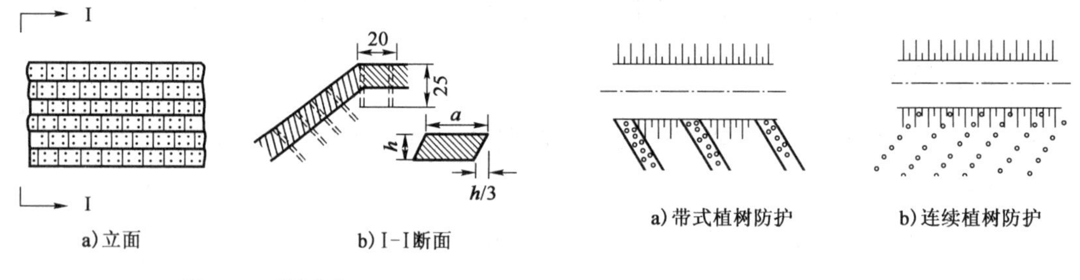

a)立面　b)I-I断面

图2-13　平铺草皮

a)带式植树防护　b)连续植树防护

图2-14　植树防护

(4)坡面喷护

①喷射水泥浆防护。适用于易风化但未遭强风化、全风化的岩石挖方边坡,边坡坡率不陡于1∶0.5。喷射厚度不宜小于50mm,采用的水泥砂浆强度不应低于M10,喷浆防护应设置伸缩缝,伸缩缝间距宜为15~20m;还应每间隔2~3m交错设置孔径为100mm的泄水孔。如图2-15所示。

②喷射水泥混凝土防护。适用于易风化但未遭强风化、全风化的岩石边坡,边坡坡率不陡于1∶0.5。喷射水泥混凝土防护厚度不小于80mm,采用的水泥混凝土强度不应低于C15,水泥混凝土中集料最大粒径不宜超过15mm。喷射水泥混凝土防护也应设置伸缩缝,伸缩缝间距宜为15~20m;还应间隔2~3m交错设置孔径为100mm的泄水孔。如图2-16所示。

(5)砌石防护

①干砌片石护坡。可用于坡率不陡于1∶1.25的土质边坡或岩石边坡防护,干砌片石护坡厚度不宜小于0.25m。如图2-17所示。

②浆砌片石护坡。可用于坡率不陡于1∶1的易风化的岩石和土质边坡防护。浆砌片石护

坡厚度不宜小于0.25m,并应设置伸缩缝和泄水孔。如图2-18所示。

图2-15　喷射水泥浆防护

图2-16　喷射水泥混凝土防护

图2-17　干砌片石护坡

a)浆砌片石护坡

b)泄水孔大样

图2-18　浆砌片石护坡

(6)抛石防护

可用于经常浸水且水深较大的路基边坡或坡脚以及挡土墙、护坡的基础防护。石块的长边不小于30cm,抛石厚度不应小于石块尺寸的两倍,如图2-19所示。

(7)石笼防护

可用于允许流速为4～5m/s的沿河路堤坡脚或河岸防护。石笼基底应大致整平,必要时用碎石或砾石垫层找平。石笼应做到位置正确,搭接衔接稳固、紧密,确保整体性,如图2-20所示。

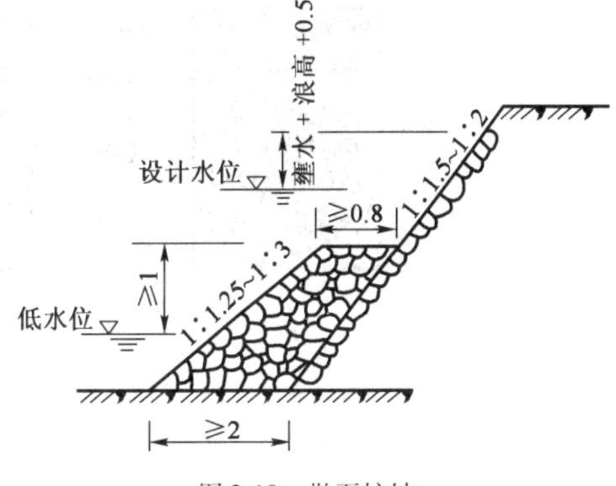

图2-19　抛石护坡

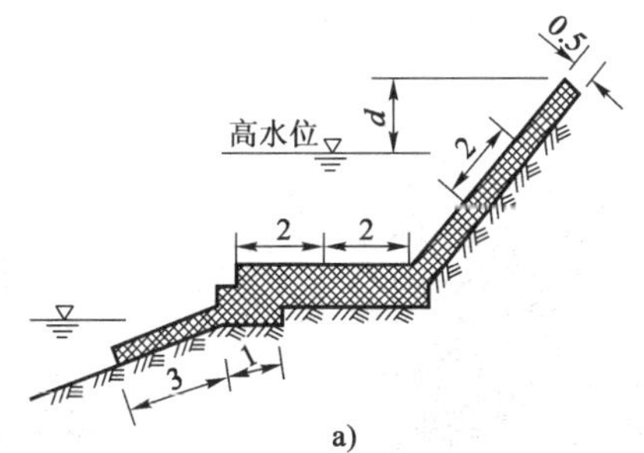

a)

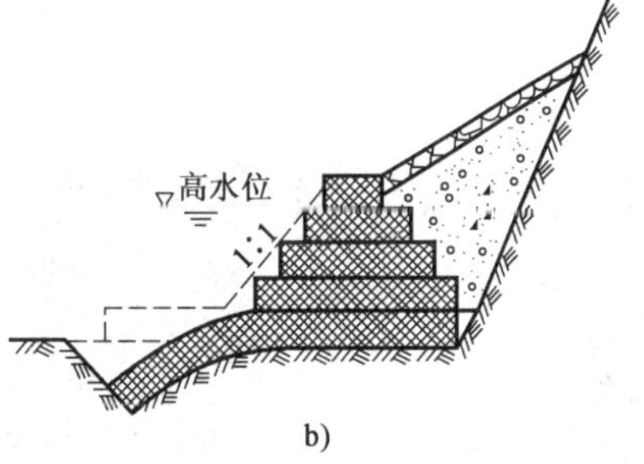

b)

图2-20　石笼防护

四、排水系统的养护与维修

路基排水的任务是通过地表(地下)排水设施把危害路基的地表水和地下水排除。将路基范围内的土基湿度降低到一定的范围内，保证路基常年处于干燥状态，确保路基具有足够的强度和稳定性。

路基排水系统能否正常工作，直接影响到路基的稳定性。因此，加强对各排水设施的日常养护与维修，是确保路基稳定的关键环节。

1. 检查

对边沟、截水沟、排水沟以及暗沟（管）等排水设施，在春融前，特别是汛前和雨中，应全面进行检查疏通，及时排除堵塞、疏导水流，保持水流通畅，防止水流冲坏路基。暴雨后应进行重点检查，如有冲刷、损坏，必须及时修理加固，如有堵塞应立即清除。

2. 清淤

对土质边沟，应经常保持设计断面，及时清除淤塞和杂草，满足排水要求。沟底应保持不小于0.5%的纵坡，在平原地区排水有困难的路段应保持不小于0.3%纵坡。边沟长度过长时，应分段将水引出路基范围以外。

如发现渗沟、盲沟出水口长草、堵塞，应进行清除和冲洗；如反滤层淤塞失效，应进行翻修，并剔除小颗粒的砂石，补充大颗粒碎（砾）石，以保证其孔隙，有利于排水；如设置位置不当，则应考虑重建。可采用针织无纺布作反滤层，选用时，应注意无纺布的有效孔径要小于渗流中黏粒的粒径，其规格可选用200～300g/m²，构造如图2-21所示。

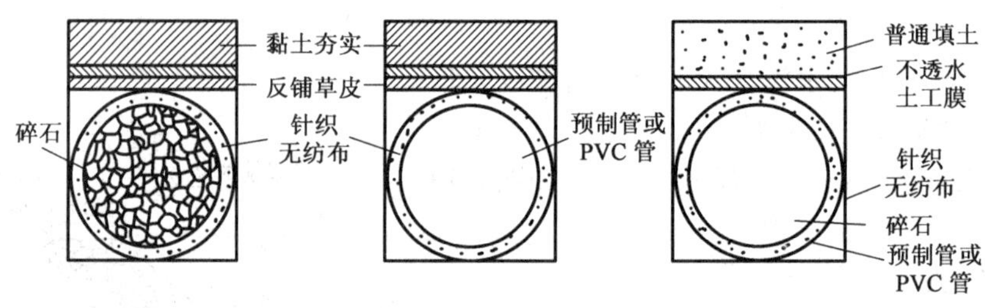

图2-21　渗沟、盲沟构造

3. 加固

在路基养护工作中，要针对现有排水系统不完善的部分逐步加以改进、完善，充分发挥各种排水设施的功能。如需要加固沟渠，应结合地形、地质等实际情况，综合考虑加固，如图2-22所示。

a）沟底铺砌　　b）砌筑坡面　　c）沟渠成型

图2-22　排水沟渠加固

五、防护工程的养护与维修

1. 挡土墙日常养护

挡土墙的日常养护除经常检查其有否损坏外，还应在每年的春秋两季进行定期检查。在北方冰冻严重地区尤应注意检查挡土墙在冰冻融化后墙身及基础的变化情况，以及在冻前采取的防护措施。在气候反常、地震或超重车通过等特殊情况下，应及时检查，发现裂缝、断缝、倾斜、鼓肚、滑动、下沉或表面风化、泄水孔不通、墙后积水、周围地基错台、空隙等情况，应查明原因，采取合理的措施进行修理、加固，同时建立技术档案备查。

2. 挡土墙裂缝、断缝处理

挡土墙的裂缝、断缝，如已停止发展，可将缝隙凿毛，清除碎渣、杂物，然后用水泥砂浆填塞；对水泥混凝土或钢筋混凝土挡墙的裂缝可用环氧树脂黏合，也可用混凝土黏结剂涂抹缝壁，然后再用混凝土或水泥砂浆填塞。

3. 挡土墙倾斜、鼓肚、滑动及下沉的处理

(1)锚固法、套墙加固法

①锚固法适用于水泥混凝土或钢筋混凝土挡墙。用高强钢筋作锚杆，穿入钻好的孔内，灌入水泥砂浆，固定锚杆，待砂浆达到一定强度后，张拉锚杆，固紧锚头，如图2-23所示。

②套墙加固法是用钢筋混凝土在原墙外侧加宽基础，加厚墙身，如图2-24所示。施工时，先挖除一部分墙后填土，减小土压力。同时，还要注意新旧混凝土的结合。可先将旧混凝土表面凿毛、洗净润湿或加设锚栓和石榫以增强联结；也可在已修整过的旧混凝土表面涂敷混凝土黏结剂，然后浇筑套墙。

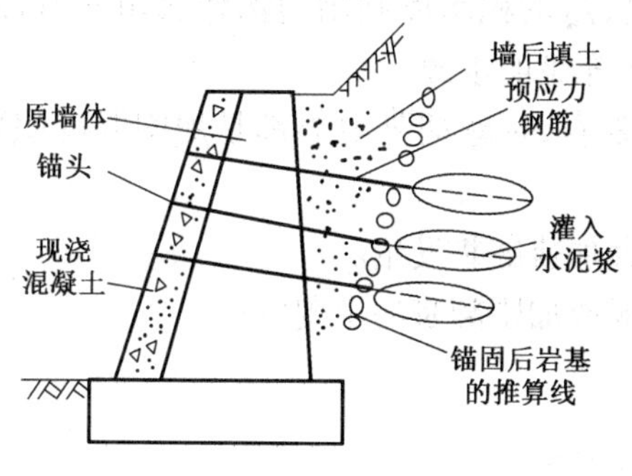

图2-23 锚固法加固挡墙

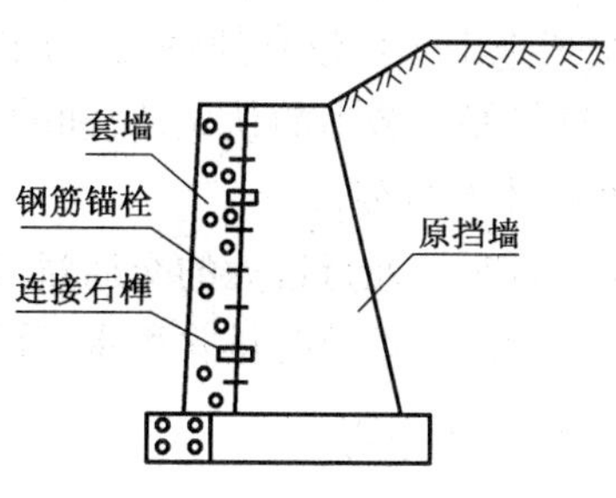

图2-24 套墙加固

(2)增建支撑墙加固法、重建

增建支撑墙加固法是在挡墙外，增建支撑墙，其基础埋置深度、尺寸和间距，应通过计算确定，如图2-25所示。

如挡墙损坏严重，无修复价值的可将损坏部分拆除重建。重建时应注意新旧墙的不均匀沉陷，在新旧墙之间设沉降缝，并注意新旧挡墙接头的协调。

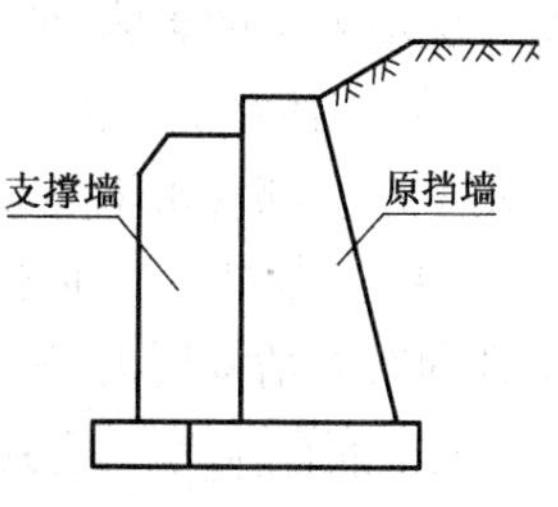

图2-25 支撑墙加固

4. 挡土墙泄水孔、风化、锚杆及加筋土挡土墙处理

挡土墙的泄水孔应保持通畅。如有堵塞应加以疏通，不能疏通时，应视墙后地下水情况增设泄水孔或在墙后增建排水设施。确保

墙后不积水，避免因墙后土压力增大而导致墙身被挤倒、挤裂。

挡土墙墙面出现风化剥落时，可将风化表层凿除，露出新茬，然后用水泥砂浆抹面或喷涂。当风化剥落严重时，应拆除重建。

锚杆及加筋土挡土墙，如发现墙身变形、倾斜或肋柱、挡板损坏、断裂等情况，应及时加固、修理或更换；对暴露的锚头、螺母、垫圈要定期涂刷防锈漆，锚头螺母如松动、脱落应及时固紧和补充。

六、路基翻浆的防治

路基在冰冻过程中，土中的水分不断向上移动，使路基上部的含水率大大增加；在季节性冰冻地区的春融时期，由于地下水位高、土基含水过多、路基土质不良，再加上重复行车的作用，路面就发生弹簧、裂缝、鼓包、冒泥浆等现象，称为翻浆。如图 2-26 所示。

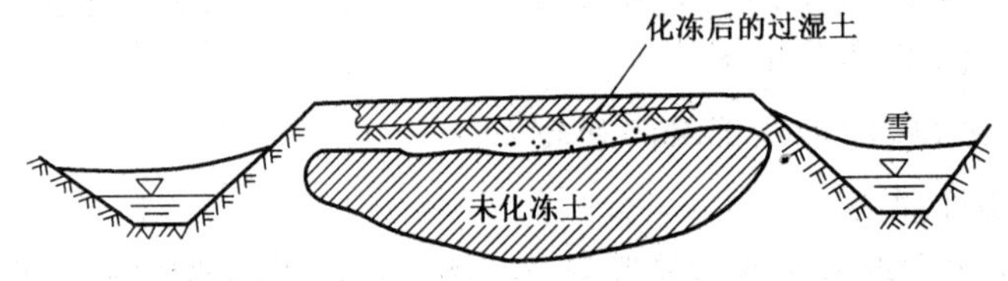

图 2-26　路基土化冻的情况

1. 造成路基冻胀与翻浆的条件

(1)土质。采用粉性土做路基，便构成了冻胀与翻浆的内因，粉性土毛细上升速度快，作用强，为水分向上积聚创造了条件。

(2)水文。地面排水困难，路基填土高度不足，边沟积水或利用边沟作农田灌溉，路基靠近坑塘或地下水位较高的路段，为水分积聚提供了充足的水源。

(3)气候。多雨的秋天、暖和的冬天、骤热的晚春、春融期降雨等都是加剧湿度积聚和翻浆现象的不利气候。

(4)行车。通行过大的交通量或过重的汽车会加速翻浆发生。

(5)养护。不及时排除积水，弥补裂缝，会促成或加剧翻浆的出现。

2. 翻浆的分类

根据路基中水分来源不同，可以把翻浆分为以下 5 类：

(1)地下水类。包括上层滞水、潜水、层间水、裂隙水、泉水、管道漏水等。受地下水的影响，土基经常潮湿，导致翻浆。

(2)地面水类。主要指季节性积水，也包括路基、路面排水不良而造成路旁积水和路面积水。受地表水的影响，使土基潮湿，导致翻浆。

(3)土体水类。因施工遇雨或用过湿的土填筑路堤，造成土基原始含水率过大，在负温度作用下使上部含水率显著增加，导致翻浆。

(4)气态水类。在冬季强烈的温差作用下，土中水主要以气态形式向上运动聚积于土基顶部和路面结构层内，导致翻浆。

(5)混合水类。受地下水、地表水、土体水或气态水等两种以上水类综合作用产生的翻浆。

3. 翻浆的分级

根据翻浆高峰时期路基、路面变形破坏程度，可将翻浆分为以下3个等级：

(1)轻型。路面龟裂、湿润、车辆行驶时有轻微弹簧。

(2)中型。大片裂纹、路面松散、局部鼓包、车辙较浅。

(3)重型。严重变形、翻浆冒泥、车辙很深。

4. 防治翻浆的基本途径

(1)调节路基水温状况，防止各种水分在冻结前或冻结过程中进入路基上部。

(2)将积聚在路基上部的水分，在化冻期及时排除或暂时蓄积在透水性好的路面结构中。

(3)改善土基及路面结构。

(4)采用综合措施防治。

5. 翻浆的防治措施

(1)做好路基排水，提高路基填土高度

良好的路基排水可以防止地面水或地下水渗入路基，使路基土体保持干燥，从而减轻冻结时水分聚集的来源，这是预防和处理地表水类和地下水类翻浆的首要措施。因路基偏低，排水不良而引起的翻浆，若地形条件许可，可采用挖深边沟、降低水位的方法进行治理，或用透水性良好的土提高路基；提高路基是一种效果显著、简便易行、比较经济的常用措施。适用于取土方便的路段，并宜采用透水性良好的土填筑路基。通过增大路基边缘至地下水或地面水位间的距离，减小冻结过程中水分向路基上部迁移的数量，使路基上部土层保持干燥，在冻结过程中不致因水的过分聚集而失稳，使冻胀的过程和可能性变小。

(2)设置隔温、隔离层

为防止水的冻结和土的膨胀，减少冰冻层的深度，可直接在路面下铺设隔温层。其厚度不小于15cm，材料可用泥炭、炉渣、碎砖等，宽度每边宽出路面边缘30～50cm。

隔离层设在路基顶面下0.5～0.8m处，其目的在于堵塞毛细水上升通道，阻断水分进入路基上部，保持上部土基干燥，防止翻浆发生。地下水或地面水位较高，又不宜提高路基时，可铺设透水性和不透水性两类隔离层。

①透水性隔离层。透水性隔离层采用碎(砾)石、粗砂或炉渣等做成。厚度为10～20cm。隔离层底部应高出地下水20cm以上，并向路基两侧做成3%～4%的横坡。连接路基边坡部位，应铺大块碎、砾石，防止碎落。为了防止淤塞，应在隔离层上面和下面铺设1～2cm的泥炭、草皮或炉渣、石屑、针织无纺布等透水性材料的防淤层。如图2-27所示。

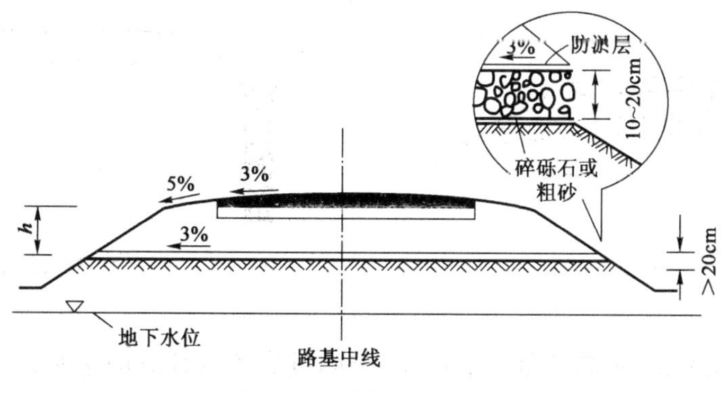

图2-27　透水性隔离层

②不透水隔离层。适用于路面不透水的路基中,设置深度与透水隔离层相同。分为不封闭式和封闭式。不封闭式适用于一般路段,用以隔断毛细水,如图2-28和图2-29所示。封闭式适用于地面排水有困难或地下水位高的路段,用以隔断毛细水和横向渗水。当路基宽度较窄时,隔离层可横跨路基全宽,称为贯通式,如图2-28a)所示;当路基较宽时,隔离层可铺至延出路面边缘处50~80cm,称为不贯通式,如图2-28b)所示。

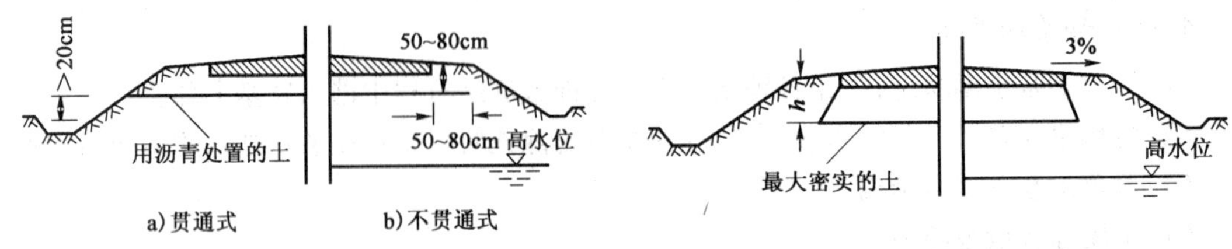

图2-28 不透水隔离层

图2-29 封闭式不透水隔离层

不透水隔离层所用的材料有:

a. 沥青含量为8%~10%的沥青土或6%~8%的沥青砂,厚度2.5~3cm。

b. 直接喷洒厚度为2~5mm的沥青。

c. 用2~3层油毡或不易老化的塑料薄膜摊铺(在盐渍土地区不能使用)。

(3)砂桩防治

当路基出现翻浆迹象时,可在行车部位开挖渗水井,并将渗入井内的水淘出,边淘水,边加深,直至冰冻层以下;当渗水基本停止,即可填入粗砂或碎砾石形成砂桩。砂桩可做成圆形或矩形,直径(或边长)30~50cm。桩距和根数可根据翻浆的程度确定。

(4)设置盲沟

①路肩盲沟。为及时排除春融期间路基中的自由水,保持路基上部土体的干燥,可在路肩上设置横向盲沟。其位置应与路中心线垂直。当路线纵坡大于1%时,其位置应与路中线成60°~75°的交角(顺下坡方向),两边交错排列,间距为5~10m,深为20~40cm,宽40cm左右。用渗水性良好的碎(砾)石填充,沟底宜做成4%~5%的坡度。出水口应高出边沟水面30cm,横向盲沟出口按一般盲沟处理。

②截水盲沟。当地下水潜流顺路基方向从路基外侧向路基流动时,可在路基内设置横向盲沟,或在路基外设纵向渗沟。盲沟设置应与地下水含水层的流向正交,并深入该层底部,以截断整个含水层,如图2-30所示。

③纵向盲沟。如地下水位较高,可在路基边沟底部设置纵向盲沟降低地下水位,其深度一般为1~2m,可根据毛细作用高度和降低水位的多少确定,如图2-31所示。

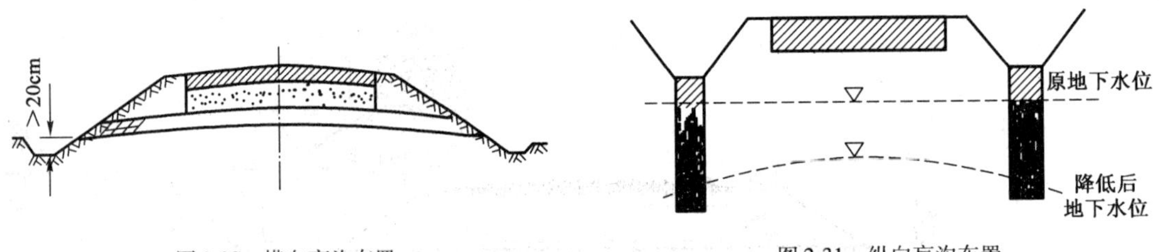

图2-30 横向盲沟布置

图2-31 纵向盲沟布置

(5)换土

路基土透水性不良、提高路基又有困难,且附近有透水性好的土时,可将路基上部40~60cm的土挖除,换填砂性土、碎(砾)石等。在翻浆严重的路段,应将翻浆部分软土全部挖除,填入水稳性、冰冻稳定性好的粗粒料并压实。

换土厚度可根据当地情况、道路等级、行车要求、换填材料等因素确定。在路基上层换填一定厚度的粗粒土，路基可以基本稳定。换土厚度也可以根据强度要求，按路面结构层厚度的计算方法计算确定。

(6)改善路面结构

①铺设砂(砾)垫层。春融期间，路基化冻后的过量水分全部集中在砂垫层中，根据蓄水的需要并考虑砂(砾)垫层被污染后降低蓄水能力的情况，砂(砾)垫层的经验厚度中湿路段为0.15~0.20m；潮湿路段为0.2~0.3m；将春融期汇集于砂垫层中的水分通过路肩盲沟排走。

②铺设无机结合料半刚性基(垫)层。其具有较好的板体性、水稳性和冻稳性，可以提高路面的整体强度，起到减缓和防止路基冻胀和翻浆的作用。但在重冰冻地区潮湿路段，石灰土不宜直接采用，须与其他措施配合应用，如在石灰土下铺设砂垫层等。

③设置防冻层。对于高级和次高级路面结构层的总厚度除满足强度要求外，还应满足防冻层厚度要求，以免路基内出现较厚的聚冰带，从而防止产生导致路面开裂的不均匀冻胀。防冻层厚度，可根据相应规范的规定确定。

6. 季节性养护

根据各季节特点，加强季节性养护。春季是翻浆的暴露期，养护的主要任务是抢防工作；夏季是翻浆的恢复期，养护的主要内容是修复翻浆破坏的路基和路面；秋季主要任务是排水，保持路基处于干燥状态，清除产生翻浆的隐患；冬季养护内容是清除积雪及雪水，防止水分渗入路基，减轻路基水分在温差作用下向路基上层聚积的程度。

7. 翻浆治理方案的选择

对于翻浆路段，必须查明原因，并对病害的范围、发生时间、当地当时气候变化、病害表面特征、路面结构、平时养护情况等进行详细调查分析，作出记录，确定合适的治理方案。见表2-7所列。

各种防治翻浆措施选择参考表 表2-7

编号	措施种类	适用翻浆类型	翻浆等级	适用地区或条件	使用说明
1	路基排水	①②⑤	轻、中、重	平原、丘陵、山区	新、旧路均可使用
2	提高路基	①②⑤	轻、中、重	平原、洼地、盆地	新旧、路均可使用，必要时也可与3、4、5、6、7、9任一类组合应用
3	砂、(砾)垫层	①②③⑤	中、重	出产砂、砾的地区	新、旧路均可使用，主要做垫层或与2、4类组合应用
4	石灰土结构层	①②③④⑤	轻、中、重	缺少砂、石地区	新、旧路均可使用，做基层或垫层或与3、5类措施组合应用
5	煤渣石灰土结构层	①②③④⑤	中、重	缺少砂、石地区，煤渣供应有保证	新旧、路均可使用，做基层或垫层，或与4类措施组合应用
6	透水性隔离层	①⑤	中、重	产砂、石地区	适用于新路
7	不透水隔离层	①②④⑤	中、重	沥青、油毡纸、塑料薄膜供应有保证	多用于新路

续上表

编号	措施种类	适用翻浆类型	翻浆等级	适用地区或条件	使用说明
8	盲沟	①⑤	轻、中、重	坡腰或横向地下水出露地段，地下水位高的地段	新、旧路均可使用
9	换土	①②③⑤	中、重	出产砂砾或水稳性好材料的地区	新、旧路均可使用
10	无纺布或土工膜	①②④⑤	轻、中、重	平原区、丘陵区、山区	适用于新、旧路，可与1～9任何一类组合使用

注：1. 表中①指地下水；②指地表水；③指土体水类；④指气态水类；⑤指混合水类；

2. 冰冻地区的潮湿参数和其他地区的潮湿参数，不宜采用石灰土做基(垫)层。

七、滑坡的防治

1. 滑坡形成的主要原因

路基山坡土体或岩体，由于长期受地面水、地下水活动的影响，使其结构破坏，逐渐失去支撑力，在自重力作用下，整体地沿着一定软弱面(或带)向下滑动，这种地质现象称之为滑坡，如图2-32所示。

产生滑坡病害的原因很多，主要是地质因素和水的作用。

(1)地质因素

地质因素包括具有蓄水构造、聚水条件、能起隔水作用软弱面(或带)以及向路基倾斜的岩层山坡等。遇到以下情况就有可能发生滑坡：

①山坡表层为渗水的土或岩层，下层为不透水土或岩层(形成隔水层)，且岩层向路基倾斜。在这种情况下，当有地下水经常活动时，就会使表层土(或岩层)沿隔水层滑动造成滑坡。

②山坡岩层软硬交错，且其软弱面向路基倾斜，由于风化程度不同或地下水侵蚀等原因使岩层可能沿某一软弱面向下滑动。

③当边坡上部为松散堆积层，而下面的主要岩层较陡，且伸入路基时，则上部的松散堆积层容易发生滑坡。

④路线穿过软硬不均的岩石断开地带，而断开地带又为地下水集中活动地区时，开挖路堑容易引起滑坡。

(2)水文影响

水是促进滑坡的重要条件。表现情况为：

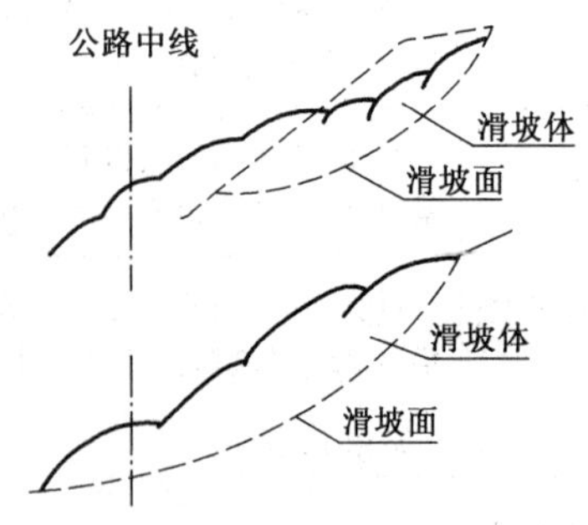

图2-32 路基滑坡病害示例

①边坡上有灌溉渠道或水田或大量雨水渗入滑坡体内，使土体潮湿软化，增加土体重量，降低土的强度，从而加速滑坡的活动。

②地下水量增加，浸湿滑坡面，降低滑坡面的抗滑能力，从而加速滑坡的形成。

③排水设施布设不合理。如在渗水性强的边坡上设置天沟，沟内没有铺设防水层，当地面水集中流入天沟内，水分大量渗入土体内部，以致产生滑坡。

④溪河水位涨落，水分渗入坡内，润湿滑坡面，或河水冲刷滑坡坡脚，减弱支撑力，引起坡体下滑。

2. 滑坡的防治

（1）地面排水

应拦截引开滑坡体以外的地面水，滑坡体上的地面水要做好防渗工作，并尽快汇集引出。各种地面排水措施的适用条件以及布置、设计与施工原则可参考表2-8。

滑坡排水措施　　表2-8

名　称	适用条件	布置及设计施工原则
环形截水沟	滑体外	截水沟应设在滑坡可能发展的边界5m以外，根据需要可以设置数条，分段拦截地表水，向一侧或两侧的自然沟系排出。在坡度陡于1∶1的山坡上，常采用陡坡排水槽来拦截山坡上方的坡面径流。沟槽断面以满足滑泄坡面径流为准，如土质渗水性强，应采用黏性土、石灰三合土或浆砌片石铺砌防渗层
树枝状排水系统	滑体内	结合地形条件，充分利用自然沟系，作为排水渠道，汇集并旁引坡面径流于滑坡体外排出，排水沟布置应尽量避免横切滑体，主沟宜与滑移方向一致。支沟与主沟斜交成30°～45°。如土质松软，可就土夯成沟形，上铺黏性土或石灰三合土加固。通过裂缝处，可采用搭叠式木质水槽或陶管、混凝土槽、钢筋混凝土槽，以防山坡变形拉断水沟，使坡面水集中下渗
明沟与渗沟相配合的引水工程	滑体内的泉水或湿地	目的在于排除山坡上层滞水和疏干边坡土体含水，埋入地下部分类似集水渗沟，露出地面部分是排水明沟
平整夯实自然山坡坡面	滑体内	如山坡土质疏松，坡面水易于阻滞下渗，应对坡面整平夯实。填塞裂缝，防止坡面径流汇集下渗
绿化工程（植树、铺种草皮）	山坡滑体内	绿化工程是配合表面排水的一项有效措施，特别对渗水严重

（2）地下排水

①边坡渗沟。当滑坡前缘的路基边坡有地下水均匀分布或坡面大片潮湿时，可修建边坡渗沟，以引排上层滞水或泉水、疏干和支撑边坡；同时，也能起到截阻坡面径流和减轻坡面冲刷的作用。边坡渗沟的平面形状有垂直的、分支的及拱形的。分支渗沟的主沟主要起支撑作用，而支沟则起疏干作用。分支渗沟可以互相连接成网状布置，如图2-33所示。

②支撑渗沟。用以支撑不稳定的滑坡体，兼起排除和疏干滑坡体内浅层滞水和地下水的作用，适用深度（高度）为2～10m。支撑渗沟有主干和分支两种。主干平行于滑动方向，布置在地下水露头处或由土中水形成坍塌的地方，支沟应根据坡面汇水情况合理布置，可与滑坡移动方向成30°～45°角，并可伸展到滑坡范围以外，以起到拦截地下水的作用，如图2-34和图2-35所示。

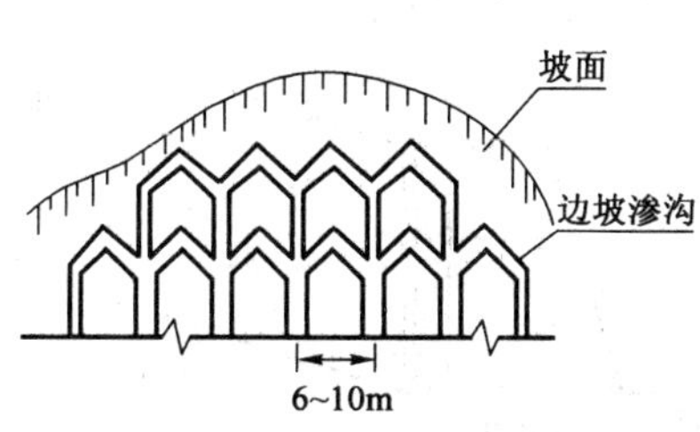

图2-33　边坡渗沟

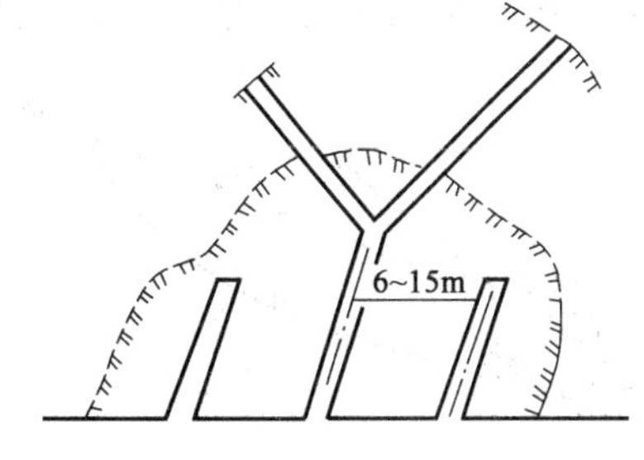

图2-34　支撑渗沟平面图

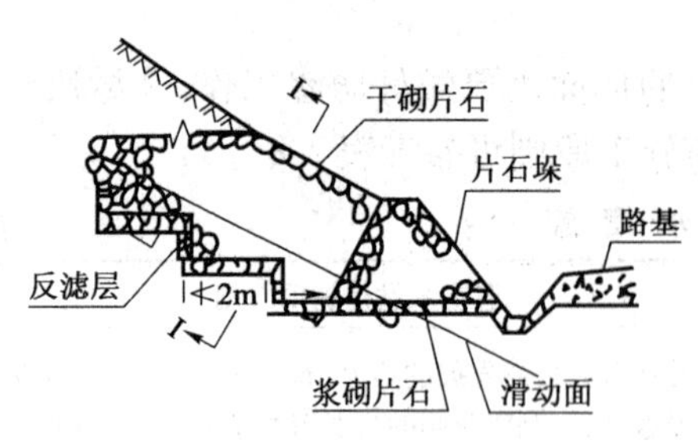

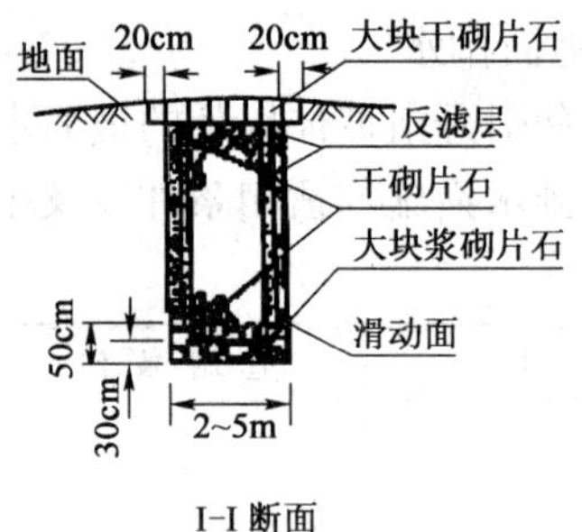

图 2-35　支撑渗沟构造图

③截水渗沟。当有丰富的深层地下水进入滑坡体时，可在垂直于地下水流的方向上设置截水渗沟，以拦截地下水，并排出滑坡体外，如图 2-36 所示。

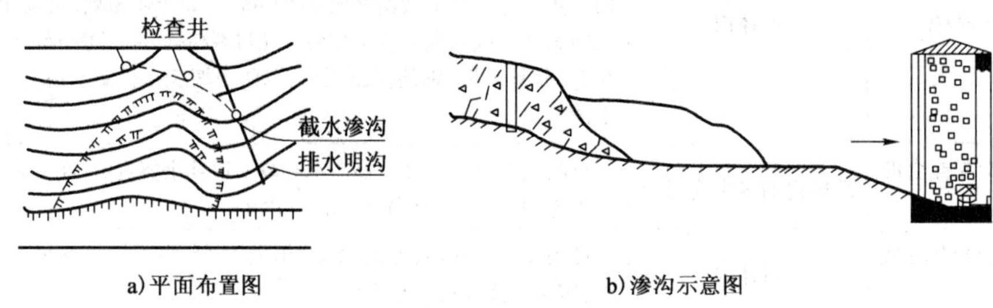

图 2-36　截水渗沟

（3）减重

减重就是在滑坡体后缘挖除一定数量滑坡体而使滑坡稳定下来。这种措施适用于推动式滑坡，一般滑动面不深，滑床上陡下缓，滑坡后壁或两侧有岩层外露或土体稳定不可能再发展的滑坡。减重主要是减小滑体的下滑力，不能改变其下滑趋势，所以减重常与其他整治措施配合使用。

（4）支挡工程

①抗滑垛。一般用于滑体不大，自然坡度平缓，滑动面位于路基附近或坡脚下部较浅处的滑坡。主要是依靠片石垛的自重来增加抗滑力的一种简易抗滑措施。片石垛可用片石干砌或石笼堆成。如图 2-37 为干砌片石抗滑垛。

②抗滑挡土墙。在滑坡下部修建抗滑挡土墙，是整治滑坡常用的有效措施之一。对于大型滑坡，常作为排水、减重等综合措施的一部分；对中、小型滑坡，常与支撑渗沟联合使用。抗滑挡土墙一般多采用重力式结构，其尺寸应经计算确定，如图 2-38 所示。

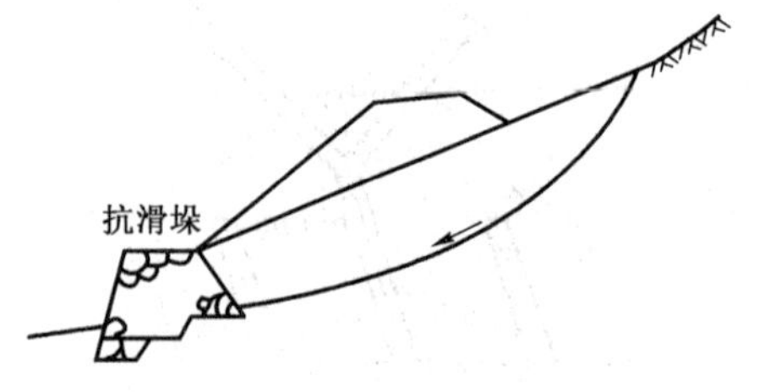

图 2-37　干砌片石抗滑垛

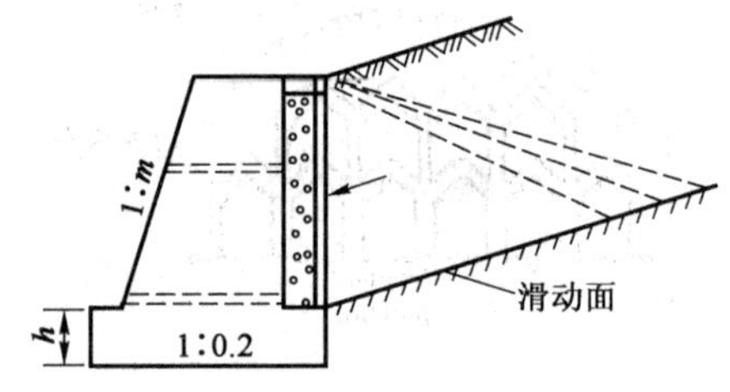

图 2-38　抗滑挡墙

③抗滑桩。抗滑桩是一种用桩的支撑作用稳定滑坡的有效抗滑措施。一般适用于非塑性体层和中厚度滑坡前缘,以及使用重力式支撑建筑物圬工量过大,施工困难的场合。抗滑桩按制作材料为混凝土桩、钢筋混凝土桩;按施工方法分为打入法、钻孔法、挖孔法等。如图2-39所示的是浅路堑边坡滑坡用混凝土桩使滑体稳定的示例。

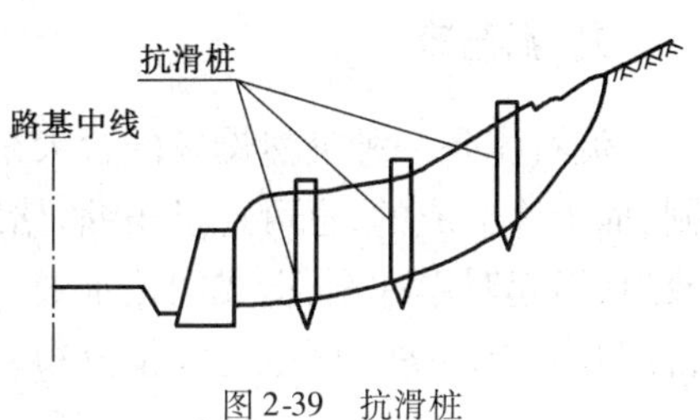

图2-39 抗滑桩

八、崩塌

1.崩塌的原因

崩塌是高陡斜坡上岩体或土体在重力作用下坍塌、倾斜或坠落的地质现象,是较为常见且危害较大的路基病害之一。崩塌在雨季山区公路经常发生。崩塌的原因如下:

(1)土质边坡坡度过陡且较高,不符合规范规定或边坡植被差。

(2)不良的地质条件。如山坡为堆积的砂黏土加碎石、块石、大孤石的土壤;山坡岩层软硬交错,风化程度不同,尤其下部软岩剥蚀,最易引起上部硬岩崩塌,公路穿过岩层断裂地带,地面水渗入裂缝,或地下水汇集到裂缝地带活动;土质及岩石在反复冻融作用下,土体稳定性降低,岩石裂缝加速发展。上述情况均是造成崩塌的不良地质条件。人为的破坏,如在边坡上任意取土撬石、挖空坡脚、不适当的大爆破振松了岩层,在水的侵蚀下都会造成崩塌。

2.崩塌的防治

(1)整修边坡。在路堑斜坡上发现有裂缝、滑动现象或因地下水影响而引起边坡变形,可能造成崩塌时,应自上而下进行修坡,使边坡顺适,达到稳定的边坡度。坡顶以上3m内,如有大树也要砍掉,以防暴风雨刮倒大树,横卧公路,造成阻车。

(2)做好排水设施。排除地面水可修建截水沟、排水沟;排除地下水,可修建纵、横盲沟,与处理滑坍相类似。

(3)加固边坡。对边坡表面进行加固与防护,可以增加坡面的稳定性,防止风化、剥蚀与冲刷,减少地面水渗入土体。对土方边坡一般采用密铺草皮,石料来源丰富的地方也可以做石砌护坡。边坡如为软硬岩石交错组成时,可采用灰浆抹面,在抹面前,应先清除松动岩屑及风化层,并嵌补坡面的坑洼。对于易风化的软质岩层的边坡,特别是节理发达的,可修建浆砌片石护墙或干砌块石护墙(水泥砂浆勾缝)来保护。

(4)修筑挡土墙或石垛。挡土墙是防治崩塌的重要措施,它可增加边坡支撑力量。个别危石不能用清除办法,又不必修挡土墙时,可以做浆砌块石石垛、立柱等支撑加固。

(5)禁止在边坡上任意取土挖石,必要时应经由养路部门同意,指定料场,有计划、有步骤地自上而下挖取,以不妨碍边坡稳定为原则。

(6)加强经常养护。在雨季前,要仔细检查易于发生崩塌的地段。对新建公路,在初期2~3年内,更应加强检查。发现有崩塌危险地段,应首先将危险部分土石方清除,以免突然下坍,阻断交通。

九、泥石流

泥石流是一种突然爆发的含大量泥砂石块的洪流。其对路基的危害主要是通过堵塞、冲刷、撞击等造成的,也可通过压缩、堵塞河路使水位壅升,淹没上游沿河路基,或者迫使主河槽改道,引起对岸冲刷,造成间接水毁。我国泥石流主要分布在西南、西北及华北的山区,华南、台湾及海南岛等地区也有零星分布。

1. 泥石流的形成类型

(1)水流冲刷山坡滑落物质而形成的泥石流。山坡或沟岸泥沙由于重力作用而不断地坍塌、碎落或滑坡而落入沟道,在暴雨的冲击下而形成泥石流。这种形式中最严重的是大型滑坡堵断沟道,水流直接由滑坡体上流过或形成溃决,也有的在暴雨时滑坡体中的饱和水与滑坡体一涌而下,形成强大的泥石流。

(2)由水流冲刷河床物质而形成的泥石流,水流直接冲动沟底泥沙而形成泥石流的现象越来越被重视,最危险的是河床表面有粗化层,当沟谷中发生的洪水将粗化层冲走,下部细粒泥沙将发生溃决性冲刷,形成大规模的泥石流。

(3)由滑坡直接演变为泥石流。滑坡在高速滑动过程中,土体被液化而形成泥石流。

(4)融冻泥石流。融冻泥石流原来是指高山地区山坡由于融冻作用而产生向下滑动的液化土体。但近年来发现,在低山的季节性冻土地区的一些黄土或类黄土覆盖的沟谷内,在黄土下部基岩表面的地下水渗出带、冬季出露点一带,由于地表地下水冻结而不往外流,地下水积蓄而液化土体,在化冻季节形成泥石流,在沟道内聚积而向下流动,并形成沟岸滑塌。

(5)矿山废渣由于水流冲刷或滑塌而形成泥石流。

2. 泥石流的防治方法

对泥石流病害应进行调查,通过访问、测绘、观测等获得第一手资料,掌握其活动规律,有针对性地采取以预防为主、综合治理的方法来减轻泥石流的危害。泥石流严重地区,养护部门应加强巡视检查,观察其变化动态,尽力采取防治措施。对泥石流可以采取以下措施进行防治:

(1)植树造林,封山育林。对流泥、流石的山坡,在春秋两季,应大量植树造林,铺植草皮,特别是在分水岭、山坡、洪积扇上及沟谷内。树木以生长快、根系多的柳树等为宜。铺草皮要先修整边坡,铺后要用木槌拍紧、拍平、使接缝紧密。但因草皮只能预防坡面冲刷、剥蚀,因此,对滑动没有停止的边坡,不宜种植。同时应控制放牧,不允许在同一坡面上伐树、采挖草皮,以防造成新的泥石流。

(2)平整山坡,填充勾缝,修筑梯阶、土埂,以控制水土流失,防止滑坡发展。

(3)修筑排水及支挡工程。修筑截水沟、边坡渗沟等排水工程,设置支撑挡墙,加固沟头、沟底、沟坡,稳定山坡。

(4)在地质条件好的上游,分级修建砌石或混凝土拦渣坝,以起到沉积、拦阻泥石流的作用。坝址宜选在能充分停淤的沟谷狭窄处,基础要设置在可靠的地基上,沉积在坝后的泥石,要随时清除。

(5)小量的泥石流应在路肩外缘设置碎落台或修建拦渣挡墙,并随时清除冲积的泥石。

(6)采用桥梁或涵洞跨越泥石流,但要考虑淤积问题。

(7)采用明洞及隧道,一般用于路基通过堆积区、泥石流规模大、常发生危害严重且采取其他措施有困难时的情况下。

(8)采用排洪道、急流槽、导流堤、渡槽等设施使泥石流顺利排走,以防掩埋道路、堵塞桥涵。

复习思考题

1. 路基的养护如何进行?

2. 边坡的养护如何进行?

3. 路基翻浆的防治措施有哪些?

4. 崩塌的原因及防治措施是什么?

单元三　路面养护技术

路面是在路基上铺筑成一定厚度的结构层(图 3-1 ~ 图 3-4)。它直接承受交通荷载的作用,易受气候、水文等自然因素的影响而损坏。因此必须采取预防性、经常性的保养和维修,以保持路面平整完好、横坡适度、排水畅通、具有足够的强度和抗滑性能,有计划地对路面进行改善,以提高技术状况,使行车安全、顺畅、舒适。

图 3-1　沥青路面

图 3-2　沥青路面结构示意图

图 3-3　水泥混凝土路面

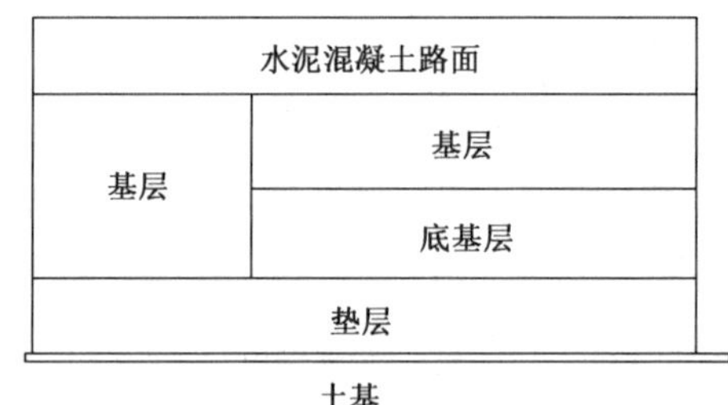

图 3-4　水泥混凝土路面结构示意图

课题一　沥青路面养护

知识点:

◎ 沥青路面养护工作的主要内容。

◎ 沥青路面调查的内容。

技能点:

◎ 沥青路面调查方法与养护技术。

◎ 沥青路面养护技术标准。

沥青路面是指用沥青作黏结料修筑面层并与其他各类基层所组成的路面(图 3-5)。因其具有强度高、韧性好,表面平整、坚实、无接缝,行车平稳、舒适噪声小,使用质量和耐久性好的特点而被广泛应用。但由于路面材料、施工质量、自然因素以及使用等影响易产生裂缝、坑槽、松散、沉陷、车辙、波浪、壅包、松散、泛油等病害(图3-6)。为保证沥青路面具有足够的承载能力和通行能力,满足行车安全、迅速、经济、舒适的要求。必须对其采取预防性、经常性的保养和维修,有计划地对路面进行改善,提高路面的使用质量和抗灾能力。

a)高速公路　b)一级公路

c)二级公路　d)三、四级公路

图3-5　公路沥青路面

一、影响沥青路面使用的因素

车辆荷载的反复作用、自然环境对路面材料影响以及其他因素影响,使沥青路面结构产生变化,因此影响沥青路面的使用质量。

1. 行车荷载的反复作用

(1)汽车荷载垂直压力作用于路面。

(2)汽车起动、制动、变速、转向以及克服各种行车阻力作用于路面的水平力。

(3)汽车行驶时自身产生的振动及因路面不平整引起车辆颠簸产生振动而对路面作用的动压力。

(4)车辆行驶时在车轮的后方与路面之间形成暂时的真空而对路面产生的真空吸力。

2. 自然因素作用

路面暴露于大气中,直接经受着自然现象的作用。

(1)温度变化影响。高温时,沥青路面在车辆荷载的作用下,易产生波浪、车辙、壅包、推移等病害;低温时,沥青路面易产生开裂。

(2)地表水影响。来自大气降水和蒸发、地面水的渗透,易使沥青路面松散、产生坑槽、沉陷等病害。

(3)地下水影响。地下水易引起沥青路面下沉、翻浆等病害。

(4)其他自然因素影响。风力、空气、地震力等对沥青路面的影响。

a)裂缝　b)坑槽　c)松散　d)沉陷　e)车辙　f)波浪　g)壅包　h)泛油

图3-6　沥青路面各种病害

3.其他方面影响

(1)材料的老化。筑路材料性质的衰变。

(2)设计缺陷。沥青混合料配比设计、沥青路面结构设计等缺陷,会引起沥青路面裂缝、麻面、松散、磨光、泛油、啃边等病害。

(3)施工缺陷。施工过程中,各结构层强度、摊铺不均匀,压实度不足等缺陷,易使沥青路面产生沉陷、坑槽、脱皮、车辙等病害。

(4)使用不当。车辆超载运输(图3-7)、有机溶剂(如汽油、柴油等)的污染等,引起路面变形和破坏。

a)

b)

图3-7　超载车辆

二、沥青路面调查

1.沥青路面的破损类型

(1)龟裂

龟裂是裂缝与裂缝连接成形似龟背、小网格式、成块、不规则的网状裂缝。分为以下3项。

①轻。初期裂缝,裂区无变形、无散落,缝隙,主要裂缝宽度在2mm以下,主要裂缝块度为0.2~0.5m。损坏按面积计算(图3-8)。

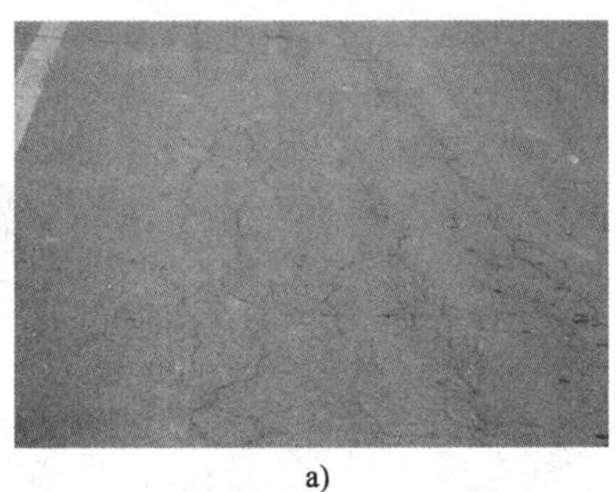

a)

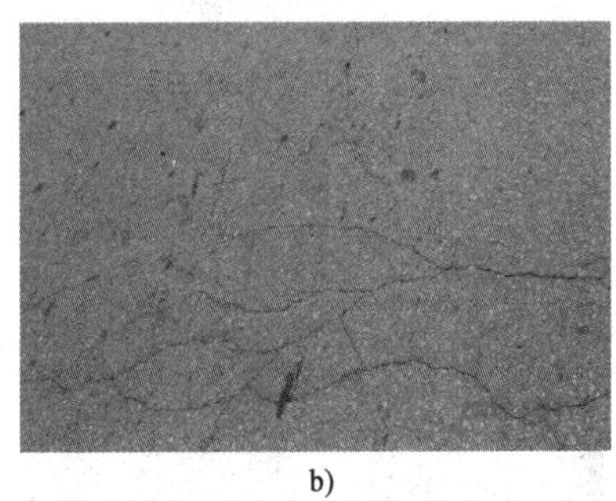

b)

图3-8　轻度龟裂

②中。龟裂的发展期,龟裂状态明显,裂缝区有轻度散落或轻度变形,主要裂缝宽度为2~5mm,部分裂缝块度小于0.2m。损坏按面积计算(图3-9)。

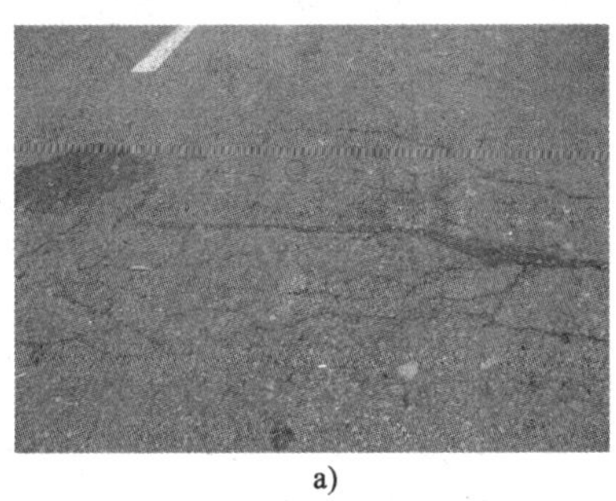

a)

b)

图3-9　中度龟裂

③重。龟裂特征显著,裂块较小,裂缝区变形明显、散落严重,主要裂缝宽度大于5mm,大部分裂缝块度小于0.2m。损坏按面积计算(图3-10)。

图 3-10　严重龟裂

(2)块状裂缝

当沥青面层较宽时,横向开裂、纵向开裂、斜向开裂相互交错,形成不规则的块状裂缝。

①轻。缝隙、裂缝区无散落,裂缝宽度在 3mm 以内,大部分裂缝块度大于 1.0m,损坏按面积计算(图 3-11)。

②重。缝宽、裂缝区有散落,裂缝宽度在 3m 以上,主要裂缝块度在 0.5 ~ 1.0m 之间,损坏按面积计算(图 3-12)。

a)

b)

图 3-11　轻度块裂

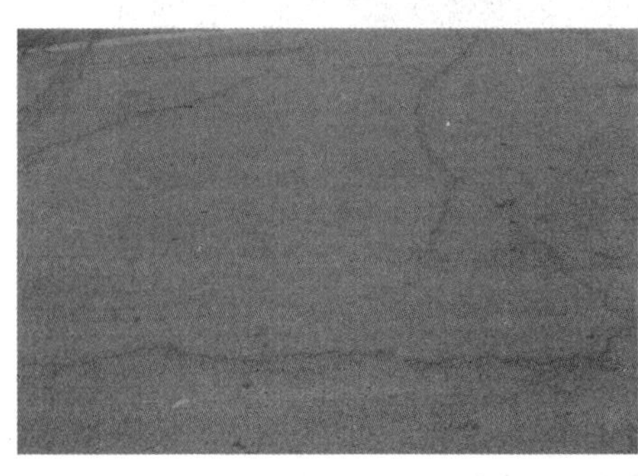

a)

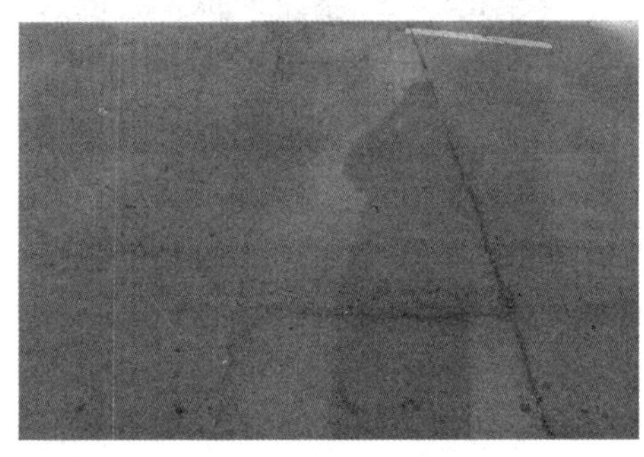

b)

图 3-12　严重块裂

(3)纵向裂缝

纵向裂缝指沿路面纵断面方向出现的裂缝,表现为沿路面行车方向分布的单根裂缝,裂缝方向与路面中心线基本平行。

①轻。缝隙、裂缝壁无散落或有轻微散落,无支缝或有少量支缝,裂缝宽度在 3mm 以内,损坏按长度计算,检测结果要用影响宽度(0.2m)换算成面积(图 3-13)。

②重。缝宽、裂缝壁有散落、有支缝,主要裂缝宽度大于 3mm,损坏按长度(m)计算,检测结果要用影响宽度(0.2m)换算成面积(图 3-14)。

(4)横向裂缝

横向裂缝指沿着路面横断面方向出现的规则裂缝,与行车方向基本垂直的裂缝。

①轻。缝细、裂缝壁无散落或有轻微散落，裂缝宽度在3mm以内，损坏按长度计算，检测结果要用影响宽度(0.2m)换算成面积(图3-15)。

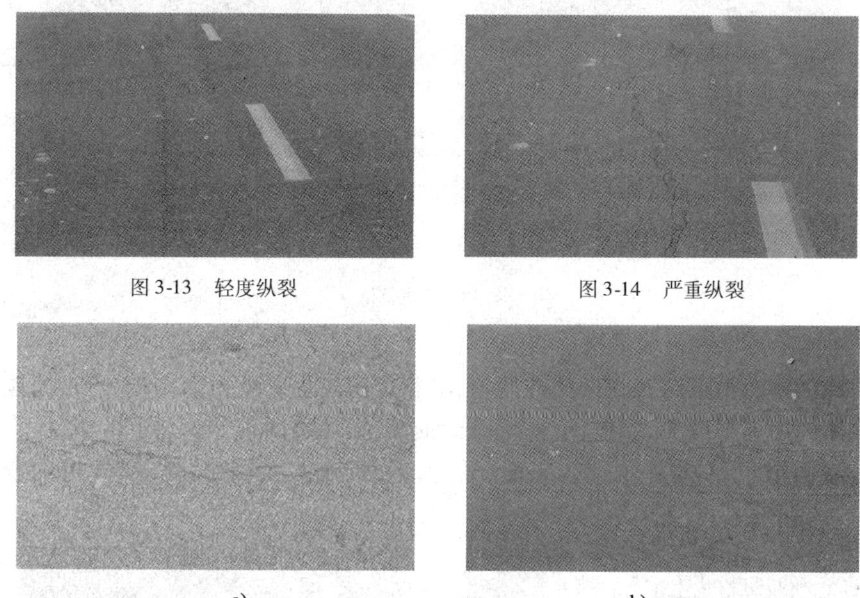

图3-13　轻度纵裂

图3-14　严重纵裂

a)

b)

图3-15　轻度横裂

②重。缝宽、裂缝贯通整个路面、裂缝壁有散落并伴有少量支缝，主要裂缝宽度大于3mm，损坏按长度计算，检测结果要用影响宽度(0.2m)换算成面积(图3-16)。

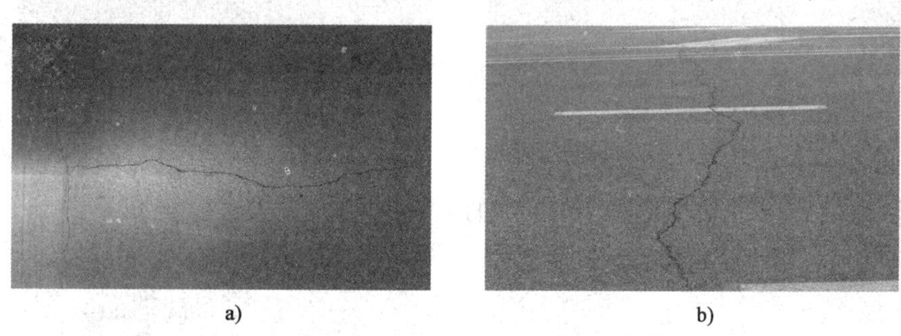

a)

b)

图3-16　严重横裂

(5)坑槽

坑槽是指沥青路面面层集料局部脱落或基层和面层的局部脱落而出现的路面坑穴。

①轻。坑浅，有效坑槽面积在0.1m^2以内(约0.3m×0.3m)，损坏按面积计算(图3-17)。

a)

b)

图3-17　轻度坑槽

②重。坑深,有效坑槽面积大于0.1m^2(约0.3m×0.3m),损坏按面积计算(图3-18)。

a)

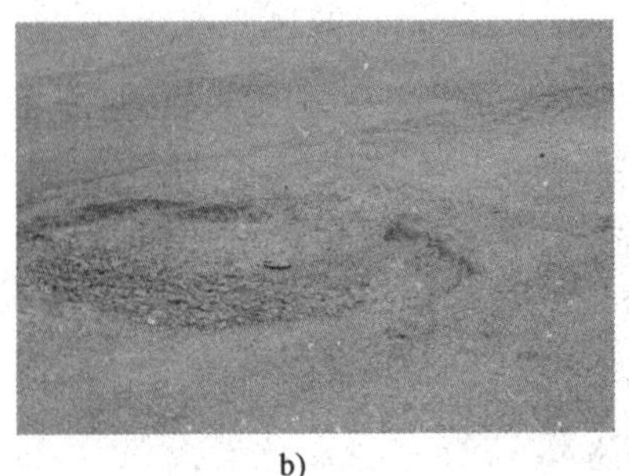

b)

图3-18 严重坑槽

(6)松散

松散是沥青路面由于结合料散失或脱落,集料之间失去黏结力而出现松散、掉粒等现象。

①轻。路面细集料散失、脱皮、麻面等表面损坏,损坏按面积计算(图3-19)。

②重。路面粗集料散失、脱皮、麻面、露骨,表面剥落、有小坑洞,损坏按面积计算(图3-20)。

图3-19 轻度松散

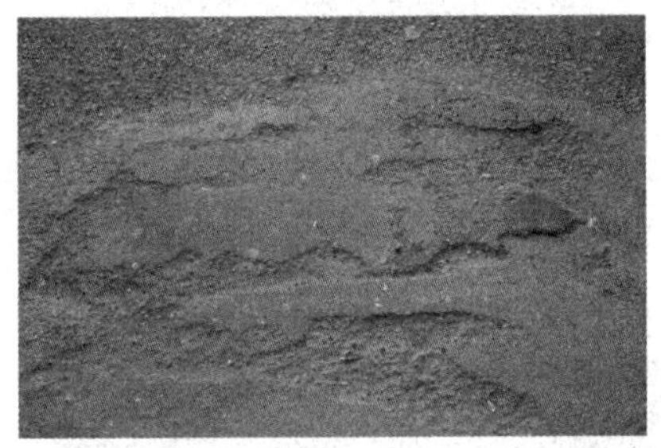

图3-20 严重松散

(7)沉陷

沉陷是指路面局部垂直变形大于10mm的下陷变形。

①轻。深度为10~25mm,正常行车无明显感觉,损坏按面积计算(图3-21)。

a)

b)

图3-21 轻度沉陷

②重。深度大于25mm,正常行车有明显感觉,损坏按面积计算(图3-22)。

(8)车辙

车辙是指轮迹处深度大于10mm的纵向带状凹槽(辙槽),如图3-23所示。

①轻。辙槽浅,深度为10~15mm,损坏按长度计算,检测结果要用影响宽度(0.4m)换算成面积。

②重。辙槽深，深度 15mm 以上，损坏按长度计算，检测结果要用影响宽度(0.4m)换算成面积。

a)

b)

图 3-22　严重沉陷

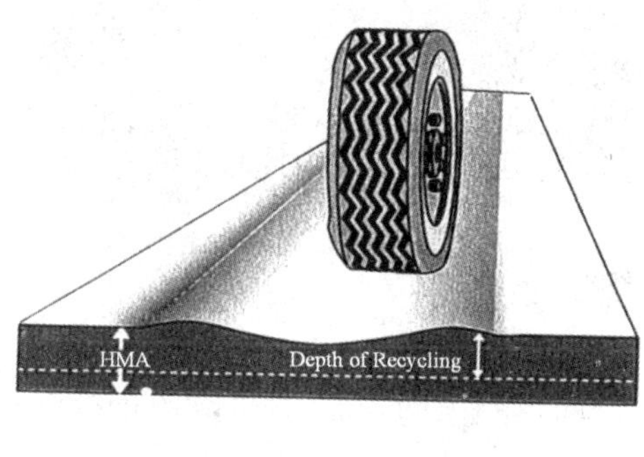

a)

b)

图 3-23　车辙

(9)波浪壅包

波浪壅包是指路面纵向产生连续起伏(似波浪，有波峰波谷)或局部路面局部壅起。夜间行车时特别明显(图 3-24)。

①轻。波峰波谷高差小，高差在 10 ~ 25mm 之间，损坏按面积计算。

②重。波峰波谷高差大，高差大于 25mm，损坏按面积计算。

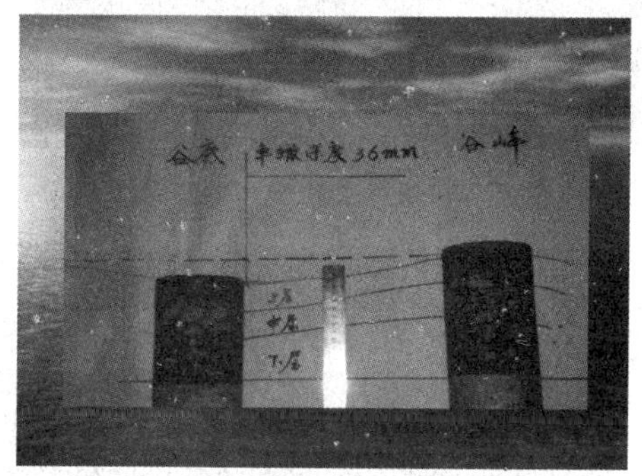

图 3-24　波浪壅包示意图

(10)泛油

路面沥青被挤出或表面被沥青膜覆盖形成发亮的薄油层，损坏按面积计算(图 3-25)。

(11)修补

龟裂、坑槽、松散、沉陷、车辙等的修补面积或修补影响面积(裂缝修补按长度计算，影响宽度为 0.2m)，如图 3-26 所示。

2. 沥青路面检测与调查方法

沥青路面的检测包括沥青路面损坏状况、平整度、车辙、抗滑性能、结构强度 5 项内容。

a)

b)

图 3-25 泛油

a)

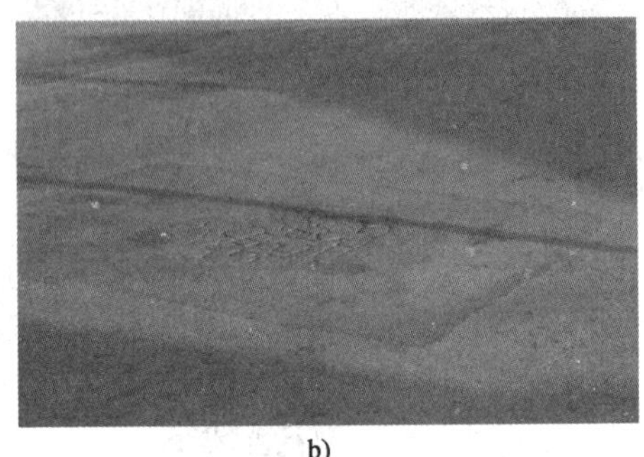

b)

图 3-26 修补

(1)沥青路面破损状况

路面损坏状况检测指标是综合破损率(DR),即路段内不同类型、程度和范围的损坏的折合面积与路段的路面总面积的比值。路面损坏状况检测宜采用自动化的快速检测方法,条件不具备时,可人工检测。

图 3-27 路面损坏自动采集车

①采用快速检测设备检测路面损坏时,应纵向连续检测,横向检测宽度不得小于车道宽度的70%,检测设备应能够分辨 1mm 以上的路面裂缝,检测结果宜采用计算机自动识别,识别准确率应达到 90% 以上(图 3-27)。

②采用人工检测时,检测范围应包含所有行车道(图 3-28),并按规定的类型(表 3-1)实地检测,有条件的地区,可借助便携式路况数据采集仪进行现场检测。

a)

b)

图 3-28

c)

d)

图 3-28 沥青路面损坏人工检测

沥青路面损坏类型和权重 表 3-1

类型(i)	破损类型	严重程度	权重(w_i)	计量单位	类型(i)	破损类型	严重程度	权重(w_i)	计量单位
1	龟裂	轻	0.6	m^2	12	松散	轻	0.6	m^2
2		中	0.8		13		重	1.0	
3		重	1.0		14	沉陷	轻	0.6	m^2
4	块状裂缝	轻	0.6	m^2	15		重	1.0	
5		重	0.8		16	车辙	轻	0.6	m(影响宽度 0.4m)
6	纵裂	轻	0.6	m(影响宽度 0.2m)	17		重	1.0	
7		重	1.0		18	波浪拥包	轻	0.6	m^2
					19		重	1.0	
8	横裂	轻	0.6	m(影响宽度 0.2m)	20	泛油		0.2	m^2
9		重	1.0		21	修补		0.1	m^2
10	坑槽	轻	0.8	m^2					
11		重	1.0						

③路面损坏状况检测要求：

路面损坏检测数据应以 100m(人工检测)或 10m(快速检测)为单位长期保存。

人工方法检测时，仔细查看路面上存在的损坏状况，正确区分病害类型和严重程度，丈量其损坏面积和长度，根据沥青路面损坏类型和权重(表 3-1)确定病害类型，记入沥青路面损坏情况调查表(附表 1)，准确至平方米，不规则形状的损坏面积计算时先按当量面积计算。

(2)沥青路面平整度

路面平整度检测指标是国际平整度指数(IRI)。

①路面平整度宜采用快速检测设备(图 3-29、图 3-30)，可结合路面损坏和车辙一并检测。单独检测路面平整度时，宜采用高精度的断面类检测设备。路面平整度检测设备必须定期标定，每年至少标定一次，标定的相关系数应大于 0.95。

②条件不具备的三、四级公路，路面平整度可采用 3m 直尺人工检测(图 3-31、图 3-32)。

③路面平整度检测要求

路面平整度检测数据应以 100m(人工检测)或 20m(快速检测)为单位长期保存。

路面平整度采用 3m 直尺人工检测，检测结果按表 3-2 评定。

图 3-29 激光纵断面平整度测试仪

图 3-30 连续式平整度仪

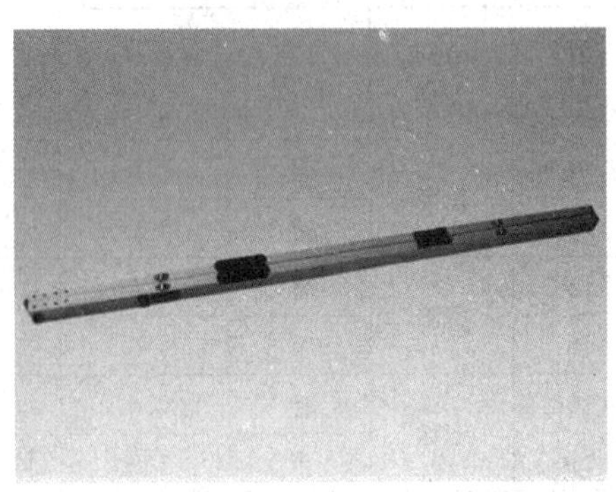

图 3-31 3m 直尺

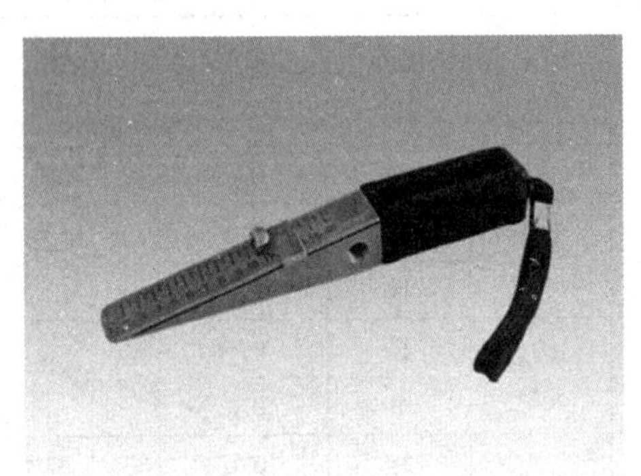

图 3-32 塞尺

路面平整度人工评定标准 表 3-2

技术等级	优	良	中	次	差
RQI	≥90	≥80,<90	≥70,<80	≥60,<70	<60
3m 直尺	≤10	>10,≤12	>12,≤15	>15,≤18	>18
颠簸程度	无颠簸,行车平稳	有轻微颠簸,行车尚平稳	有明显颠簸,行车不平稳	严重颠簸,行车很不平稳	非常颠簸,非常不平稳

(3)沥青路面车辙

路面车辙检测指标是车辙深度(RD)。

路面车辙检测宜采用快速检测设备,路面车辙检测设备必须定期标定,每年至少标定一次,标定的相关系数应大于 0.95。

路面车辙检测应根据断面数据计算路面车辙深度(RD)。计算结果应以 10m 为单位长期保存。

(4)沥青路面抗滑性能

路面抗滑能力的检测指标是横向力系数(SFC)。

①路面抗滑性能宜采用基于横向力系数的路面抗滑性能检测设备或其他具有可靠数据标定关系的自动化检测设备。检测设备必须定期标定,每年至少标定一次(图 3-33)。

②条件不具备时,可采用摆式仪或铺砂法来测试路面抗滑性能(图 3-34、图 3-35)。

③路面抗滑能力检测要求

路面抗滑性能检测数据(横向力系数)应以 20m 为单位长期保存。

图 3-33　横向力系数测试车

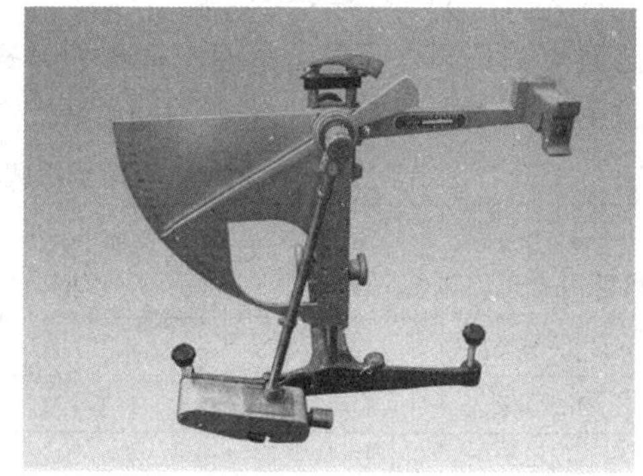

图 3-34　摆式仪

(5)沥青路面结构强度

路面结构强度检测指标是路面回弹弯沉值(Ls)。

①路面结构强度宜采用自动检测设备检测。自动检测时,宜采用具有可靠数据标定关系的自动化检测设备,检测结果应能换算成我国相关技术规范规定的回弹弯沉值。自动检测设备必须定期标定,每年至少标定一次,标定的相关系数应大于0.95(图3-36、图3-37)。

②采用贝克曼梁弯沉仪进行检测(图3-38)。

图 3-35　铺砂设备

图 3-36　落锤式弯沉仪

图 3-37　自动弯沉仪

图 3-38　贝克曼梁弯沉仪

③路面结构强度检测要求:弯沉检测数据应以20m为单位长期保存。采用贝克曼梁检测时,检测数量应不小于20点/(km · 车道)。抽样检测时,检测范围可控制在养护里程的20%以内。

3. 沥青路面检测与调查频率

路面检测与调查可采用全面或抽样的方式进行。沥青路面技术状况评定所需数据的最低检测与调查频率应按表 3-3 的规定执行。

最低检测与调查频率　　表 3-3

检测频率 / 检测内容	路面损坏（PCI）	路面平整度（RQI）	抗滑性能（SRI）	路面车辙（RDI）	结构强度（PSSI）
高速公路、一级公路	1 年 1 次	1 年 1 次	2 年 1 次	1 年 1 次	抽样检测
二、三、四级公路	1 年 1 次	1 年 1 次			

4. 数据采集要求与汇总

（1）数据采集要求

数据采集人员必须严肃认真，有较丰富的路面养护实践经验，并熟悉路面病害类型区分，确保数据真实、可靠。地（市）公路部门应组织复核小组对调查结果进行抽查，抽查数量占实际调查路段的 5% ~10%，偏差范围在 ±10% 以内为合格，否则应进行重新调查。

①路面检测以 1000m 路段为基本单元或调查单元。

②检测数据按上行方向（桩号递增方向）和下行方向（桩号递减方向）分别检测。二、三、四级公路可不分上下行。

③采用快速检测方法检测路面使用性能评定所需数据时，每个检测方向至少检测一个主要行车道。

（2）调查结果汇总

调查结果应按路段汇总，填入沥青路面损坏情况总表，填写《公路技术状况评定明细表》（附表 2）。

三、沥青路面技术状况评定

1. 沥青路面评定要求

沥青路面技术状况评定以 1000m 路段长度为基本评定单元。其技术状况以沥青路面技术状况指数 MQI 表示。

$$MQI = w_{PQI}PQI + w_{SCI}SCI + w_{BCI}BCI + w_{TCI}TCI \tag{3-1}$$

式中：w_{PQI}——PQI在 MQI 中的权重，取值为 0.70；

w_{SCI}——SCI在 MQI 中的权重，取值为 0.08；

w_{BCI}——BCI在 MQI 中的权重，取值为 0.12；

w_{TCI}——TCI在 MQI 中的权重，取值为 0.10；

PQI——沥青路面使用性能；

SCI——路基技术状况；

BCI——桥隧技术状况；

TCI——沿线设施技术状况。

沥青路面使用性能（PQI）评价包含路面损坏、平整度、车辙、抗滑性能、结构强度 5 项技术内容。其中，路面结构强度为抽样评定指标，单独计算与评定，评定范围根据路面大中修养护需求、路基的地质条件等自行确定。

沥青路面使用性能指数(PQI)计算公式为:

$$PQI = w_{PCI}PCI + w_{RQI}RQI + w_{RDI}RDI + w_{SRI}SRI \tag{3-2}$$

式中:PCI——路面损坏状况指数;

RQI——路面行驶质量指数;

RDI——路面车辙深度指数;

SRI——路面抗滑性能指数;

w_{PCI}——PCI在 PQI 中的权重;

w_{RQI}——RQI在 PQI 中的权重;

w_{RDI}——RDI在 PQI 中的权重;

w_{SRI}——SRI在 PQI 中的权重。

PQI 各权重取值按表 3-4 选取。

PQI 分项指标权重 表 3-4

路面类型	权重	高速、一级公路	二、三、四级公路
沥青路面	w_{PCI}	0.35	0.60
	w_{RQI}	0.40	0.40
	w_{RDI}	0.15	—
	w_{SRI}	0.10	—

(1)路面损坏用路面损坏状况指数(PCI)评价:

$$PCI = 100 - a_0 DR^{a_1} \tag{3-3}$$

$$DR = 100 \times \frac{\sum_{i=1}^{i_0} w_i A_i}{A} \tag{3-4}$$

式中:DR——路面破损率(Pavement Distress Ratio),为各种损坏的折合损坏面积之和与路面调查面积之百分比(%);

A_i——第 i 类路面损坏的面积(m^2);

A——调查的路面面积(m^2)(调查长度与有效路面宽度之积);

w_i——第 i 类路面损坏的权重,沥青路面按表 3-1 选取;

a_0——沥青路面采用 15.00,水泥混凝土路面采用 10.66,砂石路面采用 10.10;

a_1——沥青路面采用 0.412,水泥混凝土路面采用 0.461,砂石路面采用 0.487;

i——考虑损坏程度(轻、中、重)的第 i 项路面损坏类型;

i_0——包含损坏程度(轻、中、重)的损坏类型总数,沥青路面取 21,水泥混凝土路面取 20,砂石路面取 6。

(2)路面平整度用路面行驶质量指数(RQI)评价:

$$RQI = \frac{100}{1 + a_0 e^{a_1 IRI}} \tag{3-5}$$

式中:IRI——国际平整度指数;

a_0——高速公路和一级公路采用 0.026,其他等级公路采用 0.0185;

a_1——高速公路和一级公路采用 0.65,其他等级公路采用 0.58。

(3)路面车辙用路面车辙深度指数(RDI)评价:

$$
RDI=\begin{cases}100-a_0RD & (RD\leqslant RD_a)\\ 60-a_1(RD-RD_a) & (RD_a<RD\leqslant RD_b)\\ 0 & (RD>RD_b)\end{cases} \tag{3-6}
$$

式中:RD——车辙深度(mm);

RD_a——车辙深度参数,采用20mm;

RD_b——车辙深度限值,采用35mm;

a_0——模型参数,采用2.0;

a_1——模型参数,采用4.0。

(4)路面抗滑性能用路面抗滑性能指数(SRI)评价:

$$
SRI=\frac{100-SRI_{min}}{1+a_0e^{a_1SFC}}+SRI_{min} \tag{3-7}
$$

式中:SFC——横向力系数;

SRI_{min}——标定参数,采用35.0;

a_0——模型参数,采用28.6;

a_1——模型参数,采用-0.105。

(5)路面结构强度用路面结构强度指数(PSSI)评价:

$$
PSSI=\frac{100}{1+a_0e^{a_1SSI}} \tag{3-8}
$$

$$
SSI=\frac{l_d}{l_0} \tag{3-9}
$$

式中:SSI——路面结构强度系数,为路面设计弯沉与实测代表弯沉之比;

l_d——路面设计弯沉(mm);

l_0——实测代表弯沉(mm);

a_0——模型参数,采用15.71;

a_1——模型参数,采用-5.19。

2. 沥青路面评定标准

(1)公路技术状况用公路技术状况指数MQI和相应分项指标表示,MQI和相应分项指标的值域为0~100。

(2)公路技术状况分为优、良、中、次、差5个等级,等级确定按表3-5规定的标准确定。

公路技术状况评定标准 表3-5

评价等级	优	良	中	次	差
MQI及相应分项指标	≥90	≥80,<90	≥70,<80	≥60,<70	<60

四、沥青路面养护的工作内容

沥青路面养护工作可分为日常巡视与检查、小修保养、中修、大修、改建和专项工程。

1. 日常巡视与检查

日常巡视与检查内容包括:

(1)路面上是否有明显的坑槽、裂缝、壅包、沉陷、松散、车辙、泛油、波浪、麻面、冻胀、翻浆等病害，其危害程度及趋势。

（2）路面上是否有可能损坏路面或妨碍交通的堆积物等。

2. 小修保养

小修保养可分为日常保养和小修两项工作内容。

（1）日常保养的内容

①清扫路面泥土、杂物。

②排除路面积水、积雪、积冰、积砂、铺防滑料等。

③拦水带（路缘石）的刷白、修理。

④清理边沟、维修护坡道、培土等。

（2）小修的内容

修补路面的泛油、壅包、轻微裂缝、横向裂缝、坑槽、沉陷、波浪、局部网裂、松散、车辙、麻面、啃边等病害。

3. 中修

（1）沥青路面整段铺装、罩面或封面（稀浆封层）。

（2）沥青路面局部严重病害处理。

（3）整段更换路缘石、整段维修路肩。

4. 大修

大修工程的内容包括路面的翻修、补强等。

5. 改建工程

（1）提高路面等级。

（2）补强。

（3）加宽。

（4）局部改线。对不适应交通要求、不符合路线标准的路段，通过局部改线，提高公路等级，使其符合技术标准要求。

五、沥青路面养护技术

根据沥青路面损坏类型、原因及严重程度，采取相应的养护对策，保证路面的使用品质。常用的养护技术有日常养护、灌缝、修补、罩面、路面补强、加宽、沥青路面翻修与再生利用。

1. 日常养护

（1）一般公路沥青路面的日常养护

①沥青路面初期养护

a. 热拌沥青混合料路面的初期养护

摊铺、压实后的热拌沥青混合料路面，待摊铺层自然冷却，混合料表面温度低于50°C后方可开放交通；纵横向的施工接缝是沥青路面的薄弱环节，应加强初期养护，随时用3m直尺查找暴露出来的轻微不平，铲高补低，经拉毛后，用混合料垫平、压实。

b. 沥青贯入式路面的初期养护

路面竣工后，开放交通时，行驶车辆限速在15km/h以下，根据路表面成形情况，逐步提高到20km/h；设专人指挥交通或设置临时路标，按先两边，后中间控制车辆易辙行驶，达到全面压实；应随时将行车驱散的嵌缝料回扫、扫匀、压实，以形成平整密实的上封层。当路面泛油后，要及时补撒与施工最后一层矿料相同的嵌缝料，同时控制行车碾压。

c. 沥青表面处治路面的初期养护

层铺法和拌和法施工的沥青表面处治路面的初期养护与沥青贯入式路面的要求基本相同。

d. 乳化沥青路面的初期养护

乳化沥青路面的初期稳定性差,压实后的路面应做好初期养护,设专人管理,按实际破乳情况,封闭交通(2~6)h;在未破乳的路段上,严禁一切车辆、人、畜通过;开放交通初期,应控制车速不超过20km/h,并不得制动和掉头。当路面有损坏时应及时修补。

②沥青路面日常养护

a. 加强路况巡查,及时发现病害,研究分析病害产生的原因,并有针对性地及时对病害处进行维修处理。

图3-39　路面清扫

b. 路面清扫(图3-39),巡查过程中,发现路面上有杂物,要及时清扫,保持路面清洁。沥青路面的日常清扫,应根据实际情况,采用机械或人工的方法进行清扫。沥青路面的清扫作业频率应根据路面污染程度、交通量的大小及其组成、气候及环境条件等因素而定;长大隧道、桥梁上沥青路面的清扫频率应适当增加。为了防止清扫路面时产生扬尘而污染环境,危及行车安全,机械清扫时宜配备洒水装置,并根据路面的扬尘程度,确定适当的洒水量。

c. 严禁履带车和铁轮车在沥青路面上直接行驶,如必须行驶,应采取相应措施。

d. 雨后路面有积水的地方要及时排除。

e. 除雪防滑。当降雪影响正常通行时,应组织人员与机械清除路面积雪,对重要道路要争取地方政府组织沿线人员、设备除雪;在冬季降雪或下雨后,路面出现结冰时,应在桥面、陡坡、急弯、桥头撒铺一层防滑料,在环保允许情况下,也可撒布融雪材料(如氯化钠、氯化钙等)。

③沥青路面季节性预防养护

沥青路面对气温比较敏感,应根据各地不同季节的气候特点、水和温度变化规律,按照"预防为主、防治结合"的原则,结合本地区成功经验,针对不同季节病害根源,因地制宜,采取有效的技术措施,做好预防性、季节性养护工作。

a. 春季养护

春季气温较暖,路基内的水分开始转移,是各种病害集中暴露的季节。养护中应抓住时机,及时防止路面病害。路基含水率较大的路段,随着解冻路基强度减弱,在行车作用下面层容易出现裂缝病害;含水率已达饱和、强度和稳定性差的路段,经车辆碾压容易出现翻浆。施工质量差的路面,在气温回升时容易变软,矿料经碾压产生松动,油层不稳定,容易出现油包、波浪等。秋末冬初低温施工路段,随着温度的上升,容易出现泛油。春融季节路面出现网裂后,如不及时处理,容易发展为坑槽。

因此,应做好沥青路面的裂缝的填封,并及时快速修补坑槽、处理翻浆、波浪、泛油等病害。

b. 夏季养护

夏季气候炎热,地面水分蒸发快,是沥青路面各种病害全面发展的季节。养护中要充分利用夏季气温高、操作方便的条件，及时消灭病害。

新铺的沥青路面在高温作用下容易出现泛油。基层含水率较大或质量差的路段，在行车作用下面层容易造成路面发软产生车辙。沥青用量过多，矿料过细或沥青黏度差的沥青路面容易出现壅包、波浪、发软等病害。

夏季是养护工程施工的有利季节，应处治好沥青路面的泛油、壅包、波浪、车辙，及时修复冬寒、春雨期临时修补的破损，恢复路面使用质量。

c. 秋季养护

秋季气温逐渐降低，而且雨水较多。应及时处理病害，为冬季沥青路面的正常使用打下基础。

秋季雨水较多，容易积水的路面，如果有裂缝和基层不密实，易出现坑槽。强度不够的路肩受雨水侵蚀或积水影响，在行车碾压下，易产生啃边。基层含水率较大、强度不够，或地基受水泡发软的路段，路面稳定受到影响，在行车碾压下出现网裂。

沥青路面修理必须密切注意天气预报，抓紧完成养护工程年度计划项目，及时处治已发生的各种沥青路面病害。

d. 冬季养护

冬季气候寒冷，路基路面冻结，是沥青路面比较稳定的季节，要做好防雪、防滑、防冰、疏阻、抢险及养护材料准备等工作。

路面在低温下发生不同方向的收缩，容易产生横向、纵向裂缝；积雪地区做好除雪防滑工作。

（2）高速公路沥青路面的日常养护

①一般规定

a. 对高速公路沥青路面应进行经常性和预防性的日常养护，以保证路面经常处于良好的技术状态；

b. 高速公路路面日常养护工作程序要求为：

- 建立完善的巡视检查制度和技术检测系统，建立完善的信息网络。及时、准确地掌握路面状况及相关信息，科学地、客观地评定路面使用品质，有依据、有计划、有针对性地安排养护项目。
- 树立高度的交通服务意识和安全意识，在路面养护作业中，应满足正常行车的需要，尽量避免完全封闭交通。
- 严格按照有关技术规范和标准进行养护作业，宜采取机械化养护作业方式，迅速、优质、高效地处理各类路面损害和障碍，确保运行质量。
- 不断探索和应用新材料、新设备、新技术、新工艺，提高养护作业的时效性、机动性、安全性和可靠性。

c. 对于高速公路沥青路面上出现的各类病害，必须及时、快速处理。当发现直接危及正常交通和行车安全的病害，应立即修复或采取临时过渡措施后，再进行修复。

d. 路面的日常养护，应根据实际需要配置适用的机具设备，建立适当的材料储备，并组织可靠的养护材料供应网络，以确保路面养护作业正常进行。

e. 在高速公路上进行路面养护作业的人员，必须事前接受专门的安全教育和养护作业规程的培训。

②巡查与检测

a. 高速公路沥青路面的日常养护，应坚持巡视检查制度，及时发现路面及其附属设施的损

坏情况和可能影响交通的路障,以便养护部门及时、合理地安排维修和清理,尽快恢复路面正常使用状态。具体为:

- 巡视检查分为日常巡查、定期巡查、特殊巡查和专项巡查。
- 巡查作业中,巡查人员应强化自身保护意识,按规定穿着安全标志服。
- 巡查作业中应由专人记录巡查情况,巡查结束后应尽快整理、汇总巡查记录,并通知有关部门采取相应的养护措施。

b. 路面的日常养护中,应注意收集、利用气象信息和交通信息等相关信息。

c. 高速公路沥青路面应进行路面破损、强度、平整度和抗滑性能检测,以及必要的专项技术检测。

d. 各项巡视检查、专项调查和技术检测的结果,均应及时进行整理和初步分析,并输入公路路面管理系统,由该系统每年一次对路面的技术状况和使用品质进行综合评价,作为制订下一年度养护工作计划的依据。

e. 对修建于软土地基的高速公路沥青路面应定期进行路面高程测量。

③清扫和排水

a. 对尘土、落叶、杂物等造成的路面污染,应进行日常清扫,保持高速公路良好的运行环境。

- 日常清扫应以机械为主,如图 3-40 所示;

图 3-40　路面清扫车

- 日常清扫的作业频率应根据路面污染程度而定,一般为每日一次全程清扫,清扫时间应尽量避开流量高峰时段;
- 清扫机械必须配备洒水装置,清扫机械作业时应根据路面的扬尘程度确定适当的洒水量;
- 清扫后的垃圾应运至指定地点或垃圾场妥善处理,不得随意倾倒;
- 应适当加大隧道内沥青路面和收费广场的清扫频率。

b. 除了定期的日常清扫作业外,还应根据路面污染的特殊情况,及时进行不定期的特殊清扫保洁作业。当路面上有妨碍交通的杂物时,应及时清除;意外事件、事故等因素造成路面污染时,应及时清扫;当被油类物质或化学物品污染时,应现撒砂、撒木屑或用化学中和剂处理,然后进行清扫,必要时用水冲洗干净。

c. 高速公路沥青路面应保持排水畅通,路面无积水。对路面排水系统应经常进行清理和疏通,发现损坏部位应及时进行修复;应经常检查沥青路面的排水情况,检查时间一般以在雨间或雨后 1 ~ 2h 为宜,发现路面明显积水的部位,分析原因,采取以下措施:对雨后明显积水的行车道路面局部沉陷部位,应及时清扫并予以整平;对设置有路侧拦水带及泄水槽的路段,如因拦水带开口及泄水通道的位置不妥造成路面积水时,应及时调整;因横坡不适而造成积水的路段,应采取临时措施,尽量减少行车道部位的积水,并在罩面及翻修工程中彻底调整解决。

d. 在雨季到来之前,应对全部路面排水系统和排水设施进行全面检查和疏通,修复损坏部位,处理水毁隐患,清除路肩和边坡高草,确保雨季排水畅通。加强雨季排水,及时处理路面水毁部位,减轻水害损失。

④排障和清理

a. 为了及时处理并尽量减轻因不可抗拒因素和突发事件所造成的损害,高速公路管理机构应建立完善的应急抢险机制，全天候值班，随时掌握、分析各类有关信息，做好各种应急抢险准备工作，一旦发生险情，快速作出反应，指挥应急抢险工作。

b. 根据实际需要配置必要的排障、抢险、救援设备和可靠的通信指挥设施，对排障、抢险、救援人员应进行专门的业务培训，并预先制定排障、抢险、救援作业程序。一旦出现妨碍正常交通、危及行车安全的路面险情和障碍物，抢险指挥中心应立即组织人员、设备，按程序进行排障、抢险、救援工作，迅速排除路障和路面险情，恢复正常交通。必要时可请求当地政府和当地驻军支援。

c. 排障作业结束后，应尽快清理现场，如有路面及附属设施受到损害，应尽快予以修复。

⑤除雪和防冻

a. 严寒地区的除雪和防冻是路面冬季养护的重点，应根据当地历年气象记录资料、气象预测资料、路面结构、沿线条件等，事先制定切合实际情况的除雪和防冻工作计划、除雪和防冻作业规程，落实相应的除雪、防冻作业人员和机具设备，并按实际需要储备防冻、防滑材料。

b. 路面除雪应以机械作业为主(图 3-41)，人工作业为辅。在降雪过程中，当路面积雪厚度超过 1cm 时，即可开始除雪作业。

a)

b)

图 3-41　路面除冰雪设备

c. 当路面上的压实雪、融化的雪水、未及排除的雨水可能形成冰冻层时，应及时采取防冻防滑措施。

d. 除雪和防冻作业应不分昼夜快速进行，作业现场必须实行统一指挥，并落实与作业形式相适应的安全作业措施和交通控制措施。

2. 裂缝修补技术

目前裂缝修补的主要方法是灌缝和贴缝。灌缝适用于土基、基层强度满足设计要求，并无下陷，且无路基翻浆的龟裂、块状裂缝、纵向裂缝、横向裂缝等病害。但随着材料技术的发展，贴缝带材料能够更好地适应温度、荷载等因素对路面的影响，且贴缝技术的施工简便，有逐步取代灌缝技术的趋势。

(1)窄浅裂缝的灌缝

适用于在高温季节不能愈合的裂缝宽度较小、深度较浅的轻微裂缝。其施工程序如图 3-42 所示。

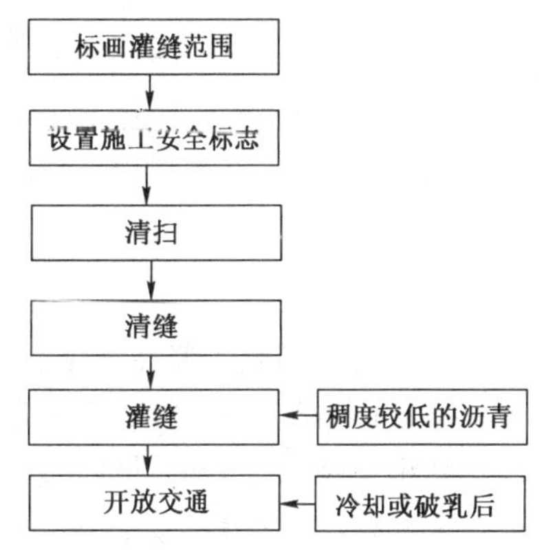

图 3-42　窄浅裂缝灌缝施工程序

施工要点如下：

①根据路况调查结果，在图纸上确定灌缝范围（里程桩号）。

②按照《公路养护安全作业规程》（JTG H30—2015）规定设置安全标志，专人指挥交通，并根据工程进度随时移动标志牌，确保施工人员安全（图 3-43）。

③清扫灌缝区内的路面，避免扬尘污染，影响灌缝质量。

④清理缝内杂物及尘土，以免影响沥青与缝壁黏结或灌缝不密实，出现渗漏水现象。

⑤由于缝隙较小，应选用稠度较低的沥青，灌缝应从一端开始，由低到高、缓慢地向前灌缝，以使灌缝饱满均匀（图 3-44）。

图 3-43　道路施工安全标志

图 3-44　人工灌缝

⑥采用沥青灌缝时，冷却后开放交通；采用乳化沥青灌缝时，完全破乳后开放交通。

（2）宽深裂缝的灌缝

通常采用机械灌缝，适用于裂缝宽度和深度都较大的裂缝。其施工程序如图 3-45 所示。

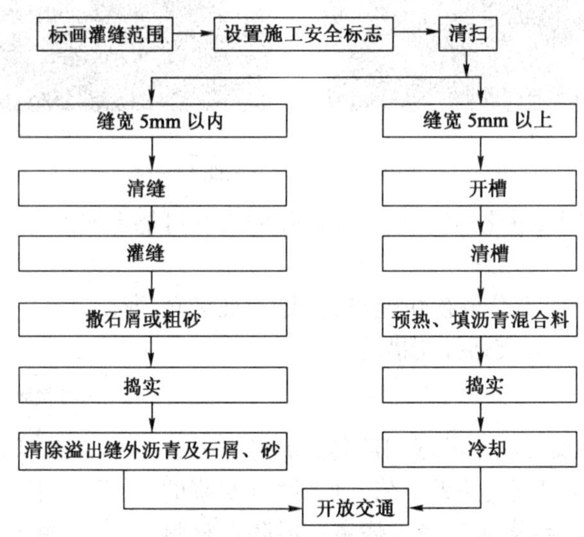

图 3-45　宽深裂缝灌缝施工程序

宽深裂缝的施工要点如下：

①根据路况调查结果，在图纸上确定灌缝范围（里程桩号）。

②根据路面裂缝的具体情况，确定裂缝填封的方案（图 3-46）。

③按照《公路养护安全作业规程》（JTG H30—2015）规定设置安全标志，专人指挥交通，并根据工程进度随时移动标志牌，确保施工人员安全，如图3-47所示。

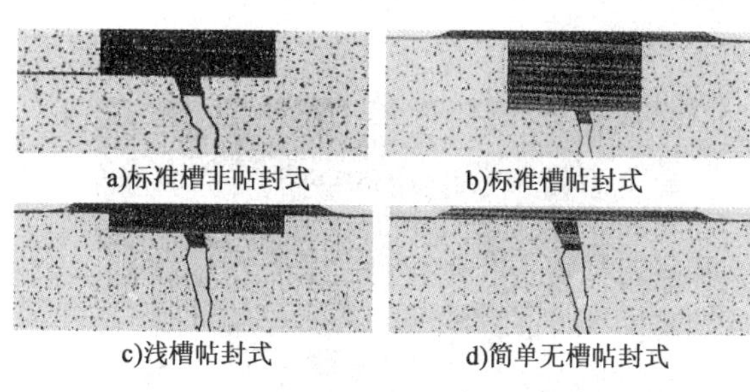

图 3-46　裂缝封闭处理方案

图 3-47　道路施工标志

④清扫灌缝区内的路面，避免扬尘污染，影响灌缝质量。

⑤缝宽在 5mm 以内的裂缝，由于尚未发生结构性损坏，通常不对裂缝作更多的处理，可用不同性质的沥青灌缝，目的是防止由于雨水、冰雪通过裂缝向下渗入而继续扩大，属于预防性养护的范畴。

a. 机械设备准备。灌缝机、清缝设备，并应进行全面检查，确保其技术状况良好（图 3-48）。

b. 材料准备。稠度较低的热沥青、乳化沥青、改性乳化沥青、密封胶、石屑或粗砂等。密封胶应边搅拌，边加热，加热至 193℃，不宜超过 204℃。

a)

b)

图 3-48　灌缝机

c. 先用高压气泵对着裂缝处从一端开始，慢慢吹至另一端，直至缝内无杂物及尘土，并清扫干净（图 3-49）。

a)

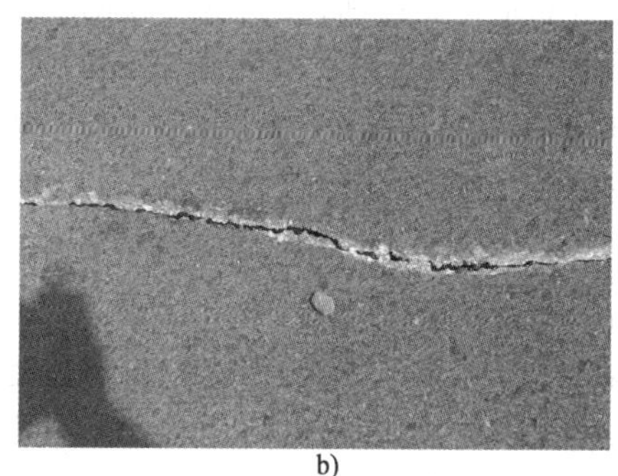

b)

图 3-49　清缝

d. 用灌缝机自带的具有刮平装置的压力喷头将密封胶、稠度较低的热沥青、乳化沥青、改性乳化沥青均匀灌入缝内。密封胶灌入深度为缝深，其他材料灌入深度约为缝深的 2/3（图 3-50）。

a)

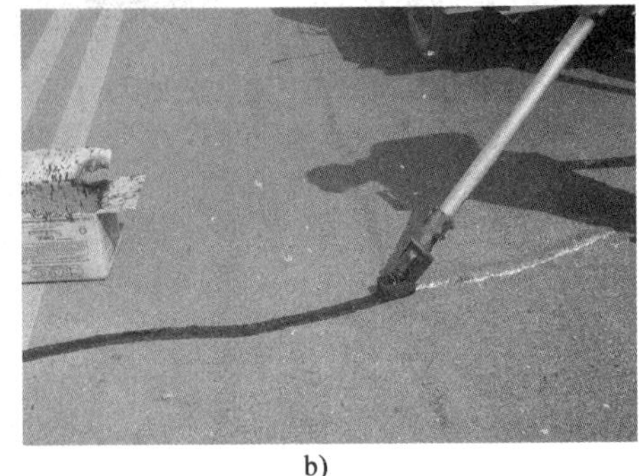

b)

图 3-50　灌缝作业

e. 将干净石屑或粗砂撒到缝中，并捣实。

f. 将溢出缝外的沥青及石屑、砂清除（图 3-51）。

g. 开放交通。待灌缝胶冷却至常温后即可开放交通，一般冷却时间为 15min。

⑥缝宽在 5mm 以上的裂缝通常需要进行扩缝处理。

a. 机械设备准备。开槽机（图 3-52）、清缝设备等，并应进行全面检查，确保其技术状况良好。

图 3-51　灌缝示意图

图 3-52　开槽机

b. 材料准备。热拌沥青混合料、乳化沥青混合料或改性乳化沥青混合料。

c. 开槽。按照设计的开槽尺寸，预先调节好开槽机开槽深度，然后进行开槽作业（图 3-53）。作业时，根据裂缝宽度、种类情况，及时调节开槽尺寸，满足设计要求。

d. 清槽。开槽后，用灌缝机自身配置的高压喷气设备或吹风机清槽，清出槽内的碎石和粉末等杂物（图 3-54），用钢丝刷沿槽壁刷掉松动部分。清槽设备应对裂缝周边和槽内至少进行两遍高压喷气清理，第一遍清除槽内杂物时，喷气嘴应在距离裂缝不大于 5cm 的位置，第二遍距离裂缝边缘可远些，以便清除裂缝和裂缝周边的所有松散颗粒和杂物。

e. 预热、填沥青混合料。填缝一般采用热拌沥青混合料，缝内潮湿时采用乳化沥青混合料或改性乳化沥青混合料。具体为：

- 清缝后，用加热器，对缝壁加热，使之软化，以增加缝壁与热拌沥青混合料的黏结力。
- 制备沥青混合料，并第一次灌注，边加热边灌注。

• 第二次灌注沥青混合料,并使填缝平整,密实。

图 3-53　开槽作业

图 3-54　清槽

f. 开放交通。待热拌沥青混合料冷却至常温,或乳化沥青或改性沥青破乳后,即可开放交通。

(3)贴缝技术

贴缝是采用贴缝带(图 3-55)对裂缝进行黏贴,从而起到封闭裂缝的作用。贴缝主要适用于自上而下发展的疲劳裂缝、剪切裂缝等。

①采用贴缝带处治裂缝时,施工工艺如下:

a. 施工准备

准备好相关材料及设备机具,并按要求封闭交通。

b. 清理裂缝

将路面裂缝用钢刷沿裂缝来回轻刷,将松动部分刷掉,用吹风机沿裂缝及两侧 20cm 范围清理干净,如图 3-56 所示。

图 3-55　贴缝带

图 3-56　清理裂缝

c. 黏贴

用宽刷蘸取专用黏结剂沿裂缝均匀涂刷,以裂缝为中心线,宽度略宽于贴缝带,黏结剂要尽量均匀、平顺,两端长于裂缝 3 ~ 6cm。

揭去贴缝带上的隔离纸,沿裂缝走向,将贴缝带黏贴在路面上(当气温低于 10℃时要对黏贴面烘烤加热 10 ~ 20s),如图 3-57 所示。

d. 压实

贴缝带黏贴在裂缝面上之后,用橡皮锤紧跟敲打,使贴缝带与路面粘贴紧密,如图 3-58 所示。

a)

b)

图 3-57 贴缝

a)

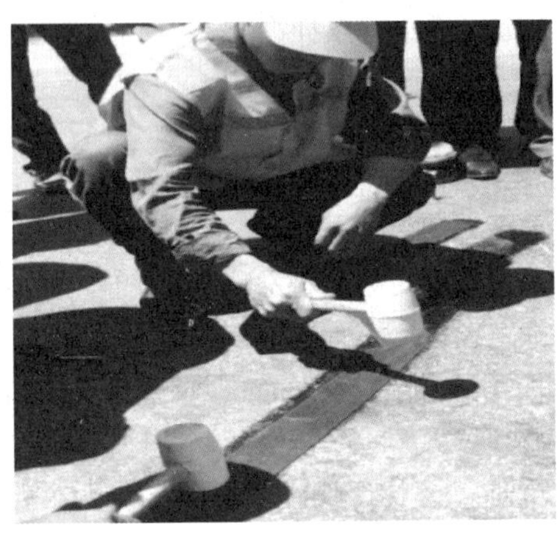
b)

图 3-58 压实

e. 养生

贴缝后可直接开放交通。为了防止贴缝带被车轮黏走，可在贴缝带上撒上抗滑砂。

图 3-59 贴缝带处治裂缝效果

②施工要点

a. 施工前应保证裂缝及裂缝周边干净清洁。

b. 贴缝后要进行锤击，确保贴缝带与路面黏结紧密。

③质量要求

a. 裂缝必须被全部覆盖。

b. 贴缝表面平整、无褶皱、黏结牢固，如图 3-59所示。

3. 坑槽修补技术

沥青路面的坑槽修补技术主要有热补、冷补和喷射式修补。适用于处治坑槽、脱皮、啃边，以及局部的松散、严重龟裂、沉陷、严重壅包、路面翻浆、基层强度不足等病害。

(1)热补

热补是采用热拌沥青混合料对沥青路面的坑槽进行修补，热补法也可用于处治松散、沉陷、局部车辙、波浪壅包等病害。当坑槽较深,可能波及到路基或基层是,一般采用挖补法施工;对损坏的坑槽开挖成规则的形状;用热拌沥青混凝土填补,并进行压实。对于沥青面层小而浅的坑槽,可采用加热修补;利用热修补养护车,将加热板加热修补处路面,翻松被加热软化铺装层,喷洒乳化沥青,喷洒沥青再生剂并加入新的沥青混合料,然后搅拌摊铺,压路机压实成型。与挖补相比,根本的区别在于利用了原沥青碎石或沥青混凝土,修补部分与原沥青面层接缝为热接缝,提高了接缝的防水性能。

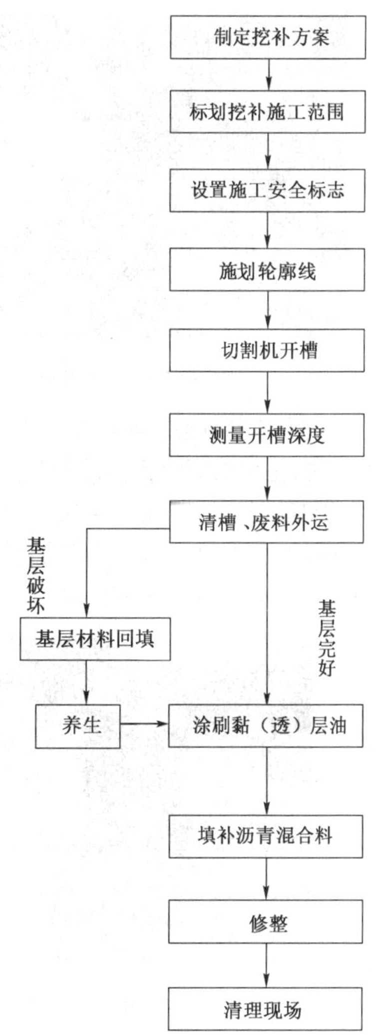

图3-60　挖补施工程序

①挖补

a. 挖补施工程序(图3-60);

b. 施工要点:

ⓐ根据破损状况、破损程度,制定挖补方案。

ⓑ在现场标划施工范围,并按照《公路养护安全作业规程》(JTG H30—2015)规定设置安全标志,专人指挥交通,根据工程进度随时移动标志牌,确保施工人员安全。如图3-61所示。

ⓒ准备施工所用机械设备、工具器具。如切割机、清扫工具、压实设备、摊铺器具等。

ⓓ施划轮廓线。按照"圆洞方补、斜洞正补"的原则,在路面上划出所需修补的轮廓线,轮廓线应是与路中线平行或垂直的正方形或长方形。如图3-62所示。

ⓔ开槽。沿轮廓线用铁镐人工刨挖,或用切割机沿轮廓线内侧1cm处顺线切直、开槽沥青面层分层开凿(图3-63),呈阶梯形,上层开槽深度不超过1.5cm,面积较大时,可采用洗刨机;基层损坏时,要深挖至槽底稳定部分(图3-64),开槽的四个角在切割时不得过线,必要时用铁镐手工刨挖,四壁要垂直。

图3-61　设置施工安全标志

图3-62　施划修补轮廓线

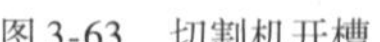

图 3-63　切割机开槽

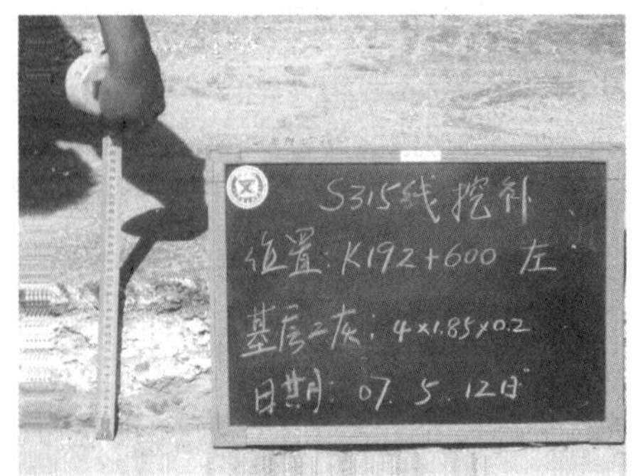

图 3-64　测量开槽深度

ⓕ清槽、废料外运。槽内松动部分、槽壁、槽底必须清除干净(必要时用铁刷清理),达到无粉尘、杂物;挖出的旧沥青面层及基层材料分开置于坑槽一边,堆放整齐,待运出场。如图 3-65 所示。当基层挖除后,用原基层相同的材料回填。清槽完毕后尽快回填基层材料(图 3-66),要求回填均匀、厚度一致。当基层材料压实厚度较大时,应分层回填分层压实(边角处宜采用夯实)如图 3-67 所示,压实度达到规范规定要求。

图 3-65　清槽、旧料外运

图 3-66　基层材料回填

a)压实

b)夯实

图 3-67　基层材料夯实

基层材料压(夯)实后覆盖薄膜养生,上覆一层素土并压实,压实后与原路面平齐,养生时间不得少于 7 天(图 3-68)。

ⓖ涂刷黏层或透层油。基层养生结束后,清除养生材料,将槽壁及基层表面清扫干净,做到干燥、无尘土、杂物。在基层上涂刷透层油,在槽壁涂刷黏层油(图 3-69a),涂(洒)油整齐、均匀,涂洒油量应符合规范要求。如只开挖沥青面层,开挖后,可立即清扫、吹干、涂刷黏层油,必要时可加铺土工织物。

a)覆盖薄膜

b)覆盖素土

图3-68 养生

ⓗ填补沥青混合料(图3-69b)。将沥青混合料均匀摊铺到槽内并整平,在潮湿或低温季节,宜采用乳化沥青拌制的混合料;坑槽较深(7cm以上)时,应将沥青混合料分粗料、细料两次或三次摊铺,并分层压实(图3-69d);新填补的部分应略高于原路面(图3-69c),碾压密实后,与原路面平齐。

a)槽壁刷油

b)沥青混合料均匀摊铺

c)新填部分略高于原路面

d)辗压

图3-69 热拌沥青混合料的填补

ⓘ修整。修整挖补部分的边沿,使其整齐、美观,与原路面接茬平整。

ⓙ现场清理。坑槽修补完毕后,立即将现场清理干净,然后逆着交通流方向撤除施工作业区安全设施,恢复正常交通。

②加热修补

a.加热修补施工程序(图3-70)

b.施工工艺

ⓐ清理坑槽。清扫坑槽内的杂物,清除槽壁和槽底面的松散粒料,用吹风机将坑槽内的杂物、灰尘吹净,积水用拖把吸干,以提高红外线的吸收效果。

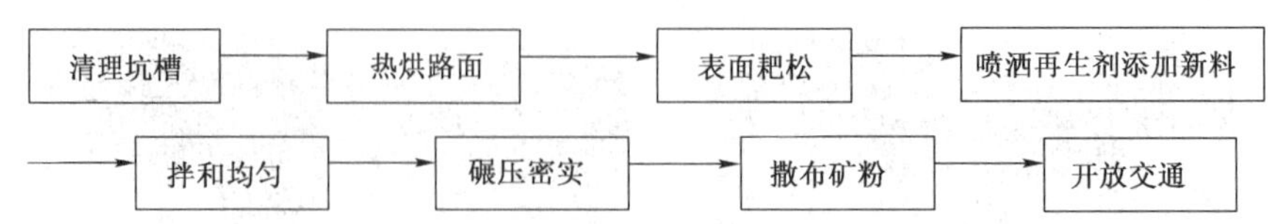

图 3-70　热补法修补施工程序

ⓑ热烘路面(图 3-71)。热烘面积应比坑槽实际面积向四周扩大 30cm 以上,将热修补养护车加热板放下,距路表面 3 ~4cm,对路面持续加热 5 ~ 10min,具体时间根据气候及需加热路面厚度确定,最终将路面温度加热到 140℃以上,达到表面能用铁耙耙松即可,严禁长时间加热,以免沥青老化。

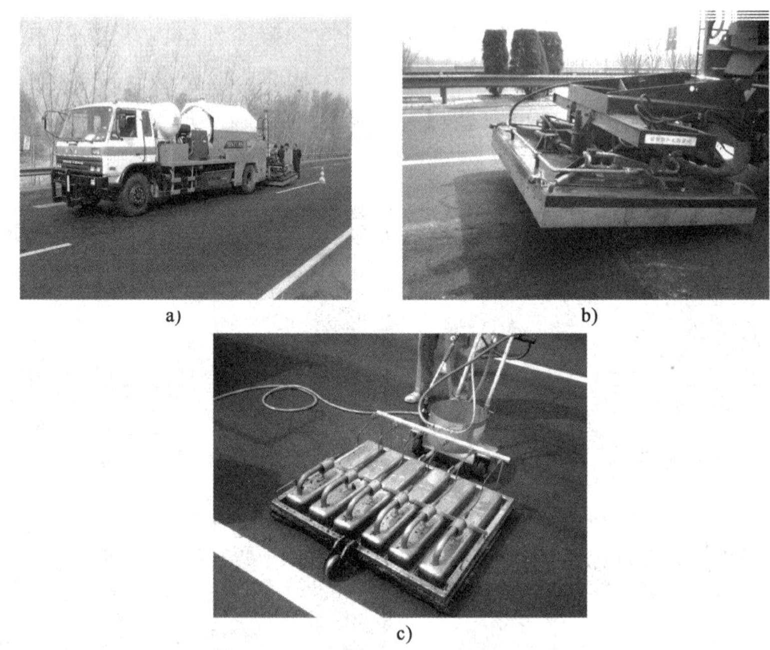

a)　b)　c)

图 3-71　热烘路面

ⓒ表面耙松(图 3-72)。移开加热板,用铁耙将加热软化的沥青路面耙松、耙匀,耙松的范围要在热烘范围内周边保留 3 ~ 10cm 的热烘带,同时耙松面应成矩形,在耙松过程中要剔除松料中大粒径集料及烧焦老化的沥青混合料。

ⓓ喷洒再生剂、添加新拌沥青混合料(图 3-73)。根据耙松沥青混合料的性能和数量,喷洒沥青再生剂,拌匀后摊铺在底部,并均匀摊铺新的沥青混合料;若新料温度不足,可将新料摊在旧料上,用加热板对其再次加热,合理控制松铺系数,并达到横坡度要求。

ⓔ碾压密实。用振动压路机碾压,先碾压边缘、再向中间推进,使修补面与周边已加热但未耙松的路面融为一体,压实度达到规范要求。

ⓕ撒布矿粉。在修补表面均匀撒布一层石粉,以加速冷却修补面,并减小新旧路面的色差,增加其美观性。

ⓖ开放交通。路面冷却至常温后,即可开放交通。

(2)冷补

冷补是采用冷拌沥青混合料,在气温较低、雨雪季节或工期紧迫情况下进行的沥青路面坑槽修补作业。

①冷补施工程序(图 3-74)

图 3-72　表面耙松

图 3-73　添加新料

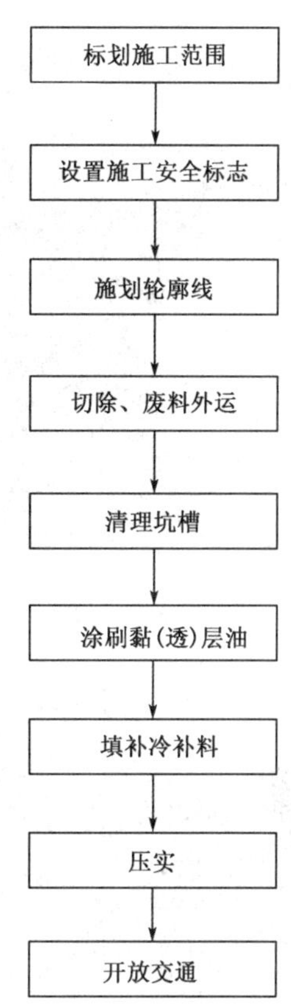

图 3-74　冷补施工程序

②施工工艺

a. 施工准备

准备好相关的材料和设备机具,封闭交通。

b. 确定处治面积

按照"圆洞方补、斜洞正补"的原则,在路面上画出所需修补的轮廓线,轮廓线应是与路中线平行或垂直的正方形或长方形。一般为沿坑槽四周向外扩大 100 ~ 150mm 的方形范围,如图 3-75 所示。

c. 切除路面

用小型机具切除处治范围内的沥青混凝土路面,且保证坑槽底部平整。切除的废料应装车统一运离现场,如图 3-76 所示。

d. 清理坑槽

人工清理坑槽周围及底部的松散混合料,再用鼓风机将槽内吹扫干净,保持坑槽干燥,如图 3-77 所示。

e. 涂刷黏结材料

坑槽底面及四壁涂刷黏结材料,如热沥青、乳化沥青等,用量为 0.4 ~0.6kg/m^2,如图 3-78 所示。

f. 添加冷补料

将冷料倒入坑槽内,松铺系数宜为 1.3 左右,如

图 3-75　施划修补轮廓线

图 3-79 所示。

g. 压实

大坑槽应用小型振动压路机碾压，小坑槽采用平板振动夯夯实；如图 3-80 所示。

图 3-76　切除原路面

图 3-77　清理坑槽

图 3-78　涂刷黏结材料

图 3-79　添加冷补料

a)

b)

图 3-80　压实

h. 开放交通

坑槽修补完毕后，清除路面垃圾和废旧料，运离现场集中堆放，并开放交通。

(3)喷射式修补

喷射式坑槽修补是利用自动坑槽修补车进行路面坑槽机械化修补的新工艺。它是利用自动坑槽修补车鼓风机，喷出高强空气流清洁内部坑槽，利用喷管喷射的沥青混合料直接填补坑槽。适用于坑槽及面层局部松散的修补。

①喷射式修补施工程序（图3-81）

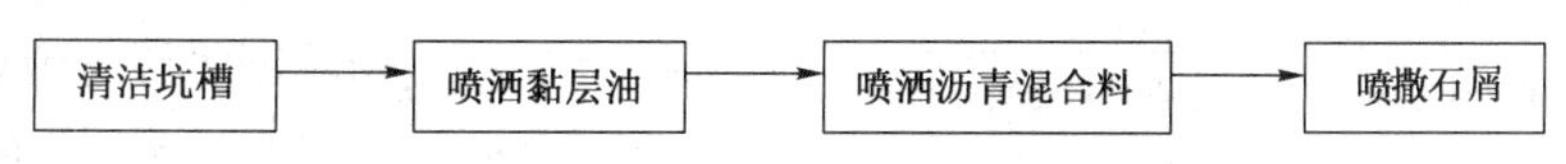

图3-81　喷射式坑槽修补施工程序

②施工工艺

a. 清洁坑槽（图3-82）。利用大容量的鼓风机喷出的高强空气流直接将坑槽内残留的松散粒料、杂物和积水吹出坑槽，形成洁净的坑槽维修面。

b. 喷洒黏层油（图3-83）。在坑槽底面和四周壁上喷洒乳化沥青或热沥青黏层油，要求喷洒均匀，不留空白，不过多流淌。

c. 喷洒沥青混合料（图3-84）。通过喷管将沥青混合料持续喷射到坑槽内，喷射时，从底面逐渐喷到表面，通过喷射压力实现混合料的密实。为了保证维修效果，沥青混合料采用的黏结料为乳化沥青，集料通常采用的是6.3～9.5mm的单一粒径的洁净碎石。

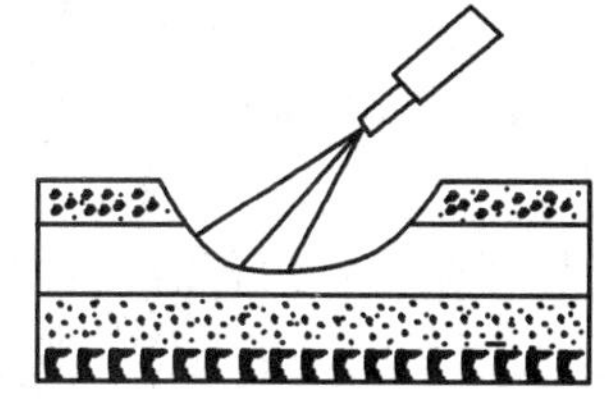

图3-82　高强空气清洁坑槽

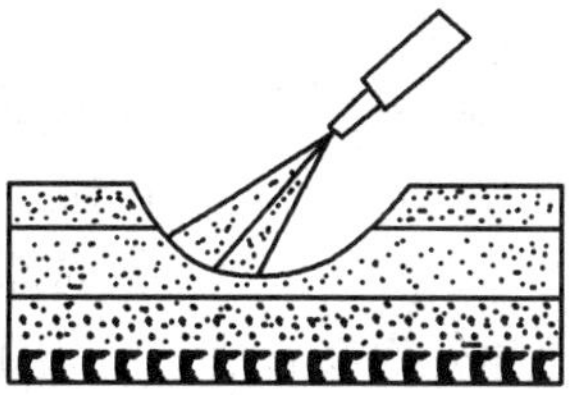

图3-83　喷洒黏层油

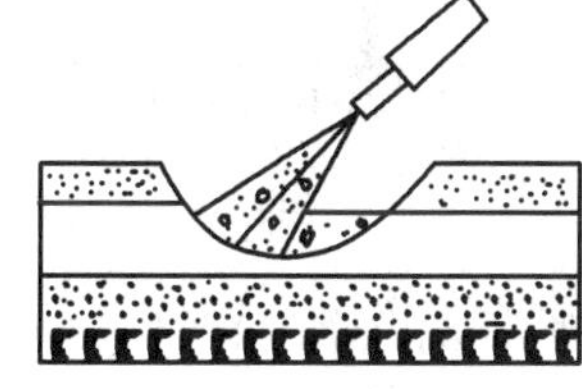

图3-84　喷射热沥青混合料

d. 喷撒石屑。在修补表面均匀喷撒一薄层石屑，立即开放交通。

4. 罩面

沥青路面罩面是指在旧路面面层上加铺沥青混合料薄层（限厚度为5.0cm）的统称。适用于旧路面强度指标符合规范要求时，处理大面积龟裂、车辙、波浪、壅包、麻面、松散、泛油、脱皮、磨光、大面积修补等病害，对减少路面网裂、改善路面平整度、提高路面抗滑性能和防渗性能有良好的效果，能有效地改善路面地使用品质。

沥青路面罩面按其使用功能可划分为普通型罩面（简称罩面）、防水型罩面（简称封层）和抗滑型罩面（简称抗滑层）。

（1）普通型罩面（简称罩面）

普通型罩面适用于铺筑厚度较大的情况，主要适用于消除面层破损、完全或部分恢复原有路面平整度、提高抗滑性能。

①材料要求

a. 结合料宜使用性能较好的黏稠道路石油沥青、改性沥青、乳化石油沥青、改性乳化沥青。

b. 矿料宜选择耐磨、强度高的石料。

c. 高速公路、一级公路宜采用中粒式、细粒式密级配沥青混凝土或沥青玛蹄脂碎石；二级及其以下公路可采用热拌沥青混凝土混合料;三级及以下公路可采用热拌沥青碎石混合料或沥青表面处置层。

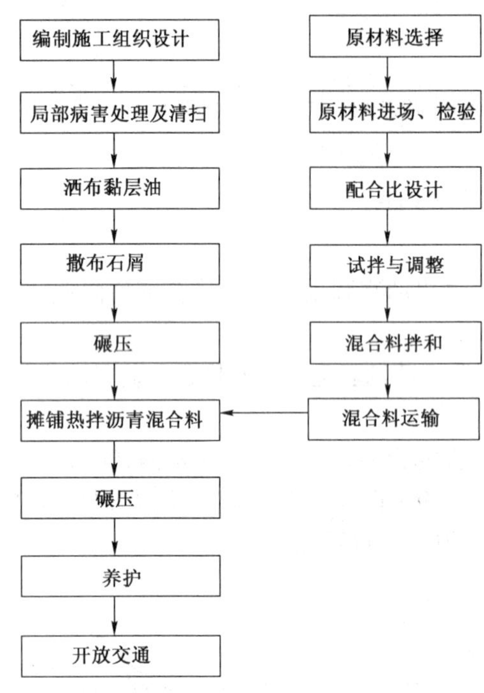

图3-85 罩面施工程序

②厚度要求

罩面厚度应根据所在路段交通量、公路等级、路面状况、使用功能等综合考虑确定。

a. 当路面技术状况指数、路面使用性能指数为中、良等级,路面仅有轻度网裂时,可采用较薄的罩面层厚(1.0~3.0cm)。

b. 当路面破损、平整度、抗滑3项指标都在中等以下,要求恢复到优、良等级时,应采用较厚的罩面层厚(3.0~5.0cm)。

c. 高速公路、一级公路罩面采用4.0~5.0cm的厚度;其他公路可采用较薄的罩面层厚度(1.0~4.0cm)。

d. 各级公路的罩面层厚度不得小于最小施工层厚度。

③罩面施工

a. 罩面施工程序如图3-85所示。

b. 施工要点如下。

ⓐ局部病害处理。对裂缝进行灌缝处理;坑槽、局部沉陷、松散处进行挖补;泛油处撒布石屑进行碾压;车辙及大面积沉陷垫层(一般采用热拌沥青混合料)找平;波浪的波峰或壅包以及即将脱皮的沥青层进行铲平或铲除处理;局部强度不足处进行补强。为了使层间结合得更好,在铺筑表面层前2~3天对有浮土污染地段进行清扫,必要时使用高压水枪冲洗,对有泥饼粘贴污染的地段,使用钢刷刷洗,并用扫帚清扫,然后以清水冲洗。

ⓑ洒布黏层油。为保证新老沥青层的结合,施工前必须喷洒黏层沥青。沥青材料可采用热沥青、乳化沥青或改性乳化沥青;有条件时,洒黏层沥青前最好用机械打毛处理,并对路缘石等附属设施覆盖。为保证沥青洒布的均匀性,应采用沥青洒布车进行洒布,沥青用量为0.3~0.5kg/m^2,裂缝及老化严重时为0.5~0.7kg/m^2,当气温低于10℃或路面潮湿,以及大风或即将降雨时,不得喷洒黏层沥青。喷洒的黏层油必须成均匀雾状,在路面全宽度内均匀分布成一薄层,不得有洒花漏空或成条状,也不得有堆积。喷洒不足的要补洒,喷洒过量处应予刮除。喷洒黏层油后,严禁运料车外的其他车辆和行人通过。

ⓒ撒布石屑。撒布石屑一般采用集料撒布机,浇洒沥青后应立即撒布石屑。撒布车应倒行撒布石屑,力求撒布均匀,厚度一致,石屑既不重叠,也不出现漏撒现象。对局部缺料时,应人工找补,局部积料时则应及时扫除多余集料。

ⓓ碾压。采用轻型压路机或轮胎压路机碾压,应以既能使集料嵌紧又不致使集料被压碎为宜。

ⓔ摊铺热拌沥青混合料。热拌沥青混合料施工应合理确定施工机械、机械数量及组合方式;控制好混合料拌和数量与时间、拌和温度、运输过程、摊铺温度、摊铺速度、摊铺宽度、松铺

系数、自动找平方式、接缝方法等操作工艺;验证沥青混合料配合比设计结果,提出生产用的标准配合比。热拌沥青混合料路面施工应严格符合《公路沥青路面施工技术规范》(JTG F40—2015)有关规定。

ⓕ碾压沥青混合料。碾压顺序、碾压温度、碾压速度及碾压遍数等操作工艺。

ⓖ养护。铺筑好的沥青层应严格控制交通,做好保护,保持整洁,不得造成污染,严禁在沥青层上堆放施工产生的土或杂物,严禁在已铺沥青层上制作水泥砂浆。

ⓗ开放交通。沥青混合料路面应待摊铺层完全自然冷却,混合料表面温度低于50°C后,方可开放交通;需要提早开放交通时,可洒水冷却降低混合料温度。

(2)防水型罩面(简称封层)

防水型罩面主要适用于提高原有路面的封闭表面空隙、防止水分浸入、减少网裂、修复路面较严重的破损及平整度。铺筑在沥青面层表面的称为上封层,铺筑在沥青面层下面、基层表面的称为下封层。

①材料要求

结合料宜采用道路石油沥青、乳化石油沥青、改性乳化石油沥青;矿料选用耐磨、强度高的石料;高速公路、一级公路可采用沥青稀浆封层养护,但宜用粗粒式改性乳化沥青混合料;其他等级公路可采用乳化沥青混合料。

②厚度要求

交通量较大、重型车较多的路段采用厚约1.0cm封层;中等交通量路段采用厚约0.7cm封层;交通量小、重型车少的路段采用厚约0.3cm封层。

③封层施工

a.层铺法施工

层铺法施工是沥青洒布车、碎石撒布车压路机联合作业,如图3-86~图3-88所示。

图3-86　沥青洒布车

图3-87　集料撒布机

层铺法施工程序如图3-89所示。

施工要点如下:

• 准备下承层。铺筑前,应彻底清除原路面的泥土、杂物,修补坑槽、凹陷,较宽的裂缝宜清理灌缝。在原有路面上铺筑封层时,过于光滑的表面需拉毛处理。由于中面层铺筑完成后,施工车辆通行会带来尘土污染,为了使层间结合得更好,在铺筑表面层之前2~3天对有浮土污染地段进行清扫,必要时使用高压水枪冲洗,对有泥饼粘贴污染的地段,使用钢刷刷洗,并用扫帚清扫,然后以清水冲洗。

图3-88　轻型轮胎压路机

• 洒布沥青。严格控制沥青洒布量和洒布温度，当发现洒布沥青后有缺边、花白时，应立即人工补洒，对于洒布过量处，应予以刮除。

• 撒布石屑。浇洒沥青后应立即撒布石屑。撒布车应倒行撒布石屑，力求撒布均匀，厚度一致，石屑既不重叠，也不出现漏撒现象。对局部缺料时，应人工找补，局部积料时则应及时扫除多余集料。

• 碾压。用轻型压路机（如轮胎压路机）进行碾压，压路机的吨位应以既能使集料嵌紧又不致使集料被压碎为宜。

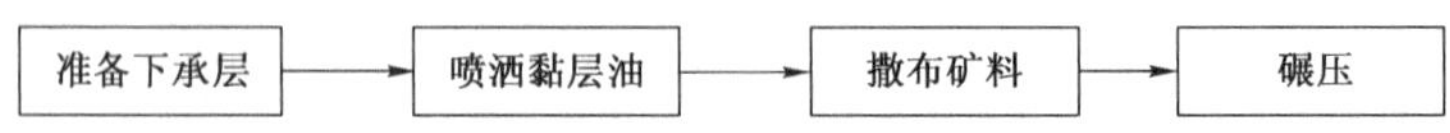

图3-89　层铺法施工程序

b. 沥青碎石同步封层技术

沥青碎石同步封层施工是采用沥青碎石同步封层机，沥青洒布和碎石撒布同机，几乎同时进行。其施工程序与施工要点同层铺法。

c. 稀浆封层和微表处施工

稀浆封层用适当级配的石屑或砂、填料（水泥、石灰、粉煤灰、石粉等）与乳化沥青、外掺剂和水，按一定比例拌和而成的流动状态的沥青混合料，将其均匀地摊铺在路面上形成的沥青封层称为稀浆封层。稀浆封层一般用于二级及二级以下公路的预防性养护，也适用于新建公路的下封层。

微表处用适当级配的石屑或砂、填料（水泥、石灰、粉煤灰、石粉等），采用聚合物改性乳化沥青、外掺剂和水，按一定比例拌和而成的流动状态的沥青混合料，将其均匀地摊铺在路面上形成的沥青封层称为微表处。微表处主要用于高速公路及一级公路的预防性养护以及填补轻度车辙，也适用于新建公路的抗滑磨耗层。

ⓐ稀浆封层和微表处有如下特点：

• 具有较好的填充性。稀浆封层中含有较多的水和乳液，且稀浆封层中的混合料较细，具有较好的流动性，很容易进入微裂缝小坑槽中，将路面填充密实成为整体，因此具有封闭裂缝和提高路面平整度的作用。

• 具有很好的防水性。稀浆封层混合料中集料级配合理，能均匀、牢固、密实地黏附在路面上，具有较好的水稳性并防止水分渗透，保持基层稳定。

• 具有一定的耐磨性。用于稀浆封层的集料其强度、压碎值、磨光值、含泥量等性能指标均达到标准要求，不论是酸性和碱性石料都能很好地黏附在路面上，在路面上形成磨耗层。

• 具有良好的抗滑性能。由于选择了坚硬而有棱角的集料，沥青又能均匀地裹覆集料。封层后纹理深度较佳，摩擦系数显著增加。

• 稀浆封层可恢复路面性能，延长路面使用寿命，在路面养护中有施工简单，造价低廉，功能恢复强的特点。

• 施工方便。稀浆封层和微表处的施工工艺是将原材料按一定比例、一定的顺序进行配料与拌和，将拌出的稀浆混合料摊铺在路面上。稀浆封层机能够充分利用乳化沥青常温施工的特点，使各种原材料的贮存、运输、计量、拌和、摊铺、整平及控制系统等集中于一台载重车上，将原材料按预定的比例以一定的顺序投入拌和机拌和 1min，之后进入摊铺箱，并立即摊铺在路面上。全部施工工艺过程完全机械化、自动化，而且环环相扣，密切配合，用很短的时间即可完成施工作业。

ⓑ稀浆封层和微表处的施工要点如下：

• 稀浆封层施工开始之前，应对旧路面施工路段做详细调查，并针对原路面存在问题制定相应措施，落实专用施工机械，掌握当地气象资料，了解施工阶段的气候情况，为开工做好准备。

• 为保证工程质量，稀浆封层的施工必须由素质高、技术力量雄厚的专业施工队伍实施，并要拥有专用的稀浆封层机，规范施工，按标准控制质量。

• 稀浆封层和微表处施工前，应彻底清除原路面的泥土、杂物，修补坑槽、凹陷，较宽的裂缝宜清理灌缝。

• 稀浆封层和微表处的施工应在干燥状态下进行，严禁在雨天施工，最低施工温度不得低于 10℃，摊铺后尚未成型混合料遇雨时应予铲除。

• 稀浆封层和微表处两幅纵缝搭接宽度不宜超过 80mm，横向接缝宜做成对接缝。分两层摊铺时，第一层摊铺后至少应开放交通 24h 后方可进行第二层摊铺。

• 稀浆封层和微表处铺筑后的表面不得有超粒径料拖拉的严重划痕，横向接缝和纵向接缝处不得出现余料堆积或缺料现象，用 3m 直尺测量接缝处的平整度间隙不得大于 6mm。经养生和初期交通碾压稳定的稀浆封层和微表处，在行车作用下应不飞散且完全密水。

(3)抗滑型罩面(简称抗滑层，图 3-90)

抗滑型罩面适用于提高路面抗滑能力的修复工作。

①材料要求。

应选用适合铺筑抗滑表层的材料和沥青混合料；高速公路、一级公路选用重交通道路石油沥青、改性石油沥青、改性乳化石油沥青作为结合料；应选用抗滑耐磨的石料，磨光值应大于 42。

②厚度要求。

用于高速公路、一级公路时，厚度不小于 4.0cm；二级公路用中粒、细粒式沥青混凝土结构，也可采用热拌沥青碎石或沥青表面处置层结构，厚度不得小于最小施工层厚度；三、四级公路可采用乳化沥青封层结构，厚度可为 0.5～1.0cm。

③抗滑层施工(同罩面施工)

图 3-90 抗滑表层施工

5. 路面补强

路面补强适用于在现有公路等级不变的情况下，沥青路面损坏严重、路面结构强度(PSSI)不符合要求，应进行路面补强，同时补强也适用于因公路等级提高而进行的改建工程。

(1)路面补强的一般要求

①对原有沥青路面必须进行全面的技术调查和方案比较。

②补强设计应综合考虑由补强厚度导致的纵坡与横坡的调整,以及与路面结构物的连接等方面的相互协调,使纵坡线形符合《公路工程技术标准》(JTG B01—2014)(以下简称《标准》)的规定。若线形不符合《标准》的规定,应改善线形,使其符合《标准》后再进行补强设计。

③补强设计中应考虑补强结构层与原路面结构的联结问题。

(2)补强层材料的类型

沥青路面补强材料主要有道路石油沥青、乳化石油沥青、改性沥青等沥青材料,各种规格的粗细集料、填料等砂石材料,以及由这些材料组成的混合料。各种补强材料和沥青混合料的组成设计应符合《公路沥青路面设计规范》(JTG D50—2006)和《公路路面基层施工技术细则》(JTG/T F20—2015)规定的要求,不符合要求的,不得使用。

(3)补强层的结构形式

①对于高速公路、一级和二级公路的补强,宜采用半刚性基层加沥青混合料面层的结构形式。

②对于三级公路的补强,在不提高公路等级的情况下,可采用单层或多层补强结构;对于提高公路等级的情况,宜采用半刚性基层加沥青混合料面层的补强结构形式。

③对于四级公路的补强,可采用单层或多层的补强形式。

(4)补强施工要点

补强施工程序如图3-91所示。

①根据沥青路面调查,设计补强方案,并对方案进行技术和经济比较。

②确定补强方案。确定补强的结构形式、材料类型、加铺各结构层的强度、厚度、宽度、纵断高程、横坡度以及排水设施等。

③原沥青路面破碎。将原有损坏的路面进行破碎,清除;对其病害,根据产生的原因,采取有效的处理措施后再铺筑路面基层,如图3-92所示。

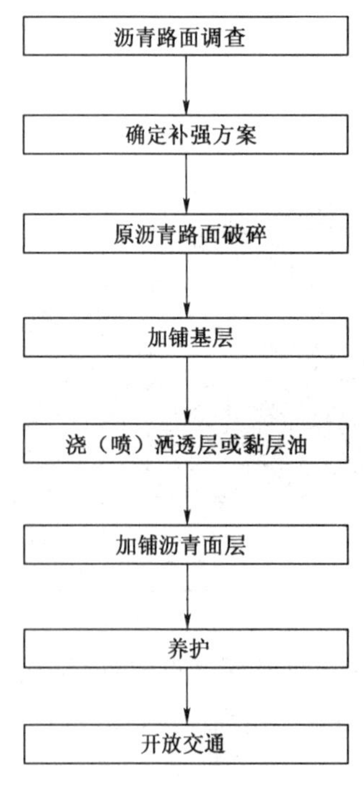

图3-91 补强施工程序

a)

b)

图3-92 沥青路面破碎

④加铺基层。根据设计补强方案,按照现行《公路路面基层施工技术细则》(JTG/T F20—2015)进行加铺基层施工。高速、一级、二级公路基层施工采用厂拌机铺法;三级、四级公路基层施工可采用路拌法,如图3-93所示。

a)布灰　b)摊灰　c)拌和　d)稳压　e)碾压　f)养生

图3-93　路拌法基层施工

⑤浇(喷)洒透层或黏层油。基层养生结束后,为使新旧结构层连接良好,按设计要求浇(喷)洒透层或黏层油。

⑥加铺沥青面层。根据设计补强方案,按照现行《公路沥青路面施工技术规范》(JTG F40—2015)进行沥青面层施工。一般采用热拌沥青混合料的厂拌机铺法施工。

⑦养护。对补强路段进行初期养护,达到规定的强度和温度后,方可开放交通。

(5)补强施工应注意的事项

①原有公路平整度或路拱不符合规定要求时,应加铺整平层,或在加铺补强层时,同时找平或调整路面横坡,并保证结构层满足最小厚度。对三、四级公路,必要时可将原路面翻松6~8cm,重新整形后调整。

②对原有路面的病害,应视其层位、严重程度和范围,按有关规定进行处理。

③排水不良路段,应采取加深边沟、设置盲沟、渗井或设隔水层等措施进行处理。

④挖除面层或基层时,应尽量做到再生利用,旧料应按再生利用的要求分类收集和存储。

⑤补强施工应严格按照《公路工程质量验收评定标准》(JTG F80/1—2015)的技术规定验收。

6.路面加宽

沥青路面加宽适用于原有路面较窄,不能满足现有交通量的通行要求;或在原有路面的基础上提高公路等级;或原有路面承载能力较低,需要补强,为适应交通量增长的需要,避免重复修建,同时进行补强和加宽。

(1)沥青路面加宽的一般要求

①沥青路面加宽方案应根据原有公路等级、线形及交通量等确定。如原有公路线形不需改善,且路基较宽,加宽后路宽度符合《标准》时,可在原公路的基础上直接加宽;如原有公路因线形较差而需改善,设计时应尽可能利用原有的沥青路面,在此基础上先加宽路基,加宽部分按新路基设计。

②基层设计根据原有路面断面形式和结构而定。若路面的横断面为整体断面形式,加宽的沥青路面宜采用压实性、水稳性均较好的材料作基层,加宽部分的基层强度应不低于原有沥青路面的基层强度;若加宽部分路面的横断面形式为分离式,加宽部分所用的结构和材料可不同于原路面。基层厚度依据设计弯沉值按现行《公路沥青路面设计规范》(JTG D50—2006)计算确定。

③加宽部分应按新建路面进行调查、设计。加宽的路基、路面应符合《公路路基设计规范》(JTG D30—2015)和《公路沥青路面设计规范》(JTG D50—2006)的规定。

(2)沥青路面加宽方式

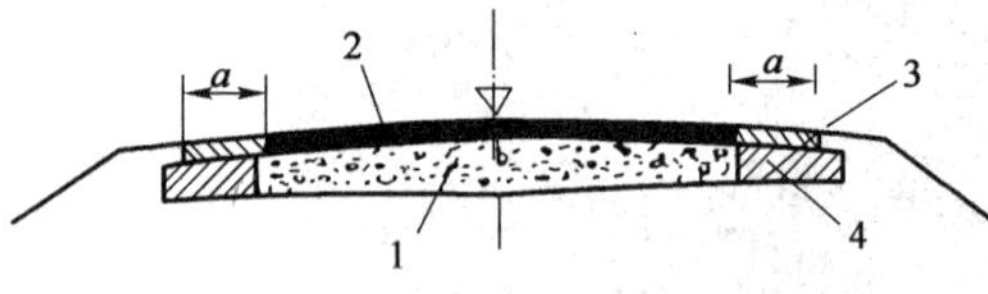

图 3-94　两侧相等加宽路面

1-原基层;2-原路面;3-加宽路面;4-加宽基层

沥青路面加宽方式有路面双侧加宽(两侧相等加宽)、路面双侧加宽(两侧不相等加宽)和沥青路面单侧加宽。

①路面双侧加宽(两侧相等加宽)方式,如图 3-94所示。

②路面双侧加宽(两侧不相等加宽)方式

a. 如两侧加宽宽度差数在 1m 以下,即$(a-a')<1\text{m}$可不必调整横坡,如图 3-95 所示。

b. 若两侧加宽宽度差数超过 1m,即$(a-a')>1\text{m}$时必须调整路拱横坡,如图 3-96 所示。

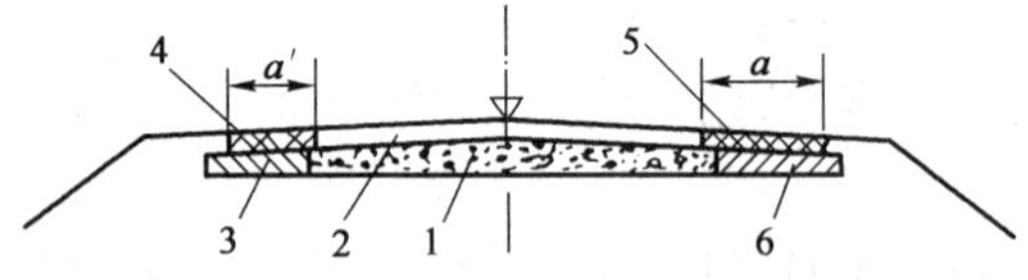

图 3-95　两侧不相等加宽路面(不调整路拱)

1-原基层;2-原路面;3-加宽基层较窄;4-加宽面层较窄;5-加宽面层较宽;6-加宽基层较宽

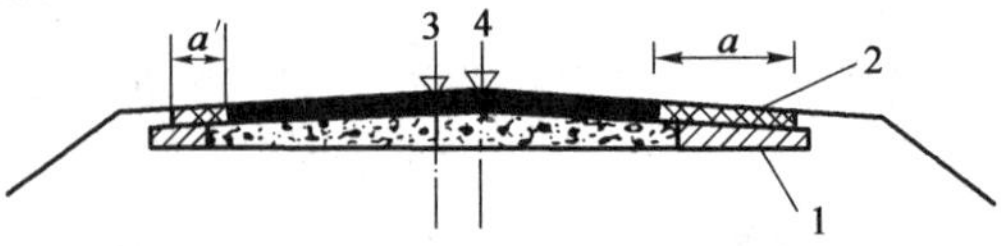

图 3-96　两侧不相等加宽路面(调整路拱)

1-加宽基层;2-加宽面层;3-原路拱中点;4-新路拱中点

③沥青路面单侧加宽

由于受线形和地形条件限制或路基加宽宽度小于 1m 时,宜采用单侧加宽的方式。单侧加宽时必须调整原有路面的路拱横坡,在加宽一侧设置调拱层。如图 3-97 所示。

(3)沥青路面加宽施工

①路基施工

a. 路基施工时所用的填料宜与原路相同或选用水稳性较好的土填筑。

b. 对填土深度较大的路基可采用强夯法使深层密实，如图3-98所示。上部采用挖台阶并分层填筑分层压实或小型机具夯实，达到规定的压实度，使路基满足强度和稳定要求，如图3-99所示。

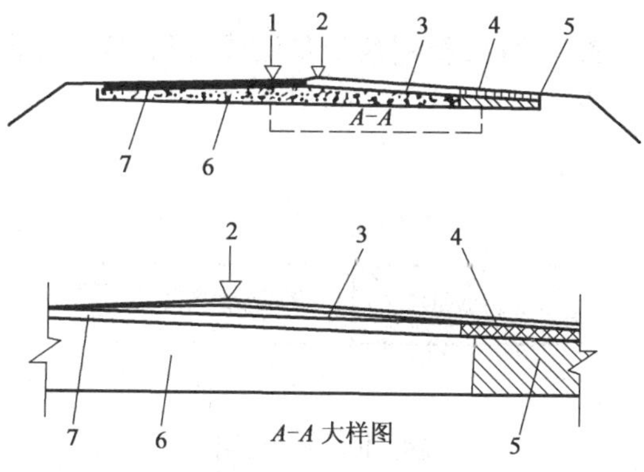

图3-97 单侧加宽路面

1-原路拱中点；2-调拱后中点；3-三角调拱层；4-加宽面层；5-加宽基层；6-旧基层；7-旧面层

图3-98 强夯

c. 路堤加宽一侧填土宽度应大于填土层设计宽度50cm以上，如图3-100所示。压实宽度须超过设计宽度25cm以上，最后削坡，如图3-101所示。

d. 为防止新老路基出现不均匀沉降，应沿原路基边坡挖成向内倾斜的台阶，台阶宽度应不小于1m，以增加新老路基的结合，如图3-102所示。

图3-99 加宽施工

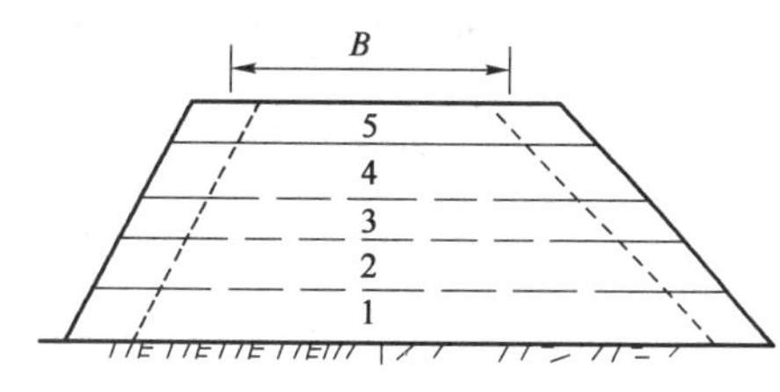

图3-100 超宽填筑

图3-101 削坡施工

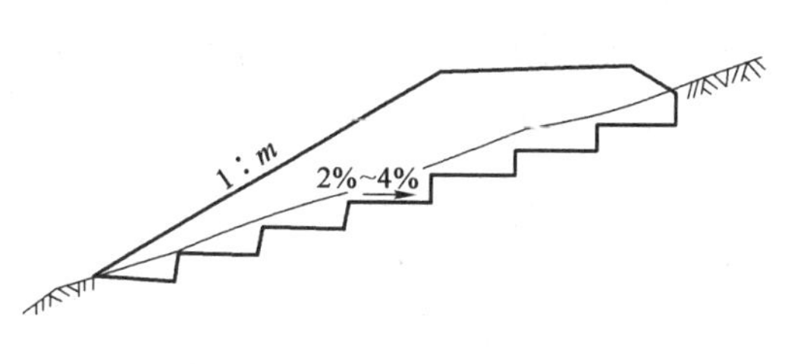

图3-102 挖台阶

e. 路基施工中应做好路基的防护与加固，保证其稳定性，施工完毕后应进行及时养护。路基的防护宜与改善环境、保护生态平衡和搞好公路绿化相结合。

②基层施工

a. 基层加宽施工时，应做好基层接茬处的处理，纵向接茬应与路中线平行。

b. 基层厚度大于或等于 25cm 时，宜采用相错搭接法，搭接长度不小于 30cm（图 3-103），搭接部位和新加宽基层的压实质量均应符合设计要求。压实成型的新基层，应与原路面基层平齐。

c. 基层厚度小于 25cm 时，宜采用平头相接法（图3-104），新铺筑的基层成型后，应与原路面基层平齐。

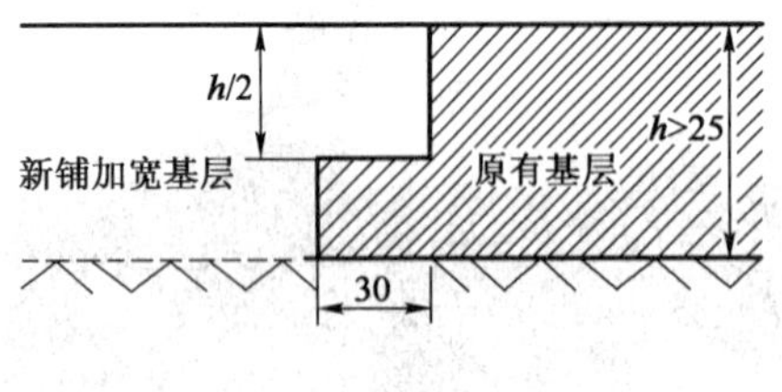

图 3-103　相错搭接（单位尺寸：cm）

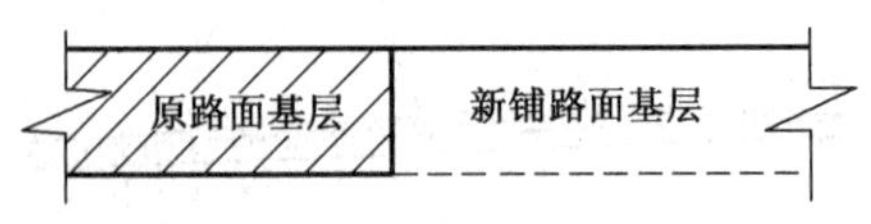

图 3-104　平头相接

d. 邻接加宽部位 30cm 的旧面层应予以挖除，使原有路面露出坚硬的边缘，材料不可松动，路面面层边缘垂直，基层顶面应平整。旧基层上的松散浮土、浮石渣应清除干净（图 3-105）。

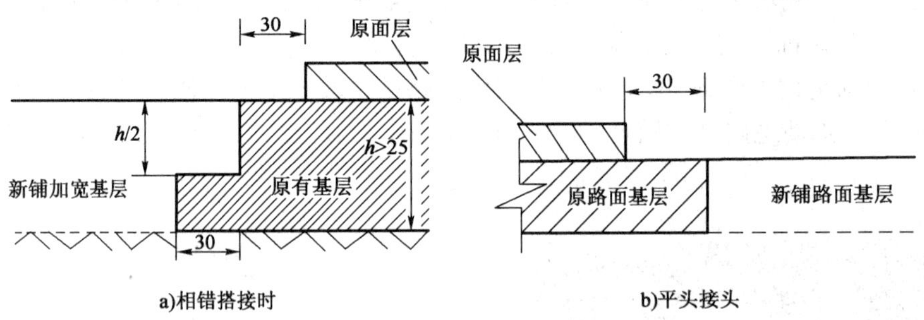

图 3-105　基层加宽时面层的处理（单位：cm）

e. 基层若需调拱时，加宽部分与调拱部分应按路面横坡的要求一次调整，整形压实。调拱层的最小厚度应满足设计和规范要求，不足时可向下开挖原面层和基层。

③面层施工

a. 在基层加宽完毕后，将其表面清扫干净；原有沥青路面边缘应刨切整齐，使其露出坚硬的垂直边缘。原路面面层和新铺基层不得又有松散的粒料。

b. 在新建基层上，洒透层沥青并做封层，以保证上下层的连接，防止水分渗入；在接茬处，原沥青面层的侧面均匀涂一层沥青，以保证新铺沥青混合料与旧沥青面层更好的黏结。

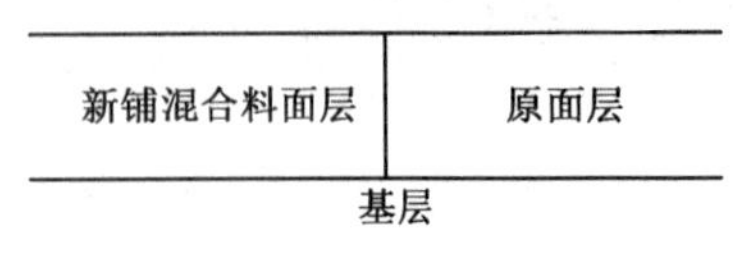

图 3-106　单层式面层纵向接茬搭接

c. 单层式面层接茬时，混合料摊铺应与原路面平齐对接，压实后的高度与原路面面层平齐，如图 3-106 所示。

d. 双层式或多层式面层接茬时，上、下层不宜接在同一垂直面上，应错开 30cm 以上，做成台阶式，加宽后新面层的压实高度与原路面上面平齐，如图 3-107 所示。

e. 接茬部位沥青混合料的摊铺可视路面加宽宽度的情况选择人工摊铺或机械摊铺。采用人工摊铺时，将混合料按松铺，厚度摊平，并沿边缘用热沥青混合料覆盖于原有沥青路面边缘预热，随时用小型振动板沿纵向接产生接茬部位向外振动压实沥青混合料，新铺沥青面层可比原有面层略高，最后用中型压路机后轮对新铺面层进行全面碾压，成型的高度应与原有面层齐平。采用机械摊铺法施工时，可直接沿纵向接茬部位机械摊铺碾压，但应注意随时对接茬部位进行整平或补料。

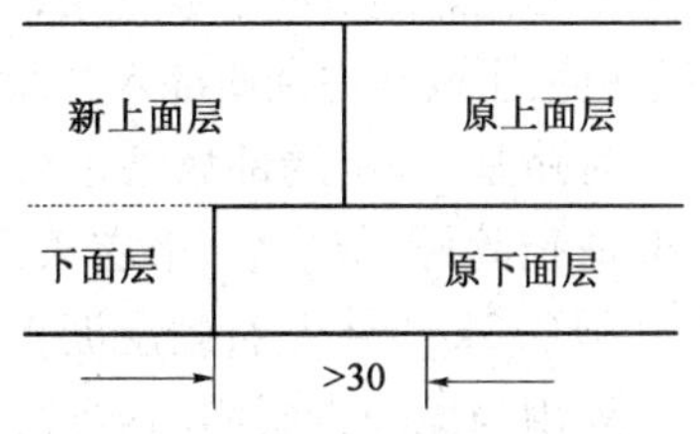

图 3-107　双层式路面面接茬(尺寸单位:cm)
(说明：>30 的右线与上方新原面层的线对齐)

f. 在加宽部位，若原有路面不需调拱，新铺沥青混合料的碾压应从接茬处向外碾压，以便形成设计规定的路拱。若原有路面需要调拱，压实方法同新建沥青路面的施工规定。施工完毕后，纵向接茬处不应有凹凸不平的表面，应保持接缝位置平顺和具有正确的设计路拱，压实度达到设计规定的要求。

④沥青路面加宽施工要点

a. 路面加宽前，应对原有沥青路面作全面的调查，设计加宽方案，通常与路面补强结合，来改善道路的技术状况。

b. 如原有路面路基较宽，路面加宽后路肩宽度符合《标准》时，可直接加宽；如原有路面路基较窄时，应先加宽路基。为使路面边缘坚实，路基比基层应宽出 20 ~ 25cm，基层比面层应宽出 20 ~ 25cm。

c. 加宽路面处于路线平曲线处，均应按《标准》的规定设置相应的超高和加宽，如原来未设置的，也应结合加宽设计补设。

d. 加宽时必须处理好新路基与老路基、新基层与老基层、新面层与老面层的纵横向衔接，纵向接茬与路中线平行，横向接茬与路中线垂直。

e. 处于特殊地区的公路加宽，应采取措施对原地面进行处理，使其具有足够的强度和稳定性。在软土地基采用高路堤加宽时，应对新路基进行加固处理并进行沉降观测，待路基沉降稳定后方可进行基层、面层加宽施工，避免因不均匀沉降而使路面出现纵裂、沉陷等病害。

f. 调拱层应视所用材料满足结构厚度要求，以免在加宽面层和旧面层之间形成薄夹层，并应注意三角调拱层与上下路面结构层的联结。

g. 加宽以后的路基应保证原有路面排水系统的完善；在必要时要对原有路面的排水系统进行重新设计和施工。

h. 路基、基层、面层施工质量控制标准应遵照现行的施工技术规范，并应按《公路工程质量验收评定标准》(JTG F80/1—2004)进行验收。

7. 沥青路面翻修与再生利用

沥青路面翻修适用于路面结构承载力不足、地基软弱、路基严重变形、基层损坏严重、沥青混合料质量差等原因造成路面损坏，通过罩面或局部处理不能满足使用要求，应进行翻修。

(1)沥青路面翻修施工

①沥青路面面层翻修施工

a. 根据调查分析资料，确定翻修路段，设计翻修厚度及施工方案

b. 翻修部分的原沥青层，面积较大时，宜采用铣刨机按预定翻修厚度正确进行铣刨，铣刨时，

应避免损坏完好的下面层或基层；翻修的面积较小，可采用小型机械或人工翻挖。对铣刨后的旧料应避免泥土或其他杂质混入并及时收集，运送至沥青拌和厂（场）用于再生沥青混合料。

c. 对路基、基层局部病害进行处理，达到规范要求。

d. 清扫碎屑、灰尘后，下层表面浇洒 0.3 ~ 0.6kg/m^2 黏层沥青；与不翻修路段接界的原路侧壁涂刷 0.3kg/m^2 左右黏层沥青。

e. 采用与原沥青层相同或按设计要求的材料和厚度进行铺筑。

f. 用压路机进行碾压密实。如采用热拌沥青混合料铺筑时，压实后对与不翻修路段的接缝采用热烙铁烫边密封。

g. 开放交通后应根据具体情况做好初期养护工作。

②面层、基层同时翻修施工

a. 根据调查分析资料，确定翻修路段，设计翻修厚度及施工方案。

b. 对软弱路基采取有效措施处理达到质量标准后再翻修基层、面层。

c. 可先将沥青面层铣刨后翻挖基层，也可采用合适的破碎机具将路面破碎；沥青面层翻修范围应超出基层翻修范围的边缘线 30cm 左右，以使基层、面层接缝错开。

d. 将沥青旧料收集运送后，才可清除基层材料。应避免两种材料混杂，影响旧料的再生利用。

e. 避免雨天翻修，必要时在路肩处布置盲沟，防止路床积水。

f. 路基表面整平并碾压后，采用与原路段相同或符合设计要求的基层材料进行填筑，每层压实厚度应不大于 20cm；当翻修面积小，压路机难以碾压时，可采用小型振动压路机或振动夯板压实，但每层压实厚度应不大于 15cm。

g. 当基层稳定并达到要求强度后，浇洒 0.7 ~ 1.1kg/m^2 透层沥青，与不翻修路段接界的原面层侧壁涂刷 0.3kg/m^2 左右黏层沥青。采用与原路段相同或符合设计要求的材料铺筑面层。

h. 开放交通后应根据具体情况做好初期养护工作。

（2）沥青路面再生利用

沥青路面再生（Recycling Asphalt Pavement，简称 RAP），是将路面翻挖或铣刨，回收旧沥青混合料，经过破碎、筛分，再添加一部分新集料与新沥青（必要时添加再生剂），进行再生工艺的处理，重新拌制后，获得满足高等级公路路用性能要求的再生沥青混合料，并用于铺筑沥青路面结构层的一种成套工艺技术。采用沥青路面再生技术有利于缓解资源压力、保护生态环境、降低建设成本。沥青路面再生技术分类和适用范围见表 3-6 所列。

沥青路面再生技术的分类和适用范围　　表 3-6

分　类	冷　法	热　法
现场（就地）再生	基层翻修、普通路面改造	沥青路面表层 4 ~ 6cm 改善，属于路面预防性养护范畴
厂拌再生	用于基层	实用、灵活、再生量好，可用于沥青面层。各种路面大中修、重建工程广泛使用

①沥青路面现场（就地）冷再生

沥青路面现场（就地）冷再生适用于一、二、三级公路沥青路面的现场（就地）再生利用，用于高速公路时应进行论证。沥青路面就地冷再生分为沥青层就地冷再生和全深式就地冷再生两种方式。对于一、二级公路，再生层可作为下面层、基层；对于三级公路，再生层可作为面层、基层，用作上面层时应采用稀浆封层、碎石封层、微表处等做上封层。

现场(就地)冷再生的施工主要是采用大型的现场(就地)冷再生设备,一般由水罐车、乳化沥青罐、再生机、拾料机、摊铺机等部分构成。具有铣刨、筛分、破碎、添加结合料、拌和等功能。采用乳化沥青或泡沫沥青时,压实厚度 80 ~ 160mm;采用水泥或石灰时,压实厚度 150 ~ 220mm。

a. 履带式再生机施工工艺流程

撒布新集料→平地机整平→压路机静压至规定厚度→履带式再生机组进行就地再生→压路机静压 1 遍→高幅低频强振压实→高频低幅压实→轮胎压路机压实→养生→采用厂拌法进行上层再生料的施工→养生→封层→沥青面层。

b. 轮胎式再生机施工工艺流程

撒布新集料→平地机整平→压路机静压至规定厚度→画线撒布水泥→轮胎式再生机现场再生→平地机整平→压路机静压 1 遍→高幅低频强振压实→高频低幅压实→轮胎压路机压实→养生→采用厂拌法进行上层再生料的施工→养生→封层→沥青面层。

现场(就地)冷再生施工质量控制标准见下表 3-7 所列。

现场(就地)冷再生施工质量控制标准 表 3-7

检查项目		质量要求	检验频率	检验方法
乳化沥青	压实度(%)	≥90(高速公路、一级公路) ≥88(二级及、二级以下公路)	每车道每公里检查 1 次	基于最大理论密度,T0924 或 T0921
	空隙率(%)	≤10(高速公路、一级公路) ≤12(二级及、二级以下公路)		
泡沫沥青	压实度(%)	≥98(高速公路、一级公路) ≥97(二级及、二级以下公路)	每车道每公里检查 1 次	基于重型击实标准密度,T0924 或 T0921
15°C 劈裂强度(MPa)		符合设计要求	每工作日 1 次	T0716
干湿劈裂强度比(%)		符合设计要求		T0716
马歇尔稳定度(kN)		符合设计要求		T0709
残留稳定度(%)		符合设计要求		T0709
冻融劈裂强度比(%)		≥70	每 3 个工作日 1 次	T0729
含水率		符合规范要求	发现异常时随时试验	T0801
沥青含量矿料级配		符合设计要求	发现异常时随时试验	抽提筛分
平整度最大间隙(mm)		8	随时,接缝处单杆测量	T0931
纵断面高程(mm)		±10	检查每个断面	T0911
厚度(mm)	均值	-8	随时	插入测量
	单个值	-10		
宽度(mm)		不小于设计宽度,边线整齐、顺适	检查每个断面	T0911
横坡度(%)		±0.3	检查每个断面	T0911
外观		表面平整密实,无浮石、弹簧现象,无明显压路机轮迹	随时	目测

②沥青路面厂拌冷再生

沥青路面厂拌冷再生适用于对各等级公路 RAP 进行冷拌再生利用,再生后的沥青混合料根据其性能和工程情况,可用于高速公路和一、二级公路沥青路面的下面层及基层、底基层,三、四级公路沥青路面面层。当用于三、四级公路的上面层时,应采用稀浆封层、碎石封层、微表处等作上面层。

厂拌冷再生施工工艺流程为:现场铣刨的回收料运回冷再生拌和厂→调整集料级配,加入黏结料拌和生成冷再生混合→再生混合料运输至施工现场,摊铺、碾压、养生→(必要时)第二层再生层的施工,工艺同前→封层→加铺罩面。

厂拌冷再生施工施工要点如下:

a. 冷再生混合料拌制。使用乳化沥青时应具备乳化沥青喷洒和精确计量系统;使用泡沫沥青时还需配备泡沫沥青发生装置。

b. 摊铺。采用摊铺机摊铺,熨平板无需加热。用于三级以下公路时也可以选择使用平地机摊铺。

c. 压实。压实是至关重要的环节。需要配备大吨位轮胎压路机、振动压路机,制定科学的压实方案,确保压实度。

d. 养生。冷再生层在加铺上层结构前必须养生,养生时间不宜少于 7d,当满足以下条件之一时,可提前结束养生:一是再生层可以取出完整的芯样;二是再生层含水率低于 2%。

养生方法要点如下:

- 封闭交通养生,可进行自然养生,无需采取措施。
- 开放交通养生,再生层在完成压实至少 1d 后方可开放交通,但应严格限制重型车辆通行,行车速度应控制在 40km/h 以内。为避免车轮对表层的破坏,可在再生层上均匀喷洒慢裂乳化沥青。

厂拌冷再生施工质量标准同现场(就地)冷再生施工质量控制标准,见表 3-7 所列。

③沥青路面现场(就地)热再生

现场(就地)热再生适用于再生深度一般为 20 ~ 50mm,仅存在浅层轻微病害的高速公路及一、二级公路沥青路面表面层的就地再生利用,再生层可用作上面层或者中面层。

现场(就地)热再生是一种预防性养护技术,再生时原路面应符合以下条件:

a. 原路面整体强度满足设计要求。

b. 原路面病害主要集中在表面层,通过再生施工可得到有效修复。

c. 原路面沥青的针入度不低于 20。

现场(就地)热再生主要施工工序主要包括:路面加热、铣刨、收集、添加再生剂和新料、拌和、摊铺、碾压等(图 3-108 ~ 图 3-112)。现场(就地)热再生一般采用列车式沥青再生设备,添加养生剂和新料、拌和、摊铺为一体的组合设备,整个流程时间短、进度快,如图 3-113 所示。

沥青路面现场(就地)热再生施工要点如下:

a. 原路面上有稀浆封层、微表处、超薄罩面、碎石封层的,不宜直接进行就地热再生,应先将其铣刨掉,或经充分分析后做出针对性设计。

b. 改性沥青路面的就地热再生,宜进行专门论证。

c. 原路面必须充分加热,但不得因温度过高造成沥青老化,并应减小再生机组各设备间距，减少热量散失。原路面加热宽度比铣刨宽度每侧应至少宽出200mm。

d. 铣刨深度要均匀。再生剂喷洒装置应与再生复拌机行走速度连动并可自动控制，能准确按设计剂量喷洒，并保证再生沥青混合料拌和均匀，混合料摊铺温度宜控制在120～150℃。

e. 碾压必须紧跟摊铺进行，使用双钢轮压路机时宜减少喷水，使用轮胎压路机时不宜喷水。再生层路表温度低于50℃后方可开放交通。

图3-108　加热铣刨

图3-109　添加新料

图3-110　添加再生剂、拌和

图3-111　摊铺

图3-112　碾压

图3-113　列车式再生机

现场（就地）热再生施工质量控制标准见表3-8所列。

现场(就地)热再生施工质量控制标准　　表3-8

检查项目	检查频度	质量要求或允许偏差	试验方法
再生剂用量	随时	适时调整,总量控制	每天计算
压实度均值	每天1~2次	理论最大密度的94%	T0924,JTG F40—2004 附录E
再生混合料摊铺温度	随时	>120℃	温度计测量
宽度(mm)	每100m1次	大于设计宽度	T0911
再生厚度(mm)	随时	±5	T0912
加铺厚度(mm)	随时	±3	T0912
平整度最大间隙(mm)	随时	<3	T0931
横接缝高差(mm)	随时	<3,必须压实	3m直尺间隙
纵接缝高差(mm)	随时	<3,必须压实	3m直尺间隙
外观	随时	表面平整密实,无明显轮迹、裂痕、推挤、油包、离析等缺陷	目测

④沥青路面厂拌热再生

沥青路面厂拌热再生适用于对各等级公路RAP热拌再生利用,再生后的沥青混合料根据其性能和工程情况,可用于各个等级公路的沥青面层及柔性基层。

a. 现场热再生施工

• RAP回收和预处理。RAP回收可选用冷铣刨、机械开挖等方式,不得混入基层废料、水泥混凝土废料、杂物、土等杂质;RAP破碎后的最大粒径小于再生沥青混合料最大公称粒径;筛分处理后的RAP筛分成不少于2档的材料。

• 再生混合料的拌制设备。厂拌热再生,拌和设备必须具备RAP配料装置和计量装置。可以使用间歇式厂拌热再生设备,也可以使用连续式厂拌热再生设备。RAP料仓数量应不少于2个,料仓内RAP含水量应不大于3%;应适当提高新集料的加热温度,但最高不宜超过200℃。使用间歇式拌和设备,当RAP掺量大于10%,宜具备RAP烘干加热系统(图3-114~图3-119)。

图3-114　厂拌热再生设备

图3-115　回收的旧料

b. 间歇式厂拌热再生设备拌制流程(图3-120)

• 再生混合料的拌制。干拌时间一般比普通热拌沥青混合料延长5~10s,总拌和时间比普通热拌沥青混合料延长15s左右；再生混合料出料温度应比普通热拌沥青混合料高5~15℃；RAP加热时不得直接与火焰接触。

图3-116 旧料预处理

图3-117 旧料、新料进入拌和筒

图3-118 拌和滚筒

图3-119 出料仓

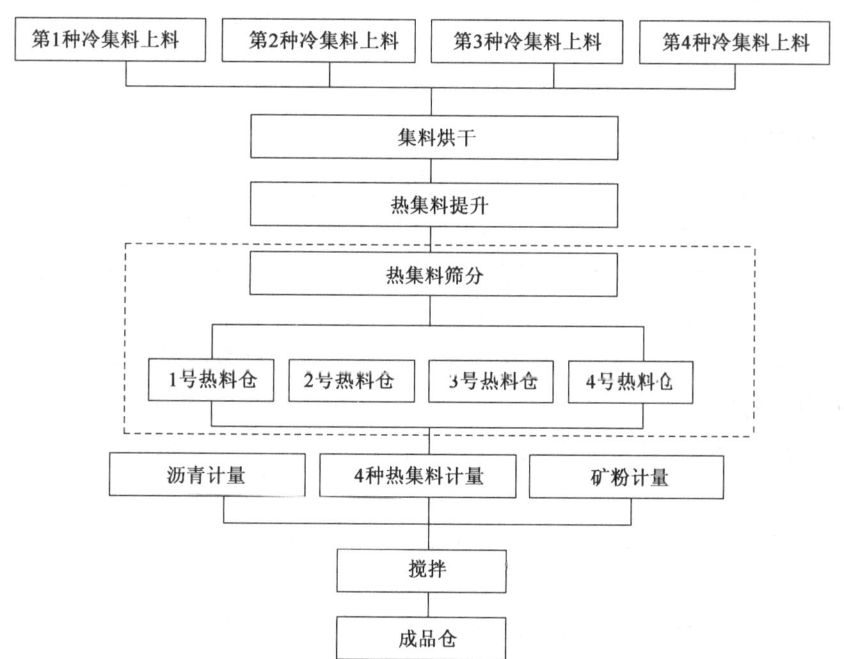

图3-120 间歇式厂拌热再生设备拌制流程

●混合料的运输、摊铺、碾压。厂拌再生料的运输、摊铺、碾压一般比普通热拌沥青混合料高5~15℃，其施工方法和施工要求同普通热拌沥青混合料。

连续式厂拌热再生设备拌制流程，如图3-121所示。

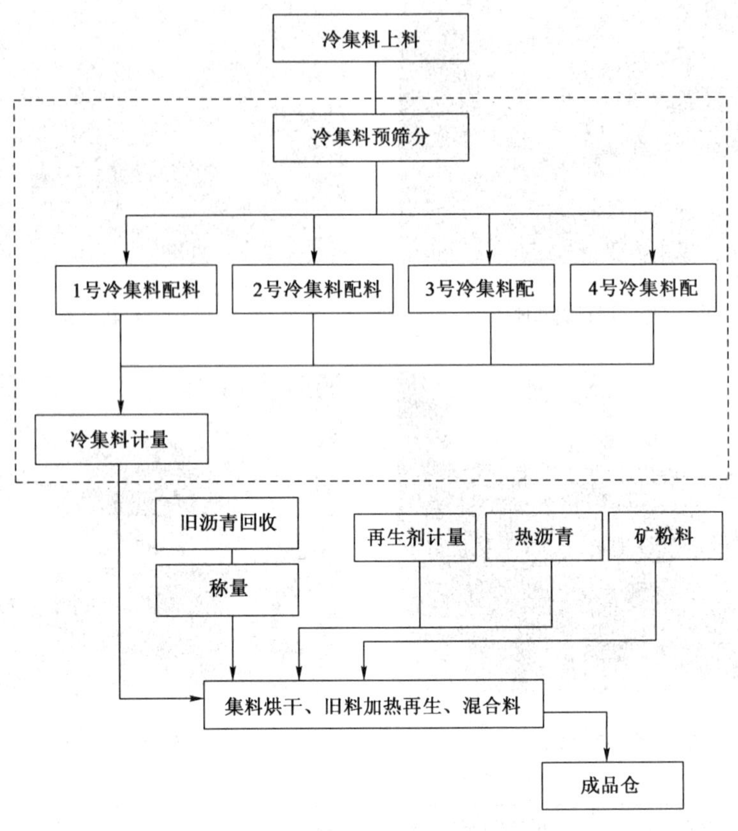

图3-121　连续式厂拌热再生设备拌制流程

c.沥青路面厂拌热再生施工要点

●旧料要求。旧料必须洁净，不得混入有机垃圾。混入无沥青黏结的砂石料的比例不得大于10%，含泥量不得大于1%；块状旧料可采用机械轧碎或人工敲碎；破碎后的旧料最大粒径按用途确定，用于粗粒式再生沥青混合料时，最大粒径为26.5mm或31.3mm（方孔筛）、用于中粒式再生沥青混合料时，最大粒径为16mm或19mm（方孔筛）、用于细粒式再生沥青混合料时，最大粒径为9.5mm或13.2mm（方孔筛）；破碎后的旧料应按质量分类，堆放在平整、坚实和排水良好的场地。

●再生剂要求。再生剂应具有较强的渗透和软化能力，以降低旧沥青黏度，达到要求的针入度；能与旧沥青互溶，使之和新沥青均匀地混合成一体；能调节旧沥青的成分，达到路用沥青的质量要求，有较好的抗老化性能。适用的再生剂有机油、润滑油、抽出油和玉米油等。

●新材料要求。用于再生沥青混合料的新沥青和乳化沥青的类型和标号可根据公路等级、用途和当地气候条件选定；用于再生沥青混合料的粗、细集料应具有足够的强度，与沥青黏附性良好，并无风化和杂质，颗粒形状接近立方体，材料质量均应符合《公路沥青路面养护技术规范》(JTJ 073.2—2001)有关的规定。

• 热拌再生沥青混合料配合比设计。根据旧沥青技术指标和含量与旧矿料的颗粒组成,通过试验确定掺加再生剂、新沥青的数量和新矿料的比例,并制备混合料试件进行马歇尔试验,来确定再生沥青混凝土的最佳沥青用量。调整新、旧沥青掺配比例仍达不到质量要求时,该旧沥青不能用于再生沥青。

• 热拌再生沥青混合料。当旧沥青混合料需要掺入再生剂时,应先将破碎后的旧料按用量喷洒,并拌和均匀,堆放时间以再生剂充分渗透到旧沥青为度,堆放高度宜不超过1.5m,避免结块;当采用间歇式拌和机拌制时,新集料加热温度应高于普通沥青混合料的集料加热温度,但不宜超过230℃;拌和时间以新、旧料混合均匀,混合料颜色均匀、无花白为准,再生沥青混合料出厂温度为140℃ ~160℃;当采用连续式拌和机拌和时,防止旧料被明火烧焦,宜在筒体中部进料口输入旧料,并设置挡板遮挡火焰,如旧料与集料在筒体始端同一料口输入筒体时,可先对旧料喷洒适量水分,旧料总含水量宜不超过3%。

厂拌热再生施工质量控制标准同现场热再生,见表3-8所列。

⑤泡沫沥青冷再生技术简介

泡沫沥青(Foamed asphalt)又称膨胀沥青(Expensive asphalt),是将一定的常温水注入热沥青使其体积发生膨胀,形成大量的沥青泡沫,经过很短的时间沥青泡沫破裂。当泡沫沥青与集料接触时,沥青泡沫化为数以百万计的"小颗粒",散布于细集料(特别是粒径小于0.075mm)的表面,形成黏有大量沥青的细料填缝料,经过拌和压实,这些细料能填充于常温的粗集料之间的空隙并形成类似砂浆的作用,使混合料达到稳定。采用泡沫沥青冷再生技术,一方面对回收旧沥青路面材料(包括沥青面层料RAP和水稳基层料CTB)进行再生利用,另一方面可以调整路面结构,形成半柔性基层沥青路面,与国际路面结构主流一致。

泡沫沥青冷再生混凝土单层厚度在10 ~30cm,混合料可用专门的冷再生设备在现场就地再生,也可厂拌再生,然后将混合料摊铺、碾压成型后即可。

a. 泡沫沥青混合料可作为高等级公路的下面层或基层,也可作为低交通量道路的面层。

b. 泡沫沥青混合料上需要几层热拌沥青混合料面层。

c. 泡沫沥青混合料既不属于半刚性基层,也不属于柔性基层,应属于半柔性基层。

d. 泡沫沥青混合料现场养生时间应满足要求。

e. 必须保证路基回弹模量或槽底弯沉值。

六、沥青路面养护的基本要求

(1)加强路况巡视,掌握路面情况,及时排除有损路面的各种不良因素,及早维修路面初期病害。保证路面平整、横坡适度、线形顺直、清扫保洁、排水良好。

(2)及时修补沥青路面裂缝、坑槽,防止地表水渗入基层;对已渗入基层的积水,应设置地下排水设施;加强路面排水设施的维修养护,保持良好的排水功能。

(3)保持路面平整度、抗滑能力以及防水性,确保路面安全、舒适的行驶性能。

(4)保持路面的强度、耐久性,对路面承载能力不足或不适应交通要求的,应根据不同情况进行补强、加宽或改线,以提高公路等级。

(5)防止因路面损坏和养护操作污染沿线环境。

七、沥青路面养护质量标准

1. 沥青路面平整度、抗滑性能及路面状况养护质量要求(表3-9)

沥青路面平整度、抗滑性能及路面状况的养护质量标准 表3-9

序号	项目		高速公路、一级公路	其他等级公路
1	平整度(mm)	平整度仪(σ)	≤3.5	≤4.5(≤5.5或≤7.0)①
		3m直尺(h)	≤7	≤10(≤12或≤15)②
		国际平整度指数IRI(m/km)	≤6	≤8
2	抗滑性能	横向力系数SFC	≥40	≥30
		摆式仪摆值BPN	-	≥32
3	路面状况指数PCI		≥70	55

注:①对于其他等级公路的平整度方差σ:沥青碎石、贯入式应取低值4.5,沥青表面处治取中值5.5,碎砾石及其他粒料类路面取高值7.0;

②对于其他等级公路的平整度3m直尺指标:沥青碎石、贯入式应取低值10,沥青表面处治取中值12,碎砾石及其他粒料类路面取高值15。

2. 沥青路面强度养护质量要求(表3-10)

沥青路面强度的养护质量标准 表3-10

评价指标	高速公路、一级公路	其他等级公路
路面强度指数SSI	≥0.8	≥0.6

3. 沥青路面车辙养护质量要求(表3-11)

沥青路面车辙养护质量标准 表3-11

评价指标	高速公路、一级公路	其他等级公路
路面车辙深度(mm)	≤15	—

注:对于其他等级公路不对车辙深度作要求。

4. 沥青路面路拱坡度养护质量要求(表3-12)

沥青路面路拱坡度 表3-12

评价指标	高速公路、一级公路	其他等级公路
路拱坡度	1.0~2.0	—

注:对于高速公路、一级公路路拱横坡的养护标准,路面结构排水良好的可比表列值低0.5%,其他等级公路的路拱横坡可视公路等级的情况比《公路工程技术标准》(JTG B01—2014)中相应的设计值低0.5%作为养护标准。

复习思考题

1. 影响沥青路面使用的因素有哪些?
2. 沥青路面损坏的类型有哪些?
3. 沥青路面调查的内容有哪些?各项指标调查的方法和要求是什么?
4. 简述沥青路面的评定标准。

5. 沥青路面的养护工作可分为哪几种类型？
6. 沥青路面日常巡视与检查、小修保养分别包括哪些内容？
7. 沥青路面养护与改善技术措施有哪些？
8. 沥青路面一年四季养护各有何特点？
9. 简述沥青路面窄浅裂缝和宽深裂缝灌缝的施工程序和施工要点。
10. 简述沥青路面挖补施工的程序及施工注意事项。
11. 简述沥青路面热补法修补施工的程序及施工注意事项。
12. 什么是沥青路面的罩面？按其使用功能分为哪几类？
13. 简述沥青路面补强的程序。
14. 沥青路面加宽的方式有哪几种？
15. 什么是沥青路面的再生利用？沥青路面再生技术分为哪几类？
16. 简述沥青路面养护的技术标准。

课题二　水泥混凝土路面养护

知识点：

◎ 路面养护工作的主要内容。

◎ 路面调查的内容。

技能点：

◎ 路面调查方法和养护技术。

◎ 路面养护技术标准。

水泥混凝土路面是水泥混凝土板做面层并与其他各类基层所组成的路面(图3-122)。水泥混凝土路面包括普通水泥混凝土路面、钢筋混凝土路面、钢纤维混凝土路面、连续配筋混凝土路面、装配式混凝土路面等。由于它具有强度高、稳定性好、耐久性好、路面颜色鲜明、能见度好等优点而被广泛应用。但由于路面材料、面板特性、施工质量、使用方法、外界自然条件等因素影响，易产生破碎板、裂缝、板角断裂、错台、唧泥、边角剥落、接缝料损坏、坑洞、拱起、露骨、修补等病害(图3-123)。为保证水泥混凝土路面的正常使用，确保行车安全，必须对其采取预防性、经常性的保养和修理，有计划地对路面进行改善，提高路面的使用质量和抗灾能力。

a)

b)

图3-122　水泥混凝土路面

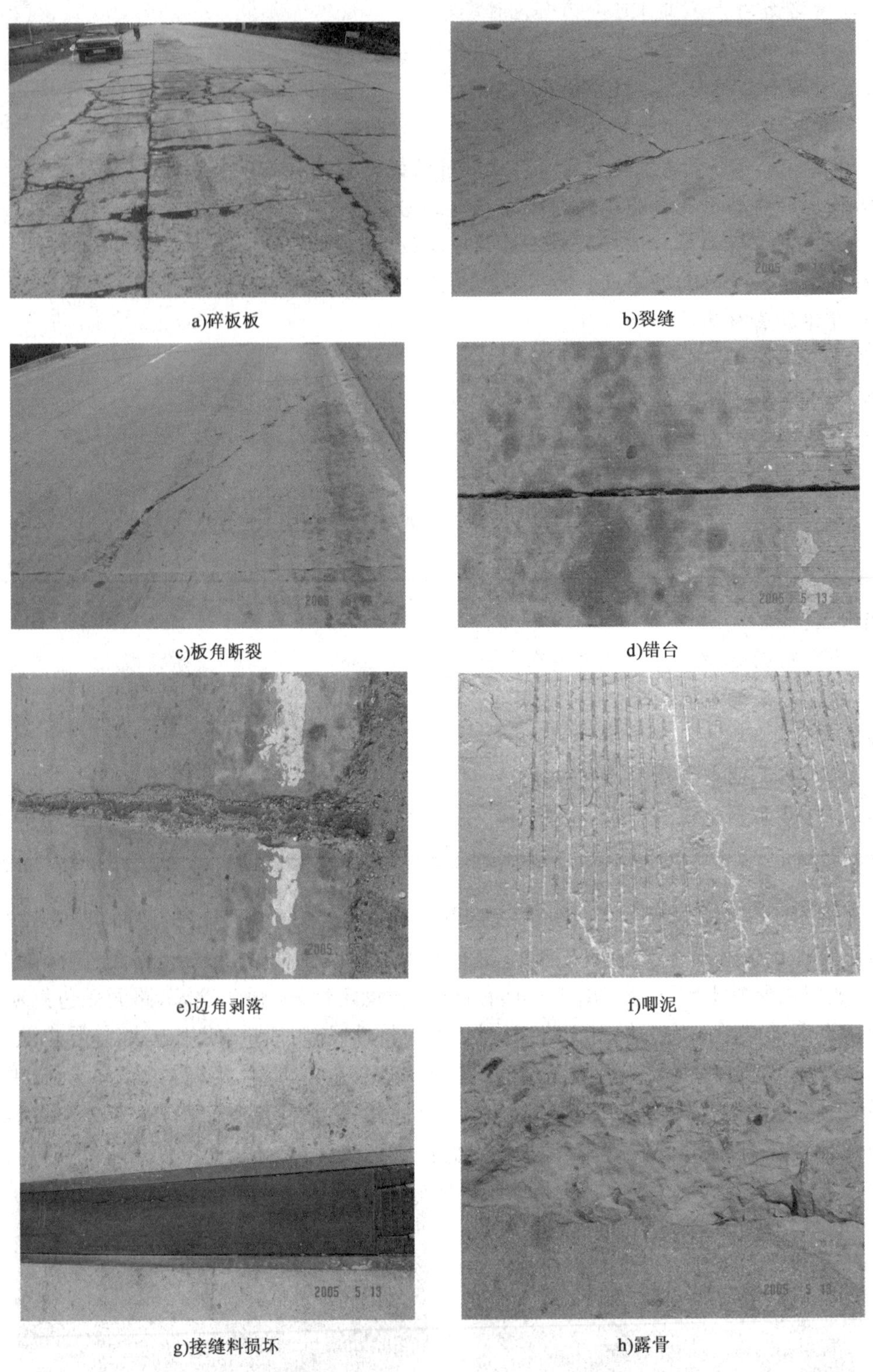

a)碎板板　b)裂缝　c)板角断裂　d)错台　e)边角剥落　f)唧泥　g)接缝料损坏　h)露骨

图 3-123　水泥混凝土路面主要病害

一、影响水泥混凝土路面使用的因素

车辆荷载的反复作用、自然环境以及其他因素影响，使水泥混凝土路面承载状况产生变化,因此影响水泥混凝土路面的使用。

1. 行车荷载的反复作用

(1)汽车荷载垂直压力作用于路面。

(2)汽车起动、制动、变速、转向以及克服各种行车阻力作用于路面的水平力。

(3)汽车行驶时自身产生的振动及因路面不平整引起车辆颠簸产生振动而对路面作用的动压力。

(4)车辆行驶时在车轮的后方与路面之间形成暂时的真空而对路面产生的真空吸力。

2. 自然因素作用

路面暴露于大气中,直接经受着自然现象的作用。

(1)温度变化影响。高温时,板表面膨胀较大,板地面膨胀较小,形成拱起,在荷载作用下,易使板断裂,板表面膨胀易引起板边挤碎。低温时,板的接缝增大,在荷载作用下,易产生啃边。

(2)地表水影响。来自大气降水和蒸发、地面水通过接缝渗透到板底,在行车荷载的作用下,产生唧泥,进一步产生板底掏空,最后导致断板。

(3)地下水影响。地下水易引起下承层强度不均匀。

(4)其他自然因素影响。风力、空气、地震力等对水泥混凝土路面的影响。

3. 其他方面影响

(1)结构的磨损。路面的表面与车轮接触产生磨损,使混凝土的结构、受力条件、集合尺寸发生变化。

(2)设计缺陷。水泥混凝土混合料配比设计、混凝土板厚度宽度大小设计、基层设计、布筋设计等缺陷,会引起水泥混凝土路面病害。

(3)施工缺陷。施工过程中,基层压实度、混凝土密实度、养生等达不到设计要求,会引起水泥混凝土路面病害。

(4)使用不当。车辆超载运输等,引起路面变形和破坏。

二、水泥混凝土路面调查

1. 水泥混凝土路面破损类型

(1)破碎板

破碎板是指被多条裂缝分为3个以上的板块,损坏按板块面积计算。根据破碎板块的活动情况,将损坏分为轻、重两个等级,如图3-124所示。

a)

b)

图3-124 破碎板

①轻。破碎板未发生松动和沉陷。

②重。破碎板有松动、沉陷和唧泥等现象。

(2)裂缝

板块上只有一条裂缝,裂缝类型包括横向、纵向和不规则的斜裂缝等。按裂缝长度计量,用1.0m 影响宽度换算成面积。按裂缝缝宽及边缘碎裂情况分为轻、中和重 3 个等级,如图 3-125所示。

a)

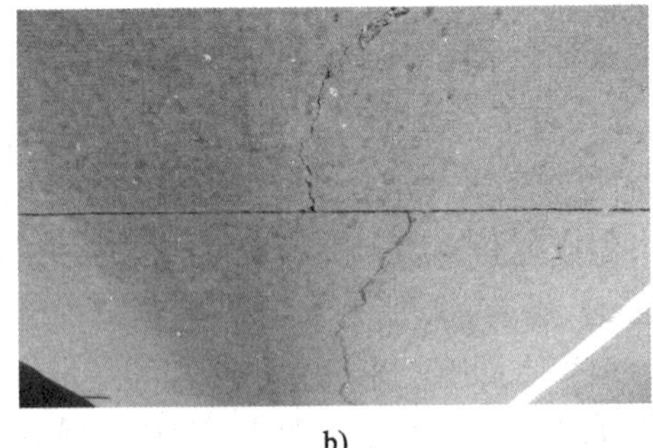

b)

图 3-125 裂缝

①轻。裂缝窄、裂缝处未剥落,缝宽小于 3mm,一般为未贯通裂缝。

②中。裂缝边缘有碎裂现象,裂缝宽度在 3 ~ 10mm 之间。

③重。缝宽、边缘有碎裂并伴有错台出现,缝宽大于 10mm。

(3)板角断裂

板角断裂指水泥混凝土板的板角出现裂缝,裂缝与纵横接缝相交,交点距板角小于或等于板边长度的一半。损坏按断裂板角的面积计量。按裂缝宽度和板角的松动程度分为轻、中和重 3 个等级,如图 3-126 所示。

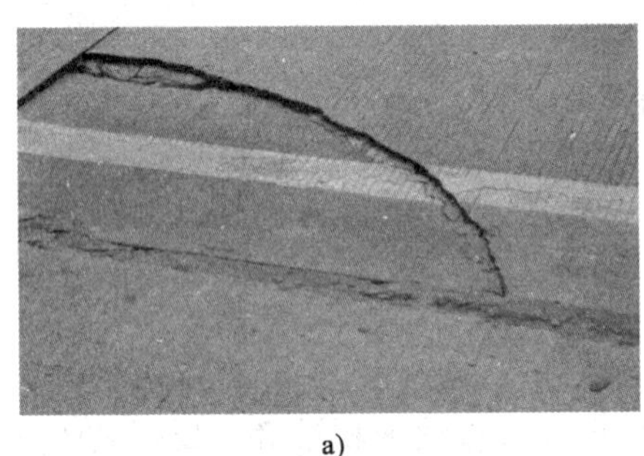

a)

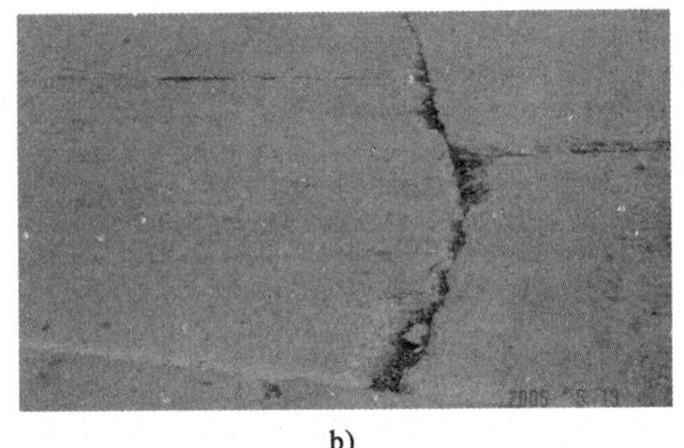

b)

图 3-126 板角断裂

①轻。裂缝宽度小于 3mm,裂缝未破碎,断裂处未出现错台。

②中。裂缝宽度在 3 ~ 10mm,裂缝边缘有碎裂现象。

③重。裂缝宽度大于 10mm,裂缝边缘有碎裂现象,并伴有松动现象。

(4)错台

错台是指水泥混凝土板横向或纵向接缝两边出现大于 5mm 的高差。损坏按发生错台的长度计算,检测结果用影响 1.0m 宽度换算成面积。根据错台两边的高差大小分为轻、重两个等级,如图 3-127 所示。

①轻。高差小于 10mm。

②重。高差大于 10mm。

a)

b)

图 3-127　错台

(5)唧泥

水泥混凝土板块在车辆驶过后,接缝处有基层泥浆涌出,损坏按唧泥处接缝长度计算,检测结果用影响 1.0m 宽度换算成面积。损坏不分严重程度(图 3-128 所示)。

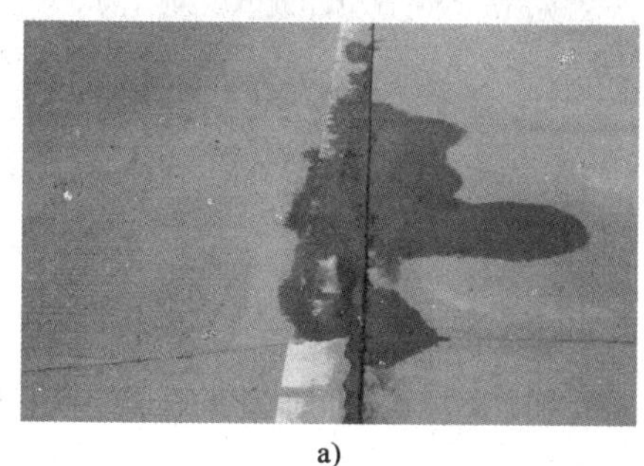

a)

b)

图 3-128　唧泥

(6)边角剥落

边角剥落是指沿接缝方向的板边出现破裂或脱落现象,裂缝面一般不是垂直贯穿板厚,而是与板面成一定角度。损坏按发生剥落的接缝长度计量,换算成损坏面积时乘以 1m 的影响宽度。按剥落的深度分为轻、中和重 3 个等级,如图 3-129 所示。

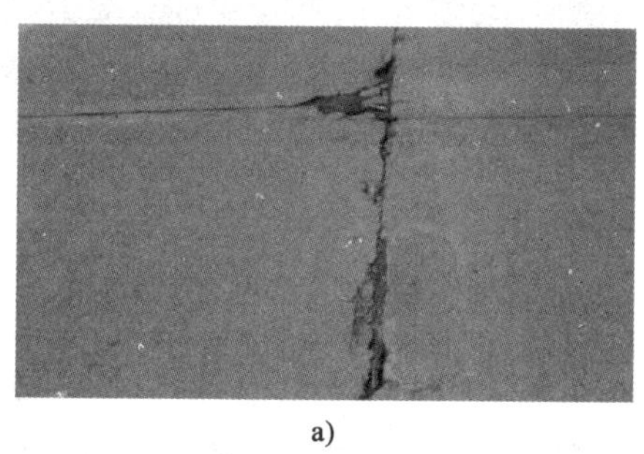

a)

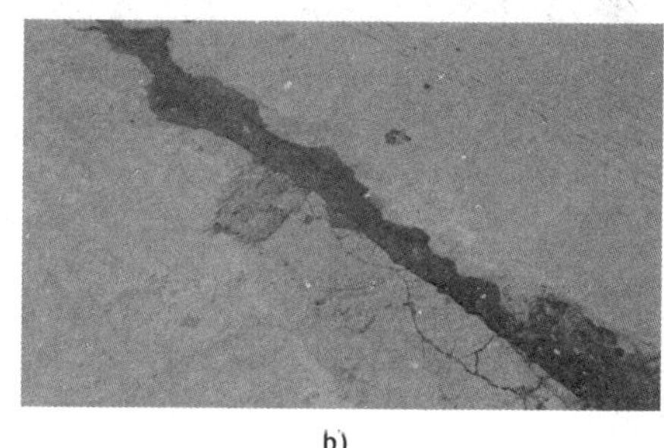

b)

图 3-129　边角剥落

①轻。浅层剥落。

②中。中深层剥落,接缝附近水泥混凝土有开裂。

③重。深层剥落,接缝附近水泥混凝土多处开裂,深度超过接缝槽底部。

(7)接缝料损坏

接缝料损坏是指由于接缝的填缝料老化、剥落等原因,填料不密水或接缝内已无填料,接缝被砂、石、土等填塞。按出现接缝料损坏的接缝长度计量,换算成损坏面积时乘以 1m 的影响宽度。按接缝料剥落的程度分为轻、重两个等级,如图 3-130 所示。

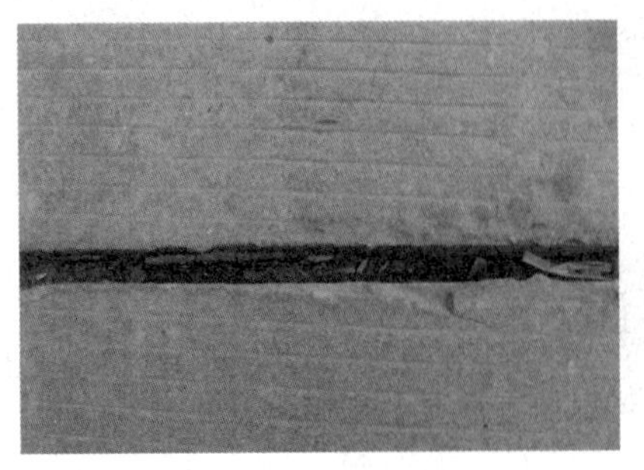

图 3-130　接缝料损坏

①轻。填料老化，不密水，但尚未剥落脱空，未被砂、石、泥土等填塞。

②重。1/3 以上接缝出现空缝或被砂、石、土填塞。

(8)坑洞

板面出现有效直径大于 30mm，深度大于 10mm 的局部坑洞，损坏按单个坑洞外接矩形或坑洞群所涉及的面积计算。损坏不分轻重，如图 3-131所示。

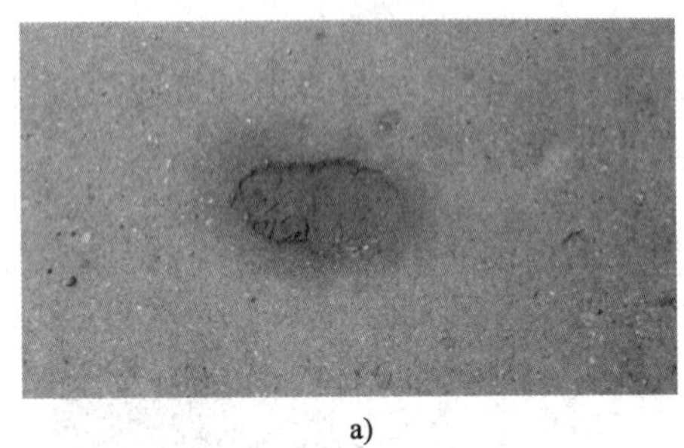

a)

b)

图 3-131　坑洞

(9)拱起

横缝两侧的板体发生明显抬高，高度大于 10mm，损坏按拱起所涉及的板块面积计算。损坏不分轻重，如图 3-132 所示。

a)

b)

图 3-132　拱起

(10)露骨

板块表面细集料散失、粗集料暴露或表层疏松剥落，损坏按面积计算。不分严重程度，如图 3-133 所示。

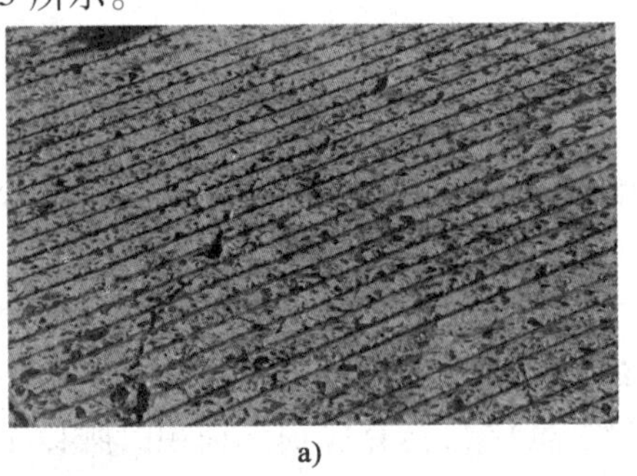

a)

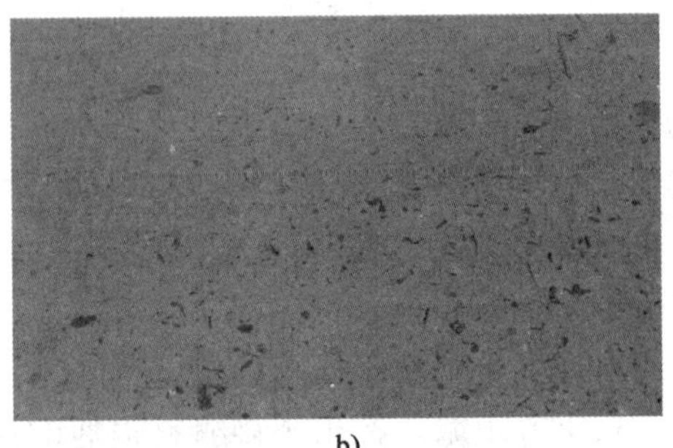

b)

图 3-133　露骨

（11）修补

裂缝、板角断裂、边角剥落、坑洞和层状剥落的修补面积或修补影响面积（裂缝修补按长度计算，影响宽度为 0.2m）。损坏不分轻重，如图 3-134 所示。

图 3-134 修补

2. 水泥混凝土路面检测与调查

水泥混凝土路面的检测包括水泥混凝土路面损坏状况、平整度、抗滑性能三项内容。

（1）水泥混凝土路面损坏状况

路面损坏状况检测指标和检测方法及要求与沥青路面相同。检测时，应仔细查看路面上存在的损坏状况，正确区分病害类型和严重程度，丈量其损坏面积和长度，根据水泥混凝土路面损坏类型和权重（表 3-13）确定病害类型，记入水泥混凝土路面损坏情况调查表，准确至平方米，不规则形状的损坏面积计算时先按当量面积计算。记录表格见附表 3。

水泥混凝土路面损坏类型和权重 表 3-13

类型（i）	破损类型	严重程度	权重（w_i）	计量单位	类型（i）	破损类型	严重程度	权重（w_i）	计量单位
1	破碎板	轻	0.8	面积 m^2	11	唧泥		1.0	长度 m（影响宽度:1.0m）
2		重	1.0		12	边角剥落	轻	0.6	长度 m（影响宽度:1.0m）
3	裂缝	轻	0.6	长度 m（影响宽度:1.0m）	13		中	0.8	
4		中	0.8		14		重	1.0	
5		重	1.0		15	接缝料损坏	轻	0.4	长度 m（影响宽度:1.0m）
6	板角断裂	轻	0.6	面积 m^2	16		重	0.6	
7		中	0.8		17	坑洞		1.0	面积 m^2
8		重	1.0		18	拱起		1.0	面积 m^2
9	错台	轻	0.6	长度 m（影响宽度:1.0m）	19	露骨		0.3	面积 m^2
10		重	1.0		20	修补		0.1	面积 m^2

（2）水泥混凝土路面平整度

路面平整度检测指标和路面损坏状况调查方法及要求与沥青路面相同。其检测评定标准见表 3-14 所列。

路面平整度人工评定标准　　表 3-14

技术等级	优	良	中	次	差
RQI	≥90	≥80，<90	≥70，<80	≥60，<70	<60
3m 直尺	≤10	>10，≤12	>12，≤15	>15，≤18	>18
颠簸程度	无颠簸，行车平稳	有轻微颠簸，行车尚平稳	有明显颠簸，行车不平稳	严重颠簸，行车很不平稳	非常颠簸，非常不平稳

(3)水泥混凝土路面抗滑性能

路面抗滑性能检测指标和检测方法及要求与沥青路面相同。

3. 水泥混凝土路面检测与调查频率

路面检测与调查可采用全面或抽样的方式进行。路面技术状况评定所需数据的最低检测与调查频率应遵照表 3-15 的规定。

最低检测与调查频率　　表 3-15

检测频率 检测内容	路面损坏(PCI)	路面平整度(RQI)	抗滑性能(SRI)	路面车辙(RDI)	结构强度(PSSI)
高速公路、一级公路	1 年 1 次	1 年 1 次	2 年 1 次		
二、三、四级公路	1 年 1 次	1 年 1 次			

4. 数据采集要求与汇总

(1)数据采集要求

数据采集人员必须严肃认真，有较丰富的路面养护实践经验，并熟悉路面病害类型区分，确保数据真实、可靠。地(市)公路部门应组织符合小组对调查结果进行抽查，抽查数量占实际调查路段的 5% ~10%，偏差范围在 ±10% 以内为合格，否则应进行重新调查。

路面检测以 1000m 路段为基本单元或调查单元。检测数据按上行方向(桩号递增方向)和下行方向(桩号递减方向)分别检测。二、三、四级公路可不分上下行。采用快速检测方法检测路面使用性能评定所需数据时，每个检测方向至少检测一个主要行车道。

(2)调查结果汇总

调查结果应按路段汇总，填入沥青路面损坏情况总表，填写《公路技术状况评定明细表》(附表 2)。

三、水泥混凝土路面技术状况评定

1. 水泥混凝土路面评定要求

水泥混凝土路面技术状况评定以 1 000m 路段长度为基本评定单元。其技术状况以水泥混凝土路面技术状况指数 MQI 表示。

$$MQI = w_{PQI}PQI + w_{SCI}SCI + w_{BCI}BCI + w_{TCI}TCI$$

式中：w_{PQI}——PQI 在 MQI 中的权重，取值为 0.70；

w_{SCI}——SCI 在 MQI 中的权重，取值为 0.08；

w_{BCI}——BCI 在 MQI 中的权重，取值为 0.12；

w_{TCI}——TCI 在 MQI 中的权重，取值为 0.10；

PQI——沥青路面使用性能；
SCI——路基技术状况；
BCI——桥隧技术状况；
TCI——沿线设施技术状况。

水泥混凝土路面使用性能评价包含路面损坏、平整度、抗滑性能3项技术内容。

水泥混凝土路面使用性能指数(PQI)计算公式为：

$$PQI = w_{PCI}PCI + w_{RQI}RQI + w_{SRI}SRI$$

式中：PCI——路面损坏状况指数；
RQI——路面行驶质量指数；
SRI——路面抗滑性能指数；
w_{PCI}——PCI在PQI中的权重；
w_{RQI}——RQI在PQI中的权重；
w_{SRI}——SRI在PQI中的权重。

其中PCI、RQI、SRI指标的调查方法与计算方法同沥青路面技术状况评定。PQI各权重取值按表3-16选取。

PQI分项指标权重 表3-16

水泥混凝土路面	w_{PCI}	0.50	0.60
	w_{RQI}	0.40	0.40
	w_{SRI}	0.10	—

2. 水泥混凝土路面评定标准

(1)公路技术状况用公路技术状况指数MQI和相应分项指标表示，MQI和相应分项指标的值域为0~100。

(2)公路技术状况分为优、良、中、次、差5个等级，等级按表3-17规定的标准确定。

公路技术状况评定标准 表3-17

评价等级	优	良	中	次	差
MQI及相应分项指标	≥90	≥80，<90	≥70，<80	≥60，<70	<60

四、水泥混凝土路面养护的工作内容

(1)行车道与硬路肩上的泥土和杂物，应经常予以清扫。当设有中间带、变速车道、爬坡车道、应急停车带时，其上的泥土和杂物也应清扫干净。

(2)水泥混凝土路面各种接缝的填缝料出现缺损或溢出，应及时填补或清除，并应防止泥土、砂石及其他杂物挤压进入接缝内，影响混凝土路面板的正常伸缩。

(3)路基路面(包括路肩、中央分隔带)排水设施，应经常检查和疏通，防止积水，以保护路面不受地面水和地下水的损害。

(4)路面各种标线、导向箭头及文字标记，应及时清洗和恢复，经常保持各种标线、标记完整无缺，清晰醒目。辅助和加强标线作用的突起路标，应无损坏、松动或缺失，并保持其反射性能。

(5)路肩外和中央分隔带内种植的乔木、绿篱和花草,应及时浇灌、剪修,以保持路容整齐、美观。如有空缺或老化,应适时补植或更新。对病虫害,应及时防治。对影响视距和路面稳定的绿化栽植,应予以处理。

(6)对路面、路肩和路缘石等的局部损坏,应查清原因,采取合适的材料和相应的措施进行修复,以保持路面具备各级公路所要求的使用状态和服务水平。

(7)对路面较大损坏,按路面检查评定结果确定的养护对策,安排大、中修或专项工程,进行维修和整治。局部路段路面损坏严重的,应予以翻修,以达到设计标准;整个路段路面平整度、抗滑能力不足的,可采取罩面,铺筑加铺层,以恢复其表面功能;整个路段路面接缝填缝料失效的,应予以全面更换。

(8)对承载能力不足或不适应交通发展要求的路面,可根据不同情况进行加铺、加宽,以提高承载能力和通行能力。

五、水泥混凝土路面养护技术

1. 水泥混凝土路面的日常养护

水泥混凝土路面日常养护应做好预防性、经常性养护,通过经常的巡视检查,及早发现缺陷,查清原因,采取适当措施,清除障碍物,保持路面状况良好。

(1)清扫保洁

①水泥混凝土路面必须定期清扫泥土和污物,清除路面上出现的小石块等坚硬物,保持路容整洁。

②路面清扫频率应根据公路状况、交通量大小及其组成、环境条件等确定。路面清扫宜采用机械作业。机械清扫留下的死角,应用人工清除干净。

③路面清扫时,应尽量减少清扫作业产生灰尘,以免污染环境,危及行车安全。清扫作业宜避开交通量高峰时段进行。

④路面清扫后的垃圾应运至指定地点进行处理,不得随意倾倒。

⑤当路面被油类物质或化学药品污染时,应清洗干净,必要时用中和剂或其他材料处理后再用水冲洗。

⑥交通标志标牌、示警桩、轮廓标以及防撞栏等交通安全设施应定期擦拭,交通标志及标线受到污染后应及时清扫(洗),保持整洁、醒目。

⑦应保持交通标志标牌、标线、示警桩、轮廓标的完整,发生局部脱落、破损时应用原材料进行修复或更换。

(2)接缝保养及填缝料更换

接缝是水泥混凝土路面特有的构造,接缝的好坏直接影响路面的使用寿命。水泥混凝土路面的接缝可分为纵缝、横缝两大类。纵缝又可分为纵向缩缝和纵向施工缝;横缝又分为横向缩缝、胀缝和横向施工缝。以上两大类接缝都属于接缝保养的范畴。

①接缝保养

应对接缝进行适时的保养,保持接缝完好,表面平顺。

a. 填缝料凸出板面,高速公路、一级公路超出3mm,其他等级公路超过5mm时应铲平。

b. 气温较高时混凝土板膨胀,如填缝料本身压缩性能及热稳定性差,就容易发生填缝料外溢甚至流淌到接缝两侧面板,影响路面平整度和路容时应予清除。

c. 杂物嵌入接缝中，会使接缝失去胀缩作用，从而使面板产生拱胀及断裂应予清除。尤其是石子嵌入时，使接缝处板端应力集中，以致接缝附近的混凝土板块挤碎，应及时剔除。

②填缝料更换

应对填缝料进行周期性或日常性的更换。

a. 填缝料更换周期，主要取决于填缝料自身的寿命与施工质量，以及路面条件，一般为2～3年。

b. 填缝料局部脱落时应进行灌缝填补；填缝料脱落缺失大于1/3缝长或填缝料老化、接缝渗水严重时应立即进行整条接缝的填缝料更换。

c. 填缝料技术要求要符合养护技术规范的规定。

• 填缝料的更换应做到饱满、密实、粘接牢固。清缝、灌缝宜使用专用机具。

• 更换填缝料前应将原填缝料及掉入缝槽内的砂石杂物清除干净，并保持缝槽干燥，清洁。

• 填缝料灌注深度宜为3～4cm。当缝深过大时，缝的下部可填2.5～3.0cm高的多孔柔性垫底材料或泡沫塑料支撑条。如图3-135所示。

• 填缝料的灌注高度夏天宜与面板平，冬天宜稍低于面板2mm。多余的或溅到面板上的填缝料应予以清除。

• 填缝料更换宜选在春秋两季，或宜在当地年气温居中且较干燥的季节进行。

(3)排水设施养护

①必须对路面、路肩、中央分隔带、边沟、边坡、挡土墙以及所有排水构造物进行妥善的日常维护，保持系统的排水功能。

②对路面排水设施，应采取经常性的巡查并与重点检查相结合，发现损坏应及时安排修复，发现堵塞必须立即疏通，路段积水应及时排出。

③雨天应重点检查超高路段的中央分隔带纵向排水沟、横向排水管、雨水井、集水井等的排水状况，出现堵塞、积水应及时排出。

④排水构造物及路肩修复宜采用与原构造物相同材料。

⑤保持路面横坡及路面平整度。当快车道是水泥混凝土路面，慢车道或非机动车道是沥青路面时，应保持沥青路面横坡大于水泥混凝土路面横坡，以利排水。

⑥保持路肩横坡大于路面横坡，路肩横坡应顺适，并及时修复路肩缺口。

⑦路面接缝、路肩接缝及路缘石与路面接缝出现接缝变宽渗水时应进行填缝处理。

⑧路面板裂缝按裂缝维修相关要求进行缝隙封闭。

⑨定期修整路肩植物、清除路肩杂物，疏通路肩和中央分隔带排水设施，常年保持路面排水顺畅。

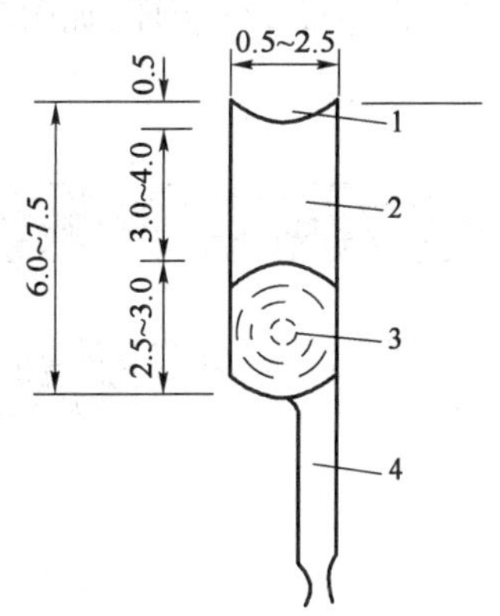

图3-135　填缝料灌注(尺寸单位:cm)
1-膨胀空间;2-填入接缝材料;3-支撑条;4-导裂缝

(4)冬季养护

①冰雪地区路段水泥混凝土路面冬季养护的重点是除雪、除冰、防滑；作业的重点是桥面、坡道、弯道、垭口及其他严重危害行车安全的路段。

②除雪、除冰、防滑要根据气象资料、沿线条件、降雪量、积雪深度、危害交通范围等确定作

业计划，并做好机驾人员培训、机械设备、作业工具、防冻防滑材料的准备。

③除雪作业以清除新雪为主。化雪时应及时清除雪水和薄冰。除冰困难的路段应以防滑措施为主，除冰为辅。除冰作业应防止破坏路面。

④路面防冻防滑的主要措施有：

a. 使用盐或其他融雪剂降低路面上的结冰点。

b. 使用砂等防滑材料或与盐掺合使用，加大轮胎与路面间的摩擦系数。

c. 防冻、防滑料施撒时间，主要根据气象条件（降雪、风速、气温）、路面状况等来确定。一般可在刚开始下雪时就撒布融雪剂或与防滑料掺和撒布，或者估计在路面出现冻结前 1 ~ 2h 撒布。

d. 防止路面结冰时，通常撒布一次防冻料即可，除雪作业时撒布次数可以和除雪作业频率一致。

e. 在冻融前，应将积雪及时清除路肩之外，以免雪水渗入路肩。冰雪消融后，应清除路面上的残留物。

⑤禁止将含盐的积雪堆积于绿化带。

2. 水泥混凝土路面破损处理

(1)裂缝维修

对于混凝土路面的裂缝，常用的维修措施有扩缝灌浆、条带罩面和全深度补块 3 种。

①扩缝灌浆

扩缝灌浆适用于宽度小于 3mm 的水泥混凝土路面轻微裂缝。其施工流程如图 3-136 所示。

施工说明如下：

a. 扩缝。顺着裂缝用将缝口扩宽成 1.5 ~ 2.0cm 的沟槽，槽深可根据裂缝深度确定，最大深度不得超过 2/3 板厚，如图 3-137 所示。

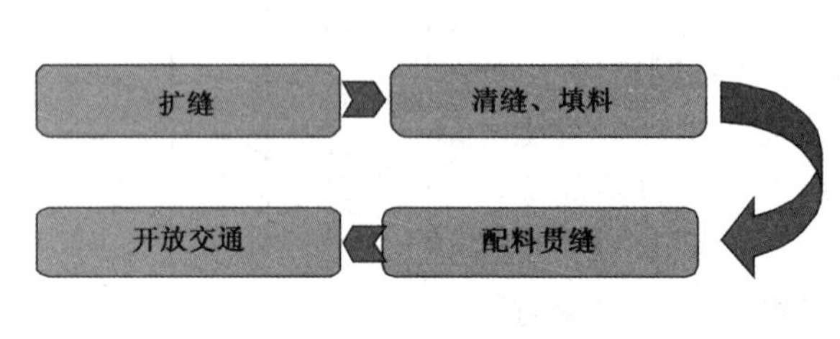

图 3-136　扩缝灌浆施工流程图

图 3-137　扩缝

b. 清缝填料。清除混凝土碎屑，吹净灰尘后，填入粒径 0.3 ~ 0.6cm 的清洁石屑，如图 3-138 所示。

c. 配料灌缝。根据选用的灌缝材料，按规定进行配比，混合均匀后，灌入扩缝内，如图 3-139 所示（带自动恒温装置的灌缝机灌缝）。

d. 开放交通。待灌缝材料固化后，达到通车强度，即可开放交通。

②条带罩面

条带罩面适用于贯穿全厚的、宽度大于 3mm 小于 15mm 的水泥混凝土路面中等裂缝。其施工流程如图 3-140 所示。

a)清缝中

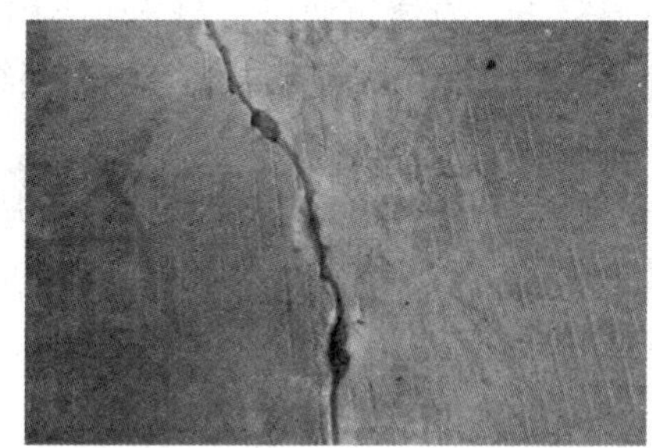
b)清缝后

图 3-138 清缝

a)灌缝机灌缝

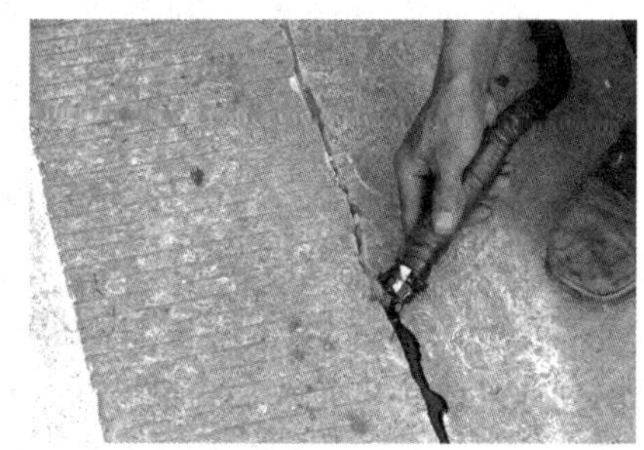
b)灌缝大样

图 3-139 灌缝

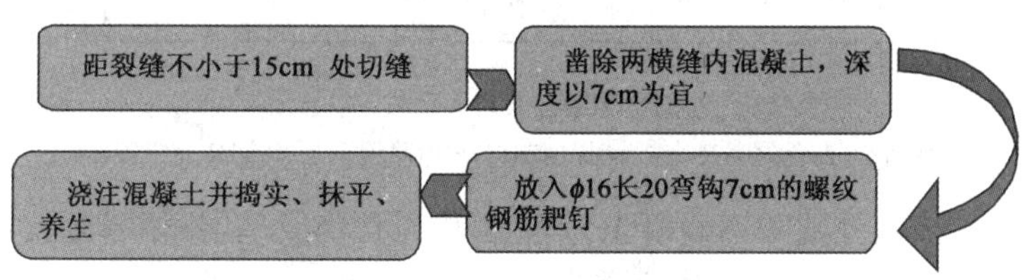

图 3-140 条带罩面施工流程图

施工说明如下：

a. 切缝。顺裂缝两侧各约 15cm，且平行于缩缝切 7cm 深的两条横缝，如图 3-141 所示。

b. 凿除混凝土。凿除两横缝内混凝土，深度以 7cm 为宜。

c. 打钯钉孔。每间隔 50cm 打一对钯钉孔，钯钉孔的大小应略大于钯钉直径 2 ~ 4mm。并在两钯钉孔之间打一对与钯钉孔直径相一致的钯钉槽。

d. 安装钯钉。将钯钉孔填满砂浆，把除过锈的钯钉（宜采用 $\phi16$ 螺纹钢筋，长度不小于 20cm，弯钩长 7cm），插入钯钉孔内。

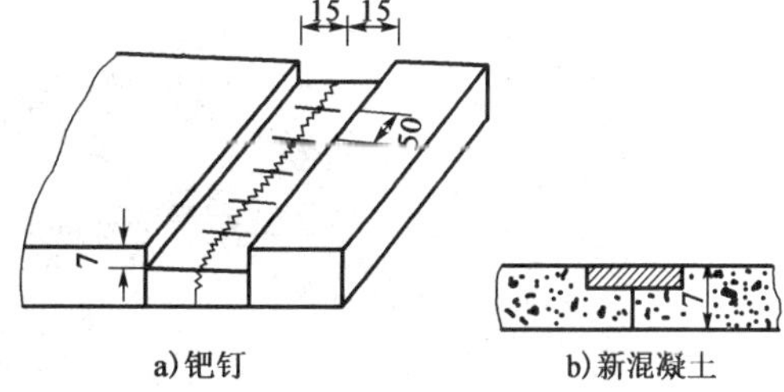

图 3-141 条带补缝（尺寸单位：cm）

e. 凿毛缝壁。将切割的缝内壁凿毛，并清除松动的混凝土碎块及表面尘土、裸石。

f. 刷黏结砂浆。将修补混凝土毛面上刷一层黏结砂浆。

g. 浇筑混凝土。应浇筑快凝混凝土并及时振捣密实、抹平和喷洒养护剂。

h. 灌注填缝料。修补块面板两侧,应加深缩缝,并灌注填缝料。

③全深度补块

全深度补块适用于宽度大于 15mm 的水泥混凝土路面的严重裂缝。有集料嵌锁法、刨挖法与设置传力杆法三种。

a. 集料嵌锁法

集料嵌锁法施工流程如图 3-142 所示。

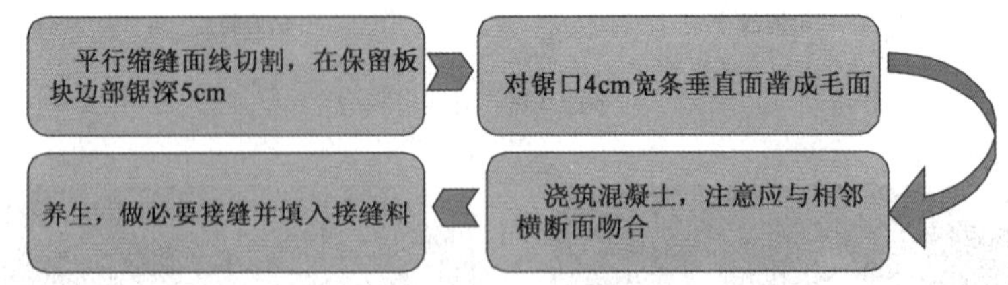

图 3-142　集料嵌锁法施工流程图

施工说明如下:

• 划线与切缝。在修补的混凝土路面位置上,平行于缩缝画线,沿划线位置进行全深度切割。在保留板块边部,沿内侧 4cm 位置,锯 5cm 深的缝,如图 3-143 所示。

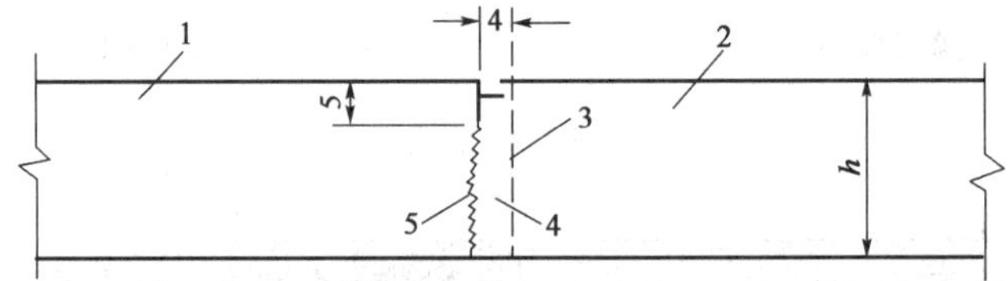

图 3-143　集料嵌锁法

1-保留板;2-全深度补块;3-全深度锯缝;4-凿除混凝土;5-缩缝交错接面

• 破碎与凿毛。破碎并清除旧混凝土,其过程中不得伤及基层、相邻面板和路肩。将全深锯口和半深锯口之间的 4cm 宽条混凝土垂直面应凿成毛面。

• 基层处理。基层强度如果符合规范要求,应整平基层;如基层强度低于规范要求,应予以补强,并严格整平;若基层全部损坏或松软,应按原设计基层材料重新作基层,其技术要求应符合现行《公路路面基层施工技术细则》(JTG/T F20—2015)的规定。如图 3-144 所示。

a)

b)

图 3-144　基层处理

• 确定混凝土配合比。混凝土的配合比应根据设计弯拉强度、耐久性、耐磨性与易性等要求，先用原材料进行配比设计，各种材料的物理性能及化学成分应符合现行《公路水泥混凝土路面设计规范》（JTG D40—2003）规定。用水量应控制在混合料运到工地最佳和易性所需的最小值，最大水灰比为0.4。如采用JK系列混凝土快速修补材料，水灰比以0.30～0.40为宜，坍落度宜控制在2cm内。混凝土24h弯拉强度应不低于3.0MPa。

● 混凝土拌和与摊铺。严格按照配合比用搅拌机将混凝土搅拌均匀，拌和后30～40min内卸到补块区内进行摊铺，并振捣密实。浇筑的混凝土面层应与相邻路面的横断面吻合，其表面平整度应符合现行《公路工程质量检验评定标准》（JTG F80/1—2004）规定，补块的表面纹理应与原路面吻合。如图3-145所示。

a)

b)

图3-145 混凝土板的浇筑

● 养生。补块宜采用养护剂养生，其用量根据养护材料性能确定。如图3-146所示。

● 接缝处理。做接缝时，将板中间的各缩缝锯切到1/4板厚处，将接缝材料填入缩缝内。

● 开放交通。混凝土达到通车强度后，即可开放交通。

b. 刨挖法

刨挖法也称倒T法，其施工流程如图3-147所示。

图3-146 喷洒养生剂

施工说明如下：

● 施工要求按集料嵌锁法执行。

● 在相邻板块横边的下方暗挖15cm×15cm的一块面积用于荷载传递。如图3-148所示。

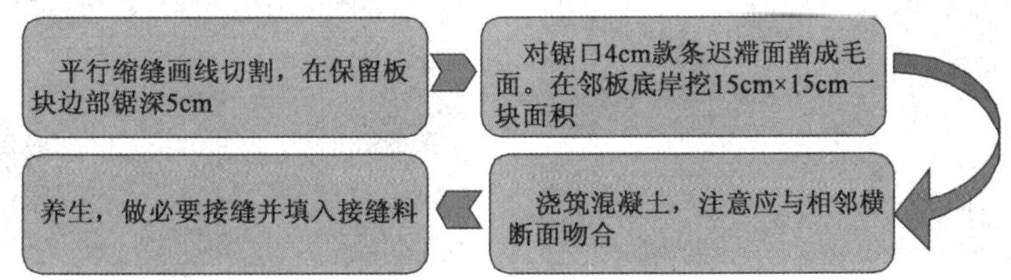

图3-147 刨挖法施工流程图

c. 设置传力杆法

设置传力杆法施工流程，如图3-149所示。

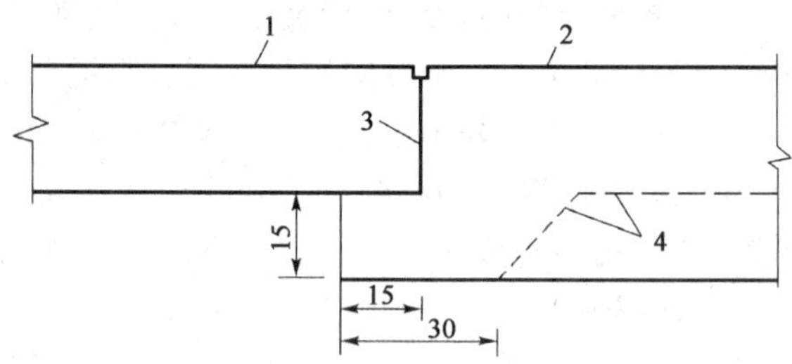

图 3-148　刨挖法(尺寸单位:cm)

1-保留板;2-补块;3-全深度锯缝;4-垫层开挖线

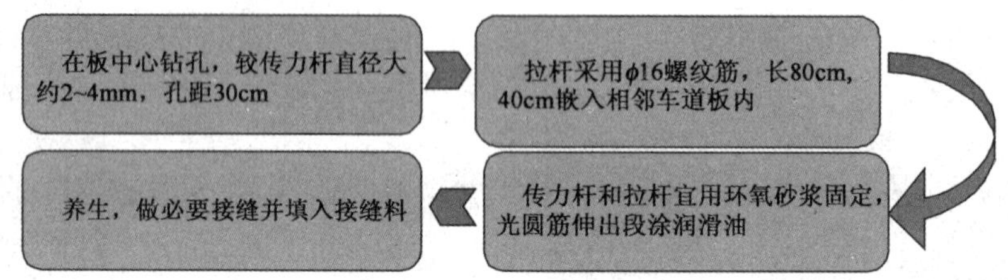

图 3-149　设置传力杆法施工流程图

施工说明如下:

- 设置传力杆方法,如图 3-150 所示。施工要求按集料嵌锁法执行。

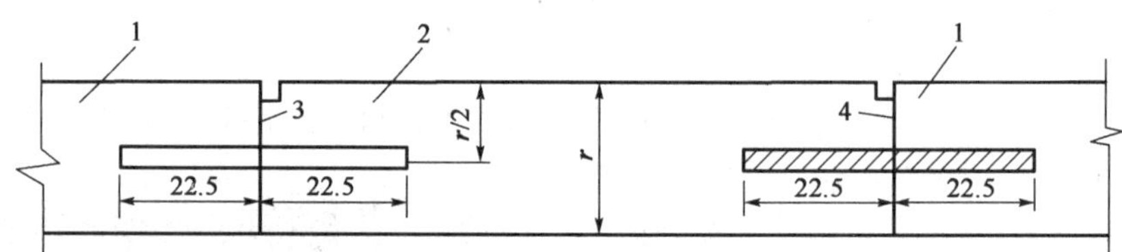

图 3-150　设置传力杆法(尺寸单位:cm)

1-保留板;2-补块;3-缩缝;4-施工缝

- 处理基层后,应修复、安设传力杆和拉杆。如图 3-151 所示。
- 原混凝土面板没有传力杆或拉杆折断时,应用与原规格相同的钢筋焊接或重新安设。安装时应在板厚 1/2 处钻出比传力杆直径大约 2 ~ 4mm 的孔,孔中心距 30cm,其误差不应超过 3mm。

a)

b)

图 3-151　设置传力杆

- 横向施工缝传力杆直径为 25mm,长度为 45cm,嵌入相邻保留板内深 22.5cm。
- 拉杆孔直径宜比拉杆直径大 2 ~ 4mm,并应沿相邻板块间的纵向接缝板厚 1/2 处钻孔,中心距 80cm。拉杆采用 $\phi16$ 螺纹钢筋，长 80cm，40cm 嵌入相邻车道的板内。

• 传力杆和拉杆宜用环氧砂浆牢牢地固定在规定位置，摊铺混凝土前，光圆传力杆的伸出端应涂少许润滑油。

• 新补板块与沥青路肩相接时，应和现有路肩齐平。

• 传力杆若安装倾斜或松动失效，应予以更换。

(2)破碎板、板角断裂与边角剥落处治

对破碎板、板角断裂与边角剥落处治，根据其严重程度，可采用扩缝灌浆法、条带罩面法、全深度补块等方法进行处治。详见裂缝维修。

施工说明如下：

①当对水泥混凝土面板边轻度剥落进行修补时，应将剥落的表面清理于净，用沥青混合料或接缝材料修补平整；当板边严重剥落时，可按条带罩面的方法进行修补；当板边全深度破碎，可按全深度补块的方法进行修补。

②碎板、板角断裂、边角剥落应按其损坏面的大小确定切割范围，如图 3-152 所示。

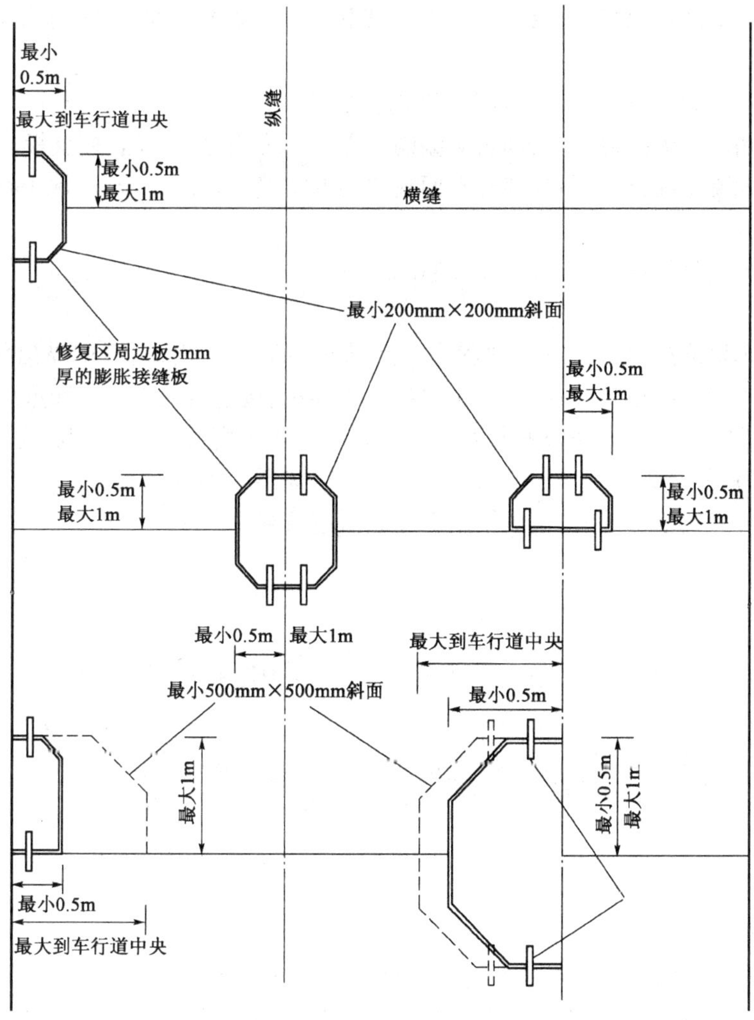

图 3-152 切割范围

（注：修复纵向边不能位于车轮轨迹上）

③用切割机切缝后，风镐凿除破损部分时，凿成规则的垂直面。切割面应垂直面板。并清理碎块，吹净杂物；对原有钢筋不应切断，如果钢筋难以全部保留，至少保留 20～30cm 长的钢筋头，且应长短交错。如图 3-153、图 3-154 所示。

图 3-153　切割机切缝

图 3-154　风镐凿除破损

④检查原有滑动传力杆，如果有缺陷应予以更换并在新老混凝土之间加设传力杆，传力杆间距控制在 30cm。

⑤如基层不良时，可采用 C15 混凝土浇筑基层。

⑥与原有路面板的接缝为接缝面，应涂刷沥青。如为胀缝，应设置接缝板。

⑦浇筑的混凝土硬化后，与老混凝土面板之间的接缝应切出宽 3mm、深 4mm 的接缝槽，并灌入填缝材料。

⑧待混凝土达到强度后，方可开放交通。

(3)唧泥处治

唧泥是指车辆通过时基层细粒料和水一起从板接缝处挤出，由缝中喷出稀泥浆的现象。其产生的主要原因接缝填封料损坏、基层材料不耐冲刷、接缝传荷能力差和重载反复作用。易形成板底脱空、错台，甚至出现板的断裂和破碎。对于水泥混凝土路面唧泥病害，应采取压浆处理，可灌入沥青浆、水泥浆、水泥粉煤灰浆和水泥砂浆等。水泥混凝土路面板和基层之间由于出现空隙而导致路面沉陷的，也可采用上述方法进行板下封堵。

①灌浆

灌浆的施工程序如图 3-155 所示。

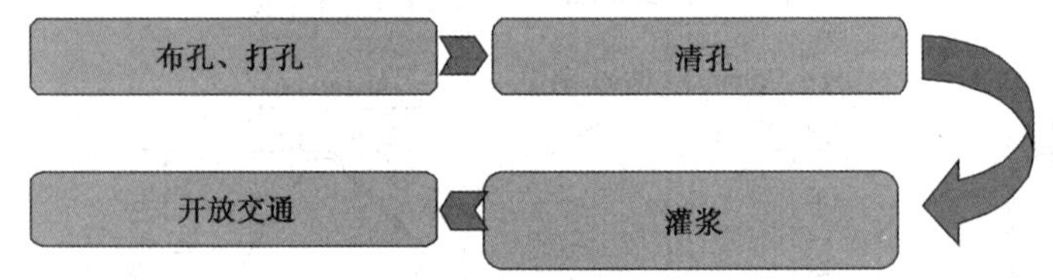

图 3-155　灌浆施工程序图

施工说明如下：

a. 灌浆孔布设及打孔。灌浆孔布置应根据路面板的尺寸、下沉量大小、裂缝状况以及灌浆机械确定，孔的大小应和灌注嘴的大小一致，一般为 50mm 左右。灌浆孔与面板边的距离不应小于 0.5m。在一块板上，灌浆孔的数量一般为 5 个，也可根据情况确定。然后用凿岩机在路面上打孔。如图 3-156、图 3-157 所示。

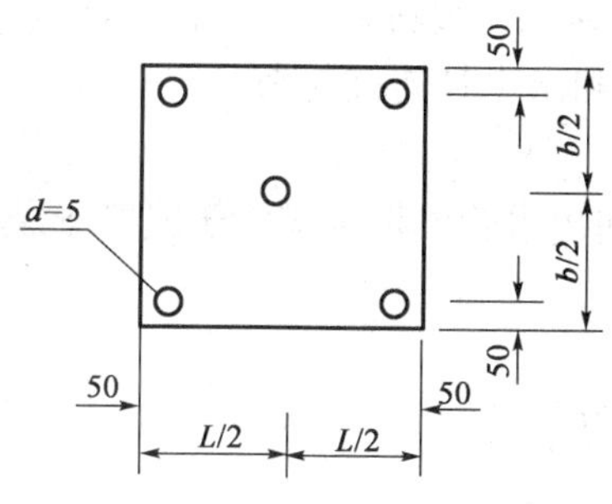

图 3-156 灌缝孔布置(单位:cm)
d-灌浆孔孔直径;L-板长;b-板宽

图 3-157 钻灌浆孔

b. 清孔。灌浆孔钻好后,应采用压缩空气将孔中的混凝土碎屑、杂物清除干净,并保持干燥。

c. 沥青或水泥浆灌注。

沥青灌注是用沥青洒布车或专用设备(灌注压力为 200 ~ 400kPa)往孔中灌注加热的建筑沥青(沥青加热熔化温度一般为 180℃)。沥青压满后约 0.5min,应拔出喷嘴,用木楔堵塞。待沥青温度下降后,拔出木楔,填进水泥砂浆,即可开放交通。

水泥浆灌注是用压力灌浆机或压力泵(灌注压力为 1.5 ~ 2MPa)往孔中灌注水泥浆。灌浆作业应先从沉陷量大的地方的灌浆孔开始,逐步由大到小。当相邻孔或接缝中冒浆,可停止泵送水泥浆,每灌完一孔应用木楔堵孔,待砂浆抗压强度达到 3MPa 时,用水泥砂浆堵孔,即可开放交通。如图 3-158 所示。

d. 水泥混凝土面板进行压浆处理后,应按接缝维修相关规定对接缝及时灌缝。

②设置排水设施

路面和路肩应保持设计横坡,并宜铺设硬路肩;路面裂缝、接缝以及路面与硬路肩接缝应进行密封。

a. 设置纵向积水管和横向出水管。

- 在水泥路面的外侧边缘挖一条纵向沟,宽约 15 ~ 25cm,沟深挖至集料基层之下 15cm,横沟与纵沟的交角应在 45° ~ 90°之间,横沟间的距离约 30m,如图 3-159 所示。

图 3-158 灌浆作业

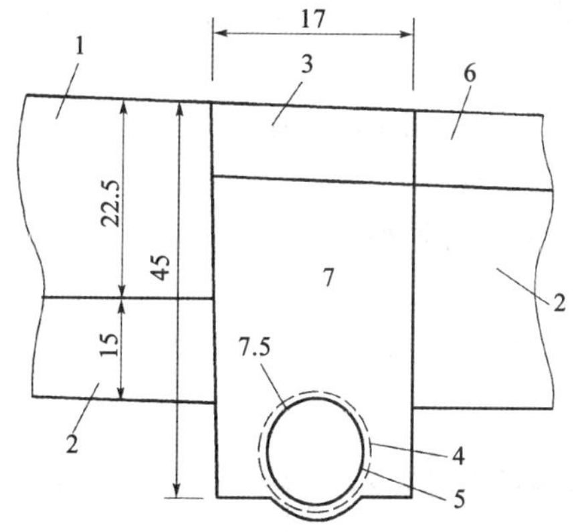

图 3-159 边部排水管布置图(单位:cm)
1-水泥混凝土;2-集料基层;3-沥青混凝土;4-渗滤织物;5-多孔管;6-沥青混凝土路肩;7-细渗滤集料

● 积水管一般采用直径 7.5cm 多孔塑料管，出水管为无孔塑料管。

● 设置纵向和横向水管，并按设计的距离将积水管和出水管连接起来。

● 纵向多孔管应包一层渗透性较强的土工织物。

● 积水管和出水管放入沟槽时，其底部应平顺，横向出水管的坡度应大于或等于纵向排水坡度，出水管的管端应延伸到排水沟内，并设端墙。

● 管的外围应填放粗砂等渗滤集料，并振动压实。

● 回填沟槽时，应采用与原路肩相同的材料恢复原状。

b. 设置盲沟。

● 在沿水泥路面外侧挖纵向沟时，沟底应低于面板以下 10cm，在水泥混凝土路面接缝处挖横向沟。如图 3-160 所示。

● 沟槽底面及外侧铺油毡隔离层，沿水泥路面交界处及盲沟顶部铺设土工布过滤层。

● 盲沟内宜填筑碎（砾）石过滤材料。

● 盲沟上应用相同材料恢复路面（路肩）。

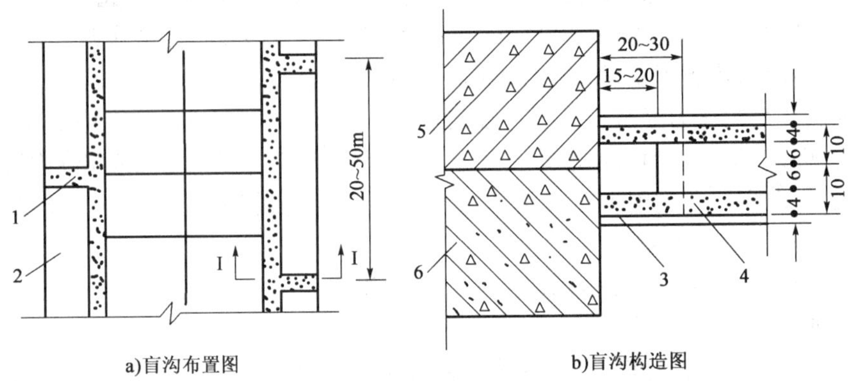

图 3-160　盲沟布置、构造图（单位：cm）

1-盲沟；2-路肩；3-油毡隔离层；4-石屑及中粗砂；5-面层；6-基层

（4）错台处理

错台的处置方法有磨平和填补法两种，可按错台的轻重程度选用。

①磨平法

磨平法适用于高差小于等于 10mm 的错台。可采用磨平机磨平或人工凿平进行处治。其施工工艺为：

a. 从错台最高点开始向四周扩展，边磨边用 3m 直尺找平，直至相邻两块板齐平为止，如图 3-161 所示。

b. 磨平后，接缝内应将杂物清除干净，并吹净灰尘，及时将嵌缝料填入。

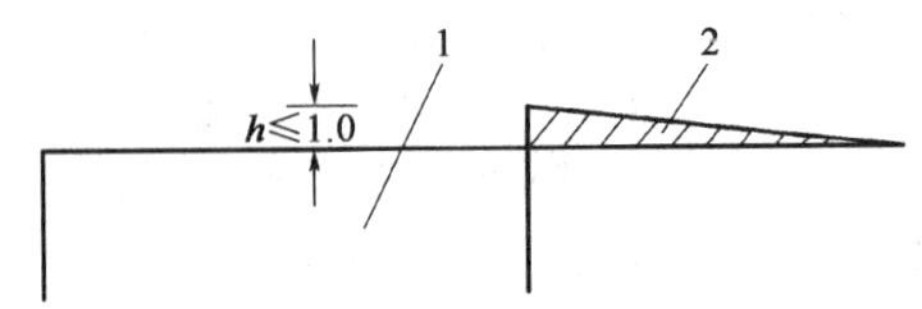

图 3-161　错台磨平法示意图（单位：cm）

1-下沉板；2-磨平

②填补法

填补法适用于高差大于 10mm 的严重错台，可采用沥青砂或水泥混凝土进行处治。

a. 沥青砂填补施工

● 在沥青砂填补前，清除路面杂物和灰尘，并喷洒一层热沥青或乳化沥青，沥青用量为 0.40 ~ 0.60kg/m^2。

• 修补面纵坡变化应控制在 $i \leqslant 1\%$。

• 沥青砂填补后，宜用轮胎压路机碾压。

• 初期应控制车辆慢速通过。

b. 水泥混凝土修补施工

• 应将错台下沉板凿除 2～3cm 深，修补长度按错台高度除以坡度（$i\%$）计算，如图3-162 所示。

• 凿除面应清除杂物灰尘。

• 浇筑聚合物细石混凝土，材料配比参照相应的技术规范。

• 混凝土达到通车强度后，即可开放交通。

（5）拱起处理

拱起是由于施工不当（如接缝筑做，传力杆设置等），使板受热时不能自由伸长或有硬物进入板两端间使在外力（如热胀）作用下而产生的。拱起的处理措施如下：

①完好板板端拱起处理。根据板块拱起高低程度，计算要切除部分板块的长度。先将拱起板块两侧附近 1～2 条横缝切宽，待应力充分释放后切除拱起端，逐渐将板块恢复原位，在缝隙和其他接缝内应清缝，并灌接缝材料，如图 3-163 所示。

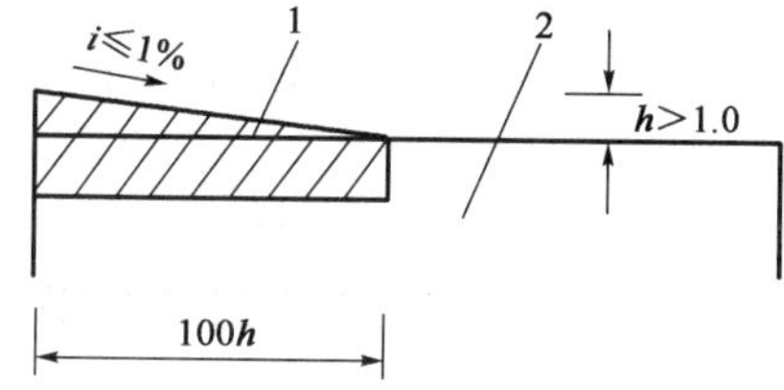

图 3-162　错台填补法示意图（单位：cm）

1-凿除修补；2-下沉板

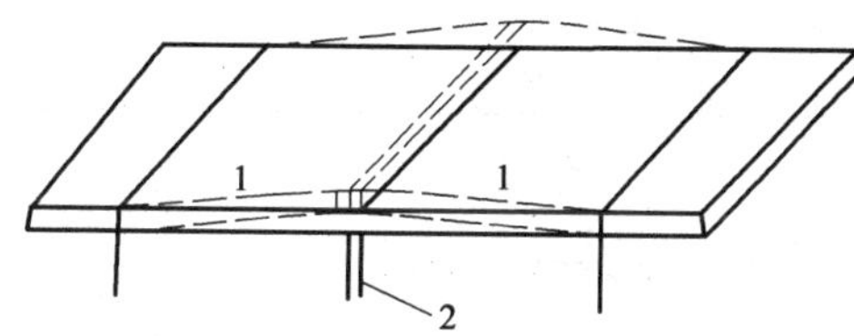

图 3-163　板体拱起修复

1-拱起板；2-切除部分

②拱起板端发生断裂或破损时处理。按全深度补块的方法进行处理。见裂缝维修。

③因硬物夹入接缝引发的拱起处理。应将硬物清除干净，使板块恢复原位，应清理接缝内杂物和灰尘，灌填缝料。

④应施工不当引起的拱起处理。胀缝间因传力杆部分或全部在施工时设置不当，使板受热时不能自由伸长而发生拱起，应重新设置胀缝。按水泥混凝土路面有关施工规范执行，使面板恢复原状。

（6）坑洞修补

坑洞的产生主要由于冻融或膨胀，粗集料从混凝土中脱落出而形成坑洞；或由于材料质量不合格而出现的松散剥落形成坑洞。

①个别坑洞的处理

清除洞内杂物，用水泥砂浆等材料填充，达到平整密实。如图 3-164 所示。

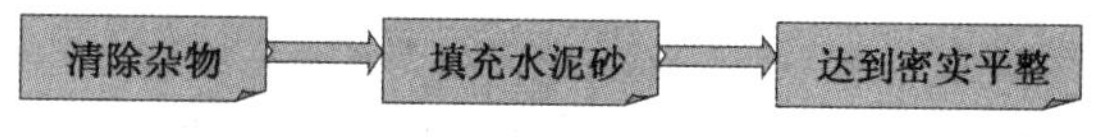

图 3-164　个别坑洞处理

②较深坑洞群的处理

对于较深坑道群的处理，如图 3-165 所示。

图 3-165 坑洞群处理

施工说明如下：

a. 划线。划出与路中心线平行或垂直的修补区域轮廓线。

b. 切割。用切割机沿修补图形边线切割 6cm 以上深的槽，用风镐清除槽内混凝土，使槽底平面达到基本平整，并将切割面内的光滑面凿毛。

c. 清槽。用压缩空气吹净槽内的混凝土碎屑和灰尘。

d. 浇筑混凝土。将混凝土拌和物填入槽内，振捣密实，并保持与原混凝土面板齐平。

e. 养生。喷洒养护剂养生。待混凝土达到通车强度后，方可开放交通，如图 3-166 所示。

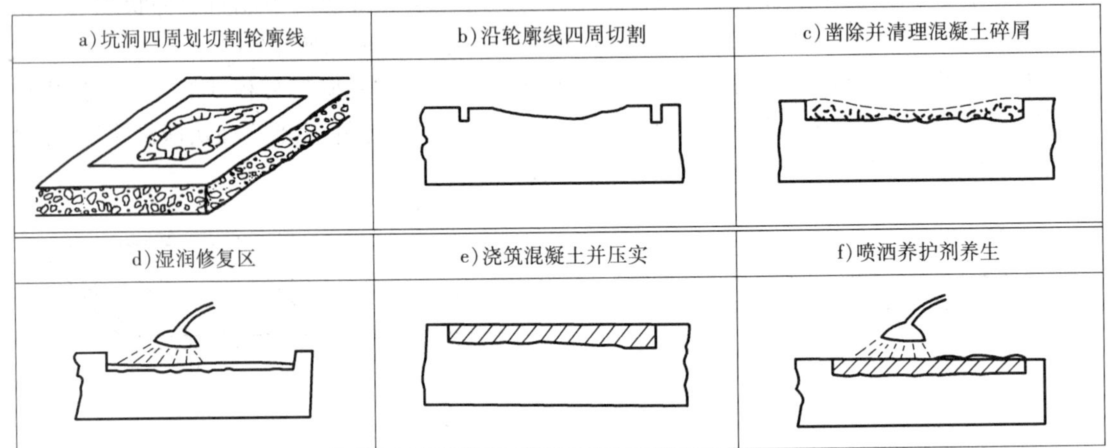

图 3-166 坑洞群修补程序示意图

③较浅坑洞群的处理

对低等级面积较大、深度在 3cm 以内、成片的坑洞处理，可用沥青混凝土进行修补。

a. 用风镐凿除一个处治区，其图形边线应与路中心线平行或垂直。

b. 凿除深度以 2 ~ 3cm 为宜，并清除混凝土碎屑。

c. 铺筑沥青混凝土前，应将凿除的槽底面和槽壁洒粘层沥青，其用量为 0.4 ~ 0.6kg/m^2。

d. 沥青混凝土应碾压密实平整。

e. 待沥青混凝土冷却后，控制车速通车。

（7）接缝维修

接缝损坏的主要原因是由于使用年限长未能及时更换，接缝料出现老化；由于施工不当（如接缝筑做，传力杆设置等）；所使用的接缝料质量差。

接缝损坏维修处理方法有接缝填缝料损坏维修、纵向接缝张开维修、接缝碎裂维修。

①接缝填缝料损坏维修

a. 接缝中的旧填缝料和杂物，应予清除，并将缝内灰尘吹净。

b. 在胀缝修理时，应先将热沥青涂刷缝壁，再将接缝板压入缝内。对接缝板接头及接缝板与传力杆之间的间隙，必须用沥青或其他填缝料填实抹平。上部用嵌缝条的胀缝及时嵌入嵌缝条。

c. 用加热式填缝料修补时，必须将填缝料加热至灌入温度。宜用嵌缝机填灌，填缝料应与缝壁黏结良好和填灌饱满。在气温较低季节施工时，应先用喷灯将接缝预热。如图3-167所示。

d. 用常温式填缝料修补时，除无须加热外其施工方法与加热式填缝料相同。

e. 填缝料的技术要求与施工质量验收标准，应符合水泥混凝土路面有关施工规范和养护规范的规定。

图3-167 沥青填缝料修补

②纵向接缝张开维修

a. 当相邻车道面板横向位移，纵向接缝张开宽度在10mm以下时，宜采取聚氯乙烯胶泥、焦油类填缝料和橡胶沥青等加热施工式填缝料，其方法参照接缝填缝料损坏维修。

b. 当相邻车道板横向位移，纵向接缝张口宽度在10mm以上时，宜采取聚氨酯类常温施工式填缝料进行维修。其施工程序是：清除缝内杂物和灰尘→按材料配比配制填缝料→用挤压枪注入填缝料→填缝料固化开放交通。

c. 当纵向接缝张口宽度在15mm以上时，采用沥青砂填缝。

③接缝碎裂维修

a. 在破碎部位外缘，应切割成规则图形，其周围切割面应垂直于面板，底面宜为平面。

b. 应清除混凝土碎块，吹净灰尘杂物，并保持干燥状态。

c. 宜用高模量补强材料，进行填充维修，其材料技术性能应符合有关规范的规定。

d. 修补材料达到通车强度后，方可开放交通，如图3-168所示。

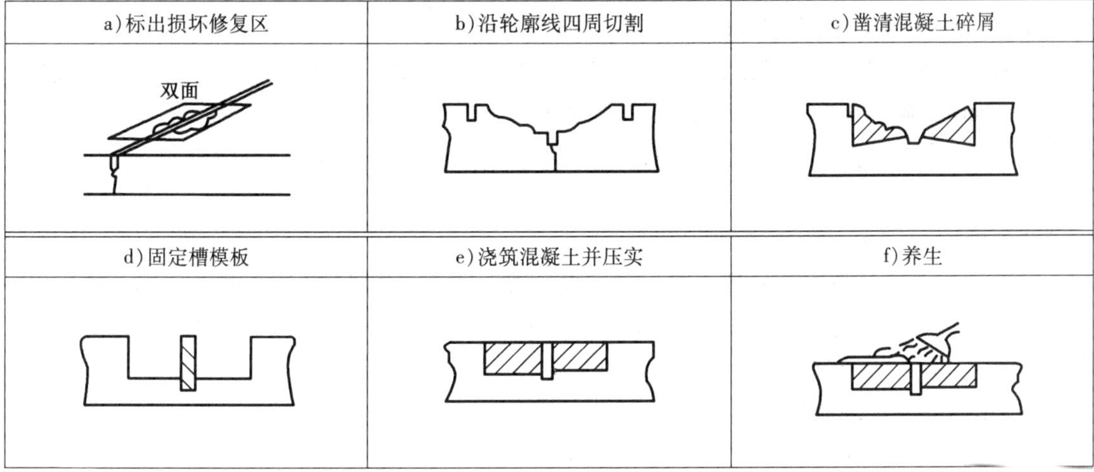

图3-168 接缝碎裂维修示意图

(8)露骨处治

露骨处治(包括表面起皮、剥落)，应根据公路等级和表面破损程度，采取不同的材料和施工方法进行，对局部板块的表面露骨可进行罩面。

①一般公路水泥混凝土板露骨，宜采用稀浆封层加以处治。

②高速公路水泥混凝土板露骨，宜采用改性沥青稀浆封层或沥青混凝土加以处治。

③对于较大面积的水泥混凝土面板露骨，宜采取稀浆封层及沥青混凝土罩面措施。

3. 水泥混凝土路面改善技术

水泥混凝土路面经常受到车辆荷载的作用、车轮的摩擦、自然因素的作用，随着交通量的增大，重车数量的增加，会产生表面功能降低、承载能力不足、原有宽度不能满足现有交通量要求、整块板的碎裂等缺陷。因此，应及时对原有路面改善和修复。水泥混凝土路面改善的技术措施主要有：

(1)水泥混凝土路面表面功能的恢复

水泥混凝土路面整条路段出现较大面积的磨损、露骨，应采取铺设沥青磨耗层；对局部路段出现路面磨光，应采取机械刻槽的方法，以恢复水泥混凝土路面的表面平整度和摩擦系数。

①铺设沥青磨耗层

铺设沥青磨耗层适用于水泥混凝路面板较大范围的磨损和露骨。其施工程序如图 3-169 所示。

图 3-169　铺设沥青磨耗层

施工说明如下：

a. 修整混凝土面板。沥青磨耗层铺筑前应对混凝土面板进行修整和处理，应使水泥混凝土路面干燥清洁，不得有尘土、杂物或油污。

b. 喷洒黏层沥青。用沥青洒布车在水泥混凝土路面表面进行均匀喷洒 0.40 ~ 0.60kg/m^2 的黏层沥青(宜采用快裂型乳化沥青)。在路缘石、雨水进水口、检查井等局部位置与沥青面层接触处用人工均匀涂刷应喷洒。喷洒黏层沥青后，除沥青混合料运输车辆外严禁其他车辆、行人通过，并立即铺筑沥青层，乳化沥青应待破乳后铺筑。

c. 铺筑沥青磨耗层。可采用沥青砂或稀浆封层及微表处。采用沥青砂时，其厚度一般为 1.0 ~ 1.5cm(其施工要求详见沥青路面养护罩面施工)；采用稀浆封层及微表处时，必须使用稀浆封层机，采用慢裂快凝型乳化沥青(其施工要求详见沥青路面养护稀浆封层和微表处施工)。

②刻槽法

刻槽法处治主要适用于局部路段出现路面磨光。混凝土板刻槽宜采用自行式刻槽机，应在指定的线路上安置导向轨，并将导向轮扣在导向轨上，刻槽深度 3 ~ 5mm，槽宽 3 ~ 5mm，缝距为 10 ~ 20mm。刻槽时宜由高向低逐步推进。

(2)水泥混凝土路面加铺层

在旧水泥混凝土路面上加铺新的水泥混凝土路面，应首先对旧路面进行处理，并设置隔离层，然后加铺水泥混凝土面层。

①旧路面处理

a. 对旧混凝土路面进行调查，分板块逐一编号，绘制病害平面图。如图 3-170 所示。

b. 按设计要求对病害面板进行处理。

c. 板底脱空可采用板下封堵的方法进行压浆处理。如图 3-171 所示。

d. 板块破碎、角隅断裂，沉陷、掉边、缺角等病害板，必须用破碎机(液压镐)凿除。清除混凝土碎屑后，整平基层，并夯压密实，然后铺筑与旧板块等强度的水泥混凝土，其高程控制与旧板面齐平。

a)

b)

图 3-170　混凝土板调查与编号

②铺筑隔离层

图 3-171　板底脱空

a. 铺筑前应先清除旧面板表面杂物，冲刷尘污，使板面洁净无异物。

b. 用清缝机清除水泥混凝土面板接缝杂物，用灌缝机灌入接缝材料。

c. 在旧混凝土表面洒布黏层沥青。

d. 铺筑隔离层。隔离层可采用沥青混凝土、土工布、沥青油毡。

沥青混凝土隔离层沥青混凝土厚度以 1.5 ~ 2.5cm 为宜。摊铺宽度应超过加铺板边缘 25cm，严禁出现空白区。碾压机械宜采用轮胎压路机，自路边向路中心碾压，边压边找平，至沥青混凝土隔离层平整无轮迹为止。

土工布隔离层是在水泥混凝土路面上满铺土工布，土工布纵横向搭接宽度为 2cm，在土工布搭接部分涂刷热沥青。

沥青油毡隔离层在水泥混凝土路面上满铺沥青油毡，沥青油毡纵横向搭接宽度为 20cm，在沥青油毡搭接部分涂刷热沥青。

③加铺水泥混凝土面层

水泥混凝土加铺层一般有普通水泥混凝土加铺层、钢纤维混凝土加铺层、连续配筋的混凝土加铺层、钢筋混凝土加铺层等。钢纤维混凝土加铺层适用于路面高程受限制的路段；连续配筋的混凝土加铺层适用于高速公路；钢筋混凝土加铺层适用于一般路段。

普通水泥混凝土加铺层厚度应通过计算确定，且不小于 18cm。

a. 水泥混凝土加铺层半幅施工时模板应采用钢模板，中模以角钢为宜，必须支立稳固，其平面位置与高度应符合设计要求。

b. 安装模板宜采取由边模固定中模的方法。边模由钢钎固定，中模每间隔 1m 用膨胀螺丝将模板外侧底部预先定位固定，中、边模之间采用横跨两模板的活动卡梁辅助固定。活动卡梁间距不大于 2m，并随铺筑进度相应装拆推移。

c. 混凝土配合比设计，混合料搅拌、运输、摊铺、振捣、整平、接缝设置、表面修整、养护、锯缝、填缝等工艺，应符合公路水泥混凝土路面有关施工规范规定。

d. 加铺层，新、旧混凝土面板应尽可能对缝，模板拆除时必须做好锯缝位置的标记。

(3)沥青混凝土加铺层

沥青混凝土加铺层要求旧混凝土路面稳定、清洁，对面板损坏部分必须维修，旧混凝土路面的处理同水泥混凝土加铺层。

反射裂缝可采用土工格栅、油毡、土工布、切缝填封橡胶沥青或做二灰碎石、水泥稳定粒料层来防治。

对于混凝土板损坏面积较大可采取铺设土工格栅。宜选用玻璃纤维土工格栅,用玻璃纤维土工格栅耐高温性能好,摊铺热沥青混凝土不会产生变形。铺设格栅前,旧混凝土路面必须用沥青砂调平,以避免格栅下方形成脱空,造成沥青路面损坏。在摊铺沥青层时严禁汽车在土工格栅上调头,以防碾坏土工格栅。采用土工格栅施工,应符合下列规定:

①先在混凝土面板上洒粘层沥青,沥青用量为0.40~0.60kg/m^2。

②用1~2cm沥青砂调平旧混凝土路面。

③宜采用玻璃纤维格栅压入沥青调平层。

④采用膨胀螺丝加垫片固定格栅端部。

⑤格栅纵、横向的搭接部分不小于20cm。

⑥格栅中部在混凝土面板纵、横缝位置及两外侧边缘用铁钉加垫片固定。

对混凝土面板损坏较少,可使用改性沥青油毡。要求水泥混凝土路面板表面必须干燥,清洁。油毡接头部位要搭接20cm,油毡烘烤至熔融状态时要立即压实,以利油毡粘贴牢固。禁止车辆在油毡上行驶,沥青混凝土摊铺前要在油毡上摊一层沥青砂,以防油毡脱落。采用聚酯改性沥青油毡施工,应符合下列规定:

①将油毡切割成50cm宽的长条带。

②用压缩空气清除表面杂物。

③将油毡铺放在接缝处,缝两侧各25cm。

④用汽油喷灯烘烤油毡。

⑤当油毡处于熔融状态后压实。

⑥用一层沥青砂覆盖油毡表面。

采用土工布时应选用薄型、带气孔,有毛面的土工布。要求水泥混凝土路面必须用沥青砂调平,在路面上喷洒黏结沥青。贴土工布时要将光面向下,充分保证在正常施工条件下与热沥青黏结,毛面向上,以便黏层沥青向上渗透,确保土工布与沥青混凝土黏结拉紧铺平,若发现土工布有重叠、气泡等现象,应立即拉平、贴牢。采用土工布施工,应符合下列规定:

①凿平板块错台部位。

②喷洒黏层沥青,沥青用量为0.40~0.60kg/m^2。

③一端固定土工布,然后拉紧、铺平黏贴土工布。

对于没有使用土工织物夹层处理的沥青混凝土罩面层,可采用切缝加灌接缝材料的方法。在铺筑于旧混凝土路面上的沥青罩面上,沿原路面伸缩缝位置进行锯缝,并加灌接缝材料有效地密封,既可防止水或异物进入,又可为释放罩面层内的应力提供一个平面。采用切缝加灌接缝材料的方法施工,应符合下列规定:

①按旧水泥混凝土路面平面图,确定水泥混凝土板的接缝位置。

②在沥青面层已定位的接缝上方,锯深1.5cm、宽0.5cm的缝。

③用压缩空气将锯缝清理干净,并保持干燥。

④灌填橡胶沥青。

铺筑二灰稳定粒料、水泥稳定碎石基层,基层厚度不小于15cm,施工按现行《公路路面基层施工技术细则》(JTG/T F20—2015)执行。

沥青混凝土面层结构厚度应满足沥青混凝土最小结构厚度，沥青路面厚度一般不低于7cm。施工应符合现行《公路沥青路面施工技术规范》(JTG F40—2015)有关规定。

(4)水泥混凝土路面加宽

①路基加宽

土基拓宽时应先将原边坡坡脚或边沟清淤，应符合下列要求：

a. 必须铲除边坡杂草、树根和浮土，并按现行《公路路面基层施工技术细则》(JTG/T F20—2015)的规定处理。

b. 应分层填筑压实土基。

c. 必须处理好新旧路基的衔接，在新老路基交界处，路基与基层界面上铺设一层土工格栅。

d. 在做路基加宽时应同时做好路基排水系统。

②路面基层加宽

路面基层拓宽时，新加宽的基层强度不得低于原有水泥混凝土路面的基层强度，宜采用相错搭接法，如图3-172所示。

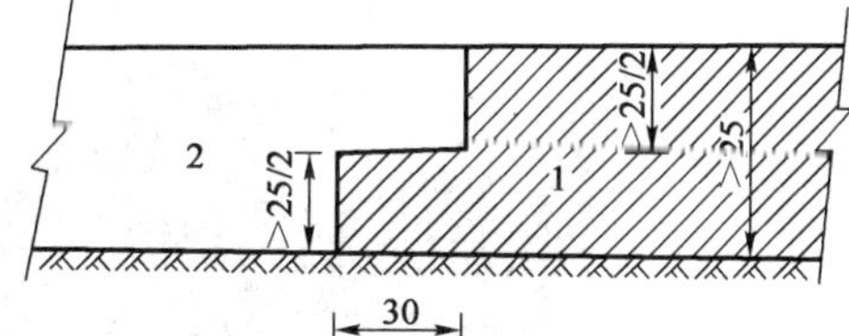

图3-172　相错搭接法(尺寸单位：cm)

1-原有基层；2-新铺加宽基层

③混凝土路面加宽

a. 加宽方式同沥青路面。

b. 混凝土路面加宽规定和要求如下：

• 加宽。若双侧加宽，如原路基较宽，路面加宽后路肩宽度大于75cm时，可以直接加宽；如路基较窄不具备加宽条件的路段，应先加宽路基。如果施工机械和操作方法能保证路基加宽部分达到规定密实度，即可加宽路面，否则应待路基压实稳定后，在加宽路面。宜采用两侧相等加宽的方式，对两侧不相等加宽的路面如差数超过1m，须进行调整路拱；若单侧加宽，由于受线形和地形的限制必须采用单侧加宽时，须进行调整路拱。

• 在弯道上加宽应按《公路路线设计规范》(JTG D20—2006)规定设置超高，加宽部分也应补设。

• 加宽的混凝土面板的强度、厚度、路拱、横缝均宜与原混凝土面板相同。板块长宽比应为1.3～1.2。

• 路面加宽增设拉杆。在面板外侧每间隔60cm，在1/2板厚处打一深30cm，直径18mm的水平孔；清除孔内混凝土碎屑；向孔内压入高强砂浆；插入ϕ14mm长60cm的螺纹钢筋。

(5)水泥混凝土路面整块面板返修

水泥混凝土路面由于施工、养护和自然因素等原因使路面产生严重沉陷或严重破碎等病害，而且集中于一块板内，通过整块板面翻修，恢复其使用功能。

①旧混凝土板破碎处理

采用液压镐进行水泥混凝土板破碎(图3-173)。在破碎混凝土的过程中要尽可能地保留拉杆。清除混凝土碎块，并运至堆放场地(图3-174)。

②处理基层

基层损坏部分应予清除，并将基层整平、压实。个别板块基层宜用C15贫混凝土将路面基层补强，其补强混凝土顶面高程应与旧路面基层顶面高程相同，如图3-175所示。在混凝土路面板接缝处的基层上涂刷一道宽20cm沥青带。

③排水系统处理

在进行路面板翻修时在路面排水不良地带，路面板边缘及路肩应设置路基纵、横向排水系统。单一边板块翻修时应在路面板接缝处设置横向盲沟。较长路段翻修时宜设纵横向盲沟，并应在纵坡底部设置横向盲沟。

a)

b)

图 3-173　混凝土板的破碎

a)

b)

图 3-174　混凝土碎块清运

a)

b)

图 3-175　基层检测

④面板翻修

a. 混凝土配合比及所选用的材料,应根据路面通车时间的要求选用快速修补材料。

b. 将混凝土拌和机(图 3-176)宜设置在施工现场附近,可采用翻斗车运送混合料,如图 3-177所示。

图 3-176　混凝土拌和站

图 3-177　混凝土运输与浇筑

c. 人工摊铺，宜用插入式振捣器振捣（图3-178），振动梁刮平提浆（图3-179），人工抹平，按原路面纹理对混凝土表面进行处理（图3-180）。

d. 混凝土硬化后，相邻板块的接缝宜用切缝机切至1/4板块深度（图3-181）。

e. 采用养护剂进行养护（图3-182）。

f. 清除缝内杂质，灌接缝材料。

g. 待混凝土强度达到设计要求，即可开放交通。

图3-178　混凝土振捣

图3-179　振动梁刮平与提浆

图3-180　纹理制作

图3-181　切缝

图3-182　喷洒养生剂

（6）水泥混凝土路面部分路段修复

水泥混凝土路面由于设计、施工、材料、工艺、交通量、超载等因素造成整段损坏，严重影响行车安全，对损坏路段，必须进行彻底修复。

①旧混凝土破碎。采用液压镐进行水泥混凝土板破碎（图3-183），破碎时液压镐落点间距为40cm。及时清除混凝土碎块。并运至堆放场地。整平基层，压路机压实。压路机上下路床应设置三角导木。

②处理基层。对基层强度尚好，损坏不严重的基层，应先整平，后用轻型压路机压实，对压不到的死角用冲击夯等机具压实。基层强度不足时，且损坏较为严重，可采用水稳性较好的材

料进行处理，如图 3-184 所示。

③结合路面维修，设置纵、横向排水系统。

④混凝土施工前应在路面基层上做沥青下封层，沥青用量为 1.0kg/m^2。

⑤新老水泥混凝土板交接处应设传力杆。在新旧路面板交界处和旧面板 1/2 板厚处，每隔 30cm 钻一直径为 28mm，深 22.5cm 的水平孔，用压缩空气清除孔内混凝土碎屑，向孔内灌入高强砂浆，在旧混凝土板侧向涂刷沥青，将 ϕ25mm、长 45cm 的光圆钢筋，插入老混凝土面板中。对损坏的拉杆要修复，可在原拉杆位置附近，打直径为 18mm，深 35cm 拉杆孔，用压缩空气清孔，灌高强砂浆，将直径 ϕ14mm、长 70cm 的螺纹钢筋插入老混凝土面板中 35cm。

a)

b)

图 3-183　混凝土路面破碎

a)

b)

图 3-184　基层处理

⑥水泥混凝土路面的材料要求、施工工艺、应按照公路水泥混凝土路面有关施工规范执行。

⑦切缝在水泥混凝土板块接缝处，用切缝机切 1/4 板厚深的缝。

(7) 旧水泥混凝土路面再生利用

对水泥混凝土板的大面积破坏，可对旧混凝土进行再生利用。混凝土再生利用主要用做水泥混凝土面层粗集料、基层集料和碎块底基层。旧水泥混凝土板块强度达到石料二级标准、级配符合规范要求时，可作为再生混凝土集料使用；旧水泥混凝土板块强度达到三级标准可作为基层集料；水泥混凝土路面破损状况属差级时，混凝土板破碎后可作为底基层集料使用。

六、水泥混凝土路面养护的基本要求

水泥混凝土路面养护应贯彻“预防为主、防治结合、安全生产的方针”。以“机械养护为主”，积极采用新技术、新材料、新工艺。

(1)行车道与硬路肩上的泥土和杂物,应经常予以清扫。

(2)水泥混凝土路面各种接缝的填缝料出现缺损或溢出,应及时填补或清除,并应防止泥土、砂石及其他杂物挤压进入接缝内,影响混凝土路面板的正常伸缩。

(3)路基路面(包括路肩、中央分隔带)排水设施,应经常检查和疏通,防止积水,以保护路面不受地面水和地下水的损害。

(4)对路面、路肩和路缘石等的局部损坏,采取合适的材料和相应的措施进行及时修复。

(5)对路面较大损坏,按路面检查评定结果确定的养护对策,安排大、中修或专项工程,进行维修和整治。局部路段路面损坏严重的,应予以翻修,以达到设计标准;整个路段路面平整度、抗滑能力不足的,可采取罩面,铺筑加铺层,以恢复其表面功能;整个路段路面接缝填缝料失效的,应予以全面更换。

(6)对承载能力不足或不适应交通发展要求的路面,可根据不同情况进行加铺、加宽,提高承载能力和通行能力。

七、水泥混凝土路面养护质量标准

水泥混凝土路面养护质量标准,见表3-18所列。

水泥混凝土路面的养护质量标准 表3-18

项 目		高速公路、一级公路	其他等级公路
平整度(mm)	平整度仪 σ	2.5	3.5
	3m 直尺(mm)	5	8
	国际平整度指数 IRI(m/km)	4.2	5.8
抗滑	构造深度 TD(mm)	0.4	0.3
	抗滑值 SRV(BPN)	45	35
	横向力系数 SFC	0.38	0.30
相邻板高差(mm)		3	5
接缝填缝料凹凸(mm)		3	5
路面状况指数(PCI)		≥70	≥55

复习思考题

1. 影响水泥混凝土路面使用的因素有哪些?
2. 水泥混凝土路面损坏的类型有哪些?
3. 水泥混凝土路面调查的内容有哪些?各项指标调查的方法与要求是什么?
4. 如何保养水泥混凝土路面的接缝?
5. 水泥混凝土路面裂缝如何维修?
6. 简述水泥混凝土路面灌缝、灌浆的施工程序及施工要点。
7. 水泥混凝土路面错台的处置方法有哪几种?
8. 简述水泥混凝土路面养护的技术标准。

单元四　桥涵养护技术

课题一　桥涵养护基本知识

知识点：

◎ 桥涵养护工作的主要内容。

◎ 桥涵养护的术语及政策。

技能点：

◎ 桥涵养护工程的分类。

当公路路线遇到江河湖泊、山谷深沟以及其他线路(铁路或公路)等障碍时,为保持道路的连续性,充分发挥其正常的运输能力而专门修建的跨越此障碍的人工构造物,称为桥梁,如图4-1所示。单孔跨径小于5m的小型人工构造物称为涵洞。桥涵是公路的重要组成部分,是公路的咽喉,特别是大、中桥梁对当地的政治、经济、国防等都具有重要意义。为了保证公路畅通无阻,应尽量保证桥涵构造物处于完好的技术状态,满足承载力和通行能力要求,达到其应有的设计使用年限,为此必须对桥涵进行养护、及时维修及加固。在养护工作中尽量做到减少质量隐患,早发现问题早解决,不能建而不养或养护不到位,同时做到检查要仔细认真,绝不放过任何微小的质量问题。养护无小事,确实把桥涵养护工作做好。

a)

b)

图4-1　桥梁

一、桥涵养护工作的主要内容

在桥涵养护工作中,主要内容有以下几个方面:

(1)建立、健全公路桥涵的检查、评价制度。对公路桥涵构造物进行周期性检查,系统地掌握其技术状况,及时发现缺损和相关环境的变化。按桥梁检查结果,对桥梁技术状况进行分类评定,制定相应的养护对策。

(2)建立公路桥梁管理系统和公路桥梁数据库,实施桥涵病害监控,实行科学决策。逐步建立特大型桥梁荷载报警系统,地震、洪水和流冰等预防决策系统。

(3)公路桥涵养护应做到:桥涵外观整洁,桥面铺装坚实平整、横坡适度,桥头连接顺适,排水畅通,结构完好无损,标志、标线等附属设施齐全完好。

(4)桥涵构造物的养护,首先应使原结构保持设计荷载等级的承载要求及设计交通量的通行要求。根据交通发展的需要,也可通过改造和改建来提高承载能力和通行能力。

在确定改造或改建工程方案时,应注意新旧结构之间的关系,充分发挥原有结构的作用。

(5)养护作业和工程实施应注意保障车辆、行人的安全通行及环境保护。

(6)桥涵构造物养护应有对付洪水、流冰、泥石流和地震等灾害的防护措施,同时备有应急交通预案。

(7)新建或改建桥梁交工接养,应有完备的交接手续并提供成套技术资料。特大桥、大桥应配备养护设施、机具,设置养护工作通道、扶梯、吊杆、平台,设计单位应提供养护技术要点及要求。未配置或配置不能完全满足养护工作需要的,可根据实际需要予以增添。

(8)桥涵构造物的检查及技术状况评定、养护对策,维修、加固、改建的竣工验收等有关技术文件,均应按统一格式,完整的归入桥梁养护技术档案及数据库。

二、桥涵养护工程分类

桥涵的养护按其工程性质、规模大小、技术难易程度,可划分为小修保养工程、中修工程、大修工程、改建工程和专项工程5类。

1. 小修保养工程

(1)保养

对公路桥涵及其附属构造物进行预防性工作,主要内容包括以下工作:

①清除污泥、积雪、杂物,保持桥面、隧道内及洞口清洁。

②疏通涵管,疏导桥下河槽。

③养护伸缩缝(图4-2),疏通泄水孔,栏杆油漆。

(2)小修

对桥涵轻微损坏部分进行修补,使其保持完好的工程项目,主要包括以下工作:

①局部修理,更换栏杆(图4-3)和修理泄水孔、伸缩缝、支座和桥面局部轻微损坏。

②修补墩、台及河床和修理防护圬工的微小损坏(图4-4)。

③修理涵洞和进出口的铺砌。

图4-2　伸缩缝

图4-3　更换栏杆

2. 中修工程

对公路桥涵及其附属构造物一般性磨损和局部损坏进行定期的修理加固,以恢复原状况的小型工程项目,主要包括以下工作:

(1)修理、更换木桥的较大损坏构件及防腐。

(2)修理、更换中、小桥支座、伸缩缝及个别构件。

(3)大、中型钢桥的全面油漆防锈和各部构件的检修。

(4)永久性桥墩、台侧墙及桥面的修理和小桥桥面的加宽(图4-5)。

(5)重建、增建、接长涵洞。

(6)桥梁河床铺底或调治构造物的修复和加固。

图4-4 修理防护圬工

图4-5 小桥桥面的加宽

3. 大修工程

对桥涵及其附属构造物的较大损坏进行周期性的综合修理,以全面恢复到原设计标准的技术状况,或在原技术等级范围内进行局部改善和个别增建,以逐步提高其通行能力的工程项目。主要有:

(1)不提高技术等级的大、中型桥梁的加宽、加固、加高。

(2)增改建小型桥梁和技术性简单的中桥。

(3)增改建较大的河床铺底和永久性调治构造物。

(4)吊桥、斜拉桥的修理与个别索的调整更换。

(5)大桥桥面铺装的更换(图4-6)。

(6)大桥支座、伸缩缝的修理、更换(图4-7)。

a)

b)

图4-6 大桥桥面铺装更换

a)

b)

图 4-7　伸缩缝的更换

4. 改建工程

对桥涵及其附属构造物因不适应交通量、荷载、泄洪要求而提高技术等级，或因公路局部改移需要重建，或为了显著提高通行能力而进行的较大型、大型工程项目。主要有：

（1）提高公路技术等级的加固、加宽、加高大、中桥梁。

（2）增改建小型立体交叉桥和 10km 以内整段改善的大、中桥梁等。

5. 专项工程

专项抢修工程是指采用临时性措施在最短的时间内恢复交通的工程措施。专项修复工程是指采用永久性措施恢复桥涵原有的功能。对于阻断交通的桥涵修复工程，应优先安排。

三、桥涵养护的几个术语

1. 养护

为保持桥涵及其附属物的正常使用而进行的经常性保养及维修作业；预防和修复桥涵的灾害性损坏及为提高桥涵使用质量和服务水平而进行的改造。

2. 加固

当桥涵构造物局部损坏或承载力不足时进行的修复和补强工程措施，如图 4-8 所示。

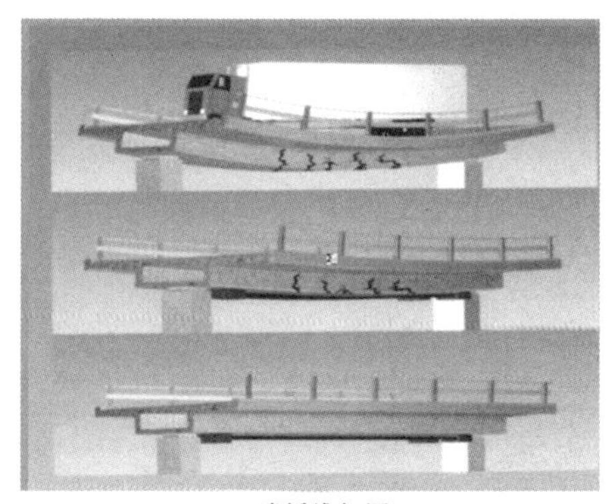

a)碳纤维加固

b)用钢板加固

图 4-8　加固

3. 抢修

当桥涵因水毁等到自然灾害及超载、意外事故造成中断交通或严重影响通行的破坏时，所采取的迅速恢复交通的工程措施。

4. 调治构造物

为引导和改变水流方向，使水流平顺通过桥孔并减缓水流对桥位附近河床、河岸的冲刷而修建的水工构造物，图 4-9 为丁坝防护。

四、桥涵养护的技术政策

(1)公路桥涵养护工作按“预防为主，防治结合”的原则，以桥面养护为中心，以承重部件为重点，加强全面养护。

(2)推广应用先进的养护技术和科学的管理方法，改善养护生产手段，提高养护技术水平，大力推广和发展公路桥涵养护机械。

(3)公路桥涵的养护按其工程性质、规模大小、技术难易程度划分为小修保养、中修、大修、改建和专项工程 5 类。专项抢修工程是指采用临时性措施在最短的时间内恢复交通的工程措施。专项修复工程是指采用永久性措施恢复桥涵原有功能的工程措施。对于阻断交通的桥涵修复工程，应优先安排。

图 4-9　丁坝

(4)桥涵养护工程应重视经济技术方案的比选，并充分利用原有工程材料和设施，以降低成本。

(5)重视环境保护和环境综合治理。

复习思考题

1. 桥涵养护工作的主要内容是什么？
2. 桥梁养护的几个主要术语的含义是什么？
3. 桥梁养护的分类有哪些？

课题二　桥 梁 养 护

知识点：

◎ 桥涵检查与评定的内容。
◎ 桥梁上部结构的养护。
◎ 墩台基础、墩台的养护与加固。
◎ 锥坡、翼墙的养护。

技能点：

◎ 桥梁检查的方法。
◎ 桥梁养护的对策。
◎ 桥梁各部件技术状况的评定方法。
◎ 各类型的桥梁上部结构的养护与加固方法。
◎ 墩台基础、墩台的加固方法。

一、桥梁检查

桥梁检查是桥梁养护工作中的一个重要环节，也是桥梁养护的基础性工作。对桥梁进行检查，目的在于系统地掌握桥梁的技术状况，较早地发现桥梁的缺陷和异常，进而合理地提出养护措施。桥梁的检查分为以下3种。

1. 经常检查

经常检查主要指对桥面设施、上部结构、下部结构及附属设施进行一般性检查。

(1)经常检查的时间

经常检查周期根据桥梁技术状况而定,一般每季度不得少于一次,汛期应加强不定期检查。

(2)经常检查的方法

经常检查采用目测方法,也可配以简单工具进行测量,当场填写"桥梁经常检查记录表",见表4-1所列。现场要登记所检查项目的缺损类型、估计缺损范围及养护工作量,提出相应的小修保养措施,为编制辖区的桥梁养护(小修保养)计划提供依据。

桥梁经常性检查记录 表4-1

管理单位					
路线编码		路线名称		桥位桩号	
桥梁编码		桥梁名称		养护单位	
部件名称	缺损类型	缺陷范围		保养措施意见	
翼墙					
锥坡、护坡					
桥台及基础					
桥墩及基础					
地基冲刷					
支座					
上部结构异常变形					
桥与路连接					
伸缩缝					
桥面铺装					
人行道、缘石					
栏杆、护栏					
标志、标线					
排水设施					
照明系统					
桥面清洁					
调治构造物					
其他					
负责人		记录人		检查日期	

经常检查中发现桥梁重要部件存在明显缺陷时,应及时向上级提交专项报告。

(3)经常检查应包括的内容

①外观是否整洁，有无杂物堆积，杂草蔓生。构件表面的涂装层是否完好，有无损坏，老化变色、开裂、起皮、剥落、锈迹。

②桥面铺装是否平整、有无裂缝、局部坑槽、积水、沉陷、波浪、碎边；混凝土桥面是否有剥离、渗透，钢筋是否漏筋、锈蚀，缝料是否老化、损坏，桥头有无跳车。

③排水设施是否良好，桥面泄水管是否堵塞和破损。

④伸缩缝是否填塞卡死，连接部件有无松动、脱落、局部破损。

⑤人行道、缘石、栏杆、扶手、防撞护栏和引道护栏有无撞坏、断裂、松动、错位、缺件、剥落、锈蚀等。

⑥观察桥梁结构有无异常变形，异常的竖向振动、横向摆动等情况，然后检查各部件的技术状况，查找异常原因。

⑦支座是否有明显缺陷，活动支座是否灵活，位移量是否正常。支座的经常检查一般可以每季度一次。

⑧桥位区段河床冲淤变化情况。

⑨基础是否受到冲刷损坏、外露、悬空、下沉，墩台及基础是否受到生物腐蚀。

⑩墩台是否受到船只或漂流物撞击而受损。

⑪翼墙(侧墙、耳墙)有无开裂、倾斜、滑移、沉降、风化剥落和异常变形。

⑫锥坡、护坡、调治构造物有无塌陷、铺砌面有无缺损、勾缝脱落、灌木杂草丛生。

⑬交通信号、标志、标线、照明设施以及桥梁其他附属设施是否完好。

⑭其他显而易见的损坏或病害。

2. 定期检查

定期检查是指为评定桥梁使用功能，制订管理养护计划提供基本数据，对桥梁主体结构及其附属构造物的技术状况进行的全面检查，它为桥梁养护管理系统搜集结构技术状况的动态数据。

(1)定期检查的时间应符合下列规定：

①定期检查的周期根据桥梁技术状况而定，最长周期为 3 年。新建桥梁交付使用 1 年后，进行第一次全面检查。临时桥梁每年检查不少于 1 次。

②在经常检查中发现的重要部(构)件的缺损明显达到三、四、五类技术状况时，应立即安排 1 次检查。

(2)定期检查以目测观察结合仪器进行，辅以必要的测量仪器、望远镜、照相机、探查工具和现场器材等设备。必须接近或进入各部件仔细检查其缺损情况。定期检查的主要工作有：

①现场校核桥梁基本数据(桥梁基本状况卡片)，见表 4-2 所列。

②当场填写“桥梁定期检查记录表”，见表 4-3 所列，记录各部件缺损状况并作出技术状况评分。

③实地判断缺损原因，估定维修范围及方式。

④对难以判断损坏原因和程度的部件，提出特殊检查(专检)的要求。

⑤对损坏严重、危及安全运行的危险桥梁，提出暂时限制交通的建议。

⑥根据桥梁的技术状况，确定下次检查时间。

(3)定期检查工作应按规范程序进行。定期检查工作流程如图 4-10 所示。

表4-2

桥梁基本状况卡片(实例)

A. 行政识别数据

1	路线编号	S315	2	路线名称	胶王路	3	路线等级	二
4	桥梁编号		5	桥梁名称	胶河大桥	6	桥位桩号	24K +940
7	功能类型		8	下穿通道名		9	下穿通道桩号	
10	设计荷载	汽—20	11	通行载重	汽—20	12	弯斜坡度	
13	桥面铺装	沥青混凝土	14	管养单位	温家村站	15	建成年限	1971

B. 结构技术数据

16	桥长(m)	186.5	17	桥面总宽(m)	17	18	车行道宽(m)	14
19	桥面高程(m)		20	桥下净高(m)	3.5	21	桥上净高(m)	1.2
22	引道总宽(m)		23	引道路面宽(m)		24	引道线形	

上部结构						下部结构					
25	孔号	16孔				29	墩台	灌注桩			
26	形式	空心板				30	形式	柱式			
27	跨径(m)	10.7				31	材料	钢筋混凝土			
28	材料	钢筋混凝土				32	基础形式	柱式			

33	伸缩缝类型	自然	34	支座形式	橡胶	35	地震动峰值加速度系数	
36	桥台护坡	锥形	37	护墩体	有	38	调治构造物	
39	常水位		40	设计水位		41	历史洪水位	

C. 档案资料(全、不全或无)

42	设计图纸	不全	43	设计文件	不全	44	施工文件	不全
45	竣工图纸	不全	46	验收文件	不全	47	行政文件	不全
48	定期检查报告		49	特殊检查报告		50	历史维修资料	不全
51	档案号		52	存档案	不全	53	建档年/月	

D. 最近技术状况评定

54	55	56	57	58	59	60	61	62	63	64
检查年月	定期或特殊检查	全桥评定等级	桥台与基础	桥墩与基础	地基冲刷	上部结构	支座	经常保养小修	处治对策	下次检查年份
06.10	定期	一类	一类	一类	一类	一类	一类	良好		2007年

E. 修建工程记录

65 施工日期		66	67	68	69	70	71	72	73	74
开工	竣工	修建类别	修建原因	工程费用(万元)	经费来源	质量评定	建设单位	设计单位	施工单位	监理单位
06.5	06.8	砌石	冲刷	5.5	市局拨付	良好	公路局		大洋建筑队	公路局

续上表

75	备注： 								
F	桥梁照片	76	立面照		77	桥面正面照			
78	主管负责人	刘文东	79	填卡人	李大勇	80	填卡日期	×年×月×日	

桥梁定期性检查记录表 表 4-3

（县级道路管理机构名称）

1. 路线编码		2. 路线名称		3. 桥位桩号	
4. 桥梁编码		5. 桥梁名称		6. 下穿通道名	
7. 桥长（m）		8. 主跨结构		9. 最大跨径（m）	
10. 管养单位		11. 建成日期		12. 上次大、中修日期	
13. 上次检查日期		14. 本次检查日期		15. 气候	

16. 部件号	17. 部件名称	18. 评分（0～5）	19. 特别检查	20. 维修范围	21. 维修方式	22. 维修时间	23. 费用（元）
1	翼墙、耳墙						
2	锥坡、护坡						
3	桥台及基础						
4	桥墩及基础						
5	基础冲刷						
6	支座						
7	上部主要承重构件						
8	上部一般承重构件						
9	桥面铺装						
10	桥头跳车						
11	伸缩缝						
12	人行道						
13	栏杆、护栏						
14	照明、标志						
15	排水设施						
16	调治构造物						
17	其他						

续上表

24. 总体状况评定等级		25. 全桥清洁状况评分		26. 保养、小修状况评分	
27. 经常性养护建议					

28. 记录人		29. 负责人		30. 下次检查时间	

31. 缺损说明

部件号	部件名称	缺损位置	缺损状况（类型、性质、范围、程度）	照片或图片（编号/年）
1	翼墙、耳墙			
2	锥坡、护坡			
3	桥台及基础			
4	桥墩及基础			
5	基础冲刷			
6	支座			
7	上部主要承重构件			
8	上部一般承重构件			
9	桥面铺装			
10	桥头跳车			
11	伸缩缝			
12	人行道			
13	栏杆、护栏			
14	照明、标志			
15	排水设施			
16	调治构造物			
17	其他			

（4）特大型、大型桥梁的控制检测：

①设立永久性观测点，定期进行控制检测。控制检测的项目及永久性观测点见表4-4所列。特大型桥梁或特殊桥梁还可根据养护、管理的需要，增加相应的控制检测项目。

桥梁永久性控制检测项目 表4-4

检测项目		观测点
1	墩、台身，索塔，锚碇的高程	墩、台身底部（距地面或常水位0.5～2m），桥台侧墙尾部顶面和锚碇的上、下游两侧各1～2点
2	墩、台身，索塔倾斜度	墩、台身底部（距地面或常水位0.5～2m内）的上、下游两侧各1～2点
3	桥面高程	沿行车道两边（靠缘石处），按每孔跨中、$L/4$、支点等不少于5个位置（10个点）。测点应固着于桥面板上
4	拱桥桥台、悬索桥锚碇水平位移	拱座、锚碇的上、下游两侧各1点
5	悬索桥索卡滑移	索卡处设1点

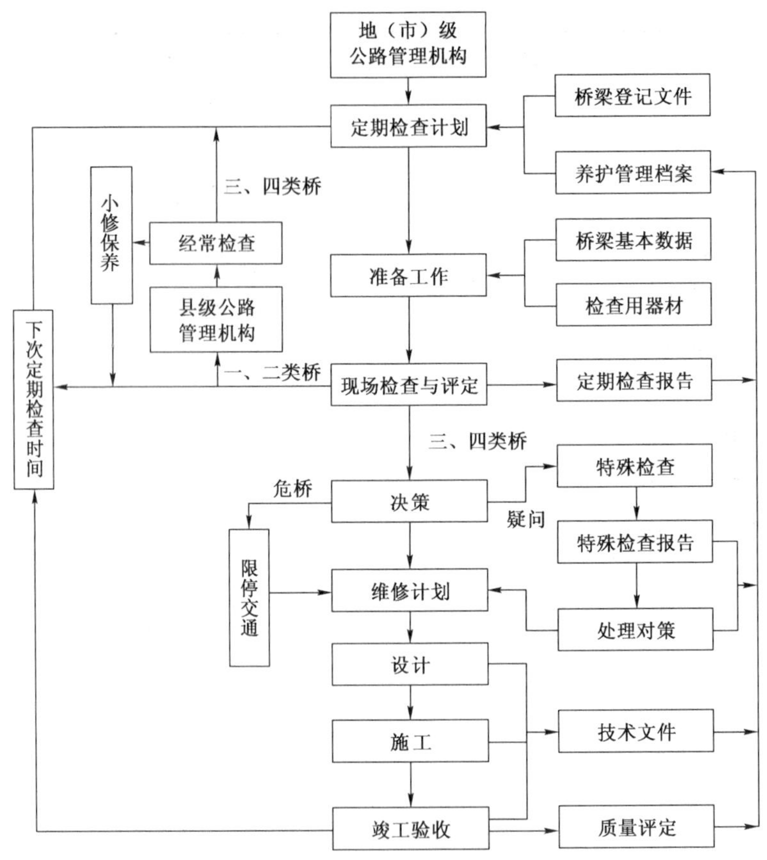

图4-10　公路桥梁定期检查工作流程

②新建桥梁交付使用前,公路管理机构应事先要求桥梁建设单位在竣工时设置便于检测的永久性观测点。大桥、特大桥必须设置永久性观测点。测点的编号、位置(距离、高程和地物特征)和竣工测量数据,均应在竣工图上标明,作为验收文件中必要的竣工资料予以归档。

③应设而没有设置永久性观测点的桥梁,应在定期检查时按规定补设。测点布设和首次检测的时间及检测数据等,应按竣工资料的要求予以归档。

④桥梁主体结构维修、加固或改建前后,必须进行控制测量,以保持观测资料的连续性。若控制点有变动,应及时检测,建立基准数据。

⑤桥梁永久性观测点的设置要牢固可靠,当永久性控制点与国家大地测量网联络有困难时,可建立相对独立的基准测量系统。

⑥特大、大、中桥墩(台)旁,必要时可设置水尺或标志,以观测水位和冲刷情况。

(5)定期检查应包括下列内容:

①桥面系构造的检查

a. 桥面铺装层纵、横坡是否顺适,有无严重裂缝、坑槽、波浪、桥头跳车、防水层漏水。

b. 伸缩缝是否有异常变形、破损、脱落、漏水,是否造成明显的跳车。

c. 人行道构件、栏杆、护栏有无撞坏、断裂、错位、缺件、剥落、锈蚀等。

d. 桥面排水是否顺畅,泄水管是否完好、畅通,锥坡有无冲蚀、塌陷。

e. 桥上交通信号、标志、标线、照明设施是否损坏、老化、失效,是否需要更换。

f. 桥上避雷装置是否完善,避雷系统性能是否良好。

g. 桥上航空灯、航道灯是否完好,能否保证正常照明。结构物内供养护检修的照明系统是否完好。

h. 桥上的路用通信、供电线路及设备是否完好。

②钢筋混凝土和预应力混凝土梁桥的检查

a. 梁端头、底面是否损坏,箱形梁内是否有积水,通风是否良好。

b. 混凝土有无裂缝、渗水、表面风化、剥落、露筋和钢筋锈蚀,有无碱集料反应引起的整体龟裂现象。混凝土表面有无严重碳化。

c. 预应力钢束锚固区段混凝土有无开裂,沿预应力筋的混凝土表面有无纵向裂缝。

d. 梁(板)式结构的支点、跨中、变截面处,悬臂端牛腿或中间铰部位,刚构的固结处和桁架节点部位,混凝土有无开裂、缺损和出现钢筋锈蚀。

e. 组合梁的桥面板与梁的结合部位及预制桥面板之间的接头处混凝土有无开裂、渗水。横向联结构件是否开裂,连接钢板的焊缝有无锈蚀、断裂,边梁有无横移或向外倾斜。

③拱桥的检查

a. 主拱圈的拱板或拱肋是否开裂。钢筋混凝土拱桥有无露筋。圬工拱桥砌块有无压碎、局部掉块,砌缝有无脱离或脱落、渗水,表面有无苔藓、草木滋生,拱铰工作是否正常。空腹拱的小拱有无较大的变形、开裂、错位,立墙、立柱有无倾斜、开裂等。

b. 拱上立柱(或立墙)上下端、盖梁或横系梁的混凝土有无开裂、剥落、露筋或锈蚀。中、下承式拱桥的吊杆上下锚固区的混凝土有无开裂、渗水,吊杆锚头附近有无锈蚀现象,外罩是否有裂纹,锚头夹片、楔块是否发生滑移,吊杆钢索有无断丝。采用型钢或钢管混凝土芯的劲性骨架拱桥,混凝土是否沿骨架出现纵向或横向裂缝。

c. 拱桥的侧墙与主拱圈间有无脱落,侧墙有无鼓凸变形、开裂,实腹拱拱上填料有无沉陷。肋拱桥的肋间横向联结是否开裂、表面剥落、钢筋外露、锈蚀等。

d. 双曲拱桥拱肋间横向联结拉杆是否松动或断裂,拱坡与拱肋结合处是否开裂、脱开,拱波间砂浆是否松散、脱落,拱坡顶是否开裂、渗水等。

e. 薄壳拱桥壳体纵、横向及斜向是否出现裂缝及系杆是否开裂。

f. 系杆拱的系杆是否开裂,无混凝土包裹的系杆是否有锈蚀。

g. 钢管混凝土拱桥裸露部分的钢管及构件检查参见钢桥检查有关的内容,同时还应检查管内混凝土是否填充密实。

④钢桥的检查

a. 构件(特别是受压构件)是否扭曲变形、局部损伤。

b. 铆钉和螺栓有无松动、脱落或断裂,节点是否滑动、错裂。

c. 焊缝边缘(热影响区)有无裂纹或脱开。

d. 油漆层有无裂纹、起皮、脱落,构件有无锈蚀。

e. 钢箱梁封闭环境中的湿度是否符合要求,除湿设施是否工作正常。

⑤通道、跨线桥与高架桥的检查

通道、跨线桥与高架桥的结构检查同其他一般公路桥梁。通道还应检查通道内有无积水,机械排水的泵站是否完好,排水系统是否畅通。跨线桥、高架桥还应检查防抛网、隔音墙是否完好。通道、跨线桥与高架桥下的道面是否完好,有无非法占用情况等。

⑥悬索桥和斜拉桥的检查

a. 检查索塔高程、塔柱倾斜度、桥面高程及梁体纵向位移,注意是否有异常变位。

b. 检测索体振动频率、索力有无异常变化，索体振动频率观测应在多种典型气候下进行。每观测周期不超过 6 年。

c. 主梁或加劲梁的检查，按预应力混凝土及钢结构的相应要求进行。

d. 悬索桥的锚碇及锚杆有无异常的拨动，锚头、散索鞍有无锈蚀破损，锚室（锚洞）有无开裂、变形、积水，温湿度是否符合要求。

e. 主缆、吊杆及斜拉索的表面封闭、防护是否完好，有无破损、老化。

f. 悬索桥的索鞍是否有异常的错位、卡死、辊轴歪斜，构件是否有锈蚀、破损，主缆索跨过索鞍部分是否有挤扁现象。

g. 悬索桥吊杆上端与主缆索的索夹是否有松动、移位和破损，下端与梁连接的螺栓有无松动。

h. 逐束检测索体是否开裂、鼓胀及变形，必要时可剥开护套检查索内干湿情况和钢索的锈蚀情况。检查后应做好保护套剥开处的防护处理。

i. 逐个检查锚具及周围混凝土的情况，锚具是否渗水、锈蚀，是否有锈水流出的痕迹，周围混凝土是否开裂。必要时可打开锚具后盖抽查锚环内是否积水、潮湿，防锈油是否结块、乳化失效，锚杯是否锈蚀。

j. 逐个检查索端出索处钢护筒，钢管与索套管连接处的外观情况。检查钢护筒是否松动脱落、锈蚀、渗水，抽查连接处钢护筒内防水垫圈是否老化失效，筒内是否潮湿积水。

k. 索塔的爬梯、检查门、工作电梯是否可靠安全，塔内的照明系统是否完好。

⑦支座的检查

a. 支座组件是否完好、清洁，有无断裂、错位、脱空。

b. 活动支座是否灵活，实际位移量是否正常，固定支座的锚销是否完好。

c. 支承垫石是否有裂缝。

d. 简易支座的油毡是否老化、破裂或失效。

e. 橡胶支座是否老化、开裂，有无过大的剪切变形或压缩变形，各夹层钢板之间的橡胶层外凸是否均匀。

f. 四氟滑板支座是否脏污、老化，四氟乙烯板支座完好，橡胶块是否滑出钢板。

g. 盆式橡胶支座的固定螺栓是否剪断，螺母是否松动，钢盆外露部分是否锈蚀，防尘罩是否完好。

h. 组合式钢支座是否干涩、锈蚀，固定支座的锚栓是否紧固，销板或销钉是否完好。

i. 摆柱支座各组件相对位置是否准确，受力是否均匀。

j. 辊轴支座的辊轴是否出现不允许的爬动、歪斜。

k. 摇轴支座是否倾斜。

l. 钢筋混凝土摆柱支座的柱体有无混凝土脱皮、开裂、露筋及钢板有无锈蚀。

⑧墩台与基础的检查

a. 墩台及基础有无滑动、倾斜、下沉和冻拔。

b. 台背填土有无沉降或挤压隆起。

c. 混凝土墩台及帽梁有无冻胀、风化、开裂、剥落、露筋等。

d. 石砌墩台有无砌块断裂、通缝脱开、变形，砌体泄水孔是否堵塞，防水层是否破坏。

e. 墩台顶面是否清洁，伸缩缝处是否漏水。

f. 基础下是否发生不许可的冲刷或淘空现象，扩大基础的地基有无侵蚀。桩基顶段在水位涨落、干湿交替变化处有无冲刷磨损、颈缩、露筋，有无环状冻裂，是否受到污水、咸水或生物腐蚀。必要时对大桥、特大桥的深水基础应派潜水员潜水检查。

⑨调治构造物是否完好，功能是否适用，桥位段河床是否有明显的冲淤或漂流物堵塞现象。

⑩桥梁检查中发现的各种缺损均应在现场等将其范围及日期标记清楚。发现三类以上桥梁及有严重缺损和难以判明损坏原因和程度的桥梁，应作影像记录，并附病害状况说明。

(6)桥梁定期检查后应整理提出下列文件：

①桥梁定期检查数据表。每天检查的桥梁现场记录，应在次日内整理成每座桥梁定期检查数据表。

②典型缺损和病害的照片及说明，缺损状况的描述应采用专业标准术语，说明缺损的部位、类型、性质、范围、数量和程度等。

③每座桥梁应有两张总体照片。一张为桥面正面照片，另一张为桥梁上游侧立面照片。桥梁改建后应重新照一次。如果桥梁拓宽改造后，上下游桥梁结构不一致，还要有下游侧立面照片，并标注清楚。

④桥梁清单。

⑤桥梁基本状况卡片。定期检查完成后，应将本次检查的桥梁各部件技术状况评定结果登记在桥梁卡片内。

⑥定期检查报告应包括下列内容：

a. 辖区内所有桥梁的保养小修情况。

b. 需要大中修或改善的桥梁计划。说明修理的项目，拟用修理方案，估计费用和实施时间。

c. 需要进行特殊检查的桥梁的报告，说明检验的项目及理由。

d. 需限制交通的桥梁的建议报告。

3. 特殊检查

(1)特殊检查的定义

特殊检查是查清桥梁病害原因、破损程度、承载能力、抗灾能力，确定桥梁技术状态的工作。

(2)桥梁特殊检查的分类

桥梁特殊检查分应急检查和专门检查。

①应急检查。当桥梁遭受洪水、流冰、漂流物、船舶撞击、滑坡、地震、风灾和超重车辆通过之后，为了查明破损状况，采取应急措施，组织恢复交通，对结构进行的详细检查和鉴定工作。

②专门检验。根据经常检查和定期检查的结果，对需要进一步判明损坏原因、缺损程度和使用能力的桥梁，针对病害进行专门的现场试验检测、验算与分析等鉴定工作。

(3)特殊检查的承担单位

特殊检查应委托有相应资质和能力的单位承担。

(4)特殊检查的情形

①定期检查中难以判明损坏原因及程度的桥梁。

②桥梁技术状况为四、五类者。

③拟通过加固手段提高荷载等级的桥梁。

④条件许可时，特殊重要的桥梁在正常使用期间可周期性进行荷载试验。

桥梁遭受洪水、流冰、滑坡、地震、风灾、漂流物或船舶撞击,因超重车辆通过或其他异常情况影响造成损害时,应进行应急检查。

(5)特殊检查工作内容

特殊检查应根据桥梁的破损状况和性质,采用仪器设备进行现场测试、荷载试验及其他辅助试验,针对桥梁现状进行检算分析,形成鉴定结论。

(6)实施专门检查前应收集的资料

承担单位负责检查的工程师应充分收集资料,包括设计资料(设计文件、计算所用的程序、方法及计算结果)、竣工图、材料试验报告、施工记录、历次桥梁定期检查和特殊检查报告,以及历次维修资料等。原资料不全或有疑问时,可现场测绘构造物尺寸,测试构件材料组成及性能,勘察水文地质情况等。

(7)特殊检查的鉴定内容

①桥梁结构材料缺损状况。包括对材料物理、化学性能退化程度及原因的测试鉴定;结构或构件开裂状态的检测及评定。

②桥梁结构承载能力。包括对结构强度、稳定性和刚度的检算、试验和鉴定。

③桥梁防灾能力。包括桥梁抵抗洪水、流冰、风、地震及其他地质灾害等能力的检测鉴定。

(8)桥梁结构材料缺损状况鉴定

可根据鉴定要求和缺损的类型、位置,选择表面测量、无破损检测和局部取试样等有效可靠的方法进行鉴定。试样应在有代表性构件的次要部位获取。

(9)注意事项

①桥梁结构检算及承载能力试验应按国家及行业有关标准和技术规范进行。

②抗灾能力鉴定一般采用现场测试与检算的方法,特别重要的桥梁可进行模拟试验。

③原设计条件已经变化的,所有鉴定都应针对当时桥梁的实际状况,不能套用原设计的资料数据。

(10)特殊检查报告

特殊检查之后,应提交特殊检查报告,包括以下主要内容:

①概述检查的一般情况,包括桥梁的基本情况、检查的组织、时间、背景和工作过程等。

②当前桥梁技术状况的描述,包括现场调查、试验与检测项目及方法、检测数据与分析结果和桥梁技术状况评价等。

③详细阐述检查部位的损坏原因及程度,并提出构件和总体的修理、加固或改造的建议方案。

二、桥梁评定

桥梁评定分为一般评定和适应性评定。

一般评定是依据桥梁定期检查资料,通过对桥梁各部件技术状况的综合评定,确定桥梁的技术状况等级,提出各类桥梁的养护措施。

桥梁的适应性评定包括以下内容:依据桥梁定期及特殊检查资料,结合试验与结构受力分析,评定桥梁的实际承载能力、通行能力、抗洪能力,提出桥梁养护、改造方案。

一般评定由负责定期检查者进行,适应性评定应委托相应资质及能力的单位进行。

1.一般评定

全桥总体技术状况等级评定,宜采用考虑桥梁各部件权重的综合评定方法。亦可按重要部件最差的缺损状况评定，或对照桥梁技术状况评定标准(表4-5)进行评定。

桥梁技术状况评定标准 表4-5

类别	一类	二类	三类	四类	五类
总体评定	完好、良好状态 (1)重要部件功能与材料均良好； (2)次要部件功能良好，材料有少量(3%以内)轻度缺损或污染； (3)承载能力和桥面行车条件符合设计指标	较好状态 (1)重要部件功能良好，材料有局部(3%以内)轻度缺损或污染，裂缝宽小于限值； (2)次要部件有较多(10%以内)中等缺损或污染； (3)承载能力和桥面行车条件达到设计指标	较差状态 (1)重要部件材料有较多(10%以内)中等缺损，裂缝宽超限值，或出现轻度功能性病害，但发展缓慢，尚能维持正常使用功能； (2)次要部件有大量(10%～20%)严重缺损，功能降低，进一步恶化将不利于重要部件和影响正常交通； (3)承载能力比设计降低10%以内，桥面行车不舒适	差的状态 (1)重要部件材料有大于(10%～20%)严重缺损，裂缝宽超限值，风化、剥落、露筋、锈蚀严重，或出现轻度功能性病害，且发展较快。结构变形小于或等于规范值，功能明显降低； (2)次要部件有20%以上的严重缺损，失去应有功能，严重影响正常交通； (3)承载能力比设计降低10%～25%	危险状态 (1)重要部件出现严重的功能性病害，且有继续扩张现象，关键部位的部分材料强度达到极限，出现部分钢筋断裂、混凝土压碎或杆件失稳变形的破损现象，变形大于规范值，结构的强度、刚度、稳定性和动力响应不能达到平时交通安全通行的要求； (2)承载能力比设计降低25%以上
墩台与基础	(1)墩台各部分完好； (2)基础及地基状况良好	(1)墩台基本完好； (2)3%以内的表面有风化、麻面、短细裂缝，缝宽小于限值，砌体灰缝脱落； (3)表面长有青苔、杂草； (4)基础无冲蚀现象	(1)墩台3%～10%的表面有各种缺损，裂缝宽超限值，有风化、剥落、露筋、锈蚀现象；砌体灰缝脱落，局部变形等； (2)出现轻微的下沉、倾斜、滑动等现象，发展缓慢或趋向稳定； (3)基础有局部冲蚀现象，桩基顶段被磨损	(1)墩台10%～20%的表面有各种缺损，裂缝宽而密，剥落、露筋、锈蚀严重，砌体大面积松动、变形； (2)墩台出现下沉、倾斜、滑动、冻拔现象，变形小于或等于规范值。台背填土有沉降裂缝或挤压隆起变形发展较快； (3)基础冲刷大于设计值，基底冲空面在10%～20%内。桩基顶段被侵蚀、露筋、缩颈，或有环状冻裂，木桩腐蚀、蛀蚀严重	(1)墩台不稳定，下沉、倾斜、滑动、冻拔现象严重，变形大于规范值，造成上部结构和桥面变形过大，不能正常行车； (2)墩台、桩基出现结构性裂缝，裂缝宽度超过限值； (3)基底冲刷深度大于设计值，冲空面达20%以上。地基承载力降低，桥台岸坡滑移
支座	(1)各部分清洁完好，位置正确； (2)支座工作状态正常	(1)支座有尘土堆积、略有腐蚀； (2)支座滑动面干涩	(1)钢支座固定螺栓松动，锈蚀严重； (2)橡胶支座开始老化； (3)混凝土支座有剥落、露筋、锈蚀现象	(1)钢支座的组件出现断裂； (2)橡胶支座老化开裂； (3)混凝土支座碎裂； (4)活动支座坏死，不能活动； (5)支座上下错位过大，有倾倒脱落的危险	支座错位、变形、破损严重，已失去正常支承功能，使上下部结构受到异常约束，造成支承部位的缺损和桥面的不平顺

续上表

类别	一类	二类	三类	四类	五类
砖、石、混凝土上部结构	(1)结构完好,无渗水,无污染; (2)次要部位有少量短细裂纹,裂纹宽度小于限值	(1)结构基本完好; (2)3%以内的表面有风化、麻面、短细裂缝,缝宽小于限值,砌体灰缝脱落; (3)上下游侧表面有水迹污染,砌体滋生杂草	(1)结构3%~10%的表面有各种缺损,裂缝宽超限值,有风化、剥落、露筋、锈蚀,桥面板裂缝渗水; (2)石砌拱桥砌体灰缝脱落,局部松动、外鼓; (3)横向连接件断裂、脱焊或松动,边梁或边拱肋有横移或外倾迹象	(1)结构10%~20%的表面有各种缺损,重点部位出现接近全截面的开裂,裂缝宽超限值,顺主筋方向有纵向裂缝,钢筋锈蚀和混凝土剥落严重,桥面开裂渗水严重,砌体有较大松动、变形; (2)结构存在明显的永久变形,变形小于或等于规范值,桥面竖向成波形	(1)结构永久变形大于规范值; (2)重点部分出现全截面开裂,裂缝宽度超过限值,部分钢筋屈服或断裂,混凝土压碎。主拱圈出现四角成不稳定结构; (3)受压构件有严重的横向扭曲变形; (4)承载能力比设计降低25%以上
钢结构	(1)各部件及焊缝均完好; (2)各节点铆钉、螺栓无松动; (3)各部分油漆均匀、完整,色泽鲜明	(1)各部件完好,焊缝无开焊; (2)少数节点有个别铆钉、螺栓松动变形; (3)油漆变色、起泡剥落,面积在10%以内	(1)个别次要构件有局部变形,焊缝有裂纹; (2)连接铆钉、螺栓损坏在10%以内; (3)油漆失效面积在10%~20%之间	(1)个别主要构件有扭曲变形、损伤裂纹、开焊、严重锈蚀; (2)连接铆钉、螺栓损坏在10%~20%之间; (3)油漆失效面积在20%以上	(1)主要构件有严重扭曲变形、开焊,锈蚀削弱截面10%以上,钢材变质,强度性能恶化。油漆失效面积在50%以上; (2)节点板及联结铆钉、螺栓损坏在20%以上; (3)结构永久变形大于规范值; (4)结构振动或摆动过大,行车和行人有不安全感
人行道栏杆	完整清洁,无松动,少数构件局部有细裂纹、麻面	个别构件破损、脱落,3%以内构件有松动、开裂、剥落和污染	10%以内构件有松动、开裂、剥落、露筋、锈蚀、破损、脱落	10%~20%构件严重损坏、错位、变形、脱落、残缺	
桥面铺装、伸缩缝	(1)铺装层完好、平整、清洁,或有个别细裂缝; (2)防水层完好、泄水管完好、畅通; (3)伸缝缝完好、清洁; (4)桥头平顺,无跳车现象	(1)铺装层10%以内的表面有纵横裂缝、浅坑槽、波浪; (2)防水层基本完好;泄水管堵塞,周围渗水; (3)伸缩缝局部破损; (4)桥头轻度跳车,台背路面下沉在2cm以内	(1)铺装层10%~20%的表面有严重的龟裂、深坑槽、波浪; (2)桥面板接缝处防水层断裂渗水,泄水管破损、脱落; (3)伸缩缝普遍缺损; (4)桥头跳车明显,台背路面下沉2~5cm	(1)铺装层20%以上表面有严重的破坏,桥面普遍坑洼不平、积水; (2)防水层老化失效,普遍断裂、渗水、泄水管脱落,泄水孔堵塞; (3)伸缩缝严重破损、失效,难以修补; (4)桥头跳车严重,台背路面下沉大于5cm	

续上表

类别	一类	二类	三类	四类	五类
调治构造物	(1)构造设置合理,功能正常; (2)构造物完好	(1)构造功能基本正常; (2)构造物局部断裂,砌体松动、变形	(1)构造物本身抗洪能力不足,基础局部冲蚀; (2)构造物20%以内出现下沉、倾斜、局部坍塌	(1)构造本身抗洪能力太低,基础冲蚀严重; (2)构造物20%以上被破坏,部分丧失功能或功能下降	
翼(耳)墙、锥(护)坡	(1)翼(耳)墙完好无损,清洁; (2)锥(护)坡完好,无垃圾堆积,无草木滋生; (3)桥头排水沟和行人台阶完好	(1)翼(耳)墙出现个别裂缝,缝宽小于限值,局部剥落,砌体灰缝脱落,面积在10%以内; (2)锥(护)坡局部塌陷,铺砌缺损,垃圾堆积,草木丛生; (3)桥头排水沟堵塞不畅通,行人台阶局部塌落	(1)翼墙断裂与桥台前墙脱开,但无明显外倾、下沉,砌体灰缝脱落、局部松动外鼓,面积小于20%; (2)锥(护)坡出现大面积塌陷,铺砌缺损,形成冲沟或积水坑,坡脚有局部冲蚀; (3)桥头排水沟和行人台阶损坏,功能降低	(1)翼墙断裂、下沉、外倾失稳,砌体变形,部分严重倒塌; (2)锥(护)坡体和坡脚冲蚀严重,有滑移、坍塌,坡顶下降较大,作用明显减小; (3)桥头排水沟和行人台阶全部损坏,几乎消失	
照明标志附属设施	完好无缺,布置合理	照明灯泡坏,灯柱锈蚀,标志不正、脱落,附属设施基本完好	灯柱歪斜不正,灯具损坏,标志倾斜损坏,附属设施需保养维修	照明线老化破断或短路,灯柱、灯具残缺不齐,标志损失严重,附属设施需维修与更换	

(1)桥梁各部件技术状况的评定方法如下:

①根据缺损程度(大小、多少或轻重)、缺损对结构使用功能的影响程度(无、小、大)和缺损发展变化状况(趋向稳定、发展缓慢、发展较快)等3个方面,以累加评分方法对各部件缺损状况作出等级评定。评定方法见表4-6所列。

②重要部件(如墩台与基础、上部承重构件、支座)以其中缺损最严重的构件评分,其他部件,根据多数构件缺损状况评分。

③推荐的各部件权重(表4-7),各地区也可根据当地的环境条件和养护要求,采用专家评估法修订各部件的权重。

(2)桥梁技术状况评定等级分为一类、二类、三类、四类、五类。桥梁总体及部件技术状况评定标准见表4-5所列。

(3)梁、拱、墩台裂缝的最大限值规定见表4-8所列。裂缝超过表列数值时应进行修补或加固,以保持结构的耐久性。

2. 桥梁技术状况评定

(1)桥隧构造物技术状况

桥梁、隧道和涵洞技术状况用桥隧构造物技术状况指数(BCI)来评价。

$$BCI = \min(100 - GD_{iBCI})$$

式中:GD_{iBCI}——第i类构造物损坏的总扣分,最高分值为100,按表4-9的规定计算;

i——构造物类型(桥梁、隧道或涵洞)。

桥梁部件缺损状况评定方法 表 4-6

<table>
<tr><td colspan="2">缺损状况及标度</td><td></td><td>组合评定标度</td></tr>
<tr><td colspan="2" rowspan="2">缺损程度及标度</td><td>程度</td><td>小→大
少→多
轻度→严重</td></tr>
<tr><td>标度</td><td>0 1 2</td></tr>
<tr><td>缺损对结构使用功能的影响程度</td><td>无、不重要
小、次要
大、重要</td><td>0
+1
+2</td><td>0 1 2
1 2 3
2 3 4</td></tr>
<tr><td colspan="2">以上两项评定组合标度</td><td></td><td>0 1 2 3 4</td></tr>
<tr><td>缺损发展变化状况的修正</td><td>趋向稳定
发展缓慢
发展较快</td><td>-1
0
+1</td><td>0 1 2 3
1 2 3 4
1 2 3 4 5</td></tr>
<tr><td colspan="3">最终评定结果</td><td>0 1 2 3 4 5</td></tr>
<tr><td colspan="3">桥梁技术状况及分类</td><td>完好 良好 较好 较差 差的 危险
一类 二类 三类 四类 五类</td></tr>
</table>

注：1. "0"表示完好状态，或表示没有设置的构造部件。当缺损程度标度为"0"时，不再进行叠加；

2. "5"表示危险状态，或表示原未设置，而调查表明需要补设的部件。

推荐的桥梁各部件权重及综合评定方法 表 4-7

<table>
<tr><th>部　件</th><th>部 件 名 称</th><th>权重 W_i</th><th>桥梁技术状况评定方法</th></tr>
<tr><td>1</td><td>翼墙、耳墙</td><td>1</td><td rowspan="17">(1)综合评定采用下列计算式：
$$D_r = 100 - \sum_{i=1}^{n} R_i W_i / 5$$
式中：R_i——按表 4-6 方法对各部件确定的评定标度(0~5)；
W_i——各部件权重，$\sum W_i = 100$；
D_r——全桥结构技术状况评分(0~100)；评分高表示结构状况好，缺损少。
(2)评定分类采用下列界限：
$D_r \geqslant 88$　一类
$60 \leqslant D_r < 88$　二类
$40 \leqslant D_r < 60$　三类
$40 > D_r$　四类、五类
$D_r \geqslant 60$ 的桥梁，并不排除其中有评定标度 $R_i \geqslant 3$ 的部件，仍有维修的需求</td></tr>
<tr><td>2</td><td>锥坡、护坡</td><td>1</td></tr>
<tr><td>3</td><td>桥台及基础</td><td>23</td></tr>
<tr><td>4</td><td>桥墩及基础</td><td>24</td></tr>
<tr><td>5</td><td>基础冲刷</td><td>8</td></tr>
<tr><td>6</td><td>支座</td><td>3</td></tr>
<tr><td>7</td><td>上部主要承重构件</td><td>20</td></tr>
<tr><td>8</td><td>上部一般承重构件</td><td>5</td></tr>
<tr><td>9</td><td>桥面铺装</td><td>1</td></tr>
<tr><td>10</td><td>桥头与路堤连接部</td><td>3</td></tr>
<tr><td>11</td><td>伸缩缝</td><td>3</td></tr>
<tr><td>12</td><td>人行道</td><td>1</td></tr>
<tr><td>13</td><td>栏杆、护栏</td><td>1</td></tr>
<tr><td>14</td><td>灯具、标志</td><td>1</td></tr>
<tr><td>15</td><td>排水设施</td><td>1</td></tr>
<tr><td>16</td><td>调治构造物</td><td>3</td></tr>
<tr><td>17</td><td>其他</td><td>1</td></tr>
</table>

裂 缝 限 值 表4-8

<table>
<tr><th>结 构 类 型</th><th colspan="3">裂 缝 种 类</th><th>允许最大缝宽(mm)</th><th>其 他 要 求</th></tr>
<tr><td rowspan="5">钢筋混凝土梁</td><td colspan="3">主筋附近竖向裂缝</td><td>0.25</td><td></td></tr>
<tr><td colspan="3">腹板斜向裂缝</td><td>0.30</td><td></td></tr>
<tr><td colspan="3">组合梁结合面</td><td>0.50</td><td>不允许贯通结合面</td></tr>
<tr><td colspan="3">横隔板与梁体端部</td><td>0.30</td><td></td></tr>
<tr><td colspan="3">支座垫石</td><td>0.50</td><td></td></tr>
<tr><td rowspan="2">预应力混凝土梁</td><td colspan="3">梁体竖向裂缝</td><td>不允许</td><td></td></tr>
<tr><td colspan="3">梁体纵向裂缝</td><td>0.20</td><td></td></tr>
<tr><td rowspan="3">砖石混凝土拱</td><td colspan="3">拱圈横向</td><td>0.30</td><td>裂缝高度小于截面高度一半</td></tr>
<tr><td colspan="3">拱圈纵向</td><td>0.50</td><td>裂缝长度小于跨径的1/8</td></tr>
<tr><td colspan="3">拱波与拱肋结合处</td><td>0.20</td><td></td></tr>
<tr><td rowspan="7">墩台</td><td colspan="3">墩台帽</td><td>0.30</td><td rowspan="7">不允许贯通墩身截面一半</td></tr>
<tr><td rowspan="5">墩台身</td><td rowspan="2">经常受浸蚀性水影响</td><td>有筋</td><td>0.20</td></tr>
<tr><td>无筋</td><td>0.30</td></tr>
<tr><td rowspan="2">常年有水,但无浸蚀性水影响</td><td>有筋</td><td>0.25</td></tr>
<tr><td>无筋</td><td>0.35</td></tr>
<tr><td colspan="2">干沟或季节性有水河流</td><td>0.40</td></tr>
<tr><td colspan="3">有冻结作用部分</td><td>0.20</td></tr>
</table>

(2)桥隧构造物调查

公路技术状况评定所需要的桥隧构造物数据,应按表4-9规定的损坏类型实地调查。调查及汇总表的式样见表4-10所列。有条件的地区,可借助便携式路况数据采集仪进行现场调查、汇总、计算与评定。

桥涵结构物扣分标准 表4-9

<table>
<tr><th>类型(i)</th><th>项目</th><th>技术状况评定等级</th><th>计量单位</th><th>单位扣分</th><th>备 注</th></tr>
<tr><td rowspan="4">1</td><td rowspan="4">桥梁</td><td>一、二</td><td rowspan="4">座</td><td>0</td><td rowspan="4">采用《公路桥涵养护规范》(JTG H11—2004)的评定方法,五类桥梁所属路段的MQI=0</td></tr>
<tr><td>三</td><td>40</td></tr>
<tr><td>四</td><td>70</td></tr>
<tr><td>五</td><td>100</td></tr>
<tr><td rowspan="4">2</td><td rowspan="4">涵洞</td><td>好、较好</td><td rowspan="4">道</td><td>0</td><td rowspan="4">采用《公路桥涵养护规范》(JTG H11—2004)的评定方法,危险涵洞所属路段的MQI=0</td></tr>
<tr><td>较差</td><td>40</td></tr>
<tr><td>差</td><td>70</td></tr>
<tr><td>危险</td><td>100</td></tr>
</table>

(3)桥隧构造物

桥隧构造物包括桥梁、隧道和涵洞三类。

①桥梁技术等级

桥梁技术等级采用《公路桥涵养护规范》(JTG H11—2004)规定的等级评定方法。规定

一、二类桥梁和扣分，三类桥梁每处扣 40 分，四类桥梁每处扣 70 分，王类桥梁每处扣 100 分，同时直接将每路段（每 1000 米路段长度为评定基本单元）的公路技术状况指数 MQI 高为最低值。

②隧道技术等级

隧道技术革新等级采用《公路桥涵养护规范》（JTG H11—2004）规定的等级评定方法。规定 S 类隧道（无异常）不扣分，B 类隧道（有异常）每处扣 50 分，A 类隧道（有危险）每处扣 100 分、同时直接将公路技术状况指数 MQI 高为最低值。

③涵洞技术等级

涵洞技术等级采用《公路桥涵养护规范》（JTG H11—2004）规定的等级评定方法。规定好、较好类涵洞不扣分，较差类涵洞每处扣 40 分，差类涵洞每处扣 70 分，危险类涵洞每处扣 100 分、同时直接将公路技术状况指数 MQI 高为最低值。

桥涵构造物损坏调查表 表 4-10

<table>
<tr><td colspan="3">路线名称：</td><td colspan="4">调查方向：</td><td colspan="4">调查时间：</td><td colspan="4">调查人员：</td></tr>
<tr><td rowspan="2">项目</td><td rowspan="2">技术状况</td><td rowspan="2">单位扣分</td><td rowspan="2">计量单位</td><td colspan="10">起点桩号：　终点桩号：
路段长度：　路面宽度：</td><td rowspan="2">累计损坏</td></tr>
<tr></tr>
<tr><td rowspan="4">桥梁</td><td>一、二</td><td>0</td><td rowspan="4">座</td><td>1</td><td>2</td><td>3</td><td>4</td><td>5</td><td>6</td><td>7</td><td>8</td><td>9</td><td>10</td><td></td></tr>
<tr><td>三</td><td>40</td><td></td><td></td><td></td><td></td><td></td><td></td><td></td><td></td><td></td><td></td><td></td></tr>
<tr><td>四</td><td>70</td><td></td><td></td><td></td><td></td><td></td><td></td><td></td><td></td><td></td><td></td><td></td></tr>
<tr><td>五</td><td>100</td><td></td><td></td><td></td><td></td><td></td><td></td><td></td><td></td><td></td><td></td><td></td></tr>
<tr><td rowspan="4">涵洞</td><td>好、较好</td><td>0</td><td rowspan="4">道</td><td></td><td></td><td></td><td></td><td></td><td></td><td></td><td></td><td></td><td></td><td></td></tr>
<tr><td>较差</td><td>40</td><td></td><td></td><td></td><td></td><td></td><td></td><td></td><td></td><td></td><td></td><td></td></tr>
<tr><td>差</td><td>70</td><td></td><td></td><td></td><td></td><td></td><td></td><td></td><td></td><td></td><td></td><td></td></tr>
<tr><td>危险</td><td>100</td><td></td><td></td><td></td><td></td><td></td><td></td><td></td><td></td><td></td><td></td><td></td></tr>
<tr><td colspan="4">评定结果：
BCI =</td><td colspan="11">计算方法：
$BCI = \min(100 - GD_{iBCI})$</td></tr>
</table>

3. 适应性评定

对桥梁的承载能力、通行能力、抗洪能力应周期性地进行评定。评定周期一般为 3 ~ 6 年。评定工作可与桥梁的定期检查、特殊检查结合进行。

承载能力、通行能力的评定一般采用现行荷载标准及交通量，也可考虑使用期预测交通量。承载能力、通行能力评定方法见《公路旧桥承载力评定规程》。

抗洪能力评定的具体要求见《公路桥涵养护规范》（JTG H11—2004）中的桥梁灾害防治与抢修的内容。

（1）防洪能力评定的要求如下：

①桥梁抗洪能力评定一般每 3 ~ 6 年进行一次。如遇设计洪水或超过设计的更大洪水，宜结合水毁调查，于当年进行一次抗洪能力评定。对经常受洪水威胁的山区公路桥梁宜每年进行一次抗洪能力评定。

②根据桥长及孔径大小、桥（孔）位置、桥下净空、基础埋深、墩台病害等情况，将公路桥梁的抗洪能力划分为强、可、弱、差 4 个等级。现场检查与测量后，按公路桥梁原来的技术等级进行检算评定。其评定标准见表 4-11 所列。

桥梁抗洪能力评定标准 表4-11

等级	评 定 标 准
强	(1)桥下实际过水面积满足设计要求,桥下净空符合规定; (2)桥(孔)位置合适,调治构造物设置合理、齐全,河床稳定; (3)基础埋深足够,基底埋深安全值满足要求;浅基础已做防护,防护周边的冲刷深度小于设计冲刷深度; (4)墩台无明显溃蚀、剥落
可	(1)桥下实际过水面积满足设计要求,河道压缩小于10%;上部结构底面高程与设计水位相同; (2)桥(孔)位置略有偏置,设置了调治构造物,调治构造物有局部缺损,河床基本稳定; (3)基础埋深基本满足要求,基底埋深安全值满足规定的60%;浅基础防护基本完好; (4)墩台有冲蚀、剥落,面积小于10%
弱	(1)桥下实际过水面积大于设计的80%,不满足设计要求或河道压缩小于20%;上部结构底面高程基本与设计水位相同; (2)桥(孔)有偏置;调治构造物不齐全或有较大损坏; (3)基础埋深安全值较低,在规定的30%~60%以内;浅基础防护有破坏; (4)墩台冲蚀、剥落,面积超过10%,有露筋及钢筋锈蚀
差	(1)桥下实际过水面积小于设计的80%,或河道压缩超过20%;上部结构底面高程低于设计水位; (2)桥(孔)偏置;应设而未设调治构造物,或调治构造物严重损坏; (3)基础埋深不够,基底埋深安全值在规定的30%以下;浅基础未做防护或防护被冲空面积在20%以上; (4)墩台冲蚀、剥落严重,面积超过20%,桩顶外露或有缩颈,墩台砌体松动、脱落或变形,露筋及钢筋锈蚀严重

(2)应在汛期进行必要的水文观测,掌握洪水动态,并与当地气象、水文部门取得密切联系,及时收集洪水、雨水预报资料,或向沿河居民进行调查,了解洪水的发生情况、到达时间等,以判断对公路桥的危害程度。

(3)将防洪能力评定及水文观测资料作为制定桥梁维修加固方案的依据。对抗洪能力评定为弱或差的桥梁,应及时进行处理。

4. 养护对策

(1)对于一般评定划定的各类桥梁,分别采取不同的养护措施:

①一类桥梁进行正常保养。

②二类桥梁需要进行小修。

③三类桥梁需进行中修,酌情进行交通管制。

④四类桥梁需进行大修或改造,及时进行交通管制,如限载、限速通过,当缺损较严重时应关闭交通。

⑤五类桥梁需进行改建或重建,及时关闭交通。

(2)对适应性不能满足的桥梁,应采取提高承载能力、加宽、加长、基础防护等改造措施。若整个路段有多座桥梁的适应性不能满足,应结合路线改造进行方案比较和决策。

三、桥梁上部结构养护技术

1. 桥面系养护

(1)桥面铺装

①桥面铺装层的常见缺陷及原因

桥面铺装层直接承受车轮荷载作用，经受车轮对它的撞击、磨耗，所以铺装层易产生各种缺陷。

a. 沥青类铺装层常见缺陷及成因

• 裂缝是由沥青混合料抗剪强度低，黏结力差所致，也有部分裂缝为桥面反射裂缝，其形式有纵缝、横缝或网裂、龟裂，如图 4-11 所示。

• 松散是由于行驶车辆的作用，铺装层表面的细骨料慢慢松散、脱离，表面出现锯齿式的粗糙状态。原因是面层材料不良，主要时石料抗磨耗性能不好，石料与沥青的黏附力不良，沥青混合料碾压不足或油石比少所致。

• 车辙是铺装层的各层材料在汽车荷载重复作用下进一步压实，沥青层中材料的侧向位移而形成的永久变形，尤其是热稳定性差的面层材料的侧向位移现象严重，车辙明显。

图 4-11　龟裂

• 泛油是由于沥青用量过多，集料级配不良，以及沥青材料软化点太低所致。桥面出现泛油后，车轮过桥时黏轮，下雨时易于打滑，使行驶安全度降低。

• 跳车主要是在桥跨结构物的连接部位，由于结构物与填土部位之间的不均匀沉陷或结构物接头不平，使过桥车辆产生跳车。

b. 普通水泥混凝土铺装层的病害

• 裂缝是因施工质量不好，温度变化以及桥面板或梁结构产生过大弯曲应力所致。裂缝形式有网裂，纵横裂缝等，如图 4-12 所示。

a)横缝

b)纵缝

图 4-12　裂缝

• 磨光是铺装层是石料抗磨耗性能不好，被行驶的车辆磨耗，形成平滑的状态。

• 露骨是由于施工时没有一次成型，或者由于产生裂缝后在车辆冲击力的作用下，表层产生局部破损石料裸露。

• 跳车与前述沥青铺装原因相同。

②桥面铺装的养护维修

a. 桥面经常清扫，保持桥面清洁；桥面在雨后积水及时通过泄水管口排除，不要积存；冬天结冰或在下雪后，应及时清除桥面上的冻块或积雪；严禁在桥面上堆积杂物或占为晒场等。

b. 沥青混合料桥面出现泛油、壅包、裂缝、波浪、坑槽、车辙等病害时，应及时处治。当损坏面积较小时，可局部修补；损坏面积较大时，可将整跨铺装层凿除，重铺新的铺装层。一般不应在原桥面上直接加铺，以免增加桥梁荷载。

c. 水泥混凝土桥面出现断裂、拱胀、错台、起皮、露骨等病害时，应及时处理。损坏面积较大时，应将原铺装整块或整跨凿除，重铺新的铺装层。

水泥混凝土桥面铺装层病害通常可用如下方法进行维修：

• 原结构凿补。将原水泥混凝土铺装层的表面凿毛，并尽可能深一些，使集料露出，用清水冲洗干净并充分湿润，再涂刷上同强度等级的水泥砂浆（或其他黏接材料），最后铺筑一层4～5cm厚（在桥梁荷载能力容许的前提下）的水泥混凝土铺装。

• 改建路面。采用黑色路面修补桥面铺装。修补材料可采用沥青表面处治或沥青细砂罩面，也可加铺一层2～3cm的沥青混凝土，并注意施工前应涂刷黏层沥青，使新旧面层结合良好。

• 重做铺装层。桥面铺装层如已损坏严重可采用全部凿除，重筑铺装层的方法修补，新铺的面层可采用普通水泥混凝土、钢纤维混凝土、聚合物水泥混凝土、钢纤维聚合物水泥混凝土等材料。

d. 桥面防水层如有损坏，应及时修复。

③桥面铺装层加固

当采用桥面补强层加固法时，需将原桥面铺装全部凿除或凿毛，然后加铺一定厚度的补强层，以增大主梁有效高度及改善桥梁荷载横向分布能力，从而达到提高单梁承载能力或桥梁结构整体承载能力的目的。该加固方法实施的前提是原主梁具有足够的配筋率且桥梁结构处于良好的工作状态。该方法的缺点在于凿除或凿毛桥面铺装时一般无法采用机械化施工手段，因此，用工量较大，工期较长，并有可能对原结构（如主梁等）造成一定的损伤。因此，该方法一般是结合桥梁的整体加固同时进行，在较小跨径的梁板式桥中比较适用。采用此法时先将原有桥面铺装层凿除并冲洗干净，在梁顶部每隔一定间距设置柱状剪力键，以增加新加桥面铺装层和主梁的连接能力和抵抗水平剪力，当采用此法进行加固时，可以不再重做桥面铺装，仅在表面加铺沥青磨耗面层即可。如图4-13所示。

a）主梁顶面增加剪力键

b）新增加桥面铺装层

图4-13　桥面铺装补强加固改造

（2）排水系统

①桥面排水设施的常见缺陷

桥面排水设施主要有泄水管道和排水槽两种，常见的缺陷主要有：

a. 泄水管道破坏损伤（图4-14）。在外界作用影响下而产生局部破裂、损伤，出现洞穴而产生漏水等。

b. 管体脱落。主要由于接头连接不牢而产生掉落,失去排水作用(图4-15)。

c. 管内有泥石杂物堵塞,从而排水不畅,甚至水流不通。

d. 管口有泥石物堆积。

e. 排水槽有堆泥、堵塞、水流不畅、槽口破裂损坏而出现漏、积水等。

图4-14 泄水管道破坏损伤

图4-15 管体脱落

②桥面排水设施的养护维修

桥面排水设施出现缺陷会招致桥面积水,给行车带来不利影响,降雨时引起车辆滑移,成为交通事故的原因,严重的还会渗入混凝土结构缝隙,锈蚀钢筋,损坏桥梁结构的安全。当雨水由伸缩缝直接进入支座,将会使支座锈蚀或橡胶老化,造成支座的功能性恶化。必须加强对桥面排水系统的维修养护,主要应做到以下几点:

a. 桥面的泄水管、排水槽如有堵塞,应及时疏通,并经常保持畅通。缘石的横向泄水孔道,不够长的要加以接长,避免桥面流水沿梁侧流泻。

b. 桥面应保持大于1.5%的横坡,以利于桥面排水。

c. 桥梁上设置的封闭式排水系统,应保持各排水管道畅通,排水系统的设备如水泵等应工作正常,若有堵塞应及时疏通,若有损坏则应及时更换。

d. 泄水管损坏要及时修补,接头不牢,已掉落的要重新安装接上,损坏严重的要予以更换。

e. 排水槽已破裂的要重新修理,长度不足时应予以接长。当槽口太小,不能满足排水需要时要扩大槽口重新修筑。

(3)人行道、栏杆、护栏与防撞墙

①人行道、栏杆、护栏与防撞墙的常见缺陷和损伤

a. 撞坏。多数是在交通事故中因车辆冲撞所致,也有车辆运输超宽物件不慎碰坏等。

b. 缺损。缺乏养护管理,被人偷拆,或者金属栏杆遭到锈蚀,腐烂破坏,造成个别部件缺损。

c. 裂缝。钢筋混凝土栏杆长期外露,混凝土表面常因水分浸入使钢筋锈胀,从而使构件的混凝土保护层出现损坏、剥离、脱落等现象。

d. 变形过大。金属栏杆或护栏的部分虽未造成破坏或缺损,但变形过大,如立柱局部变形或钢质波形板变形过大等。

e. 锈蚀。金属栏杆或护栏,一旦油漆脱落又长期未重新涂刷,将会受到自然环境的侵蚀,使金属锈蚀。

②人行道、栏杆、护栏与防撞墙的养护维修

栏杆是桥梁上部结构的组成部分,是桥上的安全防护设施,也是桥梁美化的一种艺术装

饰。栏杆损坏虽不妨碍交通，但不美观，使桥上交通缺少安全感，降低交通安全的舒适水平。

a. 人行道块件应牢固、完整，桥面路缘石应经常保持完好状态。若出现松动、缺损应及时进行修整或更换。

b. 桥梁栏杆应经常保持完好状态。栏杆柱竖立正直，扶手应无损坏、断裂，伸缩缝处水平杆件能自由伸缩，有缺损时，应及时补齐。如采用的临时防护措施应牢固、醒目，使用时间不得超过3个月。

c. 钢筋混凝土栏杆如发现有裂缝或剥落，轻者可灌注环氧树脂砂浆，严重者应凿除损坏部分，重新修补完整。

d. 钢质栏杆应涂漆防锈，一般每年一次。

e. 护栏、防撞墙应牢固可靠，若有损坏应及时修理或更换。钢护栏与钢筋混凝土护栏上的外露钢构件应定期涂漆防锈。一般每年一次。

f. 桥梁两端的栏杆柱或防撞墙端面，涂以立面标记或示警标志的，应定期涂刷，一般每年一次，使油漆颜色保持鲜明。

(4)伸缩缝

①桥面伸缩装置的常见缺陷及原因

桥面伸缩缝装置由于设置在梁端构造薄弱部位，直接承受车辆反复荷载作用，又多暴露于大自然中，受到各种自然因素的影响，因此，可以说伸缩缝装置是易损坏、难修补的部位，经常发生各种不同程度的缺陷。

a. 伸缩缝装置的常见缺陷

• 锌铁皮伸缩缝装置常见的缺陷有：软性防水材料如沥青砂或聚氯乙烯胶泥等老化、脱落；伸缩缝凹槽填入其他硬物，不能自由变形；锌铁皮上压填的铺装层，如水泥混凝土或沥青混凝土等断裂、剥离；伸缩缝上，后铺压填部分发生沉陷，高低不平；由于墩台下沉，出现异常的伸缩，车辆行驶时出现冲击及噪声。

• 钢板伸缩缝或锯齿钢板伸缩缝装置(图4-16)常见缺陷有：角钢与钢筋混凝土锚固不牢，使钢板松动，在车辆行驶时受到冲击振动，更加速它的破损；缝内塞进石块或杂物，使伸缩缝接头活动异常，不能自由变形；排水管发生破坏损伤或被土砂堵塞；表面钢板焊接部位破坏损伤；锯齿(梳形)钢板伸缩缝隙在梳齿与承托板的焊接处出现裂缝，更严重的出现剪断现象。

• 橡胶伸缩缝装置(图4-17)的常见缺陷有：橡胶条破坏损伤；橡胶条剥离；在橡胶条连接部位漏水；锚固构件破损、锚螺栓松脱；伸缩缝构造部位下陷或凸出；车辆行驶时不适，发生噪声。

图4-16　钢板伸缩缝

图4-17　橡胶伸缩缝装置

b. 伸缩缝装置缺陷产生的原因

• 交通量增大，重型车辆不断增多，随之车辆的冲击作用也明显变大，因此，设计、施工上稍有缺陷也就成了破坏的原因。

• 设计方面的原因：桥面板刚度不足，车辆荷载作用下，因翼板较薄，横向联系较弱，导致桥面板变形过大；伸缩缝锚固件置于桥面铺装层中，与主梁（板）连接的部分少，在车辆荷载作用下造成开焊、脱落，且力的分布不易传递，微小变形可能演变成大的位移，导致混凝土黏结力失效；伸缩量计算不准确，没有考虑实际温度对伸缩装置的影响；未对伸缩装置两侧的后浇混凝土和铺装层材料选择、配合比、密实度和强度提出严格要求或规定等。

• 施工方面的原因：伸缩装置未能严格掌握施工工艺标准和安装工序进行施工；锚固件焊接只注意表面，忽视内部质量标准要求；后浇混凝土不密实，达不到设计强度要求，时常出现蜂窝、空洞，难以承受车辆荷载的强烈冲击；伸缩装置两侧的后浇水泥混凝土和沥青混凝土铺装层结合不好，形成两层皮，容易产生开裂、脱落，最终引起伸缩装置的破坏。

②桥面伸缩装置的养护维修

a. 桥面伸缩装置的养护

• 桥面伸缩缝要经常养护，如清除碎石、泥土杂物；拧紧螺栓，并加油保护；修补个别损坏部分等，使其发挥正常作用。如有损坏或功能失效要及时修理或更换。

• 早期使用的下列几种伸缩装置应经常检查其使用情况并及时进行更换：U 形锌铁皮伸缩缝的锌铁皮老化、开裂、断裂，应拆除并更换为新型伸缩缝；钢板伸缩缝或锯齿钢板伸缩缝的钢板变形，螺栓脱落，伸缩不能正常进行时应拆除并更换；橡胶条伸缩缝，如有损坏和老化、脱落，固定角钢变形、松动时应拆除并更换；板式橡胶伸缩缝的橡胶板老化开裂，预埋螺栓松脱，伸缩失效时应拆除并更换。

b. 桥面伸缩装置的维修

桥面伸缩缝维修前应查明原因，采用行之有效的维修方法。维修工作要依据缺陷的程度，或部分修补，或部分以至全部更换。其更换的操作程序如下：

• 将伸缩缝两边各宽 40cm 范围铺装层混凝土凿除并清洗干净，调整原预埋螺栓锚筋及露出的桥面钢筋。

• 如为新装橡胶伸缩缝，应凿挖或钻成埋置螺栓用的锚筋孔，并预先埋好锚筋。锚筋必须埋设牢固，尽可能直接焊接在桥面钢筋上，在孔内灌注环氧树脂浆胶，使其不易拔出。

• 预埋的螺栓，必须位置正确、牢固。

• 安装橡胶板伸缩缝，使橡胶板平整、坚实。

• 按原式浇筑铺装层混凝土。为维持通车，可分半幅桥面进行，也可在伸缩缝上架设跨缝设施。

（5）桥头搭板

桥头搭板脱空、断裂或枕梁下沉引起桥路连接不顺适，出现桥头跳车时，应进行维修处理。如桥头搭板脱空，则应取出搭板后对下面填土进行逐层夯实，严格控制压实度，然后重新安置桥头搭板；如断裂应拆除重新修建，如图 4-18 所示。

（6）标志、标线与交通安全设施

①桥上的交通标志应齐全、醒目、牢固，标志板应保持整洁、无裂纹和残缺。若有损坏应及时整修，如图 4-19 所示。

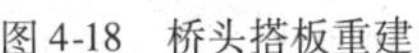

图 4-18　桥头搭板重建

图 4-19　交通标志

②交通标线应经常保持完好、清晰，定期进行标线重涂，如图 4-20 所示。

③桥上的防眩板应保持齐全、整洁，若有损坏应及时整修，如图 4-21 所示。

图 4-20　交通标线

图 4-21　防眩板

④桥上的防护隔离设施应完整、牢固，若有损坏应及时整修。

⑤桥上设置的航空灯、航道灯及供电线路、通信线路必须保持完好状态，如有损坏应立即修复。避雷设备要经常保持完好，接地电阻要符合要求，接地线附近禁止堆放物品，禁止挖取接地线的覆土。

2. 钢筋混凝土梁桥养护与加固

梁桥桥跨结构是桥梁的主要承重结构，除直接承受车辆荷载的作用外，还长期暴露在自然界中。由于长期受到自然界的各种因素的影响，当桥跨结构出现缺陷时，其势必会扩大、加深、发展，危及桥梁的安全。因此，发现桥跨结构出现缺陷后，必须及时进行调查研究，分析缺陷的产生原因、现状、发展趋势，以及桥梁遭受破坏的程度，及时采取措施进行养护、维修加固。

(1)日常养护与维修

①钢筋混凝土梁桥日常养护维修内容

主要有：清除表面污垢；修补混凝土空洞、破损、剥落、表面风化以及裂缝；清除暴露钢筋的锈渍、恢复保护层；处理各种横、纵向构件的开裂、开焊和锈蚀。

②钢筋混凝土梁桥常见病害及采用的处理方法

a. 对梁(板)体混凝土的空洞、蜂窝、麻面、表面风化、剥落等应先将松散部分清除，再用高强度等级混凝土、水泥砂浆或其他材料进行修补。新补的混凝土要密实，与原结构应结合牢固、表面平整。新补的混凝土必须实行养生。

b. 梁体若发现露筋或保护层剥落，应先将松动的保护层凿去，并清除钢筋锈迹，然后修复保护层。如损坏面积不大可用环氧砂浆修补，如损坏面积过大可用喷射高强度等级水泥砂浆的方法修补。

c. 梁（板）体的横、纵向联结件开裂、断裂、开焊，可采取更换、补焊、帮焊等措施修补。

d. 钢筋混凝土梁桥的裂缝处理：当裂缝的宽度大于限值及裂缝分布超出正常范围时，应作处理。钢筋混凝土梁的裂缝最大限值见表 4-8 所列。当裂缝宽度在限值范围内时，可进行封闭处理，一般涂刷环氧树脂胶；当裂缝宽度大于限值规定时，应采用压力灌浆法灌注环氧树脂胶或其他灌缝材料；当裂缝发展严重时，应加强观测，查明原因，按照相应规定进行加固处理。

③空气、雨水、河水中含有对混凝土和钢筋有侵蚀的化学成分时，应对桥梁结构进行防护。

④钢筋混凝土构件的修补。具体有：

a. 在昼夜平均气温低于 5°C 的冬季维修桥梁时，对修补的混凝土构件应采取保温措施，保证混凝土的凝固硬化。

b. 用于修补加固的混凝土、钢材，其强度和其他质量指标应不低于原桥材料。修补用的混凝土强度等级应比原强度等级提高一级，在 pH 值小于 5.6 的地区，所用水泥应根据环境特点采用耐酸的硅酸盐水泥、抗铝硅酸盐水泥等。

c. 受拉区修补用的混凝土宜用环氧树脂配制，受压区修补用的混凝土可用膨胀水泥配制。用水泥混凝土或砂浆修补的构件应加强养生，有条件时宜用蒸气养生或封闭养生。

（2）主梁加固方法

①增加构件截面和配筋加固法

增大截面与配筋加固法是通过增大构件截面面积或配筋率以提高钢筋混凝土梁承载能力的加固方法。通常将增大截面法和增加钢筋加固这两种方法同时使用，该法一般采用在梁底面或侧面加大尺寸，增配主筋，以提高主梁截面的有效高度，从而达到提高桥梁承载能力的目的。优点是能在桥下施工，不影响交通，加固工作量不大，而且加固的效果也较为显著，一般多用于梁板桥的加固。其加固程序（图 4-22）如下：

a. 将梁下面的混凝土保护层凿去，露出主筋，并将原箍筋切断拉直。

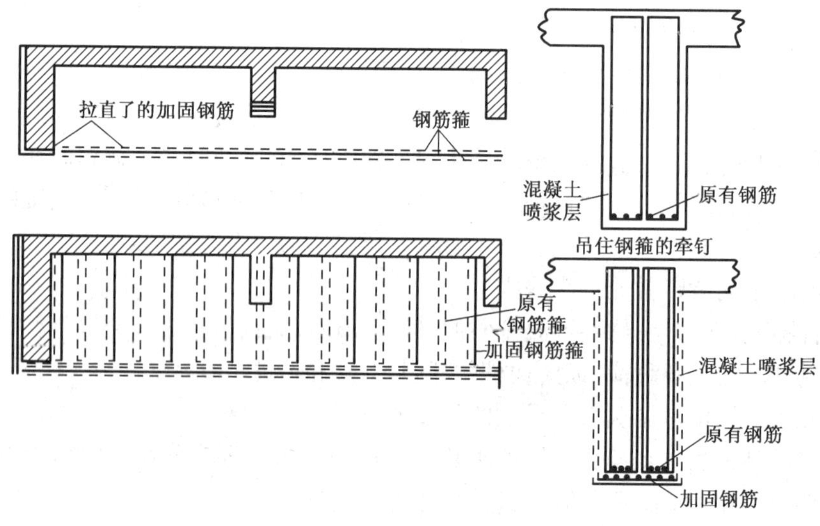

图 4-22　加固程序图

b. 在暴露的原有主钢筋上缠上或焊上需要补充的拉力钢筋。补强钢筋的尺寸和数量应按强度计算确定。

c. 恢复箍筋,即将原箍筋接长,焊接成形。如计算箍筋不足,应增设箍筋,新增箍筋上端埋入桥面板中,梁腹上增设销钉固定新增箍筋位置。

d. 浇筑混凝土保护层。材料可采用环氧树脂混凝土或膨胀水泥混凝土。

e. 养生。

②粘贴钢板加固法

粘贴钢板加固法是采用化学粘贴剂(一般采用环氧树脂浆液作为黏结剂)将钢板粘贴在梁(板)的受拉缘或薄弱部位,使之与结构物形成整体,是普遍采用的方法,目的在于弥补原结构构件的强度不足,提高构件的抗弯、抗剪能力,提高原结构的刚度,限制裂缝地开展,改善钢筋与混凝土的应力状态,如图 4-23 所示。

粘贴钢板加固法的施工程序为:

a. 将梁(板)底面混凝土凿毛,使集料露出,并清除破碎部分和浮尘。

b. 钢板(规格宜薄而宽,厚度一般以 4.5 ~ 6.0mm 为宜)除锈要彻底,粘贴面尽量打磨粗糙。

c. 应尽可能选择质量较好的粘贴胶,配制环氧胶泥时,材料称量要准确。

d. 粘贴时粘贴胶要饱满,一般在混凝土表面及钢板表面分别涂刷一层均匀的环氧砂浆薄层,合计层厚约 2mm,然后加压密贴并使之固定。

e. 粘贴前在混凝土上放样钻孔(先在混凝土粘贴面上用冲击钻成孔,钻孔可采用梅花形布置)并安装锚固螺栓(兼做固定件和压紧件,螺栓直径常用 $\phi8$ ~ $\phi12$mm),要求埋设牢固,具有可靠的抗拔力,以保证粘贴钢板时有效的加压,同时还可以帮助钢板克服剪切,有利于粘贴的耐久作用。

f. 在钢板和混凝土黏结面上用刮刀均匀涂刷配制好的环氧树脂打底层,然后再用刮刀在钢板上均匀涂刷配制好的环氧树脂黏结剂;粘贴钢板后迅速拧紧螺母。用稠度较高的环氧树脂水泥砂浆填塞钢板与混凝土表面之间的缝隙及封住螺母。

g. 粘贴完成后,应对钢板及被加固构件部位进行有效的防腐和外观处理。先清除钢板外面污物和锈蚀,涂一层树脂薄浆,再涂两层防锈漆。

③粘贴碳纤维、特种玻璃纤维加固法

该法是采用粘贴胶与纤维类材料形成复合材料加固桥梁,如图 4-24 所示。包括粘贴碳纤维加固法和玻璃纤维加固法。

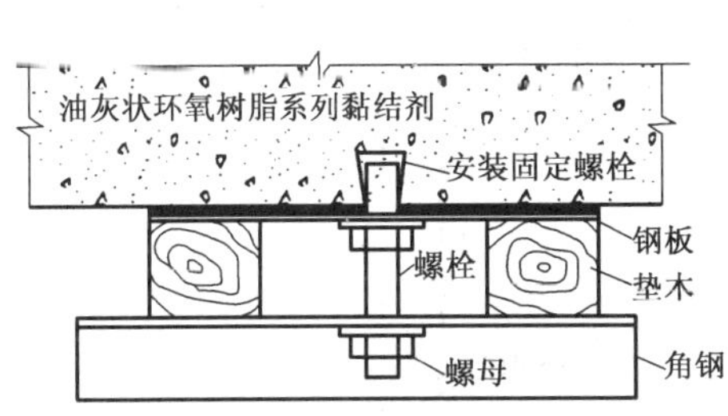

图 4-23　粘贴钢板加固法

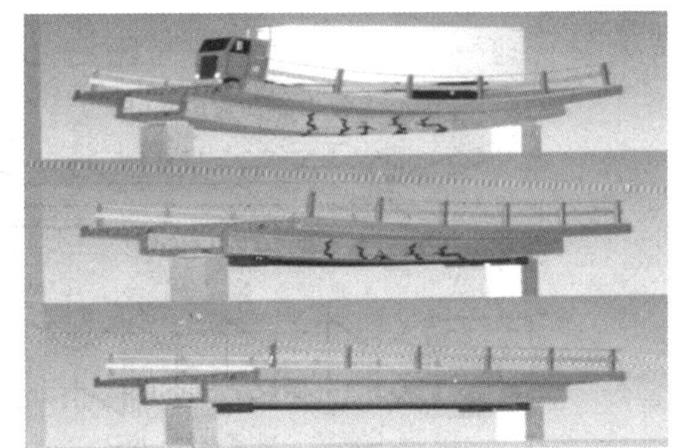

图 4-24　碳纤维加固法

a. 粘贴碳纤维加固法。碳纤维增强塑料(简称 CFRP)是一种性能优良的混凝土结构加固材料,它具有强度高、密度小、耐腐蚀、抗疲劳等优点。该技术是将碳纤维这种高性能纤维应用于土木工程，利用树脂类材料把碳纤维片材或板材粘贴于混凝土结构或构件表面，形成复合材料体，通过与结构或构件的协同工作，达到对结构构件补强加固及改善受力性能的目的。对钢筋混凝土桥而言，粘贴碳纤维片加固技术主要解决两类问题，一是因桥梁使用功能改变需提高荷载等级而导致原结构承载能力不足，二是因桥梁设计标准低或超载车辆过多以及受力构件钢筋锈蚀导致的原结构破损。采用该技术进行桥梁加固的实例，如图 4-25 所示。

b. 玻璃纤维加固法。玻璃纤维是一种性能优异的无机非金属材料，它是以天然矿石为原料，经过对各原料成分的科学计算和合理配比后，进行粉磨均化高温熔制、拉丝、络纱、织布等工序最后形成各类产品，它主要应用于桥梁裂缝的封闭及其他各种缺损的修补。采用该技术进行桥梁加固的实例，如图 4-26 所示。

图 4-25　粘贴碳纤维加固实例

图 4-26　主梁粘贴玻璃丝布加固桥梁实例图

④体外预应力加固法

体外预应力加固法是采用预应力原理，在增设的构件或原有构件中，对梁的受拉区或受剪区施加一定的初始应力，以抵消部分自重应力，减少在活载作用下的应力增量，尽量避免梁上出现裂缝，提高结构的耐久性的一种加固方法，施加预应力的方法有横向收紧张拉法和纵向张拉法等。

a. 横向张拉的基本原理是将作为拉杆的粗钢筋分两层布置在梁肋底面两侧，在靠近梁端适当位置向上弯起，与固定在梁端的钢制 U 形锚固板焊接。粗钢筋弯起处用短柱支撑，纵向每隔一定间距设一道撑棍和锁紧螺栓。通过收紧器将拉杆横向收紧而使拉杆受拉，从而在梁体产生预压应力，如图 4-27 所示。

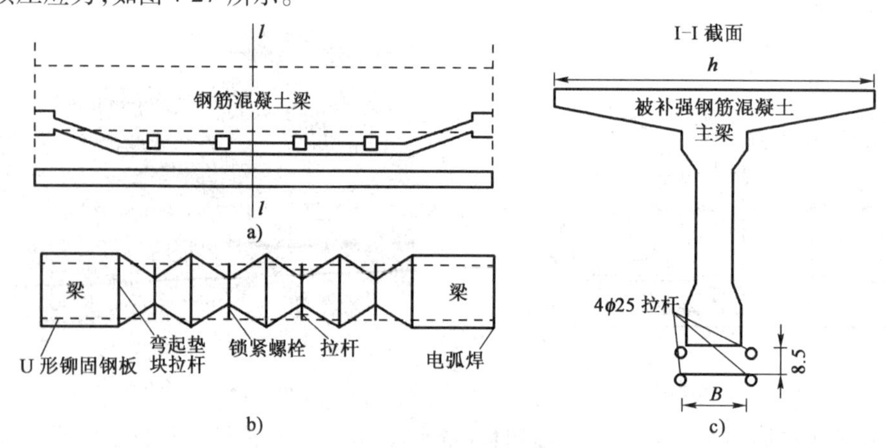

图 4-27　横向收紧张拉法

横向收紧张拉法的具体施工程序为：

• 粘贴锚固钢板。将梁端混凝土保护层凿除，使主筋外露，清除碎渣浮尘后用环氧砂浆粘贴 U 形锚固钢板。

• 焊接拉杆粗钢筋。先将粗钢筋的弯起段按设计斜度焊在锚固板上，然后用夹杆将粗钢筋的水平段与弯起段焊在一起。

• 安装张拉装置。先放好弯起点垫块撑棍，再安设中间撑棍及锁紧螺栓，紧贴锁紧螺栓处安放收紧器。

• 预张拉。预张拉的目的在于检查拉杆的焊接质量，预张拉力按设计张拉力的 80% ~ 90% 控制，预张拉保持 12h 后卸除。

• 张拉。旋紧收紧器，使两侧拉杆向中间收拢，按设计收紧量对称地分次收紧。达到设计收紧量后再收紧 1 ~ 2mm，然后拧紧锁紧螺栓，并用双螺母锁住。最后卸除收紧器。各段拉杆横向收紧的距离按设计预应力值计算出拉杆总变形值确定，并通过几何关系计算出具体的数值。

• 防护处理。拉杆粗钢筋及 U 形锚固板均需涂以防护涂料以防锈蚀。

b. 纵向张拉加固法是既布置有水平拉力箱杆，也布置有下撑式拉杆的一种加固方法，如图 4-28 所示。纵向张拉法在施加的预应力数值较小时可采用螺栓、丝杆、花篮螺栓等简易拉紧器进行张拉。在施加的预应力较大时，可采用手拉葫芦、千斤顶张拉或电热张拉法。

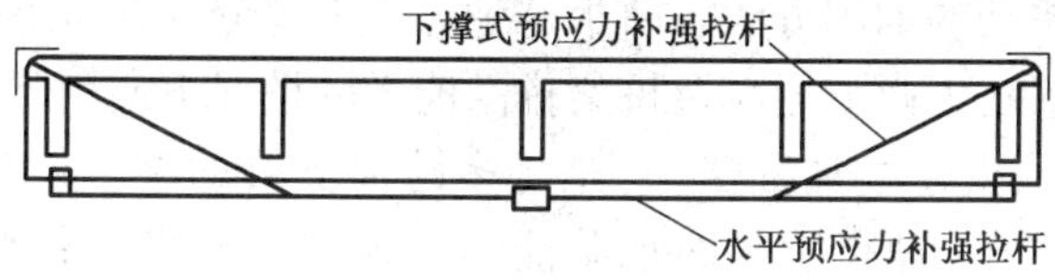

图 4-28　纵向张拉加固法

其施工工艺如下：

• 对 T 形梁凿开梁端桥面铺装，对于箱型梁应在底板预做出锚固块和转向块。

• 钻孔。在锚固槽内沿梁腹板侧壁方向按设计斜度钻两个平行的孔。

• 粘贴梁端锚固垫板和梁底的短柱支座垫板。

• 安装张拉钢筋。拉杆分水平段及弯起的锚固段两部分，各拉杆的松紧度应调整一致。

• 张拉。每片梁上的拉杆或同组预应力钢筋应保持均衡张拉。

• 封锚。用防水砂浆或环氧砂浆填入锚固槽封锚。

• 防护处理。采用该技术进行桥梁加固的实例，如图 4-29 所示。

c. 类似体外预应力的加固技术（SRAP 加固法）是由山东省桥检中心引进的。该方法一定程度上弥补了体外预应力方法预应力外露防腐方面的不足。SRAP 加固法是韩国 M&S 工业株式会社的专利技术，它是采用镀锌软钢丝束（简称 SR 加固材料）对混凝土梁体施加预应力，采用多功能氧化铝聚糖树脂砂浆（简称 AP 树脂砂浆）对混凝土架构进行修补的综合加固技术。它可算作体外预应力加固方法的一种，镀锌软钢丝束靠锚固于混凝土梁体上的角钢固定，采用螺旋扣环拉紧器进行张拉。为了增强镀锌软钢丝束与修补砂浆

图 4-29　T 梁体外预应力加固桥梁实例图

的黏着力,在软钢丝束上缠绕弹簧线圈。在软钢丝束张拉后,由于预加力的作用,使梁体反向弯曲,在混凝土中产生预压应力。然后,喷注 AP 树脂砂浆,将预应力钢筋与梁体混凝土连为一体,两者共同工作,使结构的承载能力提高,工作性能改善。它采用的氧化铝聚糖树脂砂浆是一种强度高、密实性好、抗腐蚀性能强的多功能复合砂浆。如图 4-30 所示。

a)张拉镀锌钢丝

b)喷射AP树脂砂浆后

图 4-30　SRAP 加固法加固桥板

⑤改变结构受力体系加固法

改变结构受力体系加固法是通过改变桥梁结构受力体系以达到提高结构整体承载能力的目的,是一种变被动为主动的加固方法。由于这种方法大部分要在桥下操作或设置永久设施,因而影响桥下净空,一般在不影响通航及桥梁排洪能力的情况下使用此法。

如图 4-31 所示,简支变连续加固法,它是将多跨简支梁的梁端连接起来,变为多跨连续梁,以改善结构的受力状况,提高桥梁的承载能力。采用该技术进行桥梁加固的实例,如图 4-32所示,因造型似“八”字,因此也称为桥梁八字撑加固法。

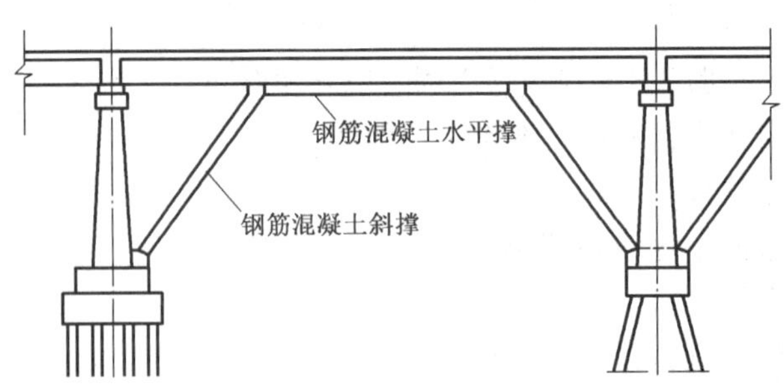

图 4-31　梁下加八字撑加固

图 4-32　八字撑加固桥梁实例图

⑥增设主梁或横向连接加固法

当桥梁结构基本完好而其承载能力不能满足要求、需要提高荷载等级以及需要改善桥梁的横向受力状态时,一般可采用增加主梁或横向联系的方法。增加纵向承重构件,应在墩台地基安全性能好,并具有足够承载能力的情况下进行。由于荷载在新增构件后的桥梁中重新分布,使原有构件所受荷载得以减少。它包括的主要措施有:

a. 增加纵向承重构件,新增加的构件一般设置在原有桥梁的两侧,当必须在中间增设时,可拆除个别原有构件或其部分,形成空位,然后再在空位上安装强度和刚度都比原有构件大的新构件。

b. 增设(加强)横向连接,对于无内横梁或少内横梁的 T 截面型、工字形截面梁式桥或横向整体性差的桥梁,可采用在相邻主梁间增设现浇混凝土横梁或钢横梁的方法来提高横向抗弯刚度。采用该技术进行桥梁加固的(采用增设工字形钢横梁加强其横向连接)实例,如图4-33所示。

a)加固前

b)增设钢横梁后

图4-33 增设型钢加强横向连接加固实例图

⑦调整支座高程的加固方法

当支座设置不当造成梁体受力恶化时,可采用调整支座高程的加固方法。该方法比较简单,如图4-34所示,先用千斤顶顶起主梁,然后在盖梁上面调整支座下面垫块的高度使支座高程符合设计要求。

⑧更换主梁(板)加固法

当主梁(板)破坏严重,不能或没必要进行修复时,且桥梁上部结构完好时,可采用更换主梁(板)的方法进行加固。

对于T梁,有时肋梁质量仍然很好,但翼缘板(或现场湿接缝)的质量存在隐患,可只更换湿接缝部分或翼缘板,如图4-35所示。

图4-34 调整支座高程

图4-35 更换湿接缝部分

3.预应力混凝土梁桥的养护与加固

(1)日常养护与维修

①预应力混凝土梁桥日常养护维修范围及内容同钢筋混凝土梁桥日常养护与维修的内容,此外应对预应力锚固区的破损及开裂、沿预应力钢束纵向的开裂进行修补。

②预应力混凝土梁桥常见病害有:

a.混凝土表面剥落、渗水,梁角破碎、露筋,局部破损等。

b.预应力钢束应力损失造成的病害。

c.预应力混凝土梁出现裂缝。全预应力及部分预应力A类构件正常使用条件下不允许出现裂缝,只有B类构件允许出现裂缝。裂缝的类型除了同于钢筋混凝土梁桥外,还有沿预应力钢束的纵向裂缝,锚固区局部承压的劈裂缝。

③常见病害的维修同钢筋混凝土梁桥。对于不允许出现裂缝的桥梁,不论裂缝宽窄,都应查明原因进行处理或加固。

(2)预应力混凝土梁桥的加固方法

①预应力混凝土梁桥的一般加固方法及适用范围参见钢筋混凝土梁桥的加固方法。

②因为预应力部分失效而进行加固时,若原结构有预留孔,可在预留孔内穿钢束进行张拉;采用无黏结钢束的可对原钢束重新张拉;或增设齿板,增加体外束进行张拉。

③腹板抗剪切强度不够时,可采用加竖向预应力加固。

4. 拱桥的养护与加固

(1)日常养护与维修

①保证圬工表面的清洁、完整,并预防表面的风化。

②保证排水设备的完整和处于完好状态。

③圬工拱桥的维修工作。主要是修理拱圈和拱上结构砌体的个别损坏部分,如灰缝的脱落、裂缝、局部变形等,以防止缺陷的进一步扩大,恢复损伤结构的整体作用。常用的维修方法主要有:

a. 修理防水层。圬工拱桥为防止渗漏,均宜设防水层。如发现原桥没有防水层或防水层损坏失效时,可挖开拱上填料重铺防水层,或在桥面上加铺沥青混合料或水泥混凝土路面,防止水渗漏入圬工砌体内。

b. 保护面层不受风化。圬工拱桥应注意灰缝的保养。如有脱落或缝内长草,应及时清除并修补好。如砖、石有风化剥落,可喷一层1~3cm的10号以上的水泥砂浆,喷浆应分2~3层喷注,每隔1~2天喷一层。必要时可加布一层钢丝网,以增加喷涂层的强度。

c. 修补裂缝。圬工拱桥一经开裂,裂缝往往容易发展,危及桥梁的使用和安全,应及时修补。修补的方法主要采用压注水泥砂浆和其他化学浆液的方法。

(2)拱桥加固方法

①加大拱圈截面加固

a. 从拱腹面加固时,可采用下列方法:

ⓐ粘贴钢板:主拱肋粘贴钢板,如图4-36所示。

a)凿毛

b)打眼

c)完成后

图4-36 粘贴钢板加固法

• 将梁(板)底面混凝土凿毛,使骨料露出,并清除破碎部分和浮尘。

• 应尽可能选择质量较好的粘贴胶,配置环氧胶泥时,材料称量要准确。

• 粘贴前在混凝土上放样钻孔并安装锚固螺栓（兼作固定件和压紧件，螺栓直径常用 $\phi8 \sim \phi12$mm）。

• 粘贴钢板后迅速拧紧螺母。用稠度较高的环氧树脂水泥砂浆填塞钢板与混凝土表面之间的缝隙及封住螺母。

• 粘贴完成后，应对钢板及被加固构件部位进行有效的防腐和外观处理。

ⓑ浇筑钢筋混凝土加大拱肋截面

此法是通过采用钢筋和混凝土外包加大原拱肋，从而达到扩大拱肋的截面尺寸，增加拱肋断面的含筋率或变无筋拱肋为有筋拱肋，提高拱肋的抗弯刚度的一种加固方法，如图 4-37 所示。其作用明确，效果显著，应用也广。

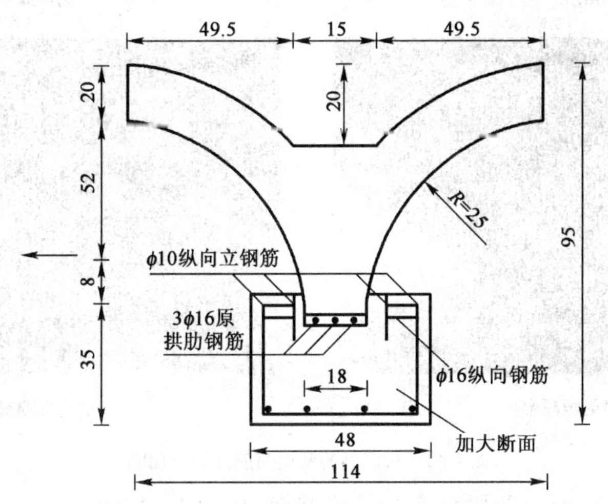

图 4-37　扩大拱肋截面加固法

ⓒ布设钢筋网用喷射混凝土或水泥砂浆加大拱圈截面

在桥梁加固中，该技术常用于提高加固桥梁的强度、刚度以及因支点截面尺寸偏小而导致的抗剪强度不足等混凝土梁的加固维修。它的主要工艺如下：

• 打毛并清洗被加固构件的表面。

• 按设计要求在构件上安设锚固钢筋。

• 挂设补强钢筋网。钢筋周围应有足够的间隙，以便喷射混凝土能完全包裹钢筋。注意应将钢筋网牢固的绑扎或点焊在锚固筋上，以免喷射混凝土时位置发生偏移。

• 喷射混凝土时，喷嘴与受喷面的最佳距离一般为 0.8 ~ 1.5m，喷嘴应尽量与受喷面垂直，以增加混凝土的密实度，当对配有钢筋网的受喷面喷射时，喷嘴应尽可能靠近受喷面并应与垂直方向稍偏离一个小角度，以便获得较好的握裹效果，同时便于排除回弹物。

• 表面整修，受喷面自然平整，对结构强度和耐久性都有好处。一般在喷射混凝土初凝后（15 ~ 20min）用刮刀将设计线以外的多余材料刮掉，然后再喷或抹一层砂浆。

• 喷射混凝土的养生在混凝土终凝两小时后采用洒水或喷洒混凝土养生剂进行，确保混凝土强度形成并避免表面开裂。

• 喷射混凝土的抗压强度可采用喷射在 450mm × 350mm × 120mm 的模型内，当混凝土达到一定强度，用切割机锯掉周边，加工成 100mm × 100mm × 100mm 的试件，在标准条件下养护 28d，所测得的抗压强度乘以 0.95 的尺寸换算系数得到；喷射混凝土与旧混凝土的黏结强度为 0.7 ~ 2.85MPa，界面的抗拉强度为 1.47 ~ 3.49MPa。如图 4-38 所示。

a)凿毛

b)植筋

c)喷射混凝土

d)处理混凝土面

图 4-38　布设钢筋网用喷射混凝土加固

ⓓ在拱肋间加底板,变双曲拱截面为箱形截面,如图 4-39 所示。

a)加固前

b)加固后

图 4-39　在拱肋间加底板,变双曲拱截面为箱形截面

ⓔ条件许可时,也可在腹面做衬拱及相应的下部结构。在桥下净空容许,或根据水文资料,桥下泄水面积容许缩小时,可在原有拱圈下部增设拱圈,即紧贴原拱圈下面,浇筑钢筋混凝土新拱圈,如图 4-40 所示。采用该技术进行桥梁加固的实例,如图 4-41 所示。

b. 从拱背面加固时,可在拱脚区段的空腹段背面加大拱圈截面;或拆除拱上建筑,在全拱圈背面加大截面。

从拱圈上面加一层新拱圈,即挖开原拱顶填土层直到拱背,洗净修补好,凿毛,加筑新拱圈,如图 4-42 所示。在加厚拱圈时,应同时考虑墩台受力是否安全可靠等因素。当多孔石拱桥需全部加设新拱圈时,拆除拱上填料必须对称地同时进行。

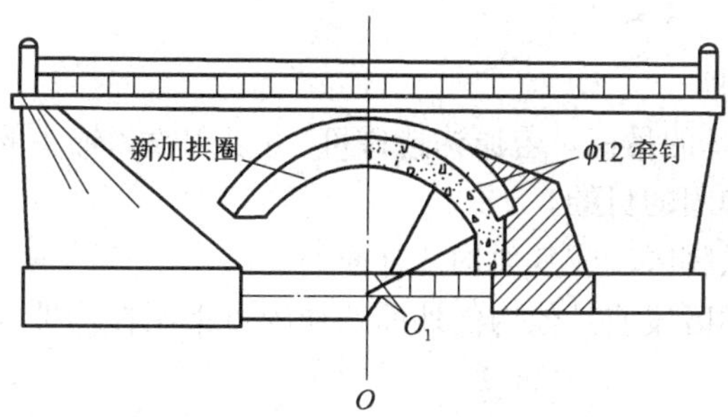

图 4-40　原拱圈下增设拱圈加固法

a)

b)

图 4-41　增加新拱圈加固实例图

②拱肋、拱上立柱、纵横梁、桁架拱、刚架拱的杆件损坏加固

拱肋、拱上立柱、纵横梁、桁架拱、刚架拱的杆件损坏可用粘贴钢或复合纤维片材加固。粘贴时可粘贴钢板,也可在四角处粘贴角钢。如图 4-43 所示。

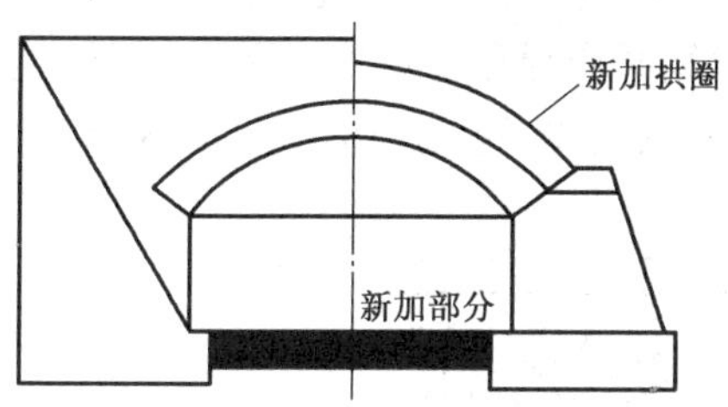

图 4-42　原拱上增设钢筋混凝土拱圈加固法

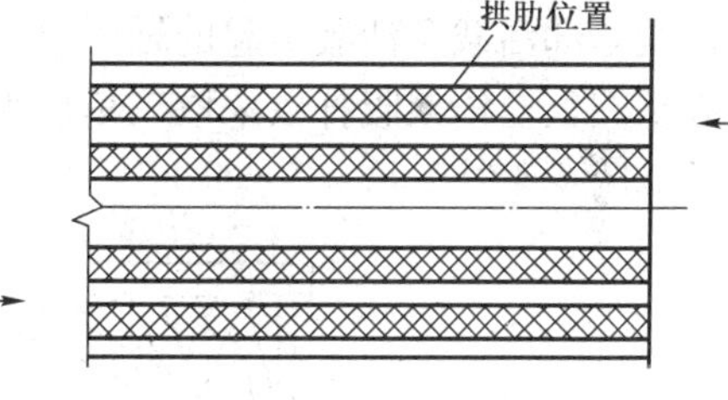

图 4-43　黏结钢板加固拱肋法

③桁架拱、刚架拱及拱上框架的节点加固

桁架拱、刚架拱及拱上框架的节点加固可用黏钢板或复合纤维片材的方法,如图 4-44 所示。

④拱圈的环向连接加固

拱圈的环向连接加固一般可用嵌入剪力键的方法进行加固。剪力键一般采用钢板或铸件,按一定间隔布置,其间的裂缝用环氧砂浆等处理,如图 4-45所示。

图 4-44　黏钢板加固

⑤拱肋之间的横向连接加固

用加大截面的方法加强拱肋之间的横向连接。如图 4-46 所示。采用拉杆的双曲拱,可把拉杆改

为系梁。

⑥吊杆的更换或加固

更换锈蚀、断丝或滑丝的吊杆。若原构造许可，可以用收紧锚头的方法张拉松弛的系杆或吊杆来调整内力以达到加固的目的。

⑦钢管混凝土拱肋拱脚区段或其他构件外面的加固

钢管混凝土拱肋拱脚区段或其他构件外面的加固可采用在构件的外面包裹钢筋混凝土的方法达到加固的目的。

图4-45　剪力键

图4-46　拉杆改为系梁

⑧改变结构体系以改善结构受力

a. 在桥下通航许可的前提下加设拉杆改善受力从而提高桥梁承载力。

b. 当双曲拱桥由于自重或地基承载力不足，致使拱脚发生水平位移或转动，拱轴线发生变形时，在条件许可的情况下，改变双曲拱桥结构体系的方法，来改善拱圈受力情况，以达到加固的目的。方法为拆除拱上建筑，改建为桁架拱。由于变为桁架则可以减轻自重，并使主拱圈主要承受全部活载及活载引起的轴压力。拆除拱上建筑时应保留立柱脚钢筋，以便桁架节点固定在拱圈上。桁架腹杆以采取三角形为宜，它的下节点较少，可减轻构造上的困难，桁架拱的布置如图4-47所示。

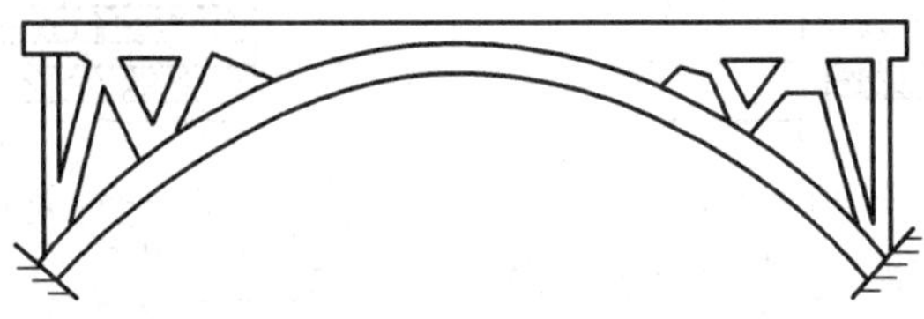

图4-47　桁架拱的布置

⑨更换拱上建筑

当双曲拱桥由于自重或地基承载力不足，致使拱脚发生水平位移或转动，拱轴线发生变形时，在条件许可的情况下，可采取调整拱上自重的布置，来改善拱圈受力情况，以达到加固的目的。根据具体情况，常采用的方法有：

a. 清除拱上建筑及实腹段范围内的填料，降低拱顶断面高度，浇筑钢筋混凝土桥面板，并用混凝土填料加强原有拱上建筑与桥面板的联系，从而加强拱上建筑刚度，使整个体系向柔拱刚梁转化，促使主拱圈在活载作用下主要承担轴力，而转让给加固后的拱上建筑。加固构造措施如图4-48所示。

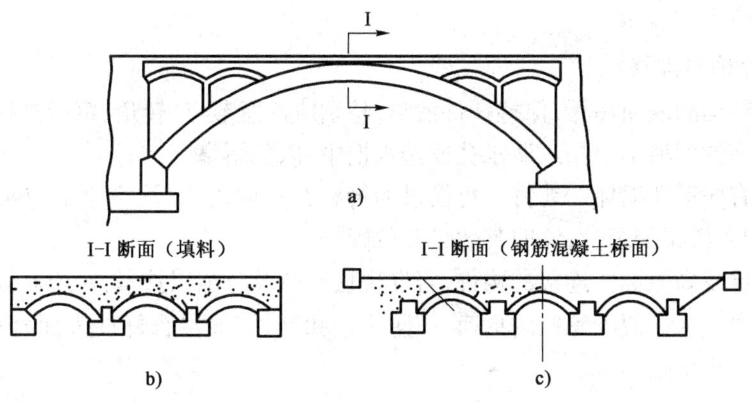

图 4-48　加固构造措施

b. 当立柱无钢筋，改造为桁架有困难时，可将拱上结构改造为刚架拱，如图 4-49 所示。计算结果表明，刚架拱在空腹范围内主拱圈的弯矩要比无铰双曲拱小，而且拱脚弯矩也将减少很多。

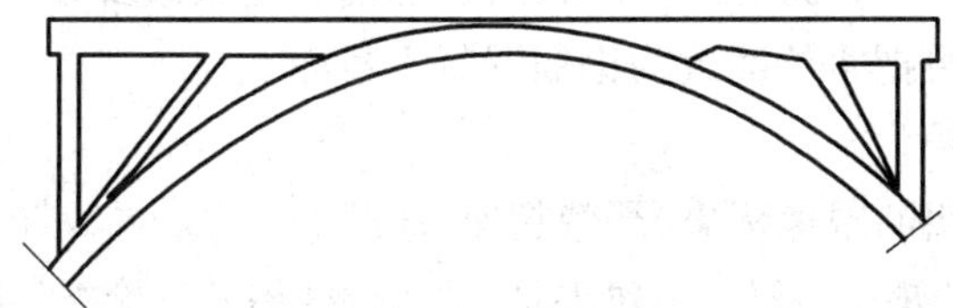

图 4-49　改造为刚架拱的方法

⑩先维修加固墩台，然后修补拱圈

对因墩、台变位引起拱圈开裂时，应先维修加固墩台，然后修补拱圈。

⑪钢板箍（或钢拉杆）与螺栓锚固法

石拱桥拱圈加固可用钢板箍（或钢拉杆）与螺栓锚固法。

石拱桥亦可在拱圈的跨中和 1/4 处加设 3 道（或多道，视具体情况而定）钢板箍（钢板厚度可用 6 ~ 8mm）或钢拉杆，用螺栓在拱底及拱侧钻孔锚固，并注意将锚固点设在拱圈厚度的 1/3 处，如图 4-50 所示。基锚固孔用膨胀水泥砂浆填塞牢固。

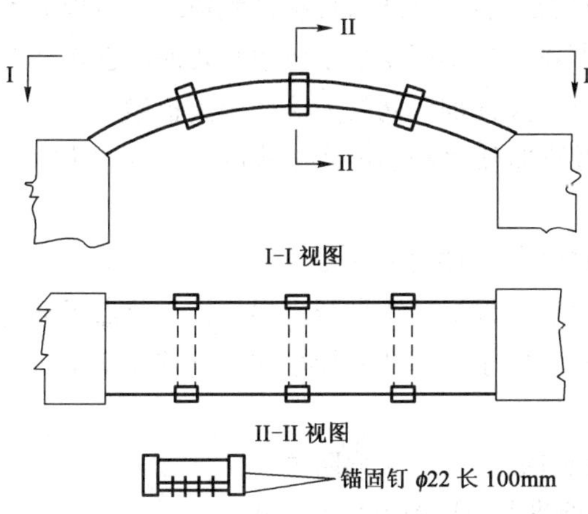

图 4-50　石拱桥拱圈加固的钢板箍（或钢拉杆）与螺栓锚固法

5. 钢桥的养护与加固

(1)日常养护与维修

①清除钢结构的表面污垢,保持杆件清洁,特别应注意节点、转角、钢板搭接处等易积聚污垢的部位。清除的污垢不要扫入泄水孔或排水槽中,以免堵塞。

②更换所有松动和损坏的铆钉。更换过的铆钉在检验之后,均应涂上与桥梁结构显著不同的颜色,并记入桥梁记录簿,注明其数量和位置。

③普通螺栓或高强螺体连接的构件,若发现松动应及时加以拧紧,对于高强螺栓必须施加设计的预拉应力。为了便于螺栓的更换,应防止丝扣锈蚀,如接合杆件表面有角度时,则应在螺帽之下垫以楔形垫圈。

④焊接连接的构件焊缝处若发现裂纹、未熔合、夹渣、未填满、弧坑等缺陷时,应进行返修焊,焊后的焊缝应随即铲磨匀顺。

⑤钢杆件受到冲击造成局部弯曲时,可用撬棍、弓形螺旋顶或油压千斤顶进行冷矫,禁止用锻钢烧材的方法来矫正。

⑥钢梁木桥面板的保养,可抽换破损桥面板,加铺轨道板或加设辅助横梁(木梁或钢梁),经计算允许增加恒载时可把木桥面改为钢筋混凝土桥面。

⑦装配式钢桥的养护

a. 在桥两端竖立鲜明的限速标志,严禁超速、超载。

b. 对各部件接合点的销子、螺栓,横梁夹具、抗风拉杆等进行检查。如有松动和缺损,应及时拧紧和修补更换;销子周围涂油脂,防止雨水进入销孔缝隙;处露的螺栓丝扣应涂油,防止锈蚀。

c. 木桥面板出现破裂、弯曲及不平整时,应及时抽换。若经常有履带车通过,则应加铺轨道板。

⑧装配式钢桥使用后拆卸进仓之前,应进行油漆,并对拆下的部件进行全面检查和修理。如杆件有局部变形,应进行矫正;如有细裂痕和暗裂纹,应修理加固或更换;销子和栓钉应仔细检查是否有裂缝、脱皮、弯曲、压损等,发现缺陷应及时消除或更换。最后涂抹黄油,用蜡纸包好装箱入仓。

(2)钢桥的杆件加固法

①钢板梁由于穿孔或破裂削弱断面时,可补贴钢板或用钢板夹紧并铆接来加固,这时钢板的边缘应锉平,使之结合紧密。如钢板受到了较短与较深的创伤,宜用电焊填补。

②采用增设水平加劲肋、竖向加劲肋的方法加固钢板梁。

③钢桁梁加固一般用补加新钢板、角钢或槽钢来加大杆件截面。加固可用拴接、铆接或焊接。

④加设加劲杆件,或增强各杆件间的联系。

⑤在结合处用贴板拼接,加设短角钢加强桁架杆件与节点板的连接。

⑥如桥梁下挠显著增加,销子与销孔有损坏或上下弦强度不足,应停止交通进行检查修理或更换。

⑦钢结构杆件在修理加固之后,应涂漆防锈。

(3)恢复和提高整桥承载力的加固方法及适用范围

①增设补充钢梁,可装在原有各梁之间,也可以紧靠在原有各梁的旁边。

②用加劲梁装在原主梁的下缘或下弦杆上。加劲梁加固方法，适用于不通航的桥孔或桥下净空足够的小型桥梁。

③用体外预应力加固，预应力施加在下挠后的下弦杆截面上。预应力加固法对桥下净空的影响较小，施工方便，但预应力钢索的防锈工作较困难。

④用拱式桁架结构装在原主梁的上面，拱脚和原主梁固接或铰接，适用于下部结构能承受所增加恒载的通航桥孔的加固。

⑤用悬索结构加在原主梁上面，可使被加孔的恒载转移到悬索上，以改善结构的变形。这种方法可在运营状态下进行，适用于下部结构能承受所增加恒载的通航桥孔的加固。

⑥在不影响排水和通航的情况下，可在桥孔中间添建桥墩，缩短跨径，减小桁梁杆件的内力。为了承受新增支点处的剪应力，在新桥墩墩顶处的上部结构中，必须加置竖杆及必要的斜杆。

⑦对于多孔简支桁架，分联将其转变为连续桁架，可采用体外预应力加固方法，使被连接的主桁上弦杆在墩顶处得以补强。

6. 斜拉桥的养护与加固

(1)日常养护与维修

①斜拉桥梁体和索塔部分的养护，视其结构类型可按钢筋混凝土桥、预应力混凝土桥及钢桥的相关规定进行养护与维修。

②拉索的养护

a. 拉索两端的锚具及护筒应经常保持清洁和干燥。塔端锚头若漏水、渗水应及时用防水材料封堵，梁端锚头若漏水、积水应及时将水排出并封堵水源。

b. 定期更换拉索两端锚具锚杯内的防护油。

c. 定期更换钢护筒与套管连接处的防水垫圈及阻尼垫圈，做好搭接处的防水处理。

d. 定期对索端做钢护筒涂漆防锈处理。

e. 若拉索护套出现开裂、漏水、渗水应及时处理。可剥开已损坏的护套，将已潮湿的钢索吹干，对已生锈的钢索做好除锈处理，再涂刷防护油，并用玻璃丝布或其他防护材料包扎处理。

f. 斜拉索的减振装置要保持正常工作状态，发现异常或失效要及时维修。

③桥上附属设施的养护

a. 索塔的爬梯应每年保养一次，包括除锈、油漆、修理损坏件的部件。进出中检查门应经常保持完好。有工作或观光电梯的，应按有关规定进行保养。

b. 空心索塔的塔内应经常保持通风干燥。塔内通风照明系统每年至少检查保养一次，损坏的灯具应及时更换。

(2)斜拉索的调整和更换

①对因钢索、锚具损坏而超出安全限值的拉索，应及时进行更换。

②对索力偏离设计限值的拉索进行索力调整。张拉的顺序、级次和量值应按设计规定进行，并测定索力和延伸值，同时进行控制。

③拉索的更换按改建工程进行，应对各方案技术经济的合理性进行分析比选，确定安全、简便的施工方案。竣工后必须对全桥斜拉索的索力和主梁高程进行测定，检验换索效果，并作为验收的依据。

7. 悬索桥(吊桥)的养护与加固

(1)日常养护与维修

①悬索桥梁体和索塔部分的养护,视其结构类型可按钢筋混凝土桥及钢桥的相关规定进行养护与加固。

②主缆各索股的受力应保持均匀,经检查若个别索股受力应均匀,经检查若个别索股受力出现明显偏差、松弛或过紧,应通过索端拉杆螺栓进行调整。

③防止主缆索股的锚头、锚杆、裸露索股、分索器、散索鞍等锈蚀,涂装防锈油漆的部分应定期涂刷,涂抹黄油的部分应定期更换黄油,发现剥落、锈蚀应及时处理。

④主缆索的防护层如有开裂、剥落,应尽快修复,必要时可切开防护层检查主缆是否锈蚀并作相应处理,处理完毕后应及时修复。采用涂敷黄油防锈并用简易包裹做防护层的,应定期更换黄油及防护层,并保持其完好状态。

⑤网格式悬索桥,肢杆拉索应保持正常的工作状态,若发现松弛,可调整端头拉杆螺母使其复位。

⑥索鞍应经常清扫,防止尘土杂物堆积、积水(雪)及锈蚀。索鞍的辊轴或滑板应保持正常工作状态。

⑦锚室及封闭的索鞍罩内应保持干燥。有除湿设备的应保持设备正常工作,出现故障及时检修。

⑧索夹、索鞍、吊杆等的紧固螺栓应保持其原设计受力状态,视其工作情况,每半年至两年定期紧固,若发现松动应及时紧固。

⑨若吊杆有明显摆动、倾斜或检查发现其受力变化,应查明原因。若索夹松动,应使其复位并紧固锚栓;若拉杆螺栓松动,应予以拧紧;若吊索锚头出现松动,应予更换。吊杆复位后应进行索力检测。

⑩吊杆的保护套,止水密封圈、防雨罩等应保持完好,若发现老化、开裂、破损,要及时修补、更换。

⑪吊杆的减振装置要保持正常工作状态,发出异常或失效要及时检修。

⑫未作衬砌的岩石锚室或锚洞,若其表面有风化或表面裂纹,应用环氧树脂砂浆或钢丝网水泥少浆进行处理。

(2)加固方法及适用范围

①减少悬索桥竖向变位的加固方法

a. 设置中央构件,把加劲梁与主缆索在跨中联结起来。

b. 把直吊杆(索)改为斜吊杆(索)交叉斜吊杆(索)。

c. 增加斜拉索改变结构受力体系,斜拉索可设在主跨 1/4 跨径区段,并妥善解决斜拉索与加劲梁及索塔的锚固,同时注意解决索塔受力平衡问题。

②减少悬索桥横向摆动的加固方法

a. 在桥的两岸上、下游对称增设侧风缆,风缆锚固于悬索桥的加劲梁上,锚固位置可选在 1/4 跨至跨中之间。

b. 在桥的上、下游各架设一根跨河钢缆,其高度可略低于桥面,用钢丝绳将加劲梁与过河钢缆作多点联结,适当张紧形成抛物面网络。

c. 加强加劲梁的水平风撑,加大横向刚度。

③主缆垂度调整

对采用少量索股的悬索桥，结构条件许可时，才可对主缆的垂度进行调整。

先将要调整的主缆一侧的恒载卸载，放松索夹，用卷扬机或其他张拉设备逐股张紧主缆索股，再用调整索股端头的螺杆固定。

④索鞍座复位。当索鞍座偏移超出设计允许值时，可用千斤顶将辊轴归位。

⑤索碇及锚室结构开裂、变形，应及时查明原因，进行加固处理。锚碇板开裂，可增补钢筋混凝土锚碇板，支撑开裂或破损可增加型钢支撑，若锚室发生变形、位移，可用增加压重等方法处理山体。

8. 桥梁支座养护技术

(1)日常养护

桥梁支座是桥梁上下部结构的结合点，一有损坏将严重影响到桥梁承载能力和使用寿命，所以必须注意经常养护，保证其处于正常的工作状态。在钢筋混凝土梁式桥中采用的支座形式有垫层支座、弧形钢板支座、摆柱式支座和橡胶支座等。根据《公路桥涵养护规范》(JTG H11—2004)规定，桥梁支座的养护工作主要有：

①支座各部分应保持完整、清洁，每季一检查，半年一清扫，清除支座周围的油污、垃圾，防止积水、积雪，保证支座正常工作。

②滚动支座滚动面上应定期涂上一层润滑油(一般每年一次)。在涂油之前，应把滚动面揩擦干净。

③对钢支座要进行除锈防腐。除铰轴和滚动面外，其余部分均应涂刷防锈油漆。

④及时拧紧钢支座各部分接合螺栓，使支承垫板平整、牢固。

⑤应防止橡胶支座接触油污引起老化、变质。

⑥滑板支座、盆式橡胶支座的防尘罩，应维护完好，防止尘埃落入或雨、雪渗入支座内。

(2)支座维修与更换

①支座如有缺陷或产生故障不能正常工作时，应及时予以修整或更换。

a. 支座的固定锚销剪断，滚动面不平整，轴承有裂纹或切口，辊轴大小不合适，混凝土摆柱出现严重开裂、歪斜，必须更换。

b. 支座座板翘起、变形、断裂时应予更换，焊缝开裂应予整修。

c. 板式橡胶支座出现脱空或不均匀压缩变形时应进行调整。

d. 板式橡胶支座发生过大剪切变形、中间钢板外露、橡胶开裂、老化时应及时更换。

e. 油毡垫层支座失去功能时，应及时更换。

②调整与更换桥梁支座的方法

a. 调整、更换板式橡胶支座、钢板支座、油毛毡垫层支座的方法：

在支座旁边的梁底或端横隔梁处设置千斤顶，将梁(板)适当顶起，使支座脱空不受力，然后进行调整或更换。调整完毕后或新支座就位正确后，落梁(板)到使用位置。

b. 桥梁支座顶升，整体更换的基本程序：

支座更换顶升采用全桥单幅单墩横向同步顶升的技术方案，采用盖梁——板梁底的托换体系，利用原有盖梁顶面为反力基础，直接利用超薄千斤顶顶升板梁底面的方法进行单墩横向同步顶升。

顶升顺序，保持单墩横向同步顶升逐墩进行顶升的方法，整体顶升高度控制在8mm以内，以保证桥面通车的顺利进行。

桥梁顶升，整体更换支座的程序如图 4-51 所示。

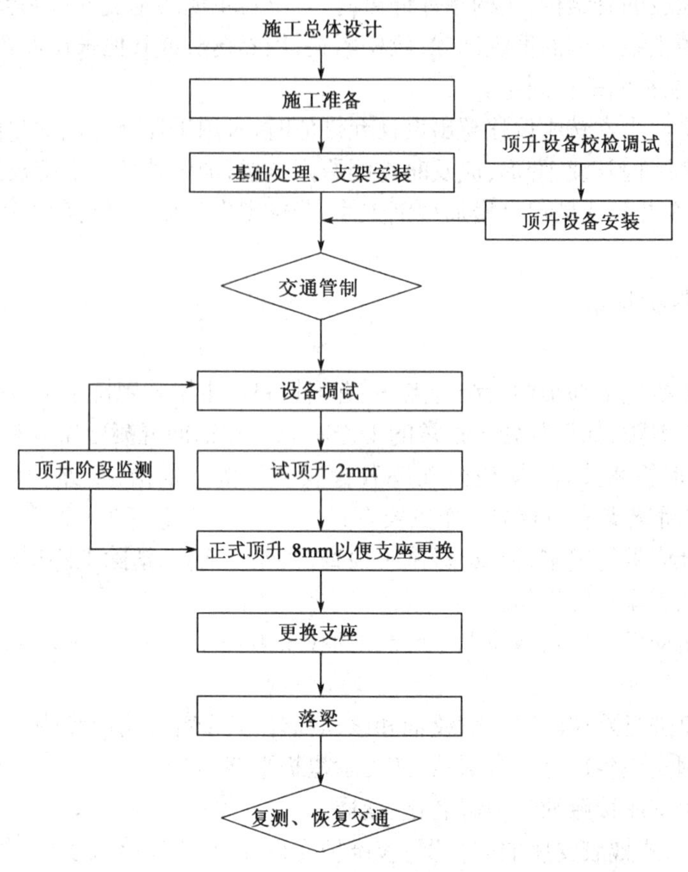

图 4-51　顶升更换支座程序

c. 顶升反力基础设置

更换支座所用的千斤顶本体高度为 30mm，如图 4-52 所示。对于盖梁与板梁间距不满足千斤顶安装要求的，在盖梁安装超薄千斤顶位置处，采用排钻式钻孔、凿毛。先清除盖梁与板梁之间的砂石及垃圾，凿除松散的混凝土，并用空压机吹风吹净。凿除高度满足超薄千斤顶的安装高度需求即可，顶升到位后对台帽进行修复。

对于小箱梁底与盖梁之间空间较大的情况，采取在千斤顶下垫钢制支撑垫块的方式进行顶升。

图 4-52　盖梁上的千斤顶

d. 千斤顶的选用与布置

• 千斤顶型号选用：

对于板梁，由于板梁梁底与盖梁之间施工空间较小，整体顶升采用 100 吨超薄千斤顶，千斤顶顶身高度 30mm，底座直径 180mm，行程 15mm。对于小箱梁，一般小箱梁与盖梁之间工作空间较大，千斤顶下需垫钢制支撑垫块。

• 千斤顶布置：

根据顶升重量、顶升的稳定性要求及支座与盖梁之间的相对位置关系，在每片板梁的肋板处放置一台超薄千斤顶，单个盖梁有 n 片板梁，单个盖梁单侧布置 n+1 台千斤顶（图 4-53）。对于小箱梁结构，梁的自重较重，在每侧小箱梁支座附近对称布置 2 台千斤顶（图 4-54）进行顶升更换支座，以保证有足够的顶升安全储备系数。

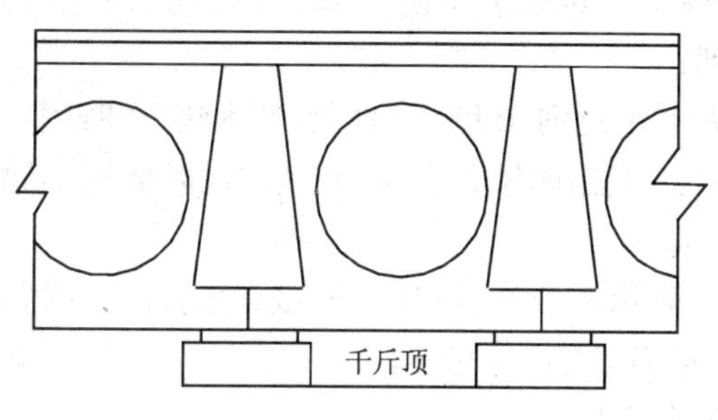

图 4-53 板梁千斤顶布置示意图

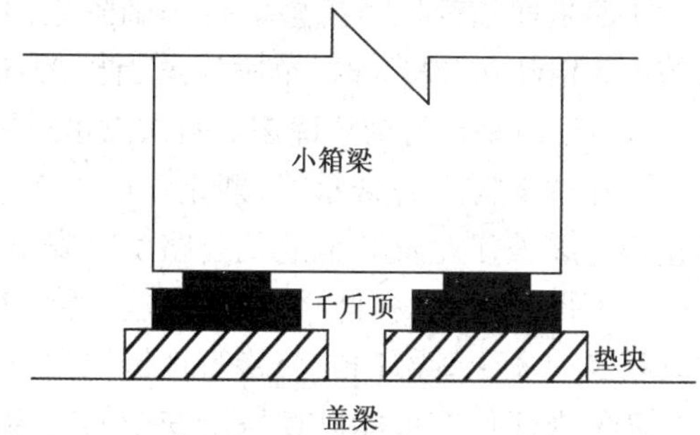

图 4-54 小箱梁千斤顶布置示意图

e. 顶升注意事项

● 小跨径的简支梁桥，先将桥面连续处断开，将千斤顶置于盖梁或搭设的支架上，T 型梁桥可将翼板作为着力点，板式桥可直接顶在底板上，一般在每片梁下架设 1 ~ 2 个千斤顶，均匀施力即可。

● 跨径较大的简支梁桥或连续梁桥，应予先在盖梁或支架上用千斤顶进行支撑，待千斤顶施力后，将盖梁等病害进行修复。

● 试顶，支撑架和千斤顶等安装完毕后，应先进行试顶，试顶主要是为了消除支撑架的变形和沉降。

● 整体顶升，试顶完成后，在专业人员的统一指挥下，所有千斤顶慢慢用力整体顶起梁体使其离开原支座约 2cm 立刻停止，并立即在盖梁或支架上设置临时垫块。顶升主梁，更换支座的实例，如图 4-55 所示。

● 台帽、盖梁等处理完成后，即可去除原有支座，支座下方用环氧树脂砂浆找平，缓慢取出千斤顶等临时支撑。

● 为防止起顶过程中损伤梁底，在梁底和千斤顶接触处用钢板垫实。

● 千斤顶的量值一般应为主梁一半自重的 2 ~ 3 倍，对于装配式的简支梁（板）桥，应切实注意顶升过程中的横向稳定性，必要时应设置横向卡紧装置。

③需要抬高支座时，可根据抬高量的大小选用下列几种方法：

a. 垫入钢板（50mm 以内）或铸钢板（50 ~ 100mm）。

b. 更换为板式橡胶支座。

c. 就地浇筑钢筋混凝土支座垫石，垫石高度按需要设置，一般应大于 100mm。

图 4-55 顶升主梁，更换支座实例图

四、桥梁下部结构养护技术

1. 墩台基础养护与加固

(1)墩台基础日常养护与维修

①应采取措施保持桥梁墩台基础附近河床的稳定。桥梁上下游各200m的范围内(当桥长的1.5倍超过200m时,范围应适当扩大)应做到:

a. 应适时地进行河床疏浚。每次洪水过后,应及时清理河床上的漂浮物,使水流顺利宣泄。

b. 在桥下树立警告示牌,禁止任何人或单位在上述范围内挖砂、取土、采石、倾倒废弃物,禁止进行爆破作业及其他危及公路桥梁安全的活动。

c. 不得任意修建对桥梁有害的建筑物,因抢险、防汛需要修筑堤坝、压缩或拓宽河床时,应事先报经交通主管部门或公路管理机构同意,并采取有效的防护措施。

若发现任何有可能破坏桥梁安全的行为,应及时制止。

②若基础冲刷过深或基底局部掏空,应立即抛填块石、片石、铅丝石笼等进行维护。桥梁基础的防护方法见表4-12所示。

桥梁基础的防护方法　　表4-12

序号	方法	简　图	说　明
1	石笼或板桩防护	1-石笼;2-板桩;3-砂砾;4-浆砌片石	水流冲刷危及基础时,须采取防护措施: (1)用竹子、铅丝或钢筋制成石笼护基,并将石笼间以钢筋或铅丝相互连接下沉; (2)在土质或细砂砾河床,可筑板桩围堰,墩内填砂砾、石,注意板桩顶面高程不应高于河床
2	水泥混凝土板或混凝土预制块防护	1-混凝土预制块;2-水泥混凝土	当河床不稳定,基础埋置深度浅,冲刷范围较大时,宜取平面防护,其范围视具体情况而定。在水流中不可部分施工时宜采用铺置混凝土块的办法防护。采用铺筑水泥混凝土防护时,需在河床整个宽度内进行,不能部分地施工
3	块、片石防护	1-双层块片石;2-单层块片石	同上情况,亦可采取双层或单层块、片石作平面防护,但当河床面有淤泥杂物时,须加以清除,填以砂砾夯实后再行砌石,方能稳固

续上表

序号	方法	简　　图	说　　明
4	梢捆防护	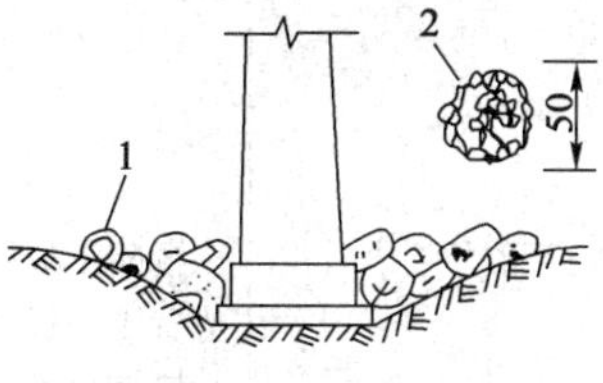 (尺寸单位:cm) 1-梢捆;2-片(卵)石	用长约1.5m鲜柳枝、荆条编成梢捆,内装片石或卵石,成捆置放于基础四周防护,具有较好的防护效果。当冲刷力较大,可在梢捆上加压石块稳定
5	大桥抛石防护	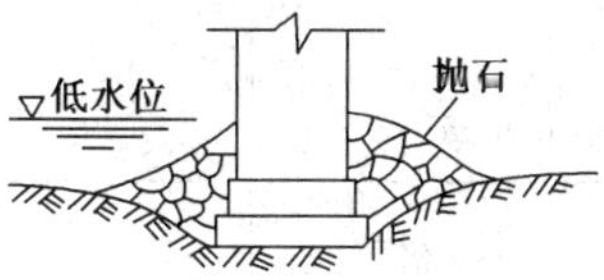 低水位　抛石	抛石防护用于深水墩台,将石块抛在桥梁墩台四周被冲刷的坑内,填满至高于河床面,以防再次冲刷
6	中、小桥抛石防护	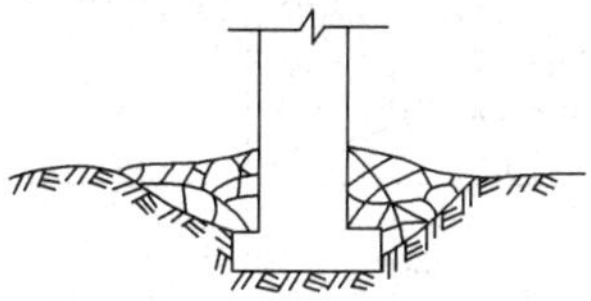	中、小桥梁墩台的抛石防护,应注意横桥跨的门槛埋置深度须比墩台四周挖深1.2~1.5m,以防水流正面冲刷
7	板桩墩头防护	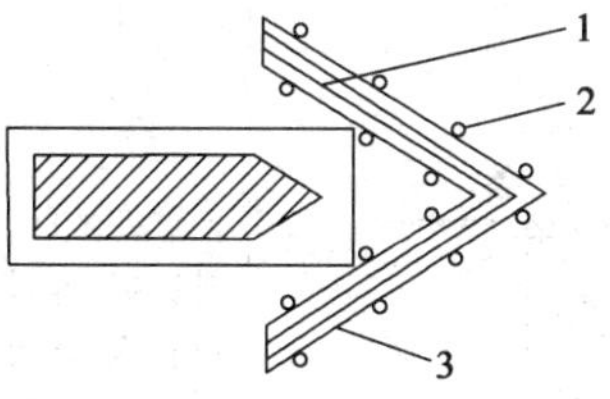 1-板桩;2-导向柱;3-横头梁	对于土质和砂砾石的变迁性河段,可采用板桩进行墩头防护。板桩顶面一般不应高出河床面,最好埋置在冲刷线以下,因板桩高出床面,会产生阻水,在板桩前造成局部冲刷,影响护桩安全。板桩尖头做成单向斜口式,打桩时可使板桩接缝紧密,板桩入土嵌制深度一般为0.5~1.0m
8	马蹄形大型铅丝笼填石护墩	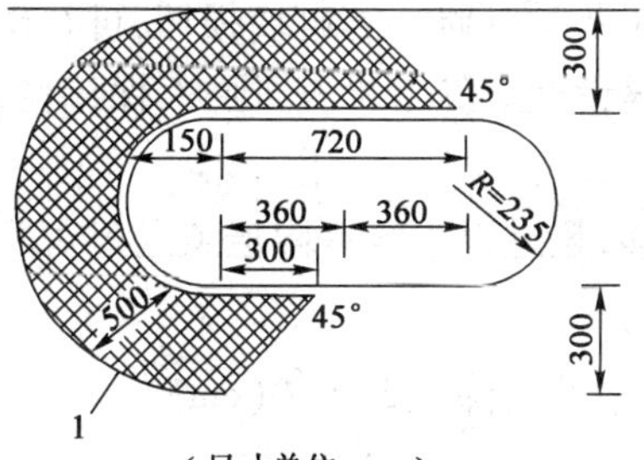 (尺寸单位:cm) 1-铁丝笼护基,高60	马蹄形大型铅丝笼,可用ϕ8mm钢筋做骨架,用8号铅丝编成网眼作外框,大铅丝笼宽3.0m,高0.6m,大铅丝笼在岸上编成后,用船运到桥墩处下沉就位,内填毛石,最后再加铅丝网盖

序号	方法	简图	说明
9	混凝土板防护	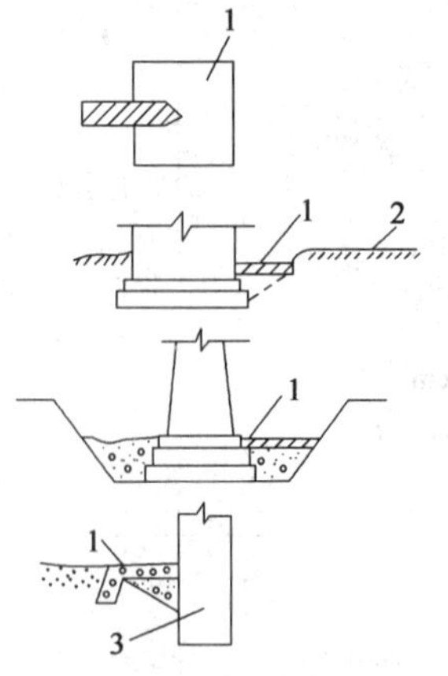 1-混凝土板;2-床面;3-桥墩	混凝土板属于局部冲刷平面防护,混凝土板应置于一般冲刷线以下,并应盖住所在位置的冲刷坑范围。混凝土板整体性强,抗冲耐磨,施工较方便,是一种防护桥墩局部冲刷的有效措施
10	三级消力坎防护	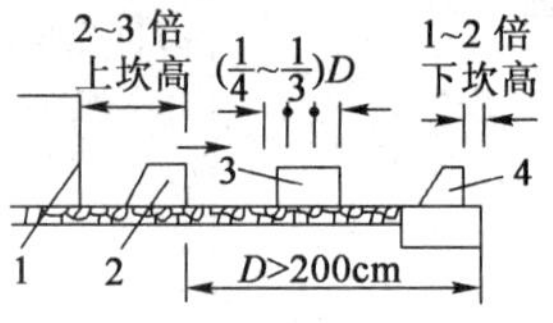 2~3倍上坎高 $(\frac{1}{4}\sim\frac{1}{3})D$ 1~2倍下坎高 D>200cm (尺寸单位:cm) 1-下游台口;2-上坎;3-平台;4-下坎	当下游冲刷严重,为缓冲水流冲刷影响,可用浆砌块、片块或预制混凝土块筑成三级消力坎(或称三级跳坎)
11	海曼式防护	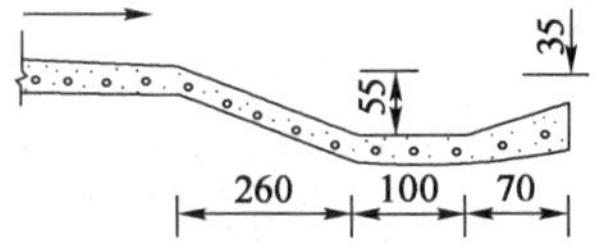 35 55 260 100 70	同上目的,亦可采用海曼式缓冲水流。海曼式防护可用砌石或铺混凝土
12	冻拔防护	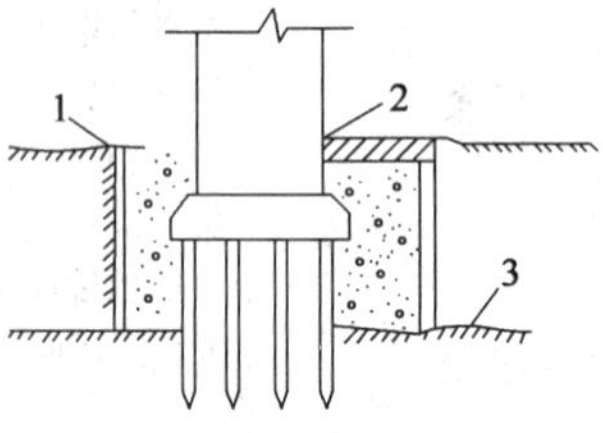 1-套管;2-沥青砂浆;3-冰冻线	严寒地区,冬季冰层厚度变化,易于发生浅桩冻拔,深桩环状冻裂,如桩基周围冰层较厚,可打入套管或板桩,中间填以保温材料,亦可将冰冻线以上(墩台周围)用矿渣换填

③桥下河床铺砌出现局部损坏时应及时维修。若砌块损坏,可补砌或采用混凝土修补。

④对设置的防撞、导航、警示等附属设施应经常检查、维护,保持良好状态。

(2)墩台基础允许沉降

①简支梁桥墩台基础的沉降和位移,超过以下容许限值或通过观察裂缝持续发展时,应采取相应措施予以加固:

a.墩台均匀总沉降值(不包括施工中的沉降):$2.0\sqrt{L}$(cm)。

b.相邻墩台总沉降差值(不包括施工中的沉降):$1.0\sqrt{L}$(cm)。

c.墩台顶面水平位移值:$0.5\sqrt{L}$(cm)。

其中L为相邻墩台间最小跨径,以m计,跨径小于25m时以25m计算。桩、柱式柔性墩台的沉降,以及基桩承台上的墩台顶面水平位移值,可视具体情况确定,以确保正常使用为原则。

②当墩台变位所产生的附加内力影响到桥梁的正常使用和安全时,或桥梁墩台基础自身结构出现大的缺损使承载力不够时,必须进行加固处理。

(3)墩台基础加固方法及使用范围

①当地基承载力不足时的加固

a. 重力式基础的加固

ⓐ当刚性实体重力式基础的地基承载力不足时,可采用扩大基底承压面的方法。在刚性实体基础周围加砌圬工或混凝土,并用钢筋锚接旧基础,并将旧基础表面刷洗干净、凿毛,使新老混凝土结合牢固,其施工顺序加下:

• 在必须加宽的范围内先打板桩围堰或修筑围堰,如基底土质不稳定时,应作必要的加固。

• 在堰内把水抽干后,挖去堰内土壤,直挖至必要的深度(注意墩台的安全)。

• 浆砌块、片石或作混凝土基础。

• 新旧基础要注意牢固结合,施工时,可加设联系(锚固)钢筋或插以钢销,以使加固扩大基础和旧基础牢固地结合成一整体,如图 4-56 所示。

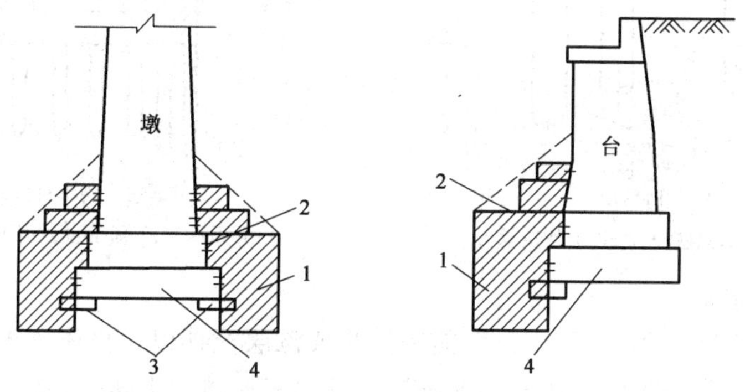

图 4-56 扩大基础加固法

1-扩大基础;2-新旧基础结合处;3-丁石;4-原基础

ⓑ当梁式桥桥台基础承载能力不足时,可在台前增加桩基及柱并浇筑新盖梁、增设支座。这时梁的支点发生变化,应根据结构受力变化对主梁进行检算及加固。

ⓒ对于拱桥基础可在桥台两侧加设钢筋混凝土实体耳墙与原桥台用钢销连接起来,增大桥台基础面积,提高桥台承载力,见表 4-13 所列。

拱 桥 基 础 加 固 表 4-13

简 图	说 明
钢筋混凝土耳墙 a) 联结钢销 钢筋混凝土耳墙 b) 联结钢销	在桥台两侧加设钢筋混凝土实体耳墙,并将耳墙与原桥台用钢销联结起来,从而达到增大桥台基础面积,提高桥台承载力的目的。加固后耳墙与原桥台联结在一起,因此,既增加了竖向承压面积,又由于耳墙的自重而增加了抗水平推力的摩阻力

ⓓ当桥下净空允许时，可在台前加建新的扩大基础及台身，将主拱改建为变截面拱支承到新基础及台身上。新老基础之间用钢筋或钢销进行连接，有条件时可在台前新基础下增加短柱，以提高承载力。

b. 桩基础的加固

ⓐ为提高桩基础承载力可加桩的方法，可采用钻孔灌注桩或打入钢筋混凝土桩增设基桩，并扩大原承台，使墩台的压力部分传送至新桩基，如图4-57所示。

ⓑ对单排架桩式桥墩采用加桩（打入桩或钻孔灌注桩）加固时，如原有桩距较大（4～5倍桩径），可在桩间插桩。如原有桩距较小且通航净空有富余时，可在原排架两侧增加新桩，变为三排的墩桩。如图4-58所示。

ⓒ对钻孔灌注桩桩身损坏，露筋、缩颈等病害，可采用灌（压）浆或扩大桩径的方法进行维修加固。

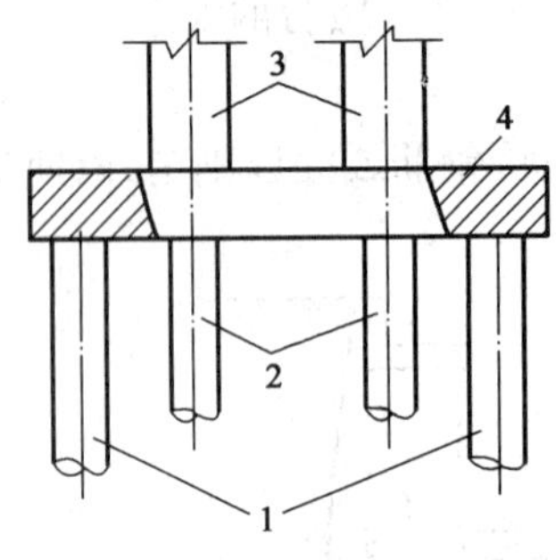

图4-57　加桩法

1-新加钻孔桩；2-原柱；3-立柱；4-新接承台

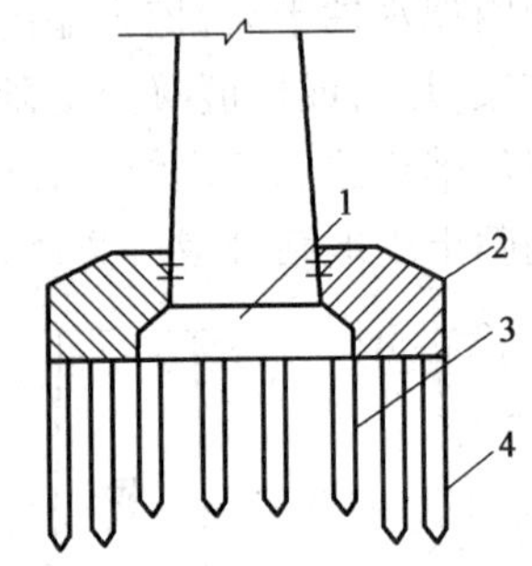

图4-58　增补桩基础加固法

1-原承台；2-新承台；3-原桩基；4-新桩基

c. 人工地基加固

对墩台基础以下的地层，采用注浆、旋喷注浆或深层搅拌以及挤密砂桩等方法，将各种浆液及加固剂注入或搅拌于土层中，通过浆液凝固使原来松散的土固结，成为有足够强度和防渗性能的整体。

ⓐ注浆法。在墩台基础下，向墩台中心斜向钻孔基打入钻管，通过孔眼上管孔压注水泥砂浆、沸腾沥青和土的固结剂等，以提高地基承载力（加固范围与深度由计算确定），如图4-59所示。

ⓑ砂桩法。当软弱地基层较厚时，可用挤密砂桩法改善地基的承载能力。加固施工时，将钢管或木桩打入基础周围的软弱土中、然后将桩拔出，灌入经过干燥的粗砂进行捣实，作为砂桩，达到提高土的密实度的目的。

②墩台基础防护加固

墩台基础局部被冲空时，可分别情况采取下列加固措施：

a. 水深在3m以下时，可筑围堰将水抽干，以砌石或混凝土填补冲空部分，桥台基础除按上述方法加固外，还应修整或加筑护坡。当水难以抽干时，则可浇水下混凝土封底后再抽，抽水后以砌石或混凝土填补冲空部分，如图4-60所示。对于水下部分基础的修补，亦有不抽水而把钢筋混凝土薄壁套围堰下沉到损坏处附近河底，在套箱与桥墩间浇筑水下混凝土以包裹损坏或冲空处，如图4-61所示。

b. 水深在3m以上时，可在基础四周打板桩或做其他围堰，灌注水下混凝土。也可用编制袋装干硬性混凝土（每袋装量为袋容积的2/3），通过潜水作业将袋装混凝土分层填塞冲空部分，填塞范围比基础边缘宽0.4m以上。如图4-62所示。

c.当基础置于风化岩上，基底外缘已被冲空时，应先清除岩层严重风化部分，再用混凝土填补。对基础周围的风化岩层还应用水泥砂浆进行封闭。

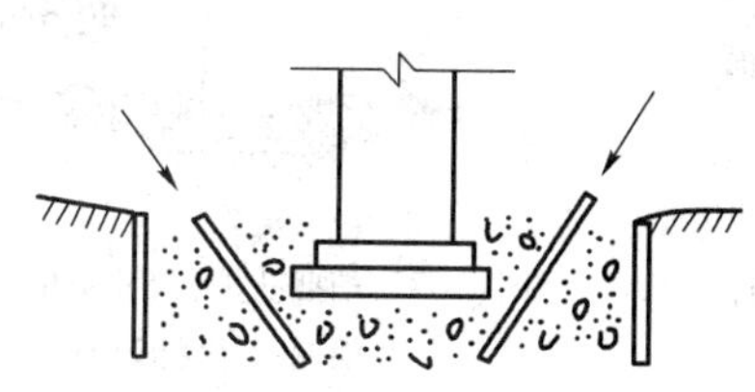

图4-59 土人工地基加固法

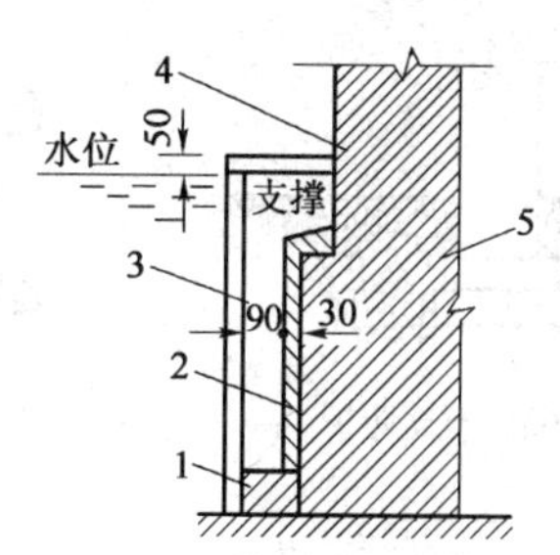

图4-60 抽水后修理桥墩

1-水下混凝土封底；2-钢筋混凝土护套；3-板桩围堰；4-支撑；5-桥墩砌体

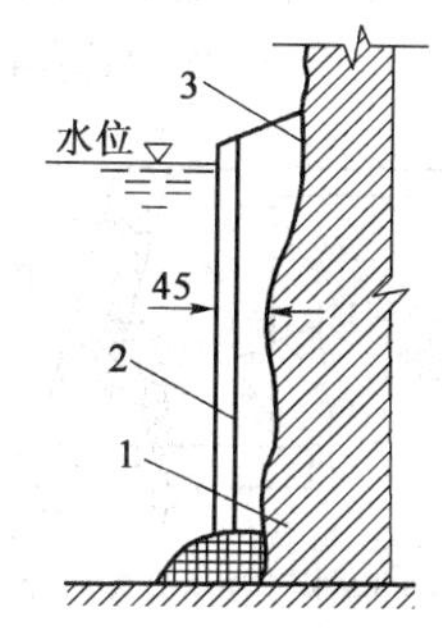

图4-61 不抽水后修理桥墩水下部分

1-桥墩砌体；2-钢筋混凝土护套；3-用水下混凝土填充

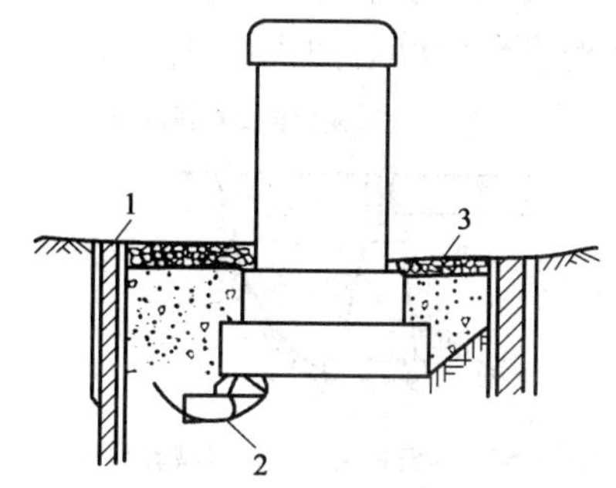

图4-62 板桩及填补混凝土防护

1-板桩；2-抛石或水下混凝土；3-表面浆砌片石

d.当河床不稳定，基础埋置较浅，冲刷范围较大时，可采用平面防护加固，其范围要覆盖全部冲刷坑。具体方法如下：

- 打梅花桩，桩间用块、片石砌平卡紧。
- 河床以泥砂为主时，可采用浆砌块(片)石防护，采用平面铺砌的方法，需在河床整个宽度内进行施工，如图4-63所示。
- 河床以淤泥为主时，可采用水泥混凝土板或水泥混凝土预制块防护，采用干面铺砌的方法，需在河床整个宽度内进行施工，如图4-64所示。

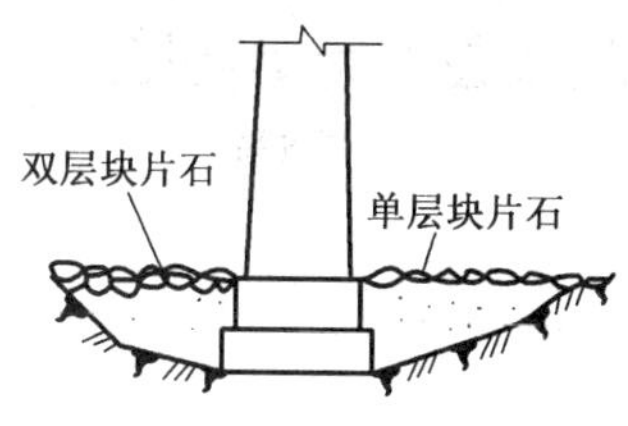

图4-63 浆砌块(片)石防护

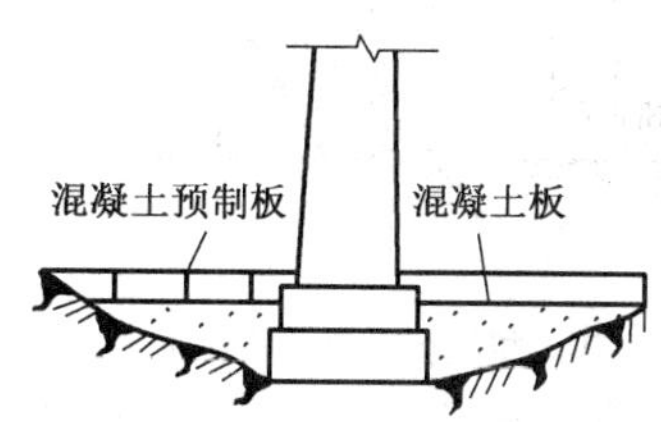

图4-64 混凝土预制块防护

- 河床以泥砂为主时，可采用以竹子、铅丝或钢筋排成石笼护基，石笼间要相互连锁，使其整体下卧，如图4-65所示。
- 河床以砂石为主时，可采用梢捆柔性结构防护，以1.5m长鲜柳枝、荆条织成捆，内装片石或卵石，如图4-66和图4-67所示。

e. 墩台周围河床冲刷严重，危及基础安全时，除分别采用上述方法进行防护加固外，应在洪水期过后，采取必需的防护措施，以防再次被冲坏。

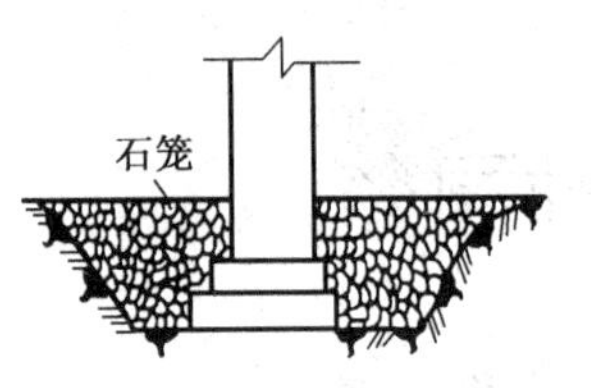

图4-65　石笼防护

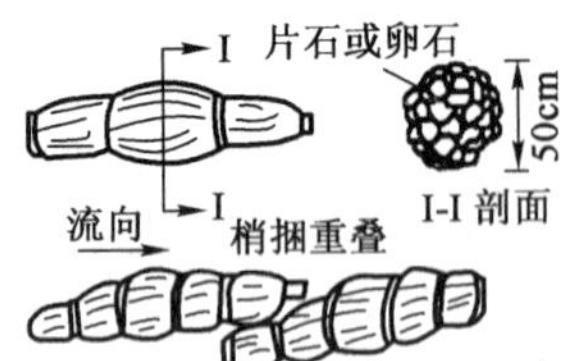

图4-66　铁丝石笼与梢捆防护

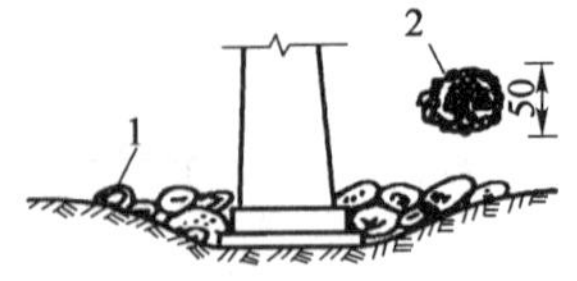

图4-67　梢捆防护（尺寸单位：cm）
1-梢捆；2-片（卵）石

③墩台滑移与倾斜的加固

桥台发生滑移和倾斜时，应分析原因，根据不同情况采取下列加固方案：

a. 梁式桥或陡拱因台背土压力大，造成桥台向桥孔方向位移，可采取下列方法加固：

- 挖去台背填土，改用轻质材料回填，减轻台后土压力，以使桥台稳定。如图4-68所示。
- 挖去台背填土，加厚台身（桥台胸墙），并注意新旧混凝土结合牢固，如图4-69所示。

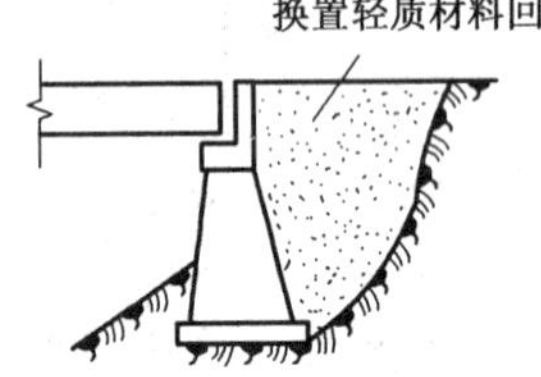

图4-68　台背换填轻质材料减轻荷载法

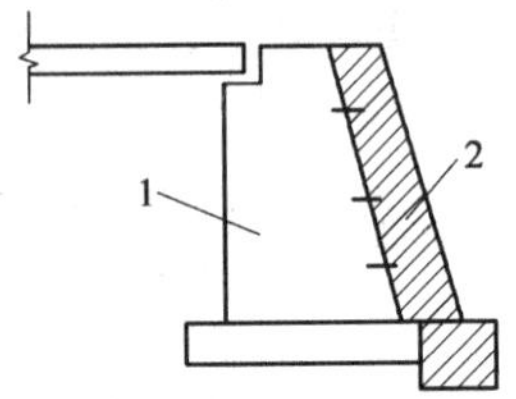

图4-69　增厚台身加固
1-桥台；2-新建的辅助挡墙

- 用具有大的内摩擦角的大颗粒土壤或干砌片石、砖等更换桥台后面填土，同时在台后新增架设便梁，如图4-70所示。
- 对于单跨的小跨径梁式桥，可在两桥台基础之间增设钢筋混凝土支撑梁或浆砌片石支撑板，顶住桥台，以平衡台后土压力，支撑顶面应不高于河床。如图4-71所示。埋置式桥台可采用挡墙、支撑杆或挡块等进行加固。

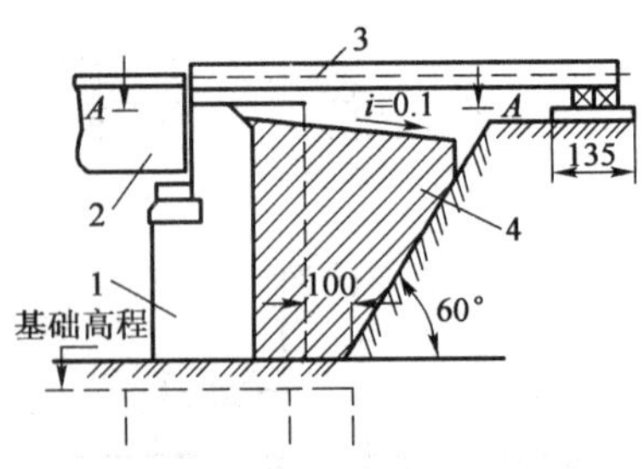

图4-70　更换台后填土并加便梁的加固
1-桥台；2-桥跨结构；3-新增便梁；4-干砌体

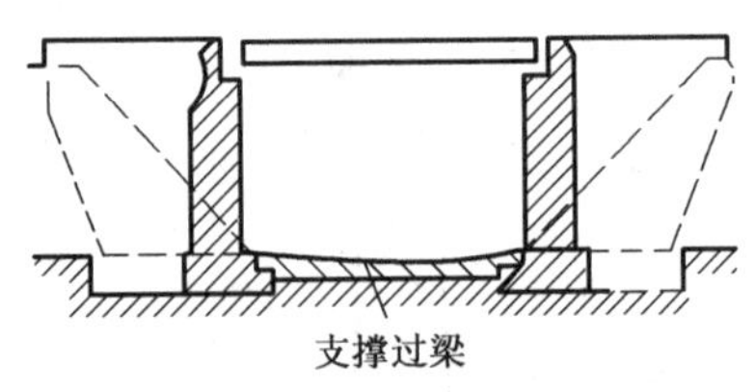

图4-71　台间设支撑梁加固

b. 拱桥桥台产生向台后方向位移，可根据不同情况采取下列方法加固：

- 在U形桥台两侧加厚翼墙。翼墙与原桥台应牢固结合，增大桥台断面和自重，借以抵抗水平位移。若为一字形桥台，可增设翼墙变为U形桥台。
- 当桥台的位移尚未稳定时，可用台后加孔减载加固法，它是在台后路基上新增一孔小跨径的简支梁桥，以减轻台后土压力的方法，如图4-72所示。

• 当桥下净空许可时，可在墩台之间设置拉杆承受推力，限制水平位移。对于多孔拱桥，要注意各孔之间的推力平衡，如图4-73所示。

图4-72　桥台后加孔减载加固

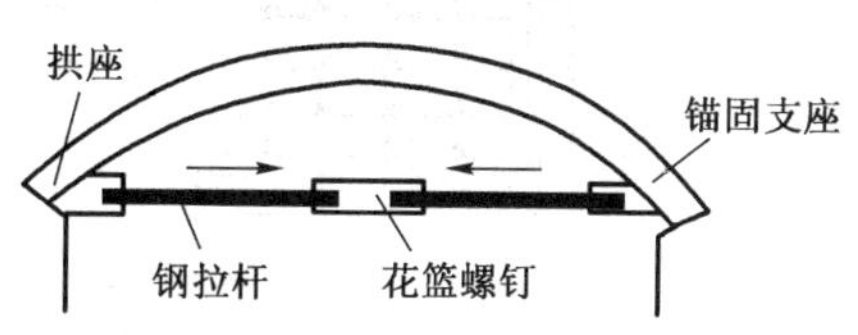

图4-73　墩台之间设置拉杆

• 当拱脚前有一定的填土时，可在台前加建新的扩大基础，并将改建为变截面的拱肋支承到新基础上。新老基础之间用钢销进行联结，有条件时在台前新基础下设法增加几根短桩，以提高承载力。新基础既能增加的竖向承载力和水平方向承载力，又加强了拱肋断面，使之成为变截面拱肋，如图4-74所示。

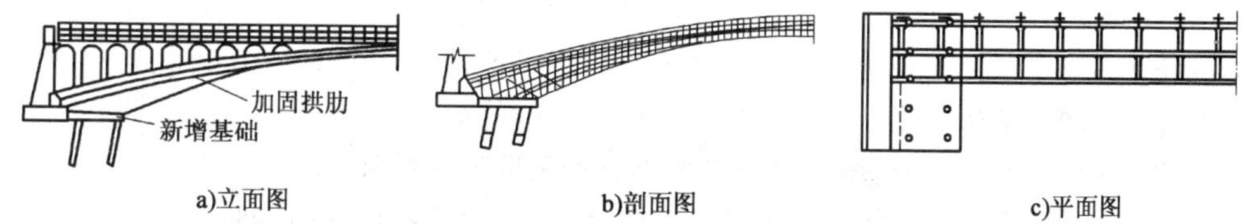

图4-74　桥台前加建新的扩大基础加固法

c. 拱桥在加固墩、台时，必须保持推力平衡，注意安全。

④墩台基础沉降的加固

若桥梁墩台发生了较明显的沉降、位移，除按前述墩台加固的方法外，还可采用下述方法使上部结构复位：

a. 梁式桥上部结构状况基本完好，桥面没有损坏，下部地基较好时，可对上部结构整体或单孔顶升，然后加设垫块、调整支座。

b. 梁式桥上部结构状况基本完好，但桥面损坏严重时，可凿除桥面及主梁之间的连接，将主梁逐一移位，加厚盖梁，重新安装主梁，并重新铺装桥面。

c. 拱桥桥台发生位移，使拱轴线变形较大，承载能力不足时，可采用顶推方法调整拱轴线，恢复其承载能力。

2. 墩台养护与加固

(1) 日常养护与维修

①保持墩台表面整洁，及时清除墩台表面的青苔、杂草、灌木和污秽。

②对发生灰缝脱落的圬工砌体，应清除缝内杂物，重新用水泥砂浆勾缝。

③墩、台身圬工体表面风化剥落或损坏时，损坏深度在3cm以内的，可用水泥砂浆抹面修补，砂浆强度等级一般不应小于M5。当损坏面积较大且深度超过3cm时，不得用砂浆修补，而需采用挂网喷浆或浇注混凝土的方法加固，如图4-75所示。

④圬工砌体镶面部分严重风化和损坏时，应用石料或混凝土预制块补砌、更换，新老部分要结合牢固，色泽质地应与原砌体基本一致。

⑤墩台身圬工砌体的砌块如出现裂缝，应拆除后重新砌筑。

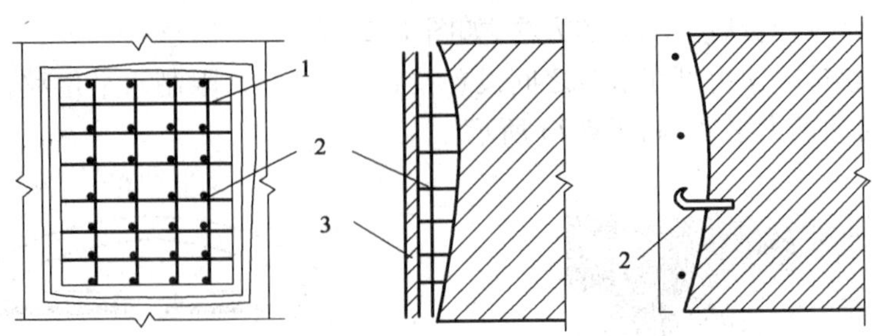

图 4-75　混凝土缺损修补

1-钢筋网;2-牵钉;3-模板

⑥墩、台表面发生侵蚀剥落、蜂窝麻面、裂缝、露筋等病害时,应采用水泥砂浆或混凝土修补。因受行车振动影响,不易用水泥砂浆补牢的,应考虑采用环氧树脂或其他聚合物混凝土进行修补。用混凝土修补一般有直接浇筑、喷射及压浆等几种方法。浇筑之前,应先把墩台上的蜂窝或空洞缺陷部分尽可能凿除,同时对混凝土修补部位进行凿毛处理,并使老混凝土表面保持湿润、清洁、不沾尘土。然后马上在钢筋和其周围的混凝土上涂一层水泥浆液或其他胶黏剂,如1:0.4的铝粉水泥浆液、1:1 的铝粉砂浆、环氧胶液等,在这些浆液涂抹后尚未凝固时,即可立即浇筑上新的混凝土,同时在浇筑混凝土以后尽可能地捣实。图 4-76 为混凝土墩台中产生蜂窝的修补示意,修补全部结束后,对修补部分要加强养护。

⑦当墩、台混凝土产生裂缝时,视裂缝大小分别采取下列措施:

a. 当裂缝宽度在限值范围内时,可进行封闭处理,一般涂刷环氧树脂胶。

b. 当裂缝宽度大于限值规定时,应采用压力灌浆法灌注环氧树脂胶或其他灌缝材料。

c. 当裂缝发展严重时,应加强观测,查明原因,按照相应规定进行加固处理。

(2)加固方法

①由于活动支座失灵而造成墩台拉裂,应修复或更换支座,并处理裂缝。

②墩身发生纵向贯通裂缝时,可用钢筋混凝土围带、粘贴钢板箍或加大墩台截面的方法进行加固。图 4-77 为加大桥墩截面的方法进行加固。

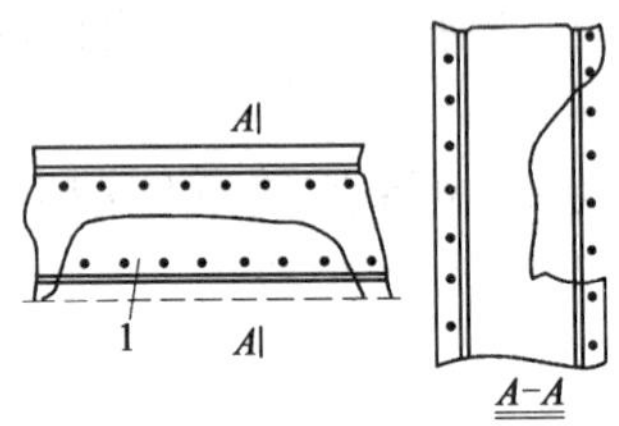

图 4-76　混凝土墩台中产生蜂窝的修补

1-凿除产生蜂窝的混凝土

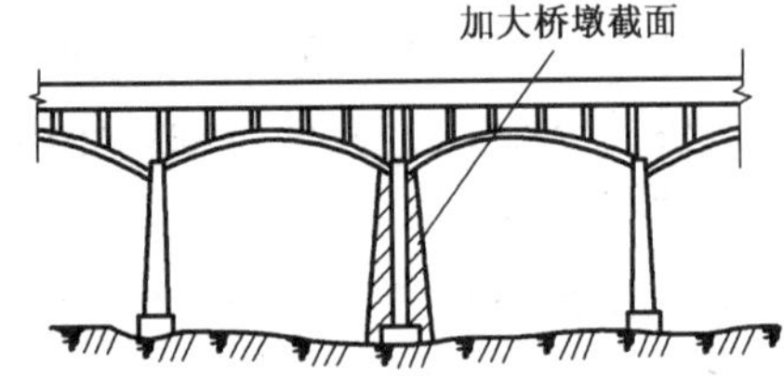

图 4-77　加大桥墩截面加固

③因基础不均匀下沉引起墩、台自上而下的裂缝,则应先加固基础,再采用灌缝或加箍的方法进行加固。加固时,一般在墩身上、中、下部分分设 3 道围带,其间距应大致相当于桥墩侧面的宽度。每个围带宽度,则根据裂缝情况和大小而定,一般为墩台高度的 1/10 左右,厚度采用 10 ~ 20cm。为加强围带与墩台的连接,应在墩身内设置直径 10 ~ 25mm 的钢销,埋入深度为钢筋直径的 20 倍左右,把围带的钢筋网扣在钢销上,埋钢销的孔眼要比销径大出 15 ~ 20mm,先填满销孔再浇注混凝土,同时填塞裂缝,如图 4-78 所示。

④当U形桥台的翼墙外倾时,可在横向钻孔加设钢拉杆,钢拉杆固定在翼墙外壁的型钢或钢筋混凝土梁柱上。

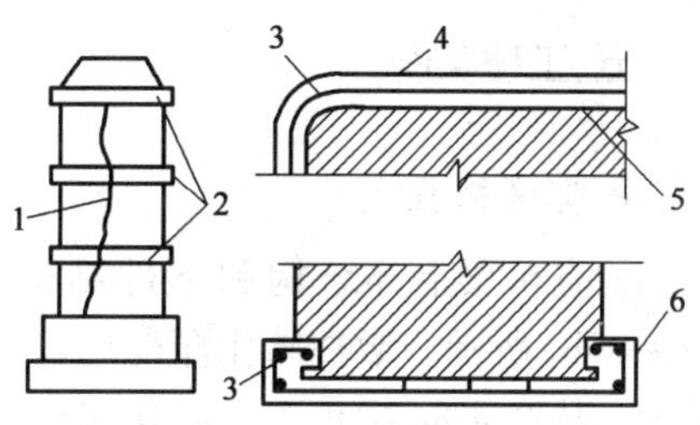

图4-78　围带加固

1-桥墩裂缝;2-钢筋混凝土围带;3-钢筋;4-桥墩环形围带;5-牵钉;6-桥台U形围带

⑤当墩台损坏严重,如有严重裂缝及大面积表面破损、风化和剥落时,或砌石圬工的旧墩台表面破损时,一般可用围绕整个墩台设置钢筋混凝土"箍套"的方法进行加固,其尺寸应能满足通过"箍套"传递所有荷载或大部分荷载的需要。同时,再改造墩台顶部,灌筑支承于"箍套"上新的混凝土,形成强度较大的钢筋混凝土板以代替旧的支承垫石,如图4-79所示。

⑥对于多跨拱桥,为预防因其中某一跨遭到破坏使整体失去平衡而引起其他拱跨的连锁破坏,可根据具体情况,对每隔若干拱跨中的一个支墩采取加固措施。其方法是在支承墩两侧加斜向支撑(图4-80)和加大该墩截面(图4-77),使得在一跨遭到破坏时,只影响若干拱跨而不致全部毁坏。

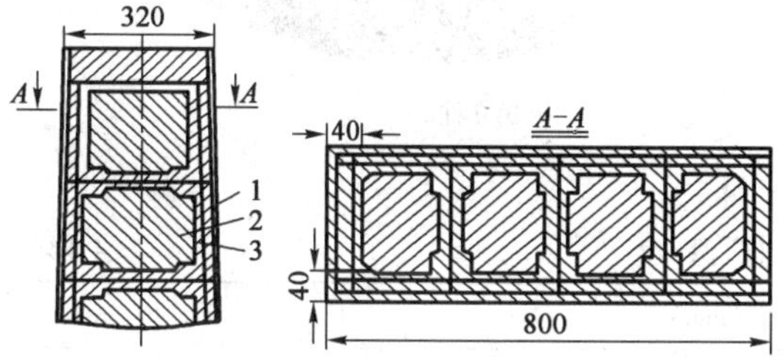

图4-79　用钢筋混凝土箍套加固桥墩(尺寸单位:cm)

1-箍套间的拉杆;2-墩台圬工;3-箍套

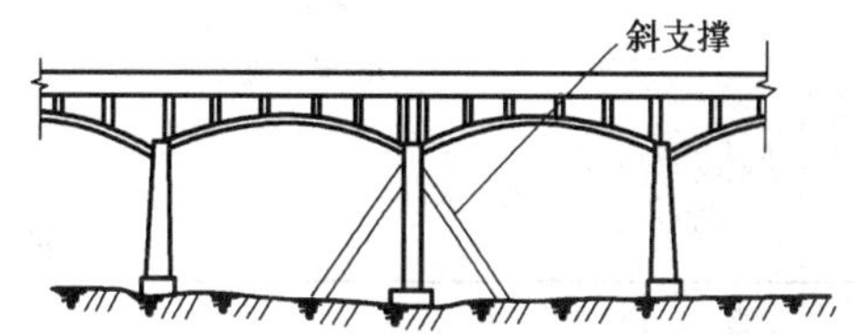

图4-80　斜支撑加固

⑦钢筋混凝土墩台出现缺损,而墩台身处于常水位以下时,可根据不同情况采用围堰抽水或水下作业的方法进行修补。

3. 锥坡与翼墙养护

(1)锥坡应保持完好。锥坡开裂、沉陷,受洪水冲空时,应及时采取措施进行维修加固,如图4-81所示。对于时间较久引起的勾缝砂浆脱落,可及时进行重新勾缝处理,但要及时养护。对锥坡开裂、沉陷或洪水冲空等病害,要先夯实锥坡内的土体,注意要分层夯实,然后再砌筑砌体。

(2)翼墙出现下沉、断裂或其他损坏时,应及时维修加固,或拆除重新修建,如图4-82所示。

图4-81　锥坡防护

图4-82　翼墙防护

五、工程实例

1. 桥梁检查

检查桥梁上部结构和下部结构等外观全貌，桥梁全貌如图 4-83a）所示，桥梁立柱如图 4-83b）所示。墩柱碳化深度见表 4-14，墩柱的氯离子含量如图 4-84 所示，电位图如图 4-85 所示。从图 4-84 中可看出碳化深度较大，从图 4-84 中可看出氯离子含量较高，易诱发钢筋锈蚀。从图 4-85 上可看出墩柱电位较高，钢筋易锈蚀。

a)桥梁全貌

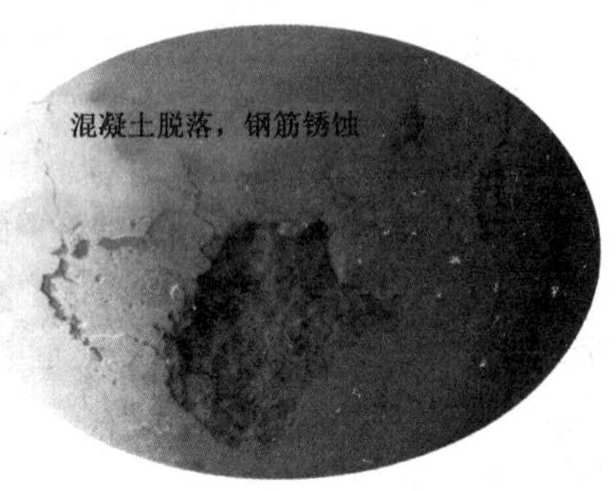

b)立柱

图 4-83

墩柱碳化深度　　表 4-14

部　位	碳化深度值(mm)			平均值(mm)
0 号台前墙	4.0	5.0	6.0	5.0
4 号台前墙	25.0	23.0	27.0	25.0
左幅 1 号墩 1 号立柱	28.0	26.0	30.0	28.0
左幅 1 号墩 2 号立柱	22.0	24.0	25.0	23.7
左幅 3 号墩 2 号立柱	20.0	23.0	19.0	20.7
右幅 1 号墩 2 号立柱	19.0	18.0	21.0	19.3
右幅 3 号墩 2 号立柱	18.0	16.0	21.0	18.3

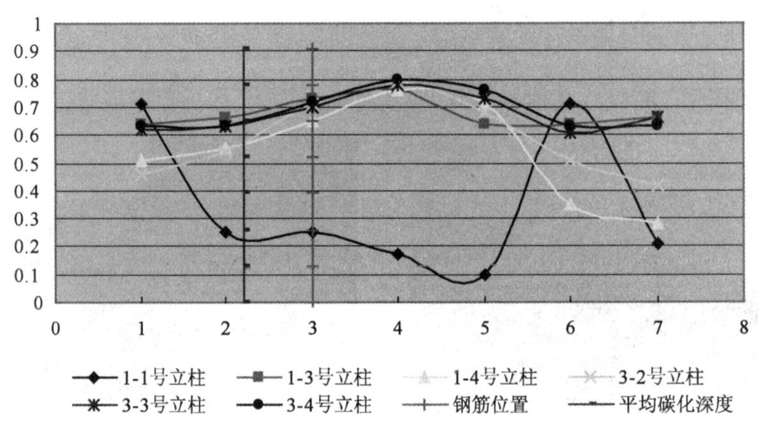

图 4-84　氯离子含量

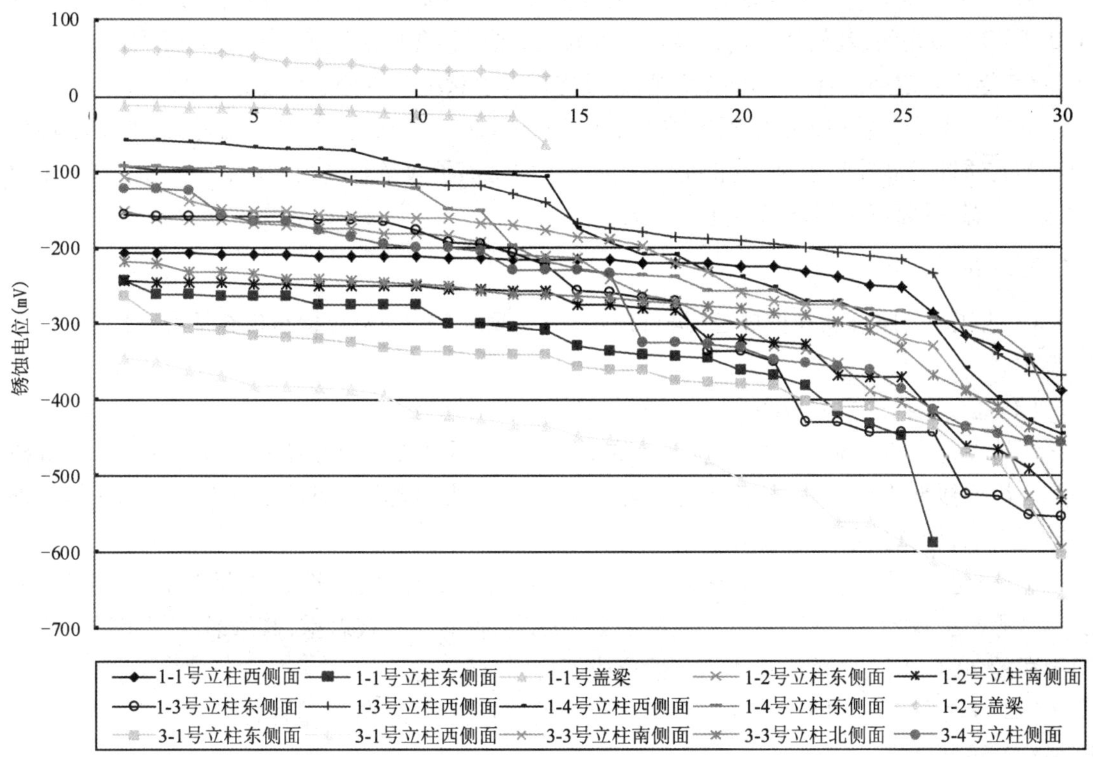

图 4-85　墩柱电位图

2. 分析

(1)混凝土强度综合分析

各主要构件混凝土强度等级满足设计规范最低要求,强度匀质性较好。

(2)钢筋锈蚀综合分析

盖梁混凝土构件测试电位差值全部在 -200 ~0mV 之间,构件钢筋处于未锈蚀状态,基本处于较稳定状态。

立柱构件 86% 的所测区域锈蚀评定标度值为 4 或 5,构件钢筋基本处于严重锈蚀状态或存在锈蚀开裂区域,同时对比 2005 年定期检查资料可以发现锈蚀发展趋势变化较快,且从表观质量状况可以验证构件存在锈蚀开裂区域。

(3)构件钢筋保护层综合分析

各主要构件混凝土保护层厚度满足要求;但从立柱表观质量状况可以发现,立柱表面混凝土 10% ~40% 的区域基本处于胀裂或混凝土脱落状态,即 10% ~40% 的保护层已经被破坏。

(4)构件混凝土碳化深度综合分析

桥台混凝土构件的碳化深度均未达到钢筋位置;立柱混凝土构件的碳化深度相对其他构件其碳化深度值偏大,且从立柱表观状况可以发现立柱表面 50% 以上的区域有不同程度的竖向裂缝、胀裂及混凝土脱落等现象,因此可以判定立柱钢筋保护层的实际功效几乎已经完全丧失。

(5)构件混凝土氯离子含量综合分析

盖梁构件50%测试区域氯离子含量处于0.15～0.4%之间，50%测试区域氯离子含量处于0.4～0.7%之间，其构件钢筋锈蚀活动性较弱，氯离子含量诱发钢筋锈蚀的可能性较低，对比2005年桥梁定期检查资料可以发现，盖梁构件锈蚀状况基本处于较稳定状态。

立柱氯离子含量在钢筋附近区域处于0.7%～1.0%之间，会诱发钢筋锈蚀，而实际构件中钢筋的锈蚀发展较为迅速，也正是由于混凝土内氯离子含量较高引发的，立柱内钢筋处于差的保护状态，受氯离子侵入腐蚀作用较大。

3.结论

(1)依据《公路桥涵养护规范》进行评定，由一般检查结果结合特殊检查情况，评定该桥为四类桥。

(2)通过全面的质量检测，该桥目前存在的主要问题有：

①桥面行车道车辙，车辙深度在1～3cm之间，且贯通左右幅桥面行车道；左幅东营侧桥头与路堤连接部路基下沉，引起桥头路面凹陷，导致桥头出现跳车现象；桥体泄水管整体性外伸长度不足，导致排水侵蚀边梁。

②立柱整体质量状况差，所有立柱都有不同程度的竖向裂缝、胀裂、混凝土脱落、露筋及钢筋锈蚀等不良现象，其中50%以上立柱混凝土胀裂、脱落问题较严重，其胀裂面积超过立柱表面面积的20%以上，对桥梁整体稳定性造成不良影响。

③2号墩立柱桩头因流水及污水侵蚀等原因外露较严重，桩头整体性外露1.5m左右，外露最深处可达2m。

4.维修加固建议

(1)鉴于该桥目前技术状况评定为四类桥，处于差的状态，建议养护管理部门应尽快采取维修加固措施，以保障桥梁安全运营。

(2)通过对该桥进行质量检测以及对检测结果的评价分析，针对桥梁目前存在的问题建议作以下处理：

①对全桥立柱进行维修加固处治，处理混凝土内钢筋锈蚀、混凝土剥落对承载性能造成的不良影响，进行补强加固，保障其承载安全性能。

②针对左幅东营侧桥头与路基连接部路基下沉问题，建议管养部门及时加以处理，防止路基下沉加深，进而对桥垮结构正常受力造成不良影响。

③针对墩桩头外露问题，尽快对其进行加固处理，防止桩头混凝土及钢筋因污水侵蚀恶化进一步加深，进而影响桥梁整体稳定性。

5.维修加固方案

根据现场检查结果和测试数据分析评定，针对该桥目前质量状况，建议对该桥全部桩柱进行维修加固处治。

(1)方案一：先对立柱钢筋锈蚀、混凝土胀裂脱落等缺损进行处理，再采用环氧砂浆或改性砂浆进行立柱缺损面修补，最后采用芳纶纤维外包的方法进行加固处理。

(2)方案二：先对立柱钢筋锈蚀、混凝土胀裂脱落等缺损进行处理，再采用环氧砂浆或改性砂浆进行立柱缺损面修补，最后采用钢筋混凝土套箍外包的方法进行加固处理。

附：

2013年××市桥梁病害检查报告

一、前言

××市内有国道5条，省道15条，是华东地区的交通要塞，在公路交通运输中起到重要的枢纽作用。随着国民经济的不断快速发展，公路运输交通量日益增大，对公路交通运输提出了更高的要求，但本市境内所辖国省道干线公路桥梁大多修建时间早，设计荷载标准偏低，桥梁结构形式复杂多样，且经过多年的超负荷运营，存在多种不同程度的病害和较大的安全隐患，对公路交通运输的安全度构成了潜在的威胁。特委托省公路桥梁检测中心于2013年8月对全市国省道干线所有桥梁技术状况进行了全面详细的调查。

二、桥梁分类及技术状况调查结果

（一）桥梁分类

××境内共有国道桥梁152座，省道桥梁200座。为了更加直观地了解国、省道桥梁的各项技术指标，分别将本市境内的国、省道桥梁按跨径、上部结构形式、建成年代、桥梁技术状况等级进行了分类说明（备注：由于桥梁的结构形式复杂，一座桥往往是由几座建成时间、设计荷载、结构形式等均不相同的桥梁组成，故在评定桥梁的等级及统计时，为了能够更加真实、具体的反映桥梁的运营技术状况，将一座桥梁按照其建成时间不同而分开进行评定，故桥梁的评定总数等往往与统计数据不符；由于有些桥梁在检查时尚未建成或正在拆除改建等种种原因，故有一部分桥梁并未予以评定其技术状况等级，在以后的分类及描述中均有类似情况发生，不再一一说明）。具体分类情况见表4-15、表4-16。

国道桥梁分类表　　表4-15

按跨径分类	特大桥	大桥	中桥	小桥				合计
数量（座）	0	15	32	106				152
按结构分类	板桥	T梁桥	肋梁桥	双曲拱桥	其他			合计
数量（座）	171	2	0	0	0			173
按建成年代分类	60年前	20世纪60年代	20世纪70年代	20世纪80年代	20世纪90年代	21世纪	其他	合计
数量（座）	0	0	4	0	140	29	0	173
技术状况	一类桥	二类桥	三类桥	四类桥	五类桥			合计
数量（座）	66	105	1	0	1			173

续上表

桥梁类别
200
150
100
50
0
0
15
32
106
152
特大桥
大桥
中桥
小桥
合计
上部结构形式
200
150
100
50
0
171
2
0
0
0
173
板桥
T形桥
肋梁桥
双曲拱桥
其他
合计
桥梁建成年代
200
150
100
50
0
0
0
3
0
140
30
0
173
60年前
20世纪60年代
70年代
80年代
90年代
21世纪
其他
合计
桥梁技术状况
200
150
100
50
0
66
105
1
0
1
173
一类桥
二类桥
三类桥
四类桥
五类桥
合计

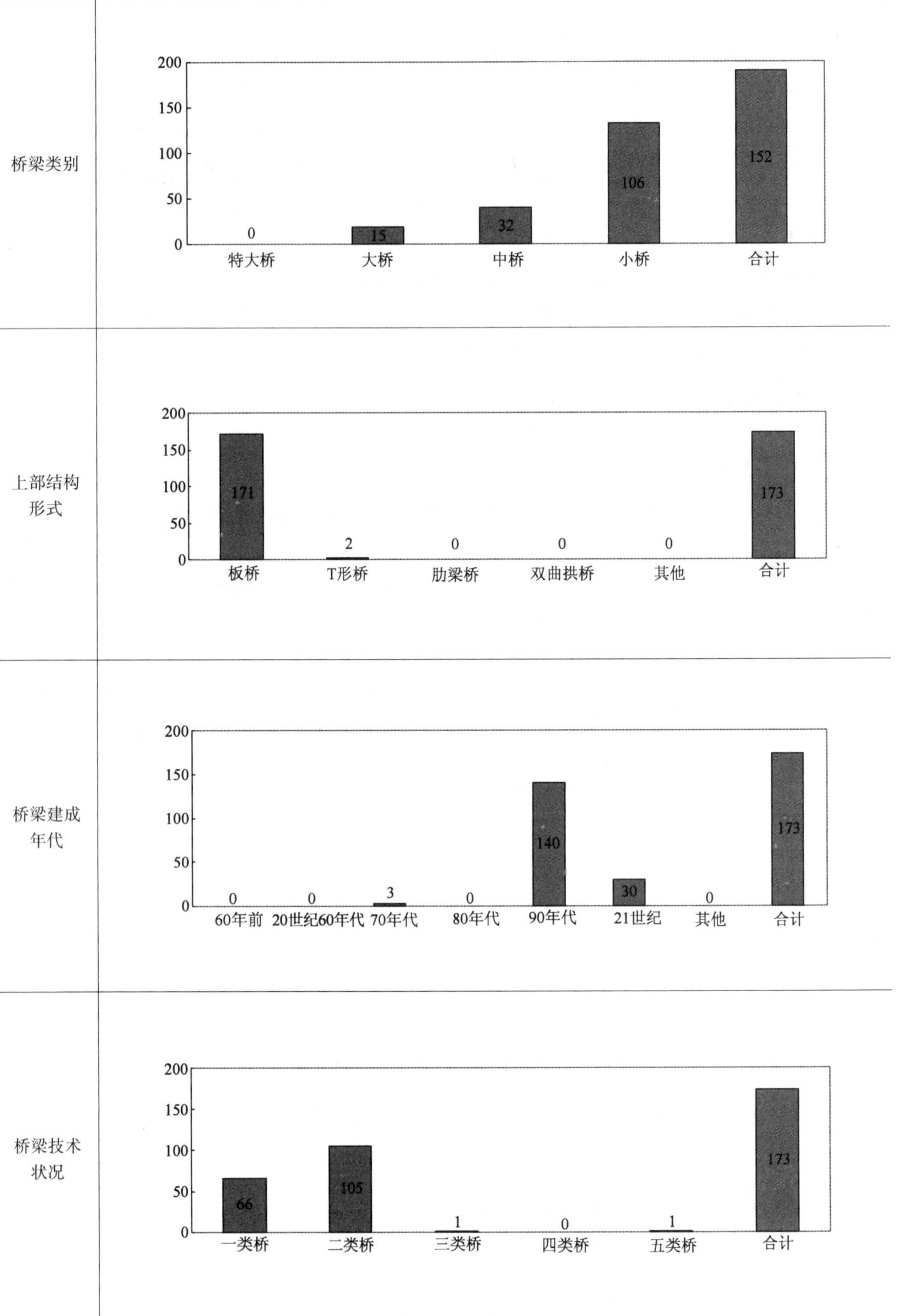

省道桥梁分类表 表4-16

按跨径分类	特大桥	大桥	中桥	小桥				合计
数量(座)	1	23	62	114				200
按结构分类	板桥	T 梁桥	肋梁桥	双曲拱桥	其他			合计
数量(座)	193	7	2	39	4			245
按建成年代分类	60 年前	20 世纪60 年代	20 世纪70 年代	20 世纪80 年代	20 世纪90 年代	21 世纪	其他	合计
数量(座)	1	18	34	8	119	63	2	245
技术状况	一类桥	二类桥	三类桥	四类桥	五类桥			合计
数量(座)	120	106	11	4	4			245
桥梁类别	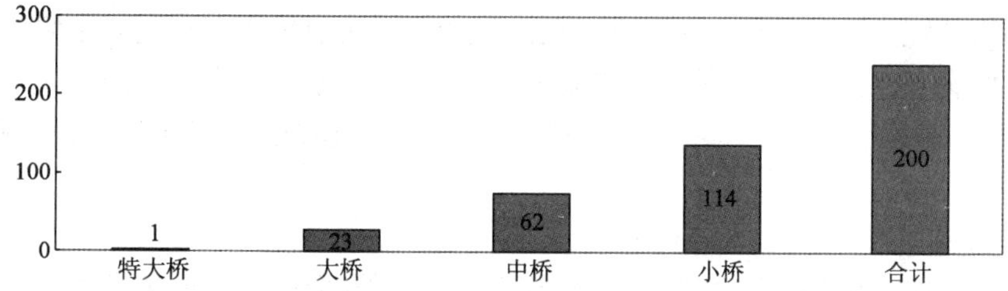 0 100 200 300 特大桥 1；大桥 23；中桥 62；小桥 114；合计 200							
上部结构形式	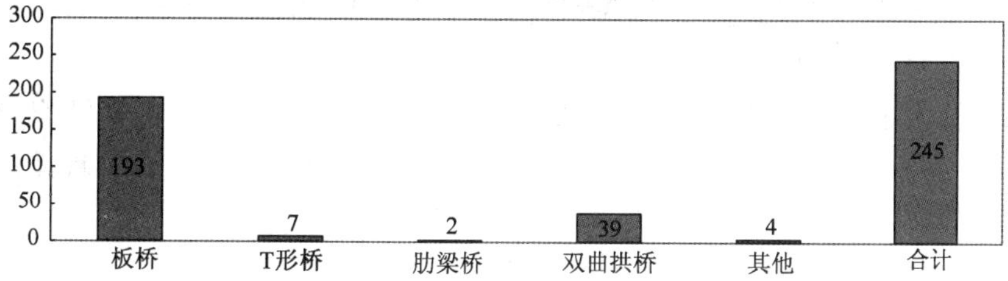 0 50 100 150 200 250 300 板桥 193；T形桥 7；肋梁桥 2；双曲拱桥 39；其他 4；合计 245							
桥梁建成年代	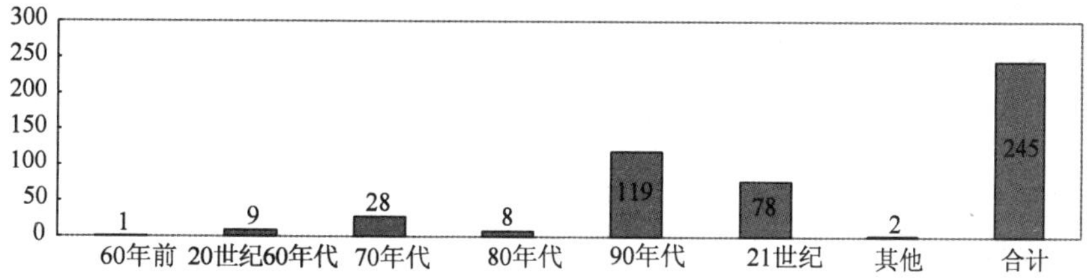 0 50 100 150 200 250 300 60年前 1；20世纪60年代 9；70年代 28；80年代 8；90年代 119；21世纪 78；其他 2；合计 245							
桥梁技术状况	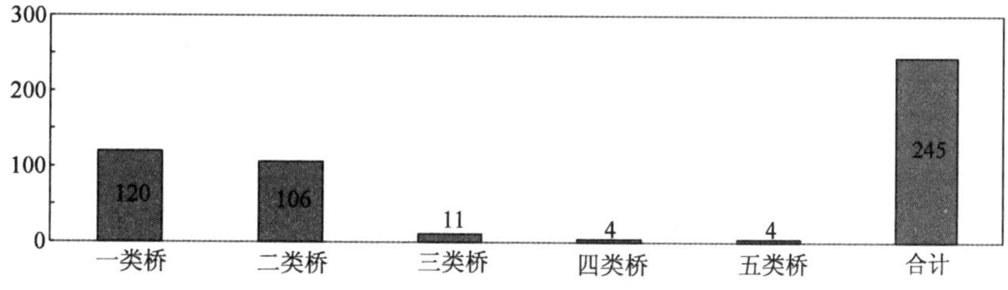 0 100 200 300 一类桥 120；二类桥 106；三类桥 11；四类桥 4；五类桥 4；合计 245							

（二）桥梁病害及技术状况调查结果

1. 所查国、省道干线公路桥梁主要病害类型

（1）梁、板结构桥梁

下部结构主要存在的病害有：桩柱外露、冲刷，混凝土骨料外露、脱落，露筋、锈蚀，严重者导致立柱有效截面减小，承载力不足，个别桥梁存在立柱顶部混凝土环状开裂等较为严重的病害；盖梁等主要构件表层混凝土质量差，混凝土脱落，骨料外露，混凝土保护层不足，钢筋外露、锈蚀现象较为普遍。

上部结构主要存在的病害有：主板底面混凝土裂缝较为普遍存在，并伴有缝口渗水、泛白、流膏等病害；许多建成时间较长的桥梁采用的油毛毡支座老化、拉出，严重者失去作用；部分桥梁由于外部原因橡胶板支座缺损；伸缩缝损坏现象较为普遍，并在伸缩缝处形成跳车；泄水孔排水不畅、堵塞等病害也较为普遍的存在；混凝土铺装层桥面存在混凝土脱落，骨料外露，露筋等形式的病害，沥青混凝土铺装层存在脱皮、坑槽、壅包、泛油等形式的病害，桥头跳车现象较为普遍存在；人行道栏杆大多存在人行道板开裂，立柱、栏杆钢筋锈蚀，混凝土胀裂、脱落等病害。

（2）拱桥

下部结构主要存在的病害有：桩柱外露、冲刷，混凝土骨料外露、脱落，导致露筋、锈蚀，严重者导致立柱有效截面减小，个别桥梁存在立柱顶部混凝土环状开裂等较为严重的病害；部分拱桥存在桥台位移盖梁等主要构件表层混凝土质量差，混凝土脱落，骨料外露，混凝土保护层不足导致露筋、锈蚀现象较为普遍。

上部结构主要存在的病害有：拱肋在拱顶、L/4 处混凝土开裂甚至断裂，拱脚处混凝土振捣不密实，骨料外露，露筋、锈蚀等病害较为普遍存在；拱波纵桥向开裂现象也较为普遍存在；拱顶填料变形，桥面铺装层损坏严重，侧墙外移等较为严重病害。

2. 技术状况调查统计

综合此次调查结果，依据《公路养护技术规范》，××市境内共有一类桥 187 座，二类桥 205 座，三类桥 11 座，四类桥 4 座，五类桥 5 座。

复习思考题

1. 桥梁经常检查、桥梁定期检查、桥梁特殊检查的概念是什么？
2. 桥梁一般评定、适应性评定内容？
3. 抗洪能力评定如何？
4. 桥梁养护对策如何？
5. 简述桥面系的养护维修加固技术。
6. 简述钢筋混凝土梁桥的养护与加固技术。
7. 简述拱桥的养护与加固技术。
8. 简述预应力梁桥的加固技术。
9. 简述钢桥养护与加固技术。
10. 简述桥支座的养护与加固技术。
11. 桥梁墩台基础的加固方法与使用范围是什么？
12. 墩台基础的日常养护与维修的要求是什么？

13. 墩台日常养护与维修的要求是什么？
14. 墩台加固方法与使用范围是什么？

课题三　涵洞养护

知识点：
◎ 涵洞养护的一般规定。
◎ 涵洞日常养护的内容。

技能点：
◎ 涵洞维修与改建。
◎ 涵洞地基承载力不足时的处理措施。

一、一般规定

（1）涵洞是公路上数量很多，形式多样且分布很广的一种构造物，如图4-86所示。要确保涵洞行车安全、排水顺畅和排放适当，保持涵洞结构及填土完好，维护涵洞表面清洁、不漏水，必须认真作好涵洞的养护工作。

a）圆管涵

b）盖板涵

c）拱涵

d）箱涵

图4-86　涵洞

（2）涵洞养护工作的内容包括：经常检查和定期检查，日常养护、维修、加固与改建。
（3）涵洞开挖维修时，应维持好交通，并设立安全标志及护栏。

二、涵洞的检查

1. 经常检查

（1）经常检查每月至少进行两次，在洪水、冰雪前后及行洪期间应加强检查。

(2)经常检查内容包括:进水口是否堵塞,沉砂井有无淤积,洞内有无淤塞及排水不畅;洞口周围是否有杂物堆积,涵洞是否清洁、漏水;周围路基填土是否稳定和完整;涵洞结构是否有损坏。

(3)经常检查中发现有排水堵塞或有较大损坏需要进行维修的,应做好记录并及时报告。

2. 定期检查

(1)定期检查每年至少一次,在接到较大损坏情况的报告后应增加检查。

(2)定期检查的内容

①检查涵洞的过水能力,包括涵洞的位置是否适当,孔径是否足够,涵底纵坡是否合适。若过水能力明显不足,经常造成内涝及路基损毁的,应考虑改造。

②进水口铺砌、翼墙、护坡、挡水墙、沉砂井等是否完整,洞口连接是否平整顺适。

③出水口铺砌、挡水墙、翼墙、护坡等是否完整,排水是否顺畅。

④涵体侧墙是否渗漏水、开裂、变形或倾斜,墙身砌体砂浆是否脱落、石块是否松动,基础是否冲刷掏空。

⑤涵身顶部盖板或拱顶是否开裂、漏水、变形下挠,拱顶砌块是否松动脱落。

⑥涵底是否淤塞阻水,涵底铺砌是否完整。

⑦洞口附近填土是否有漏水、冲刷、空洞,填土是否稳定。

⑧涵洞顶路面是否开裂、下沉。行车是否安全。

(3)定期检查中,检查人员应当场填写"涵洞定期检查记录表",见表4-17所列。实地查明损坏情况,根据涵洞的技术状况及排水适应情况,参照桥梁技术状况评定标准相关结构类型,对涵洞的技术状况综合做出好、较好、较差、差、危险5个级别的评定,提出日常养护、维修、加固、改建等建议。

涵洞定期检查记录 表4-17

<table>
<tr><td colspan="2">1. 路线编码</td><td colspan="2"></td><td colspan="3">2. 路线名称</td><td colspan="2"></td><td>3. 涵洞桩号</td><td></td></tr>
<tr><td colspan="2">4. 管养单位</td><td colspan="2"></td><td colspan="3">5. 涵洞类型</td><td colspan="2"></td><td>6. 检查时间</td><td></td></tr>
<tr><td>7. 序号</td><td colspan="3">8. 部件名称</td><td colspan="5">9. 损坏或需维修情况描述</td><td colspan="2">10. 维修建议(方式、范围、时间)</td></tr>
<tr><td>1</td><td colspan="3">进水口</td><td colspan="5"></td><td colspan="2"></td></tr>
<tr><td>2</td><td colspan="3">出水口</td><td colspan="5"></td><td colspan="2"></td></tr>
<tr><td>3</td><td colspan="3">涵身两侧</td><td colspan="5"></td><td colspan="2"></td></tr>
<tr><td>4</td><td colspan="3">涵身顶部</td><td colspan="5"></td><td colspan="2"></td></tr>
<tr><td>5</td><td colspan="3">涵底铺砌</td><td colspan="5"></td><td colspan="2"></td></tr>
<tr><td>6</td><td colspan="3">涵附近填土</td><td colspan="5"></td><td colspan="2"></td></tr>
<tr><td colspan="4">11. 涵洞技术状况总评</td><td colspan="2">好</td><td colspan="2">较好</td><td>较差</td><td>差</td><td>危险</td></tr>
<tr><td colspan="3">12. 养护方案</td><td>日常养护</td><td>维修</td><td colspan="2">加固</td><td>改建</td><td colspan="2">13. 下次检查时间</td><td>年　月</td></tr>
<tr><td colspan="11">14. 备注</td></tr>
<tr><td colspan="3">主管负责人</td><td colspan="2"></td><td colspan="2">检查人</td><td></td><td colspan="2">检查时间</td><td>年　月</td></tr>
</table>

3. 涵洞技术状况评定

涵洞技术状况评定参见《桥隧构造物技术状况评定标准》。

三、涵洞的日常养护

(1)涵洞的口应保持清洁,发现杂物堆积应及时清除。涵洞内应保持排水畅通,发现淤塞应及时疏通,如图4-87所示。

(2)洞口和洞内如有积雪应尽快清除,并将其抛弃到路基边沟以外的适当地点。

(3)洞底铺砌、洞口上下游路基护坡、引水沟、汇水槽、沉砂井发生变形时,均应及时修理。

(4)涵底铺砌出现冲刷损坏、下沉、缺口应及时修复。路基填土出现渗水、缺口应及时封塞填平。

(5)涵底和涵墙出现渗漏水,应查明原因,分别采取下列方法处治:

①疏通水道,使洞底铺砌与上下游水槽坡道平齐顺适。

②保持洞内底面平顺,并有适当纵坡。

③用水泥砂浆对涵底和涵墙重新勾缝。

(6)涵洞出水口的跌水构造应与洞口结合成整体,若有裂缝时,应采用干燥麻絮浸透沥青填实。

(7)浆砌石拱涵的砌体表面风化、开裂、灰缝剥落,局部石块松动、脱落,或砌体渗漏水,可分别按下列方法处理:

①用水泥砂浆重新勾缝,或局部拆除后重砌。

②表面抹浆或喷浆。

③在砌体背后压注水泥砂浆或化学浆液。

④加设涵内衬砌。

⑤挖开填土,对砌体进行维修处治,并加设防水层。

(8)混凝土管涵的接头处和有铰涵管铰点的接缝处发生填缝料脱落,引起路基渗水时,应及时封堵处理。可用干燥麻絮浸透沥青后填实,或用其他黏弹性材料封堵,不得采用灰浆抹缝,以免再次脱落。

(9)压力式涵洞进水口周围路堤发现渗漏、空洞、缺口或冲刷现象时,应及时进行修补处理。

(10)压力式倒虹吸管的管顶路面出现湿斑,应及时停止使用,挖开修理,更换软化的路基填土和破裂的管节。接头处必须填塞紧密。

(11)涵洞的日常养护维修,在开挖修理时,必须开设便道或采取半幅施工,设立标志、护栏,保障施工和行车安全。

图4-87　涵洞淤塞

四、涵洞的维修与改建

涵洞的维修与改建主要包括涵洞地基加固(严重冲刷的加固、地基沉降变形的处理)和涵洞的改造(接长、提高承载力)。其维修改建的内容与方法如下:

(1)涵洞严重冲刷时应增设防冲、减冲结构,也可以与沟渠的疏导整治结合进行。进、出水口处如已严重冲刷,可采用下列方法维修:

①位于陡坡上的涵洞或直接受水流冲击的涵洞,其入口处应采取适当的防护措施。

②用浆砌块石铺底，并用水泥砂浆勾缝。长度视土质和流速而定，铺砌的末端应设置混凝土或浆砌块石抑水墙。

③流速特别大的涵洞，应在出水口加设削力槛、削力池等。削力槛末端应设置混凝土或浆砌块石抑水墙或三级跳槛。

(2)当地基沉陷时，多采用换填夯实等加固方法。可采用下列方法维修：

①管涵的管节因基础沉陷而发生严重错裂时，应挖开填土处理地基，再重建基础。也可直接采用对地基及基础压浆的方法处理，如图4-88所示。

②有铰涵管如变形大于直径的1/20时，应查明原因进行处理。

③涵洞的侧墙和翼墙有倾斜变形发生，如因填土未夯实发生沉落，或填土中水分过多土压力增大而引起的，应更换透水性好的填土并夯实；如属基础变形引起的，则需要修理或加固基础。

(3)因加宽或加高路基导致涵洞长度不足时，应接长处理，如图4-89所示。

图4-88　开挖处理地基

图4-89　因加宽导致涵洞接长

①一般可将原涵洞洞身接长，两端新建洞口端墙和路基护坡。

②当路基加宽、加高不多时，也可采用只加高两端洞口端墙或加高加长洞口翼墙的方法。

③接长涵洞一般用与原涵洞相同的结构形式。接长时应采取措施尽量减少新、旧涵洞段的不均匀沉降。

图4-90　临时加固涵洞

(4)当涵洞承载力不足时，一般采用加大结构尺寸及用新结构更换的做法进行加固或改建。可分别采用下列方法：

①挖开填土，用混凝土或钢筋混凝土加大原涵洞断面。

②涵内用混凝土或钢筋混凝土预制块衬砌加固或用现浇衬砌进行加固。

③挖开填土，用新构件分段进行更换改建。

④因特殊车辆通过，而采取的加强措施，如图4-90所示。

复习思考题

1. 涵洞养护工作内容包括哪些内容？

2. 涵洞的检查内容有哪些？

3. 当涵洞承载力不足时，一般采用什么方法进行处理？

单元五　公路沿线设施养护技术

课题一　公路沿线设施的损坏类型及技术状况评价

知识点：

◎ 沿线设施的损坏类型。

◎ 沿线设施技术状况评价。

技能点：

◎ 沿线设施技术状况评价。

公路沿线设施是公路的重要组成部分，它是指设置于公路上用于保障驾乘人员人身和财产安全，引导车辆行驶，提高运行效率的各类设备。结合沿线设施设置的实际情况，将其划分为交通标志（指示标志、警告标志、禁令标志、里程碑、轮廓标、百米标等）、路面标线、突起路标、轮廓标、护栏、隔离栅、防眩设施及其他交通安全设施等。沿线设施对提高公路服务性能、保证行车安全和交通畅通具有重要意义，应定期保养和管理，及时修理和更换损坏部分，经常保持完整、齐全并处于良好状态。

一、沿线设施的损坏类型

沿线设施的损坏类型分为防护设施处缺损、隔离栅损坏、标志缺损、标线缺损与绿化管护不善5类。

1. 防护设施缺损

防护设施（如防撞护栏、防落网、声屏障、中央分隔带活动护栏和防眩板等）缺少、损坏或损坏修复后部件尺寸和安装质量达不到规范的技术要求。

2. 隔离栅损坏

隔离栅损坏后修复不及时或修复质量达不到规范的技术要求。

3. 标志缺损

各种交通标志（如指示标志、警告标志、禁令标志、里程碑、轮廓标、百米标等）残缺、位置不当或尺寸不规范、颜色不鲜明、污染，可变信息板故障等。

4. 标线缺损

标线（含凸起路标）缺少或损坏。

5. 绿化管护不善

树木、花草枯萎或缺树，虫害未及时防治，绿化带未及时修剪或有杂物，路段应绿化而未绿化。

二、沿线设施技术状况评价

1. 防护设施缺损

损坏按处和长度(m)计算。轻度为长度小于或等于4m;重度为长度大于4m。

2. 隔离栅损坏

损坏按处计算。

3. 标志缺损

损坏按处计算,其中,轮廓标和百米标每3个损坏算1处,累计损坏不足3个按1处计算。

4. 标线缺损

损坏按长度(m)计算,评定时不考虑车道数数量的影响。

5. 绿化管护不善

损坏按长度(m)计算。

沿线设施技术状况用沿线设施技术状况指数(TCI)评价,按下式计算。

$$TCI = \sum_{i=1}^{5}\omega_i(100 - GD_{iTCI})$$

式中:GD_{iTCI}——第i类设施损坏的总扣分,最高分值为100,按表5-1的规定计算;

ω_i——第i类设施损坏的权重,按表5-1取值;

i——设施的损坏类型,具体见表5-2所示。

沿线设施扣分标准 表5-1

<table>
<tr><th>类型(i)</th><th>损坏名称</th><th>损坏程度</th><th>计量单位</th><th>单位扣分</th><th>权重(ω_i)</th><th>备　注</th></tr>
<tr><td rowspan="2">1</td><td rowspan="2">防护设施缺损</td><td>轻</td><td rowspan="2">处</td><td>10</td><td rowspan="2">0.25</td><td rowspan="2"></td></tr>
<tr><td>重</td><td>30</td></tr>
<tr><td>2</td><td>隔离栅损坏</td><td></td><td>处</td><td>20</td><td>0.10</td><td></td></tr>
<tr><td>3</td><td>标志缺损</td><td></td><td>处</td><td>20</td><td>0.25</td><td></td></tr>
<tr><td>4</td><td>标线缺损</td><td></td><td>处</td><td>0.1</td><td>0.20</td><td rowspan="2">每10m扣1分,
不足10m以10m计</td></tr>
<tr><td>5</td><td>绿化管护不善</td><td></td><td>处</td><td>0.1</td><td>0.20</td></tr>
</table>

沿线设施损坏调查表 表5-2

<table>
<tr><td>路线名称</td><td colspan="4">调查方向:</td><td colspan="11">调查时间:　　　调查人员:</td></tr>
<tr><td rowspan="3">调查内容</td><td rowspan="3">程度</td><td rowspan="3">单位扣分</td><td rowspan="3">权重ω_i</td><td rowspan="3">计量单位</td><td colspan="10">起点桩号:　　　终点桩号:</td><td rowspan="3">累计损坏</td></tr>
<tr><td colspan="10">路线长度:　　　路面宽度:</td></tr>
<tr><td>1</td><td>2</td><td>3</td><td>4</td><td>5</td><td>6</td><td>7</td><td>8</td><td>9</td><td>10</td></tr>
<tr><td rowspan="2">防护设施缺损</td><td>轻</td><td>10</td><td rowspan="2">0.25</td><td rowspan="2">处</td><td></td><td></td><td></td><td></td><td></td><td></td><td></td><td></td><td></td><td></td><td></td></tr>
<tr><td>重</td><td>30</td><td></td><td></td><td></td><td></td><td></td><td></td><td></td><td></td><td></td><td></td><td></td></tr>
<tr><td>隔离栅损坏</td><td></td><td>20</td><td>0.10</td><td>处</td><td></td><td></td><td></td><td></td><td></td><td></td><td></td><td></td><td></td><td></td><td></td></tr>
<tr><td>标志缺损</td><td></td><td>20</td><td>0.25</td><td>处</td><td></td><td></td><td></td><td></td><td></td><td></td><td></td><td></td><td></td><td></td><td></td></tr>
<tr><td>标线缺损</td><td></td><td>0.1</td><td>0.20</td><td>m</td><td></td><td></td><td></td><td></td><td></td><td></td><td></td><td></td><td></td><td></td><td></td></tr>
<tr><td>绿化管护不善</td><td></td><td>0.1</td><td>0.20</td><td>m</td><td></td><td></td><td></td><td></td><td></td><td></td><td></td><td></td><td></td><td></td><td></td></tr>
<tr><td colspan="5">评定结果:TCI =</td><td colspan="11">计算方法:$TCI = \sum_{i=1}^{5}\omega_i(100 - GD_{iTCI})$</td></tr>
</table>

课题二　公路沿线设施养护

知识点：

◎ 公路沿线设施的检查。

◎ 公路交通安全设施的维护。

◎ 公路交通标志与标线的维护。

技能点：

◎ 公路沿线设施的保养维修。

一、交通安全设施的养护

1.跨线桥

跨线桥是从公路上方横跨路线的设施，主要用于车辆、行人和其他设施（如排水渠道、渡槽、各种管道、线路等）穿越公路，其结构形式有钢筋混凝土梁桥、圬工拱桥、钢桥等，如图5-1所示。

a)

b)

图5-1　跨线桥

(1)跨线桥的检查

跨线桥除了日常检查以外，还应按程序进行定期检查，如果遭遇地震、台风、暴雨、大雪等严重自然灾害或被车辆碰撞、大火等侵害，还须进行临时检查。

日常检查宜每季度初（或季末）进行一次，主要是对整座桥体的表面情况、桥面防护设施，桥台附属构造物和沿桥的其他设施等进行目测观察。定期检查宜在每年开春后（2～3月）进行一次，须接近或进入各部件与设施，仔细检查其功能及材料的缺损情况。

跨线桥的检查可参照桥梁检查与评定内容进行。同时，还应进行以下检查：

①桥墩正面的反光立面标是否完好；反光膜是否脏污，有无脱落、损坏；反光效果是否良好。

②桥面排水系统是否完好，桥面纵坡、横坡是否顺适；桥面有无积水、积雪；排水沟渠有无淤积、堵塞情况。

③桥面两侧的安全防护设施是否完好;隔离栅栏有无损坏或变形;钢板网有无异常孔洞;金属支架是否锈蚀。

④桥头人行台阶、踏步是否完好;阶梯构件有无松动或残缺;桥面装饰及防滑设施的磨损情况如何。

⑤桥面夜间照明设施和反光标志是否完好;照明器具和输电线路有无缺损、反光标志功能是否有效。

⑥桥面外观、油漆、涂料等的剥落、磨损、褪色等情况。

⑦沿桥的其他设施是否完好;渠道、渡槽内有无杂物垃圾堵塞,有无淤积、渗漏现象,渡槽接缝的止水、防水处理有无老化脱落现象;油、气管道装置是否正常,管道的安全保护措施是否完整,管壁有无损伤变形及泄漏现象;电信、电力、电缆等线路的安装位置有无变化,管线的安全防护装置有无损伤,管线支架有无松动、是否锈蚀等。

(2)跨线桥的保养维修

①发现桥面、台阶损坏,油漆剥落、磨损、褪色等,及时修复,结构部分损坏应按设计修补。

②及时清理桥面杂物、积水积雪,做好日常保洁工作。

③保持照明设施绝缘良好,工作正常。

④其养护维修工作同桥梁养护维修相关内容。

2. 标线

公路标线是由标划于路面上的各种线条、箭头、文字、立面标记、突起路标和轮廓标等所构成的交通安全设施。它的作用是管制和引导交通,可以与交通标志配合使用,也可单独使用。

(1)平面标线

①高速公路、一级公路、二级公路均应设置路面标线,如图5-2所示。路面标线应符合下列要求:

a. 具有良好的可视性,边缘整齐、线形流畅,无大面积脱落。

b. 颜色、线形等符合相关标准要求。

c. 反光标线应保持良好的夜间视认性。

d. 重新画设的标线应与旧标线基本重合。

a)

b)

图5-2 路面标线

②路面标线、轮廓标、箭头、文字标记的养护。应经常清扫或冲洗;路面标线磨损严重或脱落,影响辨认性能时,应重新喷刷或修复,并避免与原标线错位;进行路面局部修理使路面标线局部缺损或被覆盖,应在路面修理完工后予以修补或喷刷,如图5-3所示。

a)

b)

图 5-3　标线养护

（2）立面标记

在跨线桥、渡槽等的墩柱或侧墙端面上，隧道洞口的壁面上，人行横道的安全岛上和照明不良引起注意的中央分隔墩上，应设立面标记。

立面标志的作用是提醒驾驶人注意，在行车道或近旁有高出路面的构造物，以防止发生碰撞。

《道路交通标志和标线》（GB 5768—2009）第 6.6 条对于立面标记的规定："立面标记用以提醒驾驶人注意，在行车道或近旁有高出路面的构造物。可设在跨线桥、渡槽等的墩柱立面、隧道洞口侧墙端面及其他障碍物立面上，一般应涂至 2.5m 以上的高度。标线为黄黑相间的倾斜线条，倾角为 45°，线宽均为 15cm。设置时应把向下倾斜的一边朝向车行道。"

①立面标志如图 5-4 所示。

②立面标记的养护，应保持颜色鲜明、醒目，经常清除表面污秽，如已褪色或脱漆，应及时重新涂漆。

（3）突起路标

①突起路标如图 5-5 所示。

图 5-4　立面标记

图 5-5　突起路标

②突起路标的养护，主要是保持其反射性能，应经常清除突起部位周围杂物、反光玻璃球表面污秽；主要修理内容是保持完好的反射角度，发现松动、损坏、丢失，应及时固定、修复或更换。

（4）路边轮廓标

①路边轮廓标如图 5-6 所示。

②路边轮廓标的养护，应经常清除表面污秽及遮蔽轮廓标的杂草、树枝、杂物；脱漆及反光矩形色块剥落的应及时涂漆或补贴；标注倾斜、松动、变形、损坏或丢失的，应及时扶正、固定、修复、更换或补充。

a)

b)

图 5-6　路边轮廓标

3. 护栏

护栏是诱导驾驶员视线、防止运行中失控车辆驶出公路外或进入对向车道或人行道，增加驾驶员和乘客的安全感，减轻车辆、乘客和构造物的损害程度；控制行人随意横穿公路，保障行人安全的设施，如图 5-7 所示。它设置在高速公路的中央分隔带及高速、一级公路的路基边缘及其他各级公路的高路堤、桥头、极限最小半径平曲线、陡坡、依山傍水等路段的路基边缘。

图 5-7　护栏

(1)护栏的检查

护栏的检查包括日常巡回检查和每隔 2 ~3 月的定期检查。检查主要内容为：

①各类护栏的损坏或变形状况。

②立柱与水平构件的紧固状况。

③污秽程度及防腐层损坏状况。

④拉索的松弛程度。

⑤护栏及反光膜的缺损情况。

(2)护栏的养护与修理

①经常清除护栏周围的杂草、杂物等。

②及时修补护栏表面脱落的油漆和反光膜。

③及时修复、更换由于交通事故或自灾害造成的护栏缺损或变形。

④由于公路高程调整，原护栏高度不符合规定时，应对护栏的高度予以调整。

⑤锈蚀严重的金属护栏应予以更换。

⑥在不能及时将损坏部位按原样修复，而又对交通安全威胁比较大的地段，宜采用应急材料临时修复。护栏的养护如图 5-8 所示。

a)

b)

图 5-8 护栏养护

(3)护栏的油漆

护栏表面油漆损坏除应及时用速干油漆修补外，还应定期重新涂漆。重新涂漆的周期可以根据当地气候特点、护栏污染褪色程度、油漆质量确定，一般每隔 1~2 年重新涂漆一次。在交通量大及容易受有害气体、盐腐蚀的路段的护栏，涂漆的周期应相应缩短。

钢质护栏在涂漆前应将铁锈完全打磨干净，埋入地下部分用磷酸盐等进行覆膜处理。

4. 隔离栅

隔离栅是设置在高速和一级公路上的安全设施，主要是防止牲畜、行人、非机动车等进入高速公路或横穿人行道。其他公路在穿越城镇的路段，可根据实际情况设置，如图 5-9 所示。

a)

b)

图 5-9 隔离栅

(1)隔离栅的检查

除日常巡回检查外，每季度还应进行一次定期检查。检查主要内容有：

①隔离栅的损坏、倾斜、变形及各部件连接状况。

②隔离栅的污秽程度。

③防腐涂层脱落及锈蚀情况。

(2)隔离栅的养护要求

①污秽严重的，应定期清洗或清理。

②每 2 ~4 年定期重新涂刷油漆一次。

③损坏部分应及时修复或更换。

5. 标柱

(1) 分类

标柱分为示警标柱和道口标柱两种,如图 5-10 所示。

a)示警标柱

b)道口标柱

图 5-10　标柱

①示警标柱是设置在漫水桥和过水路面两侧以及平原地区路堤高 4m 以上、山岭地区路堤高 6m 以上路段和危险路段,以标明公路边缘及线形的示警标志。

②道口标柱是设在公路沿线较小交叉路口两侧标明平面交叉位置的设施。

标柱制作材料可采用金属、钢筋混凝土、水泥混凝土、木料或石材等。标柱间距为 6 ~ 10m,断面 15cm × 15cm,高出地面 80cm,高出地面部分一律涂以间距为 20cm,顶端为红色的红白相间油漆。

(2) 检查

检查有无歪斜、变形、缺少、损坏,油漆有否剥落、褪色等。

(3) 养护和修理

扶正标柱、修复或更换变形、损坏部分,缺少的应添补,保持标柱位置正确、颜色鲜明、醒目。

6. 平曲线反光镜

在视距不足的急弯和路线平面交叉处,可根据实际情况设置能使驾驶员从镜中看到对方来车的平曲线反光镜,如图 5-11 所示。

a)

b)

图 5-11　反光镜

(1)反光镜的检查

除在日常巡回时检查反光镜的反射能力外，还应进行定期检查，检查内容主要包括：

①反光镜的设置位置、方向和角度是否正确。

②支柱有无倾斜和损坏。

③镜面有无污秽和损坏。

(2)反光镜的养护

①保持镜面清洁和反射能力。

②及时清除反光镜周围树枝、杂草等遮蔽物。

③检查出的病害，应立即修好。

7. 照明设备

车辆和行人较多的混合交通路段，可按一定间距设置路灯；有条件的交叉路口、立体交叉桥、隧道和大桥等处，可采用局部照明。如图5-12所示。

a)

b)

图5-12　照明设备

(1)照明设备的检查

①亮灯情况。

②灯具及线路的安装、损坏情况。

③电线杆的安装及倾斜、变形情况。

④灯具、线路、电线杆等设施的安装及腐蚀损坏情况。

⑤检修孔或探孔的排水情况。

⑥配电盘的防水衬垫、开关、电磁接触器和自动点火机构是否良好。

⑦电线杆的漆膜有否剥落和擦伤。

⑧照明测定。

检查可结合日常巡回采用目视方法完成；对灯泡照明是否完好，可通过夜间巡回检查确定；在台风、暴雨、地震等灾害后，还应对检修孔或探孔的排水情况、配电盘及电源线(高架线)的引入情况、油漆状况立即进行检查。

(2)照明设备的保养维修

①根据各种设备的配线系统、器具的规格、数量及设置目的，制订出保养检修计划，设法使照明设备经常处于完好状态。

②不亮的灯泡，应尽快更换。

③由于交通事故，照明设备遭受损坏时，应及时处理。照明设备的养护如图 5-13。

图 5-13　照明设备养护

8. 中央分隔带与隔离带

高速公路和一级公路上设置的中央分隔带（图 5-14），在城镇附近混合交通量大的路段沿公路纵向设置的分隔行车道用的隔离带应经常保持完好。

（1）中央分隔带的检查

①中央分隔带或隔离带的排水通道是否畅通。

②路缘石的变形、损坏情况。

（2）中央分隔带的养护与修理

①排水通道阻塞应及时疏通。

②清除中央分隔带或隔离带内的杂物，修剪高草。

③修复变形的路缘石、护栏，更换损坏的路缘石和护栏。

9. 防眩板

防眩板是为使夜间行车的驾驶员免受对向来车前灯眩光干扰而设置在中央分隔带上的设施，如图 5-15 所示。

图 5-14　中央分隔带

图 5-15　防眩板

（1）防眩板的检查

在日常巡回中应经常检查防眩板有无缺损歪斜，钢质防眩板有无油漆剥落、锈蚀，支柱有无变形等。

(2)防眩板的养护与修理

①损坏部分应及时修复、歪斜的应扶正。

②定期重新涂漆。锈蚀和变形严重的应予更换。

10. 隔音墙

隔音墙是为减轻行车噪声对附近居民的影响而设置在公路侧旁的墙式构造物，如图 5-16 所示。

a)

b)

图 5-16　隔音墙

(1)隔音墙的检查

①排水通道是否阻塞。

②变形或损坏情况。

(2)隔音墙的养护与修理

①经常清理隔音墙周围的杂草、垃圾和泥土等，疏通排水通道。

②变形或损坏的隔音墙应及时修复。

11. 减速垫

减速垫是设在路面上并高出路面、用以警告驾驶者减速的安全设施。一般设在进入主干线的次要公路的路口处、一般公路下坡路段急弯的前方和禁止超车的多车道公路的隔离区内。当汽车通过减速垫时受到冲击和振动，起到警告驾驶员和强制减速作用，如图 5-17 所示。

a)

b)

图 5-17　减速垫

(1)减速垫的检查

①减速垫与路面的固定有无松动。

②减速垫本身有无裂缝、损坏。

(2)减速垫的养护与修理

①经常清扫其上的杂物。

②减速垫损坏和磨损而影响振颠性能时,应予以更换或修复。

③减速垫有松动时,应立即将固定部件紧固,不易紧固时,应予以更换。

④严重缺损的减速垫,应拆除重新设置。

二、公路交通标志的养护

公路交通标志是用图形符号和文字向驾驶员和行人传递特定信息,用以管制、警告及引导交通的设施。合理设置交通标志,提高道路通行能力、减少交通事故、防止交通阻塞、节省能源、美化路容。

为使交通标志正常作用,应对其认真检查,精心维护,经常保持其位置适当、准确、完整、醒目和美观。

1. 交通标志的分类

交通标志根据其作用不同,分为主标志和辅助标志两类。

(1)主标志

主标志包括警告标志、禁令标志、指示标志、指路标志等。

①警告标志是警告车辆、行人注意危险地点的标志;其颜色为黄底、黑边、黑图案,形状为顶角朝下的等边三角形;常用的有平面交叉路口标志、环形交岔路口标志、连续弯道标志、陡坡标志等,如图 5-18 所示。

平面交叉

环形交叉

下陡坡

连续弯道

图 5-18　警告标志

②禁令标志是指禁止或限制车辆、行人交通行为的标志;其颜色(除个别标志外)为白底红圈、红杠、黑图案,形状为圆形、顶角向下的等边三角形;常用的有禁止驶入标志、限制重质量标志、限制高度标志等,如图 5-19 所示。

a)限高标志

b)禁止驶入

c)限重标志

图 5-19　禁令标志

③指示标志是指指示车辆、行人行进的标志；其颜色为蓝底、白图案，形状为圆形、长方形和正方形；常用的有直行标志、鸣喇叭向右行驶标志、准许掉头标志等，如图 5-20 所示。

a)

b)

图 5-20　指示标志

④指路标志是指传递道路方向、地点、距离信息的标志；其颜色（除里程碑、百米桩、公路界碑外）高速公路为绿底白图案、其他公路为蓝底白图案，形状（除地点识别标志外）为长方形和工方形；常用的有里程碑、分界碑、指路牌等，如图 5-21 所示。

通向高速公路入口预告标志	通向高速公路两个方向口预告标志	通向高速公路一个方向入口预告标志	高速公路入口标志
高速公路起点标志	高速公路终点预告标志	高速公路终点标志	高速公路出口预告标志
高速公路出口预告标志	A 出口行驶方向标志	B 出口行驶方向标志	B 出口行驶方向标志
下一出口预告标志	出口标志	服务区 2km 预告标志	服务区 1km 预告标志
通往服务区的减速车道起点标志	服务区入口标志	紧急停车带标志	紧急电话标志
停车场 1km 预告标志	通往停车场的减速车道起点标志	停车场入口标志	停车场标志
收费处 1km 预告标志	收费处标志	直达车道标志	

图 5-21　指路标志

(2)辅助标志

辅助标志是指附设在主标志下,主要起表示时间、车辆种类、区域或距离、警告、禁令理由等辅助说明作用,如图5-22所示。

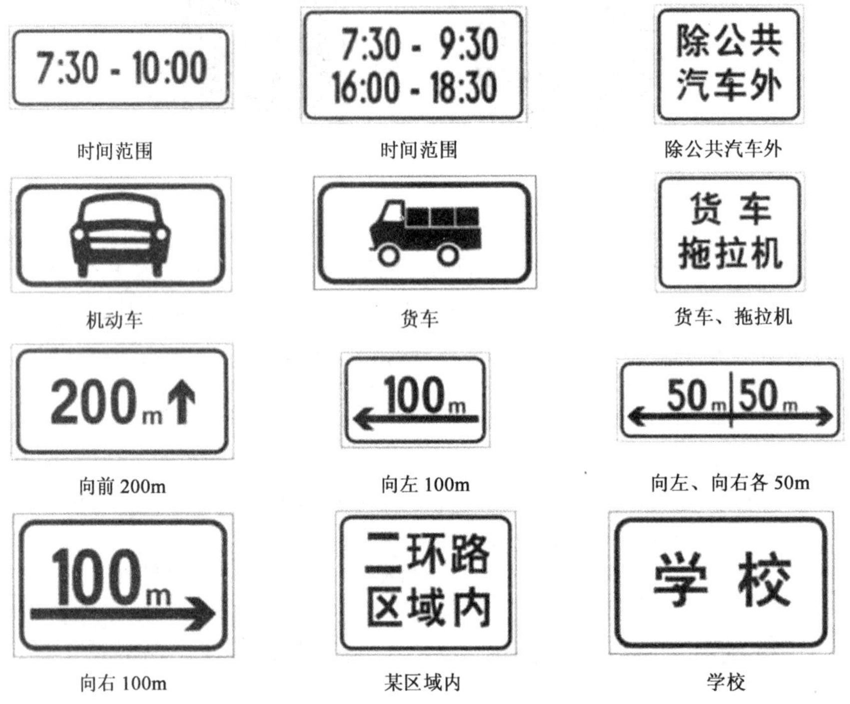

图5-22 辅助标志

夜间交通量大的公路,应尽量采用反光标志。属于国际公路和重要的旅游公路,宜同时用汉英两种文字标注。

2. 公路交通标志的检查

公路交通标志的检查包括日常检查和定期检查。在日常巡回检查时,要重点查看其是否受到沿线树木等遮挡以及标志牌、支柱是否受到损伤;定期检查是遇有自然灾害或交通事故等进行的临时检查,重点检查下列内容:

(1)公路标志牌、支柱变形、损坏、污秽及腐蚀情况。

(2)油漆及反光材料的褪色、剥落情况。

(3)标志牌设置的角度及安装情况。

(4)照明装置情况。

(5)基础或底座情况。

(6)反光标志的反射性能。

(7)标志的缺失情况。

(8)根据公路条件或交通条件的变化,检查公路交通标志的设置地点、指示内容、各标志间的相互位置、标志的高度和尺寸等是否适当。

3. 公路交通标志的养护与维修

通过检查,发现公路交通标志出现异常时,应及时采取适当有效的措施恢复到正常状态。

(1)标志如有污秽或贴有广告、启示等,应尽快清洗交通标志上的污秽。

(2)有树木等遮蔽时,必须清除阻碍视线的物体或在规定范围内变更标志的设置位置。

(3)定期刷新。

(4)标志牌变形、支柱弯曲、倾斜应尽快修复。

(5)标志牌、支柱损伤、生锈引起油漆剥落,范围不大时,可对剥落部分重新油漆;油漆严重剥落或褪色,应全部重新油漆。

(6)标志牌或支柱松动应及时紧固。

(7)由于锈蚀、破损而造成辨认性能下降或夜间反光标志反射能力降低的标志,应予更换;缺失的应及时补充。

(8)设置的标志有类似、重复、影响交通的情况,或设置位置和指示内容不符合时,应进行必要的变更。

(9)应按国家标准规定设置路栏、锥形交通路标、导向标等告示性和警告性标志。及时清除和修剪导向标周围的杂草和树枝;保持表面、牌面清洁及油漆或反光材料的完好;损坏严重或缺失时,及时更换或补充。

(10)为预告前方公路阻断状况,指示车辆改变行车路线或提请驾驶人员提高警惕的路段两端,应设置临时性的情报告示牌。情报告示牌应保持牌面清洁,字体工整、醒目。公路一旦修复,恢复正常行车后,应立即撤除。

(11)在公路上进行开挖沟槽等作业以及禁止车辆驶入的施工区,除按规定设置醒目的施工标志外,夜间应设置施工标志灯。施工标志灯光源可因地制宜选用,但必须具备夜间有足够的照明时间、亮度和不易被熄灭的功能。

(12)在高速公路和一级公路上,宜设置随交通、道路、气候等状况变化可改变显示内容的可变信息标志,如图5-23所示。

a)

b)

图5-23 可变信息标志

①可变信息标志的检查。除日常巡回检查外,还应定期检查,检查内容包括显示器内照明器照明情况;电源工作状态;通过通话检查输送线路情况;显示器和支撑物等的损坏情况。主控制机的动作状态;通过设在显示器旁的副控制机,检查显示器可动的机械部分动作是否正常。动作检查一般通过系统结构上的试验操作进行,每年检查2~3次。

②可变信息标志的保养。根据系统的形态或显示器的种类、操作频度、机器设置地点周围环境等不同,按照各种机器说明书所规定的保养要点进行保养。

③可变信息标志的定期整修。根据显示器显示的不同方法,其整修的项目也不尽相同;一

般应整修的项目有主控制机、电源、显示器和支撑物等安装部分的封闭及油漆状况；定期整修一般每年一次；由于各种机器安装着大量的电子元件，整修时应使用特殊的测定仪器，由专职人员负责进行维修。

三、公路绿化带的养护

公路绿化是国土绿化的重要组成部分，是公路建设中不可缺少的内容。公路绿化主要有两大目的：一是防治水土流失，保护生态环境；二是改善环境条件，而且有利于行车安全，为司乘人员诱导视线、减轻眼睛疲劳，从而减少交通事故的发生。通过绿化还可以养护公路、稳固路基、保护路面，延长公路寿命。因此公路绿化是公路规划、建设、养护工作的重要组成部分。公路绿化带如图5-24所示。

a)

b)

图5-24　公路绿化带

1.绿化的范围

公路的绿化包括立交区绿化、中央分隔带绿化、边坡绿化和防护带绿化。

2.绿化带的具体管养标准

(1)采用修剪等特殊手法，控制植物高度，植物高度不得影响交通视线。

(2)特殊地段的景观应按设计精心养护，形成有特色的植物景观。整形植物必须及时修剪保持形态，悬垂植物生长健壮，整体效果好。

(3)花卉花期整齐，株行距适宜，无空缺，色彩效果好。

(4)绿带必须无裸地，可种植地被植物或草坪。

(5)绿带内无枯枝残叶、无杂草，整洁无垃圾；植物叶面无陈旧积尘。

(6)辅助设施(包括支撑物和悬挂容器)必须安全、完好、整洁、美观。

3.绿化的日常养护管理

(1)行道树、花草的抚育、抹芽、修建、治虫、施肥。

(2)苗圃内幼苗的抚育、灭虫、施肥、除草。

(3)行道树、花草缺株的补植。

(4)行道树冬季刷白。

(5)更新、新植行道树、花草，开辟苗圃等。绿化养护如图5-25所示。

a)

b)

c)

d)

图 5-25　公路绿化带日常养护

复习思考题

1. 公路的沿线设施主要有哪些?
2. 公路交通安全设施有哪些种类,如何养护?
3. 公路交通标志如何养护?
4. 公路交通标线如何养护?
5. 公路绿化带日常养护内容主要有哪些?

单元六　公路养护管理

课题一　公路养护组织管理

知识点：

◎ 各级公路养护管理组织机构的主要职责。

◎ 公路养护任务。

◎ 公路养护内容。

技能点：

◎ 公路养护的组织管理。

一、公路养护管理的组织机构

为了加强对公路养护工作的管理，确保完成公路养护所规定的任务，建立、健全完善的公路养护管理的组织机构是十分重要的。

国务院交通运输主管部门主管全国公路养护工作；县级以上地方人民政府交通运输主管部门主管本行政区域的公路养护工作；但是，县级以上地方人民政府交通运输主管部门对国道、省道的养护职责，由省、自治区、直辖市人民政府确定；公路管理机构依照本条例的规定具体负责公路养护的监督管理工作。

各级公路养护管理组织机构的主要职责为：

(1)贯彻执行国家有关公路技术法规和公路养护、修建的技术政策和规章制度。

(2)定期组织检查公路工程设施的技术状况，提出各类养护工程的技术措施和方案。

(3)负责组织养护工程的竣工验收及参与组织新改建工程的竣工验收，对不符合工程质量标准的工程项目决定不予接养。

(4)负责组织公路路况调查，系统地观测公路使用情况，掌握各项技术经济指标，充实和修订公路路矿技术档案，逐步建立数据库系统。

(5)掌握国内外公路科技发展动态，积极引进、开发公路养护新技术、新工艺，组织科技交流和培训专业人才。

二、公路养护公司的施工组织管理

1. 公路养护公司的施工组织机构

施工组织机构分为两层，高层为施工组织的决策层，主要岗位有项目经理、负责生产组织的项目副经理和技术质量管理的项目总工程师。中层为施工组织的操作层，其中履行管理工作职责的有综合部、合同部、财务部、技术质量部和材料设备部等；履行生产职责的有拌和场、摊铺机械队、运输队、试验室、测量班和施工队等。

2. 公路养护公司的施工组织管理

养护施工组织管理分为施工准备阶段、过程管理阶段、交工责任履约 3 个阶段。

(1)施工准备阶段

①签署养护工程合同。

②编制施工组织设计。

③场地临建。

④组织材料进场,施工配合比设计。

⑤设备进场、安装、调试。

⑥查看现场。

⑦施工前技术交底,安全培训。

⑧成本及管理目标分解。

⑨准备标志设施。

⑩办理施工作业许可。

⑪申请开工。

(2)过程管理阶段

①材料管理。控制进场材料的规格、数量、质量和价格,贵重材料的存放,易损、易潮、易燃易爆材料的安全管理,出场材料特别是场内拌制的混合料的时间和温度管理。

②设备管理。包括施工车辆、大型设备的使用、运行、安全和成本管理,应根据生产的需要,合理配置和调度设备,提高装备的使用率,加强设备使用及工作量的考核,并组织好维修和保养。

③劳动力管理。通过劳动合同方式对养护维修作业人员进行管理。临时人员应有试用阶段,在试用阶段考核其技能,在正式聘用阶段,考核出勤情况和完成的劳动定额。

④技术和质量管理。通过管理办法和机制来实现优质的目标。公司内部要建立质量责任制,从进场材料开始控制,工序间要有质量自检、互检和交接,直至工程成品,都应该满足合同和技术规范确定的质量标准。

⑤成本和合同管理。公司要取得利润,应该十分重视成本和合同管理。要掌握工程数量和合同确定的工期,通过人工、机械和劳动力的合理投入,按照完成的数量和质量,计量和支付各种工程费用。

⑥现场组织管理。主要是现场的作业秩序、组织和调度,使其合理、紧凑,以用最恰当的消耗、最佳的时间来做好计划内的工程,避免人员误工、机械待料和出现安全事故。

(3)工后责任履约阶段

工程交工后,要确认工程责任缺陷期,在缺陷期内的责任内容和采取的修复措施以及验收、计量标准,以保证缺陷期内发现的工程缺陷能够得到及时补救,最终履行合同所确定的质量责任。

三、公路养护管理的任务及内容

公路管理是一种国家行政行为,是根据法律、法规或交通主管部门的授权,由公路管理机构及其工作人员,依据有关法规和规章制度,对公路的修建、养护、使用等工作与行为,履行组织、领导、决策、调整、监督、检查、处置等行政职责的活动。

公路管理的内容从宏观上广义地讲,包括公路立法,公路建设(包括规划、计划、勘测设计、施工)管理,公路养护管理,公路路政管理,公路交通管理,公路规费征收与使用管理,以及公路人事行政、教育、科研、材料和装备管理等。从宏观上狭义地讲,公路管理则指公路建成投入使用以后的管理,即特指现有公路的使用管理,包括公路养护管理、路政管理、交通管理和规费管理等。

即便从微观上看,公路管理的任务也还是相当庞杂的。除了公路交通安全管理工作脱离本行业划归公安部门负责外,组织、计划、技术、装备、材料、财务、劳动工资管理,以及教育、科研等工作的管理都由公路管理部门本身进行。公路管理的基本任务如表 6-1 所示。

公路管理的基本任务 表 6-1

管 理 分 类		基 本 内 容
公路养护管理	公路及其设施	养护工程管理(包括小修保养、中修、大修、改善工程等)、养护技术管理(包括交通情况调查、路况登记、工程检查验收、路况质量检查评定、基层管理、安全生产、技术进步等)、渡口设备管理、沿线设施管理、公路绿化、砂石料场及沥青库管理、养护装备管理等
	交通服务	超限运输、渡口经营、抗洪抢险、抗震保通、清除冰雪、应急救助、标志标线、护栏信号、通信情报、交通监控、问询服务及路旁休息区经营等
公路规费管理		过路费、过桥费、过隧费、过渡费的征收及使用管理
公路路政管理		负责管理和保护公路、公路用地和公路设施;依法查处各种违章利用、侵占、污染、毁坏路产的行为;控制公路两侧建筑红线;审理跨越公路的其他设施建筑事宜;核批公路的特殊利用、占用和超限运输;维持公路渡口和公路养护施工作业的正常秩序;保护公路管理机构及其工作人员的合法权益;征收公路、公路用地和公路设施特殊利用、占用费及有关索赔、罚没收入,以及涉及路产安全、影响公路完好的路障管理等
其他		包括公路人事行政、公路材料与装备、公路信息系统、公路教育与培训、公路科研等

1. 公路养护及其基本任务

公路建成投入使用后,要承受行车荷载的作用以及遭受风吹、雨淋、冰雪、冻融、日晒等自然力的侵蚀,这样必然造成其使用功能和行车服务质量的下降。为延长公路的使用周期,使其保持完好的使用状况,就必须适时采取适当的工程技术措施。一方面坚持日常保养,及时修复损坏部分,经常保持公路完好、畅通、整洁、美观,另一方面周期性地进行预防性养护和大中修,并逐步改善公路的技术状况,提高公路的使用质量和抗灾能力。这种保持和改善公路使用状况的工作就是我们所指的公路养护。公路养护工作的基本任务归纳起来有以下四点:

(1)坚持日常保养,及时修复损坏部分,使公路及其沿线设施的各部分均保持完好、整洁、美观,保障行车安全、舒适、畅通,以提高社会经济效益。

(2)采取正确的工程技术措施,周期性地进行预防性养护和大中修,延长公路的使用年限,以节约资金。

(3)防治结合,治理公路存在的病害和隐患,逐步提高公路的抗灾能力。

(4)对原标准过低或留有缺陷的路线、构造物、路面结构、沿线设施进行改善和增建,逐步提高公路的使用质量和服务水平。

2. 公路养护管理的主要目标

公路养护工作必须贯彻"预防为主、防治结合"的方针,不断积累技术经济资料,通过应用先进的养护技术和科学的管理方法提高养护技术水平,防止产生和及时消除导致公路损毁的因素,及时治理病害,应用和推广先进管理系统,实行病害监控,实现决策科学化,使有限的资金发挥最大的经济效益。公路养护管理的主要目标:

(1)贯彻执行国家有关公路技术法规和公路养护、修建技术政策及规章制度，制定适合当地公路养护技术管理的有关规定和办法。

(2)检查公路各项工程设施的技术状况，制定各类养护工程的技术措施和方案，并进行竣工验收或养护质量评定。

(3)组织公路交通情况调查，系统观测公路使用情况，掌握各项技术经济指标，充实和修订公路路况技术档案，逐步建立数据库系统，为有限资金下的养护维修方案决策和道路网系统的规划研究提供依据。

(4)掌握国内外公路科技发展动态，积极引进、开发、推广公路养护新技术、新材料、新工艺，组织科技交流和培训专业人才，使养护管理工作规范化、科学化。

3. 公路养护的系统化管理

公路养护的系统化管理是指通过采用信息化技术手段，协调和控制同公路有关的各项活动，使管理部门针对规划、设计、施工、养护等阶段的管理工作，通过应用系统分析的方法，综合考虑技术、经济、社会和政治等方面因素，协调各项道路管理活动。公路的养护管理从微观上看是公路管理过程的一部分，而从宏观广义上看则是完整的公路管理过程，因此其管理过程也有必要系统化，从而使各项管理活动得到更好的协调，管理工作更加科学与规范化。公路养护信息化管理系统如图 6-1 所示。

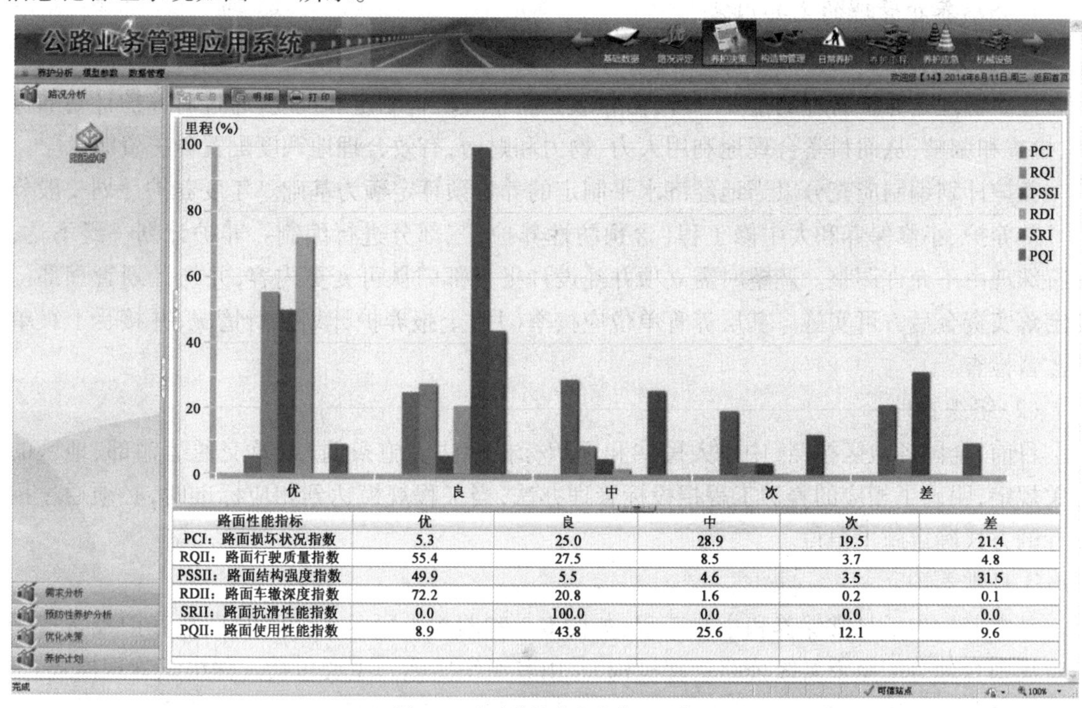

路面性能指标	优	良	中	次	差
PCI：路面损坏状况指数	5.3	25.0	28.9	19.5	21.4
RQII：路面行驶质量指数	55.4	27.5	8.5	3.7	4.8
PSSII：路面结构强度指数	49.9	5.5	4.6	3.5	31.5
RDII：路面车辙深度指数	72.2	20.8	1.6	0.2	0.1
SRII：路面抗滑性能指数	0.0	100.0	0.0	0.0	0.0
PQII：路面使用性能指数	8.9	43.8	25.6	12.1	9.6

图 6-1　公路养护信息化管理系统

作为公路的养护管理工作，每个管理部门都必须考虑如何向上级申请投资以及如何使用好分配到的资金。在向上级管理部门申请投资时，除了以公路的现状和需要作为依据外，还应对投资的效益进行论证。要考虑到，如果申请得以批准，路网的服务能力或路况将会得到多大的改善；如果投资额减少，则公路的使用性能会恶化到怎样的程度，额外的用户费用和养护费用将增加多少，对今后的路况和投资又会有多少影响。而在资金的使用分配方面，则需要在对路网内公路使用性能进行监测的前提下，对其现状作出评价，由此确定哪些项目需要投资；依据各项目的使用性能或服务水平现状以及投资的预期效果，作出项目投资的优先次序排列，在预算容许的范围内按优先次序资助尽可能多的急需项目（可以是旧路的养护、修复与改善，也可以是路网内的道路等级提高与路线改善，甚至可以是路网内的新建道路）。养护管理部门在进行养护资金的管理过程中，需要对其所采取管理决策的后果作出预估；这种预估不应是决策者的“工程经验判断”的结果，而应是采用特定的科学方法，即养护科学决策技术（图 6-2），考虑公路各管理工作系统所进行的决策评估。这种决策结果才具有有效性及可靠性。

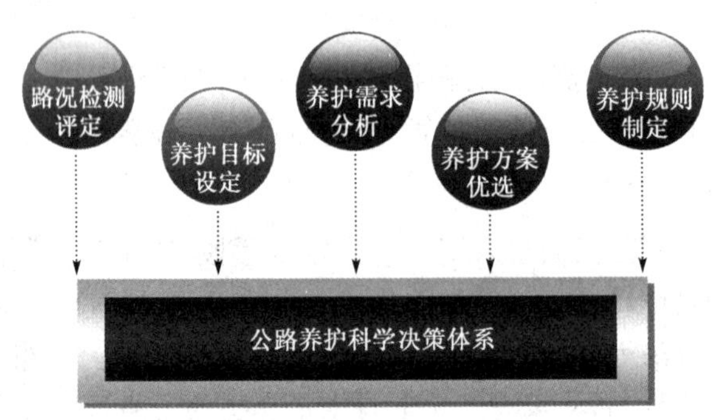

图 6-2　公路养护科学决策体系

4. 公路养护管理的主要内容

（1）计划管理

计划管理是养护管理的重要一环，由省级公路管理机构制定和批复，通过对养护计划的执行、检查和调整，从而科学合理地利用人力、物力和财力，有效合理地调度配置养护资源。

养护计划编制应充分以当地经济水平制定的养护预算定额为基础。年度养护计划一般分为日常养护、小修保养和大中修工程（含预防性养护）三部分进行编制。养护计划一经下达，无特殊理由不允许调整。调整时需立项并经设计批复部门认可变更内容，并与计划管理部门商定落实资金后方可实施。基层养管单位应按季（月）上报养护计划执行情况，并接受上级单位监督检查。

（2）组织管理

目前，全国各地区按照《中华人民共和国招标投标法实施条例》以及交通运输部、地区的相关规定，明确了相应的养护工程招投标管理办法，当工程规模达到相应标准时，必须通过招投标的方式确定施工单位。

①日常养护

日常养护包括日常保养和小修工程，如图 6-3 和图 6-4 所示。公路的日常养护经费按照一定规则合理分配至市县级公路管理机构，并由其组织实施。主要包括三种组织管理模式：一是完全管养分离模式，推行市场化运作，统一通过招标的方式确定从业单位，各地区根据自身管理需求，可一年一招标，也存在多年一招标的方式；二是管养一体化模式，由一线基层公路管理机构负责组织实施；三是不完全管养分离模式，仅部分小修工程面向社会进行招标。

②大中修工程（含预防性养护）

目前，我国各地区的大中修养护工程已基本实现了市场化的管理模式，并建立了上报投资计划、审批下达大中修任务、勘察设计招标、开展大中修设计、组织工程招投标、督导工程施工及实施竣（交）工验收的组织管理流程，如图 6-5 和图 6-6 所示。

图 6-3　日常保养工程实施

图 6-4　小修工程实施

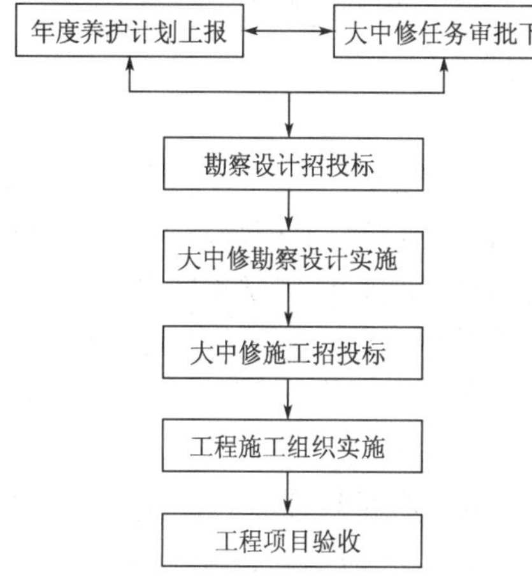

图 6-5　大中修(预养)工程组织管理

图 6-6　招投标管理

基层管理单位主要参与养护工程施工现场的日常检查、进度督导、质量控制及竣(交)工验收等组织管理工作。

③应急工程

应急工程具有明显的突发性和时效性,主要由基层养管单位负责实施。基层养管单位通过日常巡查或其他渠道获取突发事件信息,立即上报上一级主管部门,启动应急预案,并应第一时间赶赴现场,详细了解突发事件状况,并做好现场的交通维护和安全防护设施,避免安全事故的发生,如图 6-7 和图 6-8 所示。

图 6-7　应急保障工程组织实施

图 6-8　应急保障工程组织机构

(3)技术管理

公路养护基层单位的工程技术管理，就是对养护工程施工中各项技术活动过程(如图纸会审、技术交底、技术检验、效果后评估、科学研究等)和技术工程的各种要素(如技术人员责任制、职工的技术培训、技术装备、技术文件资料和档案等)，进行有序的科学管理的手段，它是实现公路养护施工项目目标的有效手段，是公路养护单位管理的重要组成部分，养护工程技术管理的主要内容如表 6-2 所示。

公路养护工程技术管理主要内容 表 6-2

养护工程分类	技术管理内容
日常养护	路面病害防治、养护机械设备选配、养护材料选择与加工、技术管理资料收集整理
大中修工程(含预防性养护)	项目质量控制程序和管理制度、工程施工技术交底、施工工艺及交通组织方式、试验路段实施、项目验收及后评估等环节工作满足技术要求
应急工程	应急预案、应急机械设备、应急材料储备

(4)质量管理

质量管理的重点是做好养护工程施工关键环节的质量控制。

基层管理人员应依据相关法律法规、技术标准等，对各种影响工程质量的因素进行检查，如从业人员技术水平、施工机械、材料质量、施工工艺、质量控制点、气候条件等，确保旁站、签证等工作落实到位。

(5)路政管理

①养护人员工作要求

a. 兼职路产保护。在养护作业过程中，养护人员可以兼职路政管理中的非行政管理工作，如对发现的各类侵占、破坏、损坏公路、公路用地及附属设施的违法行为，予以劝阻、制止，并及时通知路政人员到场处理，如图 6-9。

图 6-9 养护巡查

b. 维持养护作业秩序。在养护作业过程中，养护人员应当按照规定设置规范的安全警示标志和安全防护设施，并根据养护作业需要，维持公路养护作业现场秩序，提醒过往车辆注意和避让，如图 6-10。

②路政人员工作要求

a. 路政巡查管理。在路政巡查过程中，路政人员发现公路坍塌、坑槽、隆起等损毁的，及时设置或者通知公路养护作业单位设置警示标志，并协助公路养护作业单位采取措施予以修复；发现各类侵占、破坏、损坏公路、公路用地及附属设施的违法行为，应当予以制止和依法查处，追偿路产损失用于修复，如图 6-11、图 6-12 所示。

图 6-10　养护人员维持养护作业现场秩序

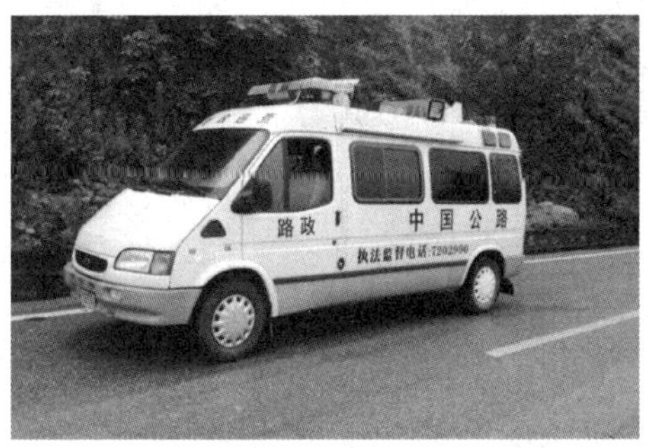

图 6-11　路政巡查

图 6-12　路政、养护人员联合巡查与协作

b. 维持养护作业秩序。在养护作业过程中，公路管理机构可以根据养护作业需要或者公路养护作业单位的申请，委派路政人员维持公路养护作业现场秩序。路政人员负责指导并协助公路养护作业单位在养护作业区域按照规定设置规范的安全警示标志和安全防护设施，维持作业现场秩序，提醒过往车辆注意和避让，如图 6-13 ~ 图 6-15 所示。

图 6-13　路政人员维持养护作业现场秩序

图 6-14　路政、养护人员共同维持养护作业现场秩序

图 6-15　路政人员指导并协助养护人员摆放安全警示标志

(6)基层养管单位管理

公路养护基层单位是做好公路养护管理工作的重要单元。普通国省干线公路的基层养管单位一般形式为公路站(大道班),高速公路的基层养管单位一般形式为管理处,农村公路的基层养管单位一般形式为县交通运输局下设的农村公路科(所),基层养管单位的主要职能如图6-16所示。

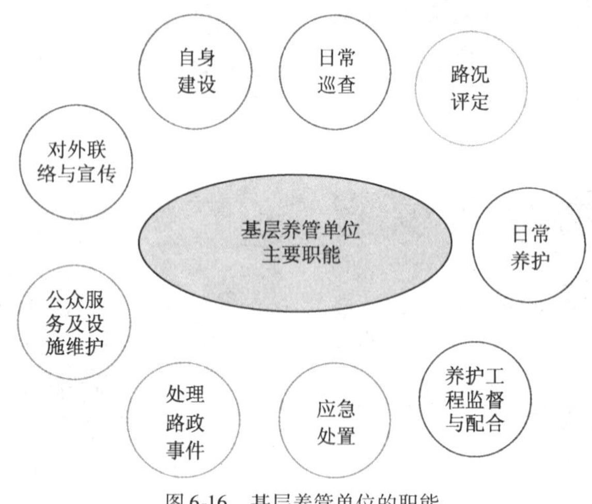

图6-16 基层养管单位的职能

(7)档案管理

档案管理直接反映公路养护管理部门的管理意识和管理水平,有益于保障公路养护工作的顺利实施,有益于促进公路养护管理科学化、规范化、标准化。公路养护档案管理应遵从闭合管理、跟踪管理;跟踪养护管理全部阶段的工作,实时收集相关的档案资料,做到全面归档、及时归档。根据公路养护管理工作的需要以及相关技术规范的要求,需要作好建立与之相应的档案管理工作。

①制定针对性的档案管理措施

在公路养护管理工作中过程中,涉及大量的基础性资料,应设置专职档案管理员,针对业务类型、工作环节等,分类收集整理相关的资料,制定不同的档案管理措施,如纸质存档、电子存档、网络存档等。

②加强档案管理人员的职业素养

公路养护档案管理相关工作人员应做好公路养护技术档案的收集和管理。公路养护资料内容众多、范围广泛,包含计划、生产、技术、安全和财务等各方面。每一个环节中,资料管理人员都要收集的大量文件以及材料,档案信息,在保证质量的同时,还应及时收集合理归类,要求管理人员具有较高的职业素养,不能忽视每一个环节的数据收集和归档工作。

图6-17 公路养护档案存储

③加强现代化管理

目前,现代化技术及方法已广泛应用于公路养护管理工作中,公路养护档案管理也应以现代的管理理念和方法,建立一套系统、健全、统一的管理制度,促进公路养护档案管理水平的提升。可建立公路养护档案信息管理系统,对相关的文件、数据、信息进行存储,整理,编目和检索,如图6-17所示。

复习思考题

1. 公路养护管理组织机构的主要职责有哪些?
2. 公路养护的主要任务是什么?
3. 公路养护的主要内容有哪些?

课题二　公路养护技术管理

知识点:
- ◎ 交通量调查。
- ◎ 公路路况登记。
- ◎ 养护工程的技术管理。

技能点:
- ◎ 交通量观测。
- ◎ 路况登记。

公路养护技术管理是公路管理的组成部分,它是公路管理部门合理组织设计、施工、养护的方法,是为了不断提高技术水平,采用先进的新技术、新材料、新设备,提高劳动生产率,提高工程质量,降低原材料消耗和保证安全生产,全面完成养护任务的关键环节。

公路养护技术管理的基本任务就是要严格贯彻国家有关公路建设的技术政策、标准、规范、办法和相应的安全规章、操作规程、管理条例,以提高养护质量和做到安全生产。

技术管理,应严格控制和考核各项技术经济指标,做好交通情况调查、路况登记、技术管理与工程检查验收,建立路况数据库,健全基层管理制度,加强安全生产管理。

一、交通量调查

1. 调查的目的、主要内容与基本要求

调查的目的是为公路建设规划、旧路技术改造、可行性研究、制订养护计划、交通管理措施等提供重要的基础数据,同时为交通工程基础理论研究和其他公路科学研究提供基础资料。

交通情况调查主要是对交通量及其组成和行车速度两项基础资料的调查或观测,以及对原始数据的计算和整理。有条件的地方还要逐步开展行车密度、起讫点调查、车辆横向分布、车距调查和车辆通行能力调查等工作。

公路交通情况调查,必须保证调查数据的准确性。各级公路管理机构,应采取相应措施确保调查数据准确可靠,并逐步开发应用先进的观测记录手段和数据加工处理工具。

交通量观测应由工区(站)或组织专人进行。车速和其他专项交通情况调查,由县级以上公路管理机构负责。为积累公路交通情况的历史资料,应长期进行规定的调查工作,并按时逐级上报。交通调查资料应归入公路技术档案,长期保存。

2. 交通量观测

交通量是指单位时间内通过公路的某一断面的车辆数。

观测的方法是用人工或仪器将通过规定观测断面的各种类型车辆分车型记录在表格或计数器具上，每小时终了，应将记录结果进行整理并登记于规定的表格上。具体的观测形式有以下两种：

(1)间隙式观测。按预先确定的观测日期，对交通量进行定期统计观测。

(2)连续式观测。全年分小时连续不断地对交通量进行统计观测。

3. 车速调查与观测

车速的调查与观测，由地(市)级或县级公路管理机构负责组织进行。每条路线每年不得少于一次，有条件的可适当增加观测次数。车速的调查方法主要有：

(1)跟车法。

(2)记车号法。

(3)自动测速仪测定。

(4)浮动车观测法等。

4. 其他调查内容

(1)公路交通起讫点(OD)调查。在某一区域内，为获得通过两个出行端点的交通量及其组成、流向、货物类型、车辆实载率及交通目的等资料所进行的调查。通过调查，可对远景交通量的预测、公路类型和等级的确定、互通立交的设置、公路横断面设计、交通服务设施的配置、交通管理与控制、规划方案和建设项目的国民经济评价及财务分析、交通规划的完善和建设项目的科学决策等提供定量依据。

(2)四类公路交通量比重调查。为了掌握公路交通流量的地区分布和路线分布特征，分析和评价国道、省道、县道、乡道四类公路的使用功能，论证和探讨现有公路网的合理性。通过调查，为公路规划、可行性研究、技术经济分析论证、设计、改造等提供依据。

(3)轴载调查。是为了预测某一时期内行车对路面的破坏作用，科学地制定公路养护措施，合理分配公路养护和改造资金。为确保轴载调查的质量，有效地利用现有交通调查资料，轴载调查的车辆分类可在现行交通量观测分类的基础上，对每类车辆再分成若干档次。调查时，应分类分档记录。对每档车辆选取一种车型为该档车辆的代表车型，根据该代表车型的轴载和作用次数，换算成标准轴载的当量轴次。再根据每类车辆中若干档代表车型换算成标准轴载的当量轴次的总和，即可计算各类车辆的当量轴次换算系数，然后利用现有的交通量调查资料，换算成标准轴载的当量轴次。

二、公路路况登记

1. 路况登记的任务和作用

公路路况登记是公路养护的重要基础工作，其资料是公路技术档案的主要部分。它反映各条公路及沿线构造物的全面技术状况，是制订公路规划、安排改建项目、编制养护年度计划等的重要基础资料，也是路产管理、资产评估的重要凭据，对实现公路科学化管理，提高养护质量具有重要作用。

2. 路况登记的内容

(1)路况平面图。

(2)公路基本资料。

(3)路况示意图。

(4)桥梁、隧道、渡口、过水路面、房屋等构造物卡片。

(5)涵洞、挡土墙、绿化等登记表。

3. 做好登记的几点要求

(1)进行路况登记时应以公路现况调查资料、设计文件、施工记录、竣工文件、技术总结等为依据,资料不全的应补充进行调查和测绘工作。路况登记时,表、卡所列内容必须逐项认真填写。

(2)进行路况登记的路线,应在每年年终将变更部分进行修改、补充,作为当年年末的公路路况。变更登记的范围包括公路被毁、修复、大修和改建。变更登记应根据工程竣工验收文件、图表和实地测量的结果进行。当变更内容较多或变化较大致登记图表难以继续使用时,应重新绘制路况登记图表,并与原材料并列保存。

(3)公路路况登记资料应逐步做到用计算机进行数据处理和储存。编目名称包括路线、路基、路面、桥涵、渡口、隧道、工区(站)房屋、综合部分和图例式样等10个部分。

(4)路况登记资料应按路线行政等级实行分级管理。地(市)级和县(市)级公路管理机构各管所管辖公路的全部资料;省公路局保管全省县级以上公路的资料、卡片;县级以上公路都应建立分线登记图表;乡级公路可只填写公路技术状况汇总表,供各级公路部门存查。

(5)县(市)级公路管理机构应在每年年底前完成路况登记资料的修改;地(市)级公路管理机构应在次年1月底前完成资料修改的汇总;省级公路局应在次年3月底完成全部资料整理,并将国道部分资料报交通运输部备案。

新建公路的路况登记,按公路分级管理规定,应在竣工验收接养后3个月由接养单位完成。

三、养护工程的技术管理

公路大中修与改建工程技术管理工作的主要内容有:

(1)建立和健全技术责任制。建立健全技术责任制,实行岗位责任制,是保证各级组织和各种技术岗位都有技术负责人,各司其职,做到有职、有权、有责,充分发挥其积极性与创造性,不断提高技术管理水平。

(2)图纸会审。主要审查设计图纸及说明是否齐全、清楚、明确、有无矛盾,采用的新技术及特殊工程复杂设备在技术上的可行性和必要性,重点工程和一般工程的施工方法是否妥当,概(预)算是否合理。图纸会审一般由建设单位负责组织,由设计、监理、施工单位共同参加。会审后,有关人员应在图纸上鉴章并填写图纸会审记录表,形成正式文件抄报有关单位。未经会审的图纸不得用于施工。

(3)技术交底。主要内容包括工程数量、施工期限、施工设计意图、施工工艺、规范要求、质量标准和技术安全措施等,对于重点工程、重点部位、特殊工程以及采用新材料、新工艺、新结构的工程更需作详细的技术交底。技术交底应根据工程性质、技术复杂程度分别逐级进行,务使参与施工任务的全部职工对其所担负的工程任务能够全面了解,必要时应作文字交底或示范操作。

(4)变更设计。公路大中修与改建工程一般均采用一阶段设计,设计单位应对设计质量负责。设计文件一经主管部门或建设单位批准,任何单位及个人不得随意修改和变更。如在施工中确需变更设计时必须按规定办理变更设计手续。

(5)工程质量的检查与验收。检查与验收是确保公路大中修与改建工程质量的重要环节。其主要内容包括:

①对施工现场每个班组所进行的作业检查。

②各级公路管理机构对所负责管辖工程的定期检查。

③对隐蔽工程和已完局部工程及暂停未完工程的中间检查。

④当工程已按施工合同及设计文件的要求建成,并以按规定编制竣工文件,施工单位可以提出竣工申请,经建设部门核实确已具备验收条件时,可报请主管部门或投资建设单位组织竣工验收。

养护工程项目竣工验收参照《公路工程竣(交)工办法》执行,检验评定按现行《公路工程质量检验评定标准》执行。验收委员会(组)对整个工程应作出评价,按合格、不合格评定工程质量等级,并对验收合格的工程应提出竣工验收鉴定书,报上级主管部门批准。

对于大中修与改建工程一律实行保养制度,保修期为2年,以工程竣工验收之日起算。在保修期内凡因施工造成的破损一律由原施工单位无偿修复。

对小修保养工程的养护和施工,要建立实地检查、中间检查和上下工序交接制度。每项保养作业和小修工程完成后,应分别由县级公路管理部门或地(市)级公路管理部门进行验收。

复习思考题

1. 交通量调查包括哪些内容?
2. 公路路况登记主要有哪些内容?
3. 简述公路养护技术管理的内容。

课题三　公路养护生产管理

知识点:

◎ 公路养护生产的组织方式。

◎ 计划管理。

◎ 道班管理。

技能点:

◎ 计划编制。

公路养护生产管理是对其日常生产活动的计划、组织和控制,以及与工程项目生产密切相关的各项管理工作的总称。生产管理的任务就是运用组织、计划、控制的职能,把投入生产过程的各种生产要素(人力、资金、材料机具、信息)有效地结合起来,形成有机体系,按照最经济的方式,保质、保量、安全、按期或提前完成施工的任务。

一、公路养护生产的组织方式

对于公路大中修与改建工程,其生产组织方式与公路基本建设工程相似,采取内部竞标或对外公开招标的方式进行。

对于小修保养工程,由于具有点多、面广、线长、作业分散等特点,一般采用包干负责制组织施工,把养路责任与个人物质利益相结合。有条件的地区应采取公开招标或内部竞标的方式,选择养护生产企业。对养护单位的管理实现合同管理。

包干负责制一般有以下两种形式:

(1)全面包干负责制。以一个行政区域某一干线公路范围为单位,组织相应的养护机构,对所辖范围的公路养护工作负全部责任。具体做法是,省公路局对地(市)公路局、地(市)公路局对县公路局、县公路局对道班定里程、定养护等级、定人员编制、定材料消耗、定使用经费、定生产任务指标、定奖励的办法、定检查评比。

(2)局部包干负责制。这是以某一单项工作进行包干负责的制度。范围一般较小,可以落实到人,制定养护定额,养护投资实行计量支付。一般有:

①养路队(道班)分段保养负责制,如路面、桥涵专业队等形式。

②养路队(道班)分工负责制,如路基分段包给个人等形式。

③绿化管理负责制。

④主要养护机械单项核算制。

⑤县公路局对养路队(道班)实行合同制。

二、计划管理

1.公路养护计划管理的任务与作用

公路养护工程的计划管理,是指从事公路养护的各级部门,用计划来组织、协调其生产、技术、财务活动的一种综合性管理工作。做好计划管理工作,可以大幅度地提高劳动生产率,合理地使用人力、物力、财力,取得显著的经济效益。

公路养护计划管理的任务主要有:

(1)确保完成上级下达的公路小修保养、大中修、改善工程的任务,提高好路率,消灭差等路,不断提高公路技术标准,完善公路沿线设施。

(2)合理地组织和安排公路局、生产班组的人力、物力和财力,在认真作好综合平衡的基础上,积极挖掘公路局、道(施工)班的生产潜力,采用先进的养护技术和科学的管理方法。

(3)结合管养路段的自然条件、技术状况和资金的可能,在计划安排上应贯彻先重点路线、后一般路线,先小修保养、后大中修和改建的原则,做到任务平衡,人力、物力安排得当。

公路养护计划,包括制订长远规划,编制、执行、检查年度、季度、月(旬)作业计划;按计划内容可分为公路保养小修、大中修工程、改建工程、绿化、养护经费收支、劳动工资、物资供应计划等。通过计划的编制,可使各级公路养护部门明确各个时期的任务和奋斗目标,调动各级职工的积极性;制订劳力、材料、机具计划,为完成任务提供可靠依据;并按计划要求预先做好各项准备工作,及时进行调度、平衡,保证养护工程顺利进行完成。

2.计划编制的内容与方法

(1)远景规划

远景规划是指超过一年以上较长时期的计划,是一个粗线条的指标性计划,只突出几个较大的指标,作为主观奋斗目标。

公路远景规划的编制可分以下3步进行:

①搜集和整理资料,主要是搜集有关公路发展的经济调查资料和现有公路技术状况的基本资料。经济调查资料要向工矿、农村、水电、铁路、水运和汽车运输等部门了解情况,摸清各个部门的远景设想以及对公路发展的要求,特别集中反映在交通量和载重汽车的吨位上,以便考虑公路设计标准。同时,还要搜集有关部门的建设对公路干线干扰的资料,以便考虑公路局部改线方案。现有公路技术状况的基本资料,包括线路、里程、技术等级、桥涵状况、载重标准、

水淹地段、历史水毁特征和交通量等情况，以及国内外公路发展水平和科技发展水平等。

②通过整理分析各项调查资料，便可着手编制公路发展的远景规划，并要求其与国民经济的发展相适应，以免造成失调现象。公路管理部门要争取主动，确定的公路技术改造目标要走在国民经济发展的前一步，真正起到先行的作用。在一条路线或一个站程之内，应按同一技术标准要求进行全面改造，以适应运输需要。

③反复调整、综合平衡、落实。实现远景规划，首先要有足够的资金。根据需要与可能的原则，反复调整，养路费收入与公路技术改造所需要资金相适应，以达到综合平衡。使编制规划落实在可靠的基础上。

(2)年度计划

养路年度计划的编制，根据远景规划的要求和本年度计划的执行情况，做好各方面的综合平衡工作。其具体编制过程大体可以分以下3个阶段进行：

①收集资料。各级公路部门除应进行的路况调查登记和交通量调查统计工作等外，还应收集下列各项资料，作为编制下一年度计划的主要依据：

a. 本年度计划执行情况和预计年末完成情况。

b. 远景规划要求考虑安排项目的资料。

c. 预计下年度养路资金情况。

d. 亟待进行的(主要是一季度)工程项目的调查资料。

e. 需要补充的生产能力和技术革新措施的资料。

f. 小修保养年公里预算定额资料。

②编制计划草案。公路养护年度计划在年度开始前制订，在制订新的年度计划时，首先要对上一年度计划执行的情况进行全面分析研究，它是制订新年度计划的基础。编制新年度计划时必须遵照国家关于公路养护工作的方针、政策，根据公路的整体规划，综合上年度计划项目，具体安排落实。编制计划时，一般是按照先重点线路，后一般线路；先小修保养，后大中修和预留水毁等预备费用，如还有可能，再行安排改建和提高项目的原则。

③上报审批计划。公路养护年度计划由省级公路管理部门分配指标给地(市)公路管理部门，再由这些部门提出各自的计划草案，上报省级公路管理部门汇总平衡，并经省级交通部门审定和省级计划部门批准。

(3)月度计划

月度计划是为了保证年度计划的实现，防止前松后紧、严重不平衡情况发生的重要计划。养护单位包括基层班组，为了适应气候对公路的影响，主要采用月度作业计划来指导生产。根据自然条件、运输需要、物资供应、机械调度、劳力安排、资金分配等情况编制。它编制的内容应紧密配合年(季)度计划。月度计划只是更具体，更切合实际，它的施工进度安排力争提前，不宜推迟；它是年(季)度计划的具体化，并作必要的调整和补充，使各项生产工作有秩序地紧凑地进行，更好地发扬计划指导生产的积极作用。公路管理部门的各个职能科室或有关人员都应根据职能范围，围绕养路年度计划安排及当时的具体情况，在每月初制订月度作业计划并付诸实施。月末检查小结，并按规定汇总上报。

3. 小修保养计划的编制

(1)小修保养生产计划的内容

公路工程小修保养生产计划，是指导和控制小修保养生产的主要依据。其内容主要包括：

①产量指标。公路养护里程和小修保养工程数量和工作量。

②质量指标。包括好路率、综合值、实现优等路和消灭差等路指标及各单项工程质量标准和要求。

③小修保养工程年公里成本和单项工程成本。

④主要材料消耗。

⑤主要机械台班消耗。

⑥员工出勤率和直接生产率。

⑦主要机械完好率和利用率。

⑧为完成任务、实现进度、保证质量、降低成本应采取的技术组织措施和安全生产措施。

(2)小修保养计划的编制

①年度计划的组成文件

a. 文字说明,对计划编制必要的说明。

b. 路况计划表。主要包括各等级的计划里程、计划好路率、计划综合值、消灭差等路的计划里程数。

c. 工程进度计划表。主要包括工程项目、工程量、全年分季度完成的工程量。

d. 工程材料使用计划表。主要包括材料名称、本年度计划用量、分季度使用量。

e. 工程机械使用计划表。主要包括机械名称、本年度计划用量、分季度使用量。

f. 劳动力计划表。主要包括道班人数、计划出勤率、计划出勤天数、计划出工日数、计划直接生产利用率、计划直接生产工日、全年计划总用工数、分季度用工数。

g. 完成各项经济技术指标措施计划表。主要项目包括计划达到的指标与要求,计划实施方案和内容的说明,负责实施的人员等。

以上各表均按路线并按道班填列。

②年度、季度计划的编制方法

小修保养年度生产计划,由县级公路局负责编制,将全县各条公路上各个道班的计划内容统一汇总编制。年度计划编制完成后,应与年度预算一起上报审查批准。

季度计划主要由季度好路率计划表、季度工程计划表、季度材料使用计划表、季度机械使用计划表、季度劳动力措施计划表、季度技术组织措施计划表等组成。

季度计划是落实年度计划的基础。县公路管理局根据上级批准的年度计划,结合生产实际情况,编制季度小修保养生产计划。在编制季度计划时,可按实际情况对年度计划进行调整。季度计划应按规定时间上报,批准后方可贯彻执行。

③月份生产计划、旬作业计划的编制

月份计划是以道班为单位按旬分列的。某个道班月份生产计划表中主要包括好路率计划,工程计划和机具使用计划,劳动力计划和工程进度计划。

月份计划是实施性生产计划。县公路局应于上月下旬在路况检查评定(自检)的基础上,根据批准的季度计划和路况实际,进行编制。于月末前下达到道班,并报上级备查。

旬作业计划由道班根据县公路局下达的月份生产计划编制。各道班根据旬作业计划,每天将次日的生产安排公布在布告牌上,以利作业计划的贯彻执行。

三、道班管理

做好养路道班生产工作的关键在于做好班组管理,而做好班组管理的关键在于健全养路责任制。道班实行的养路责任制,其实质是道班岗位责任制,主要有以下 6 项内容:

（1）小修保养分工制

全班划分为小修和保养两个组。分工合作、共同负责是道班养路责任制的中心。小修组负责全班养护路线范围内进行周期的养护工作，其基本要求是：在巩固原有路况的前提下，按计划逐步地、有重点地进行小修，提高路况使之符合良等路或优等路标准。保养组则是把养护路线分为几个保养小段，每段安排一定的人力负责经常性保养工作。其基本要求是：在正常情况下，负责维护路况不允许下降，并负责验收责任区内砂石等材料和承担路政工作。个人额度责任管区宜基本固定，以便于熟练和提高技术水平，便于施工管理、稳定质量和体现效果。

（2）雨雪天巡养制

在雨雪天，保养岗位个人应按责任区全面进行巡查，着重疏通排水，看守危桥，除雪破冰，坚守防洪、防滑重点路段，如遇到可能发生严重险情的，应由班长统一指挥，必要时选择性的请当地乡村支援，组织抢修，并及时上报。小修组应抓住全班的防洪防滑重点，协同保养组进行工作力争全班所养路线不被毁、不滑车、不堵车，安全畅通。

（3）安全、质量检查制

坚持操作规程，安全生产，并设安全质量检验员。检查的主要内容有：操作方法、施工质量、路面材料规格质量、安全措施、安全事故发生的原因、处理事故的方法和路政管理。检查方法是：以岗位个人经常自检为主，全班个人利用多种方便机会进行现场互检，班组长、检验员采取随时抽查与定期全面检查相组合。

（4）材料、机具保管制

道班要设置机具保管员，具体掌握材料存入数据、规格，以便安排备料计划。掌握现有工具、机械设备的名称、数量、修理、报废、换新等制度，做到有物有账、账物相符。碎石、油料等材料消耗量要及时记录，定期盘存核对，累积资料，统计实际消耗定额。

（5）班组经济核算制

实行班组经济核算制，是全面的核算，它是县公路局经济核算的组成部分。每个人干什么，管什么，便核算什么。班组经济核算应有道班和县公路局共同配合进行。班组经济核算，除了从养护技术经济指标核算外，还要考核使用效果，即汽车运输技术经济指标，要求运输部门定期提供轮胎、油料、车速、小修用料金额等资料，通过前后对比，反应各个时期养路效果对运输的影响。

（6）轮流值日制

为了使道班生产、生活学习等有序的进行，全班人员轮流值日，协助班长领导指挥全日活动，值日员不脱产。其主要职责是：

①组织召开当晚的班日生产会议或其他会议；

②负责执行前一天晚上班日生产会议决定，组织生产活动，掌握生产动态；

③掌握全日作息时间；

④填写道班大事记和晴、雨气温登记表；

⑤处理日常事务，如整理内务、收发文件报纸等；

⑥收工后检查工具、机械保养，道班房安全保卫工作；

⑦办好值日员上下交班手续，并提出注意事项。

四、文明施工

文明生产是指按照社会化大生产的客观要求，科学地从事企业生产的一切活动。企业从事一切生产活动都应当讲文明、讲科学、讲安全。

1. 文明施工教育

通过文明施工教育，施工现场人员应掌握文明安全生产知识，提高对文明安全生产的认识。使施工现场人员成为有高度责任感和事业心，具备科学技术知识和管理知识，能够严于律己的劳动者。养护作业人员进行养护作业时，应当穿统一的安全标志服，利用车辆进行养护作业时，应当在公路作业车辆上设置明显的作业标志。现场管理员工应统一着装，胸前佩挂证卡，并应自觉遵守工地各项规章制度和劳动纪律，杜绝违章现象。

2. 文明管理

文明管理是指管理的科学化和民主化。科学化是指建立文明施工管理和监督管理网络，推行现代管理方式。建立和贯彻一整套科学管理生产的规章制度，包括各项责任制、工艺规程、操作规程、设备维护与检修规程、安全技术规程等；民主化是指充分发挥职工管理企业的积极性和创造性。

3. 文明的环境

文明的环境指工地、作业区、机械设备等整洁、舒适和安全。

(1)施工单位应按照场地总平面图设置各项临时设施，布局合理，养护作业区按规定进行交通控制。

(2)施工现场作业区道路平整、设有路标。施工机械设备应保持状况良好、停置整齐；施工材料堆放有序、存储合理规整。

(3)作业区道路和现场按工程需要须有足够的照明设施；施工电源要集中布置，统一接线，专人负责，并定期检查。

(4)工地现场外观应做到施工场地整洁、生活环境清洁、施工产品美观净洁。

(5)禁烟区严禁吸烟。禁止边作业边吸烟。

(6)遵守国家有关环境保护规定，避免和降低灰尘等对周围环境的污染。

复习思考题

1. 公路养护计划管理的主要任务是什么？
2. 公路养护生产的组织方式是什么？
3. 公路计划管理的作用有哪些？
4. 公路计划管理的内容与方法是什么？

课题四　公路养护作业安全管理

知识点：

◎ 施工现场安全管理规定。

◎ 掌握公路养护施工安全设置的要求。

◎ 劳动保护的任务与内容。

技能点：

◎ 养护作业中的安全设施的设置。

安全生产，就是要保证人和机械设备在生产中的安全，在生产过程中，要坚持“安全第一，预防为主”的安全生产方针。把安全第一的思想铭刻在心，切实做到“生产必须安全，安全促进生产”。

一、安全管理体系

公路养护施工安全直接关系到公路安全畅通，不仅涉及施工管理和操作者的安全，而且涉及行驶车辆和公路设施的安全。为加强公路养护安全管理，应在以下方面做好安全管理工作：

1. 养护施工安全合同管理

养护工程的安全责任必须纳入承包合同内容，上级管养单位与基层管养单位签订安全合同，需明确安全管理要求，落实安全责任。凡是拒不执行安全规定的，要限期整改，实施处罚。上级管养单位应对基层管养单位实施监督。同时，业主单位应与施工承包单位及监理单位签订施工安全合同，或在施工承包合同及监理合同中明确施工安全作业条款。

2. 施工前期安全准备

基层管养单位要对养护施工作业人员进行安全知识和安全技能培训，如图 6-18 所示。养护工程开工前，上级管养单位应组织召开技术和安全交底会议，对基层管养单位的安全工作明确具体要求，对进场施工的安全准备情况进行核查。基层管养单位要制定施工项目的安全管理岗位职责、制度和操作规程，配备施工安全必需的设施、设备。

图 6-18　施工安全技能培训

3. 施工现场安全管理

施工现场安全管理应按照《公路养护安全作业规程》（JTG H30—2015）的相关要求执行。如大中修养护作业单位应制定安全与通畅保障方案。施工单位应参照施工组织方案开展安全管理工作。作业人员必须穿戴安全标志服。路面施工点要按规范规定合理布置。应加强巡查，及时发现并清除路面影响行车的抛撒废弃物件。路面施工需要进行交通分流、管制等措施时，必须事前与路政、交警部门密切协调配合。养护施工工程要尽快完成，严格执行质量和时效规定，并且认真清理施工现场，及时开放交通。凡是来不及安排处治并且直接影响交通安全的情况要采取紧急预案处理，对路面坑洞要采取临时填补。

4. 养护设备安全管理

基层管养单位的所有养护设备运行时须严格执行安全规定。操作人员必须具备相应资格资质证书,应会基本知识,熟悉操作技能,要定期对机械设备操作人员进行安全检查考核。养护施工作业车辆应定期检修,如图 6-19 所示。不准带病出车,不准随意掉头和逆向行驶,夜间行车必须保持高度警觉,严禁疲劳和违规驾驶。

a)

b)

图 6-19 养护设备检修

5. 突发紧急情况处置

基层管养单位应针对安全事故、交通运输事故、公共设施和设备事故等突发紧急情况分别制定处置预案措施,提前做好各项准备工作,提高处置突发紧急情况的能力,最大限度地预防和减少突发情况造成地损害。

6. 养护安全信息管理

基层管养单位应坚持路况巡查制度和紧急情况报告制度。及时掌握所辖路段的路况和养护施工信息,凡是可能影响交通安全的施工作业情况,都应当及时将信息汇集至上级部门,突发紧急情况必须及时上报,将收集的养护信息认真予以记录并归类管理,如图 6-20 所示。

图 6-20 养护安全信息管理示例

7. 安全检查考核

(1)安全巡查工作

①基层管养单位的养护人员每天要坚持上路巡查,巡查的次数每天不少于一次。公路巡查必须做到定时、定向、线路,进行检查时,必须做好检查记录。

②各基层养护人员要把当天巡路的情况汇报班长,并认真填写好巡查日志,记录员和班长应签名,认真做好巡查日志的归档工作。

③全面检查公路路面及沿线公路设施是否完好,是否存在安全隐患。发现问题,按职责范围及时处理,超出范围的应及时上报上级部门处理,防止公路交通事故的发生。

(2)安全考核

健全体制、落实制度,落实全员责任制。管理制度的制定和落实是安全生产的保障,以安全生产法为基础,制定适合本单位的规章制度;要多想、考虑周到,每一项工作的细节都要以制度、规范的形式形成文字。同时狠抓制度的落实情况,组织全体员工深入细致的进行学习,全面深刻的理解,不折不扣的执行。要通过制度来约束职工、考核职工、奖惩职工。

上级管养单位必须坚持安全检查和督察,常抓不懈,警钟长鸣。将养护安全工作纳入目标责任管理,分期进行考核,严格奖惩。对管理不善、监督不为、执行不力导致的重大以上养护安全责任事故,坚决实行责任追究制度。对严重违反规定、且拒不整改的问题,要求停工整改。

二、养护安全作业管理

在路面养护作业中,安全性至关重要,其目的在于最大限度地使公路养护安全作业规范化,保障养护作业人员和设备的安全(图6-21),并保障车辆安全顺利地通过养护作业路段(图6-22)。

图6-21　保障作业安全

图6-22　保障交通通畅

1. 公路养护作业类型划分

公路养护作业按照作业时间可划分为长期养护作业、短期养护作业、临时养护作业和移动养护作业，如图 6-23 所示。

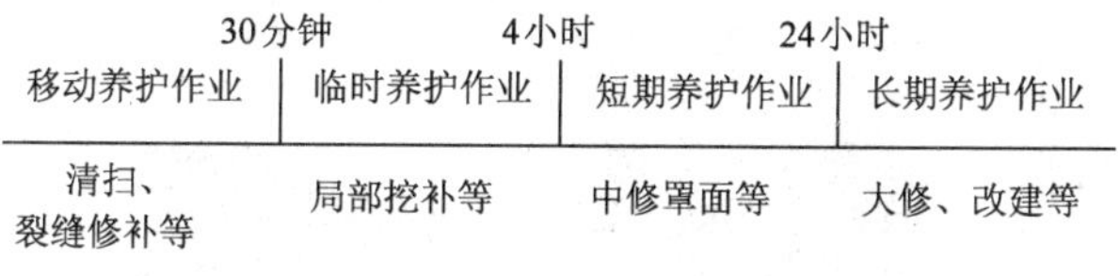

图 6-23　公路养护作业类型划分

2. 养护作业控制区

(1)控制区区段划分

养护作业控制区是指公路养护安全作业所布置的交通管控区域。由警告区、上游过渡区、纵向缓冲区、工作区、下游过渡区和终止区组成。在保障行车道宽度前提下，工作区和纵向缓冲区宜布置横向缓冲区，如图 6-24 所示。

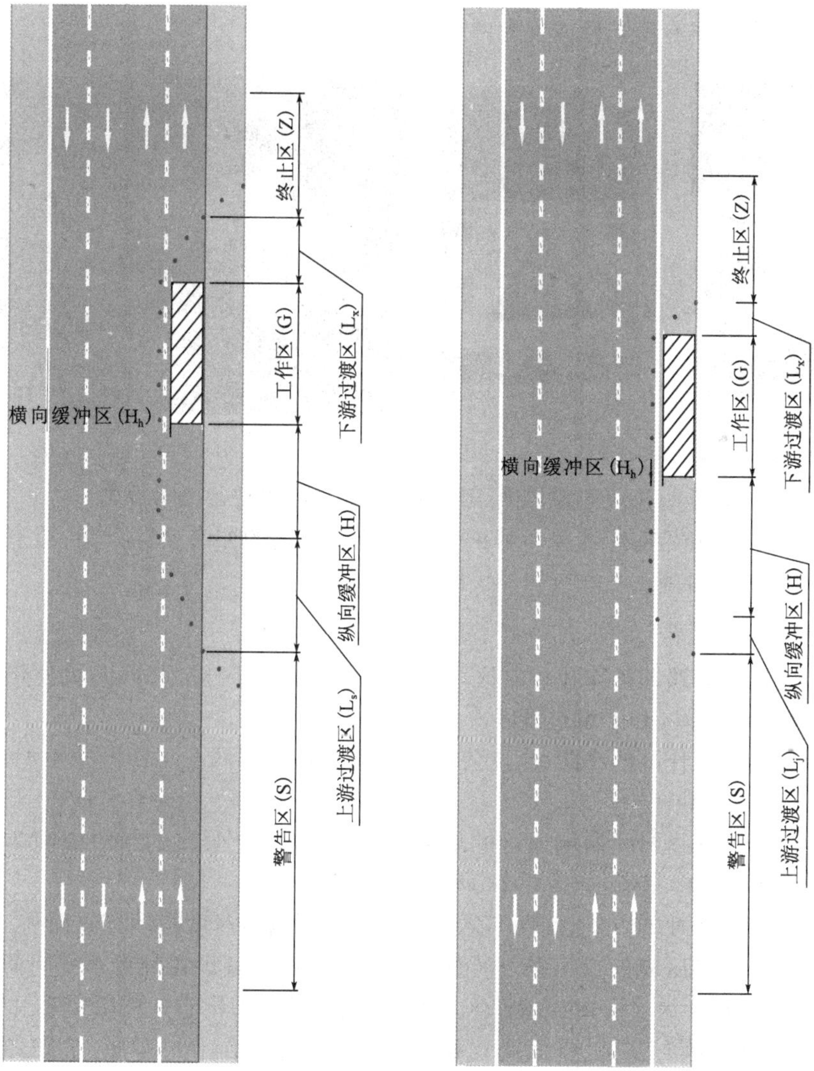

图 6-24　养护作业控制区

(2)常见的安全设施

①安全设施的种类和样式应按照《公路养护安全作业规程》(JTG H30—2015)的相关规定执行。典型安全设施如图6-25和图6-26所示。

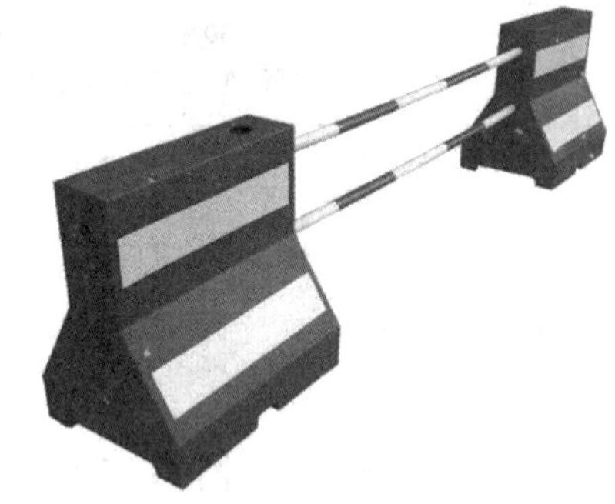

图6-25 长期及短期养护作业的典型安全设施

②公路养护安全设施在使用期间应定期检查维护,保持完好并正常使用。用于夜间养护作业的安全设施必须具有反光性或发光性,如图6-27所示。

图6-26 临时及移动养护作业的典型安全设施

图6-27 夜间养护安全设施示例

③夜间养护作业控制区应布设照明设施、警示频闪灯和语音提示设施。

④公路养护作业开始前应覆盖与养护安全设施相冲突的原有公路设施,结束后应及时恢复被覆盖的原有公路设施。

3. 长、短期养护作业

(1)三级及以上公路养护作业控制区可按照标准控制区区段划分,四级公路可简化为警告区、上游过渡区、工作区和下游过渡区。

(2)应保证相邻工作区的净距,高速公路和一级公路相邻两个工作区净距不宜小于5km,二三级公路不宜小于3km。

(3)应避免中间车道封闭两侧通行的现象,六车道及以上公路的封闭中间车道养护作业时,宜同时封闭相邻一侧车道,如图6-28所示。

(4)应采用逐级限速的方式,确保车辆到达工作区附近时速度得到有效控制。

(5)养护作业控制区应设置工程车辆专门的出、入口,并宜设在顺行车方向的下游过渡区内。当工程车辆需经上游过渡区或工作区进入时,应布设警告标志并配备交通引导人员。

(6)弯道、纵坡、桥梁、隧道、平面交叉及收费广场的养护作业可按照《公路养护安全作业规程》(JTG H30—2015)的相关规定执行。

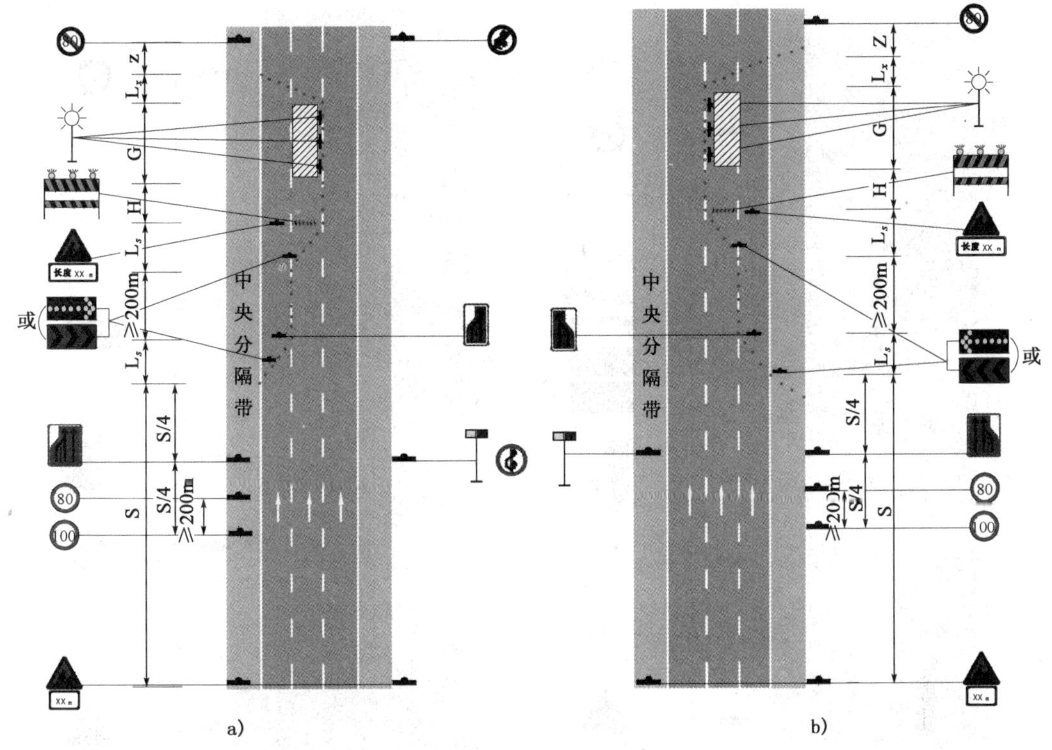

图 6-28　中间车道养护作业的封闭方法示例

4. 临时、移动养护作业

(1)基本要求

①非应急抢险、抢修养护作业,夜间不宜进行临时和移动养护作业。

②双向四车道以上公路按照"平直路段"的养护安全作业要求执行,双向两车道以下公路可按照《公路养护安全作业规程》(JTG H30—2015)的相关要求简化。

(2)平直路段

①临时养护作业可分为有无移动式标志车两种,当布设移动式标志车时,可不布设上游过渡区,如图 6-29 所示。并按照《公路养护安全作业规程》(JTG H30—2015)的要求确定是否封闭车道。

②机械移动养护作业,宜布设移动式标志车,当作业机械配备闪光箭头或车辆闪光灯时,可不布设移动式标志车,如图 6-30 所示。

③当占用路面进行人工移动养护作业时,应配备交通引导人员。对于路肩清扫等人工移动养护作业,宜布设移动式标志或交通锥,如图 6-31 所示。人工移动养护作业应避开高峰时段。

④中央分隔带或边坡绿化内的植被灌溉养护作业,应在灌溉车辆上配备醒目的闪光箭头和车辆闪光灯,也可在灌溉车辆后布设移动式标志车。作业人员不得在中央分隔带内休息,且中央分隔带中不宜多人集中作业。

(3)弯道路段

弯道路段临时或移动养护作业时,应在弯道前布设警告标志。临时养护作业应在弯道前完成上游过渡区,确保车辆平稳通过弯道。如图 6-32 所示。

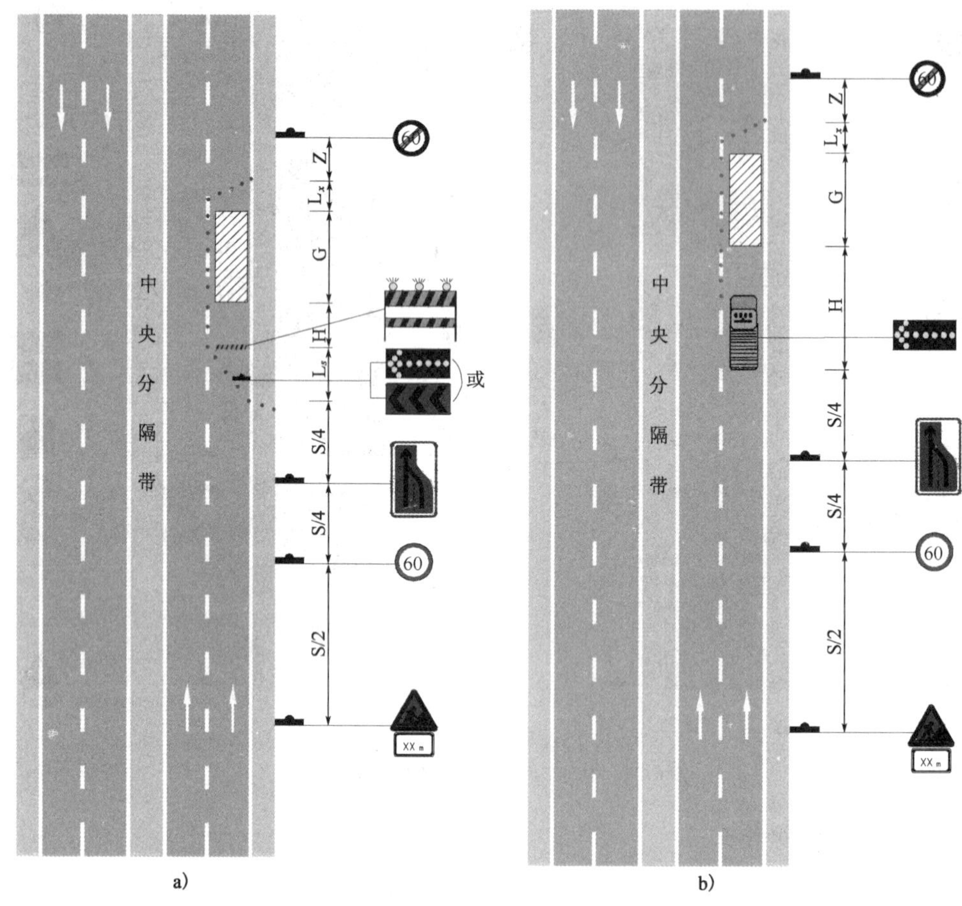

图 6-29 高速公路及一级公路临时养护作业

图 6-30 移动式标志车

图 6-31 人工移动养护作业

(4)桥涵养护作业

①桥梁的桥面、伸缩缝、泄水孔、护栏、护轮带的常规检查、清理作业可按临时养护作业控制区布置,更换作业应半幅封闭或全幅封闭受伸缩缝施工影响的桥孔。

a. 半幅封闭应按《公路养护安全作业规程》(JTG H30—2015)的有关规定执行。

b. 全幅封闭应做好分流信息提示,并在作业控制区前后的交叉路口布设桥梁封闭或改道标志。

②桥梁拉索、悬索及桥下部结构养护作业影响范围内,应将对应桥面封闭为工作区,并布置养护作业控制区,对影响净高或净宽的养护作业,应布设限高或限宽标志。

(5)隧道养护作业

①隧道养护作业宜在交通量较小时进行。

②临时和移动养护作业宜布设移动式标志车，并在隧道两端布设施工标志，必要时配备交通引导人员，移动养护作业宜采用机械移动养护作业。

5. 特殊路段及特殊气象条件养护作业

(1)特殊路段

①穿城区、村镇路段养护安全作业，除应按相应的养护作业控制区布置外，还应布设车道渠化设施，并采取强制限速与行人控制措施。

②易发生地质灾害的傍山路段养护安全作业，除应按相应的养护作业控制区布置外，还应设专人观察边坡险情，如图 6-33 所示。

③路侧险要路段养护安全作业，除应按相应的养护作业控制区布置外，还应加强路侧安全防护，如图 6-34 所示。

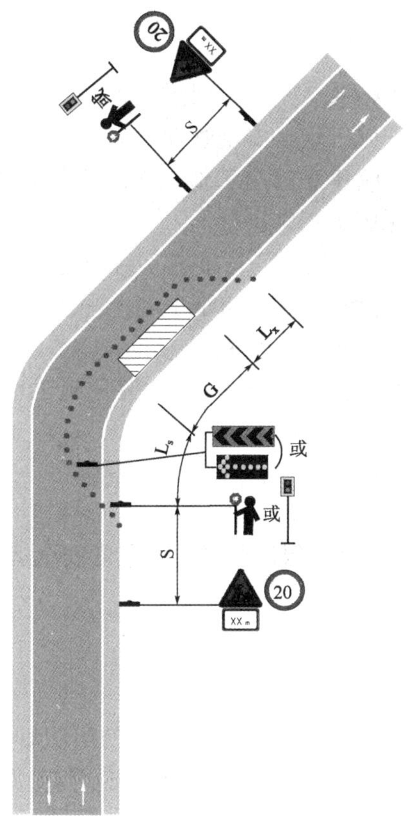

图 6-32　弯道路段临时作业

图 6-33　傍山路段养护作业

图 6-34　路侧险要路段养护作业

(2)特殊气象条件

①冬季除冰雪安全作业，参与作业人员及车辆还应做好防滑措施，切实保障自身安全。

②高温季节养护安全作业，还应采取防暑降温措施，并适当调整作息时间，尽量避开高温时段养护作业。

③除应急抢险外，雨、雾、沙尘、大风等恶劣天气下不宜开展养护作业，开展养护作业应按照《公路养护安全作业规程》(JTG H30—2015)的相关要求执行。

6. 管理要求

(1)公路大中修养护作业单位应制定安全和通畅保障方案,并报有关部门审批,应根据批复方案进行养护作业控制区布置与安全作业管理,公路管理机构或经营管理单位应对养护安全作业进行监督检查。

(2)公路管理机构或经营管理单位应组织制定养护安全作业应急预案。当养护作业控制区发生突发事件时,应及时启动应急预案。

(3)公路管理机构或经营管理单位应利用可变信息标志、交通广播、网络媒体、临时性交通标志等沿线设施与信息服务平台,及时发布或提示前方公路或区域路网内的养护作业信息,如图6-35所示。

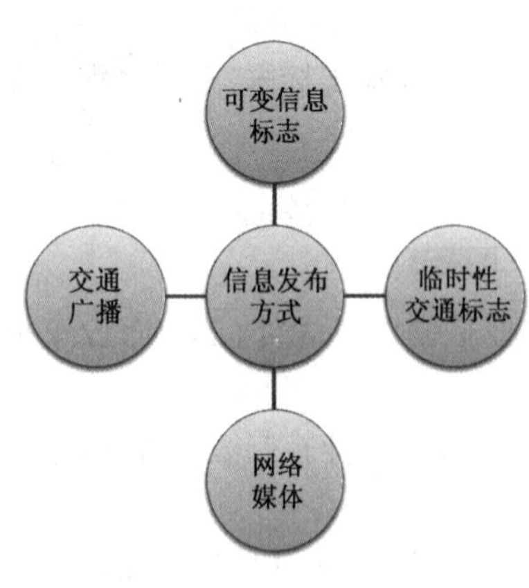

图6-35　公路养护信息发布方式

三、施工现场安全管理规定

(1)施工现场必须具备良好的施工环境和作业条件,实行安全生产,避免发生人身伤亡事故和工程事故。进入施工现场的所有人员必须遵守施工现场安全管理规定。

(2)施工现场安全生产实行项目经理负责制。应建立健全工地安全组织保障体系,制定和完善安全管理制度,采取各项安全防护措施,确保施工正常进行。

(3)施工现场所有施工人员必须经过上岗前的安全教育。从事施工活动的每个职工具备本工种的安全常识,增强防范意识。特种工种须经过专业培训,持证上岗。

(4)进入施工现场的所有人员,应穿戴、使用有关防护用品、用具。

(5)施工现场应设置必要的提示、警示、警告等各种安全防范标志,避免施工现场的人员可能发生意外伤害。

(6)施工现场必须杜绝违章指挥、违章作业、违反劳动纪律的"三违"行为。

(7)施工现场必须做好防火、防电、防爆和防坠落等防护工作。

(8)施工现场应建立完善的机具设备例保、检修制度,保证机械设备正常安全运作。

四、劳动保护

1. 劳动保护的任务与内容

劳动保护工作是为了保护劳动者在生产过程中的安全与健康而进行的组织管理工作,以及为此而采取的一系列技术措施。它专指对劳动者在劳动生产过程中的安全与健康的保护。

劳动保护的任务与内容主要有:

(1)保证安全生产,消除生产中引起伤亡事故的潜在因素,防止工伤事故和职业病发生。

(2)合理确定工作时间和休息时间,注意劳逸结合。

(3)对女工实行特殊保护。

(4)改善生产劳动条件,避免因生产活动可能引起的对职工健康的危害。

2. 劳动保护制度

劳动保护制度是指为切实做好安全文明生产和保障职工身体健康而建立的一系列生产行政管理和技术管理制度。

企业劳动保护的实施工作应由安全技术部门负责,该部门应有的基本思想是尊重人的生命和对工作的极端负责。

沥青路面养护中的劳动保护工作主要有:

(1)对有皮肤病、眼病、喉病、面部后手部有破伤以及对沥青有过敏感染的人员不应担任沥青的加工、运输和操作等工作。

(2)对运油、熬油、洒油、摊铺等工序,凡经常接触沥青的人员,其外露皮肤需涂上防护油膏,应穿长袖、长裤工作服,戴口罩、帆布手套,护目眼镜等,并用干毛巾围裹颈部。

(3)接触沥青人员在上下班时,需点眼药水一次,以保护眼睛。

(4)每天工作完毕,应将防护用品除下,脸和手用肥皂洗净。如皮肤或手已染有沥青,应用松香油洗净,不宜用汽油等油类擦洗。

(5)在施工现场或拌和厂、加热站等处,都需要配备灼伤防暑等药品,以备急需。

3. 公路养护生产中应注意的安全问题

(1)严禁采用底脚挖土(即下面掏空,使土自动塌落的操作方法),以免塌土伤人。

(2)撬除悬岩、陡坡尚的松动的石块,要系好安全带。不可站在石块的下方,并忌用力过猛,以防人随石下,发生危险。

(3)铁锤、铁锹及十字镐等带带柄工具,要随时检查木柄是否松动,以防脱落伤人。

(4)凡皮肤受伤或呼吸系统及面部等暴露部分患病职工,均不得参加熬油、喷油等接触沥青的工作。

(5)沥青加热时要防止溢锅烫伤及引起燃烧,现场须设置灭火器、消防砂、湿麻袋等消防器材,以防不测。

(6)各类脚手架,跳板必须牢固、稳定、不起翘。

(7)拆下的模板、脚手架等木材,不得随地乱丢,带钉的木板及时拔除钉子。

复习思考题

1. 施工现场安全管理规定有哪些?
2. 公路养护作业按照作业时间可划分哪几种类型?
3. 养护作业控制由哪几部分组成?
4. 劳动保护的任务与内容是什么?
5. 公路养护生产中应注意的安全问题主要有哪些?

附　　表

附表 1

沥青路面损坏情况调查表

<table>
<tr><td>路线名称：</td><td colspan="3">调查方向：</td><td colspan="11">调查时间：　　　　调查人员：</td></tr>
<tr><td rowspan="2">调查内容</td><td rowspan="2">程度</td><td rowspan="2">权重
w_i</td><td rowspan="2">单位</td><td colspan="10">起点桩号：　　　　终点桩号：
路段长度：　　　　路面宽度：</td><td rowspan="2">累计
损坏</td></tr>
<tr><td>1</td><td>2</td><td>3</td><td>4</td><td>5</td><td>6</td><td>7</td><td>8</td><td>9</td><td>10</td></tr>
<tr><td rowspan="3">龟裂</td><td>轻</td><td>0.6</td><td rowspan="3">m^2</td><td></td><td></td><td></td><td></td><td></td><td></td><td></td><td></td><td></td><td></td><td></td></tr>
<tr><td>中</td><td>0.8</td><td></td><td></td><td></td><td></td><td></td><td></td><td></td><td></td><td></td><td></td><td></td></tr>
<tr><td>重</td><td>1.0</td><td></td><td></td><td></td><td></td><td></td><td></td><td></td><td></td><td></td><td></td><td></td></tr>
<tr><td rowspan="2">块状裂缝</td><td>轻</td><td>0.6</td><td rowspan="2">m^2</td><td></td><td></td><td></td><td></td><td></td><td></td><td></td><td></td><td></td><td></td><td></td></tr>
<tr><td>重</td><td>0.8</td><td></td><td></td><td></td><td></td><td></td><td></td><td></td><td></td><td></td><td></td><td></td></tr>
<tr><td rowspan="2">纵向裂缝</td><td>轻</td><td>0.6</td><td rowspan="2">m</td><td></td><td></td><td></td><td></td><td></td><td></td><td></td><td></td><td></td><td></td><td></td></tr>
<tr><td>重</td><td>1.0</td><td></td><td></td><td></td><td></td><td></td><td></td><td></td><td></td><td></td><td></td><td></td></tr>
<tr><td rowspan="2">横向裂缝</td><td>轻</td><td>0.6</td><td rowspan="2">m</td><td></td><td></td><td></td><td></td><td></td><td></td><td></td><td></td><td></td><td></td><td></td></tr>
<tr><td>重</td><td>1.0</td><td></td><td></td><td></td><td></td><td></td><td></td><td></td><td></td><td></td><td></td><td></td></tr>
<tr><td rowspan="2">坑槽</td><td>轻</td><td>0.8</td><td rowspan="2">m^2</td><td></td><td></td><td></td><td></td><td></td><td></td><td></td><td></td><td></td><td></td><td></td></tr>
<tr><td>重</td><td>1.0</td><td></td><td></td><td></td><td></td><td></td><td></td><td></td><td></td><td></td><td></td><td></td></tr>
<tr><td rowspan="2">松散</td><td>轻</td><td>0.6</td><td rowspan="2">m^2</td><td></td><td></td><td></td><td></td><td></td><td></td><td></td><td></td><td></td><td></td><td></td></tr>
<tr><td>重</td><td>1.0</td><td></td><td></td><td></td><td></td><td></td><td></td><td></td><td></td><td></td><td></td><td></td></tr>
<tr><td rowspan="2">沉陷</td><td>轻</td><td>0.6</td><td rowspan="2">m^2</td><td></td><td></td><td></td><td></td><td></td><td></td><td></td><td></td><td></td><td></td><td></td></tr>
<tr><td>重</td><td>1.0</td><td></td><td></td><td></td><td></td><td></td><td></td><td></td><td></td><td></td><td></td><td></td></tr>
<tr><td rowspan="2">车辙</td><td>轻</td><td>0.6</td><td rowspan="2">m</td><td></td><td></td><td></td><td></td><td></td><td></td><td></td><td></td><td></td><td></td><td></td></tr>
<tr><td>重</td><td>1.0</td><td></td><td></td><td></td><td></td><td></td><td></td><td></td><td></td><td></td><td></td><td></td></tr>
<tr><td rowspan="2">波浪壅包</td><td>轻</td><td>0.6</td><td rowspan="2">m^2</td><td></td><td></td><td></td><td></td><td></td><td></td><td></td><td></td><td></td><td></td><td></td></tr>
<tr><td>重</td><td>1.0</td><td></td><td></td><td></td><td></td><td></td><td></td><td></td><td></td><td></td><td></td><td></td></tr>
<tr><td>泛油</td><td></td><td>0.2</td><td>m^2</td><td></td><td colspan="5"></td><td colspan="5"></td></tr>
<tr><td>修补</td><td></td><td>0.1</td><td>m^2</td><td></td><td colspan="5"></td><td colspan="5"></td></tr>
<tr><td colspan="4">评定结果：

DR =　　　%

PCI =</td><td colspan="11">计算方法：
$PCI = 100 - \alpha_0 DR^{\alpha_1}$
$DR = 100 \times \frac{\sum_{i=1}^{i_0} w_i A_i}{A}$
$\alpha_0 = 15.00$
$\alpha_i = 0.412$</td></tr>
</table>

附表 2

公路技术状况评定明细表

路段桩号	长度 (m)	MQI	路面 PQI	路面分项指标					路基 SCI	桥隧构造物 BCI	沿线设施 TCI
				PCI	RQI	RDI	SRI	PSSI			

第　页　总　页

注:表中 PSSI 为抽样评定指标。

附表 3

水泥混凝土路面损坏调查表

路线名称：	调查方向：			调查时间：　　调查人员：										
调查内容	程度	权重 w_i	单位	起点桩号：　　终点桩号： 路段长度：　　路面宽度：										累计损坏
				1	2	3	4	5	6	7	8	9	10	
破碎板	轻	0.8	m^2											
	重	1.0												
裂缝	轻	0.6	m											
	中	0.8												
	重	1.0												
板角断裂	轻	0.6	m^2											
	中	0.8												
	重	1.0												
错台	轻	0.6	m											
	重	1.0												
唧泥		1.0	m											
边角剥落	轻	0.6	m											
	中	0.8												
	重	1.0												
接缝料损坏	轻	0.4	m											
	重	0.6												
坑洞		1.0	m^2											
拱起		1.0	m^2											
露骨		0.3	m^2											
修补		0.1	m^2											

评定结果：

DR =　　　%

PCI =

计算方法：

$$PCI = 100 - \alpha_0 DR^{\alpha_1}$$

$$DR = 100 \times \frac{\sum_{i=1}^{i_0} w_i A_i}{A}$$

$\alpha_0 = 10.66$

$\alpha_i = 0.461$

《公路工程养护技术》试题

（与教学课件配套教材使用）

一、填空题

1. 公路养护工作必须贯彻（　　）、（　　）的方针。

2. 公路养护工程按交通运输部《公路养护工程管理办法》之规定，分为（　　）、（　　）、（　　）、（　　）4类。

3. 作用在公路上的车辆荷载主要有（　　）、（　　）、（　　）、（　　）。

4. 自然因素对公路的影响主要包括（　　）和（　　）。

5. 高速公路养护工程，根据其特点，分为（　　）、（　　）和（　　）3类。

6. 路基沉陷是指路基在（　　）方向产生较大的沉落。

7. 路基病害产生原因中，（　　）是影响路基质量和产生病害的基本前提，（　　）是造成路基病害的主要原因。

8. 路基边坡的坍方，按其破坏规模与原因的不同可分为（　　）、（　　）、（　　）和（　　）等。

9. 路基检查分为（　　）、（　　）和（　　）。

10. 路基边坡养护与维修的要求是边坡坡面保持（　　）、（　　），（　　）、（　　），坡度符合设计规定。

11. 纵向裂缝表现为沿（　　）分布的单根裂缝，裂缝方向与路面中心线基本（　　）。

12. 横向裂缝指沿着路面横断面方向出现的规则裂缝，与行车方向基本（　　）的裂缝。

13. 坑槽是指沥青路面面层集料（　　）或基层和面层的（　　）而出现的路面坑穴。

14. 松散是沥青路面由于结合料（　　），集料之间失去黏结力而出现松散、掉粒等现象。

15. 路面沥青被挤出或表面被沥青膜覆盖形成发亮的薄油层，称为（　　）。

16. 路面调查可采用（　　）或（　　）的方式。

17. 沥青路面小修保养可分为（　　）和（　　）两项工作内容。

18. 沥青路面罩面按其使用功能可划分为（　　）、（　　）和（　　）。

19. 普通型罩面施工时，矿料宜选择（　　）、（　　）的石料。

20. 罩面厚度应根据所在路段交通量、（　　）、路面状况、（　　）等综合考虑确定。

21. 防水型罩面主要适用于原有路面的表面空隙封闭、（　　）、（　　）、修复路面较严重的破损。

22. 抗滑型罩面适用于提高路面（　　）的修复工作。

23. 对于高速公路、一级和二级公路的补强，宜采用（　　）加沥青混合料面层的结构形式。

24. 对于三级公路的补强，在不提高公路等级的情况下，可采用（　　）补强结构。

25. 对于四级公路的补强，可采用（　　）的补强形式。

26. 沥青路面加宽方案应根据( )、线形及( )等确定。

27. 沥青路面如两侧加宽宽度差数在1m以下,( )调整横坡。

28. 沥青路面若两侧加宽宽度差数超过1m,( )调整路拱横坡。

29. 在路面加宽时基层施工中,当基层厚度小于25cm时宜采用( )。

30. 在路面加宽时基层施工中,当基层厚度大于或等于25cm时宜采用( )。

31. 目前裂缝修补的主要方法是( )和( )。

32. 水泥混凝土板裂缝是指板块上只有一条裂缝,裂缝类型包括( )、( )和( )等。

33. 板角断裂指水泥混凝土板的板角出现裂缝,裂缝与纵横接缝( ),交点距板角( )板边长度的一半。

34. 贴缝是采用( )对裂缝进行粘贴,从而起到封闭裂缝的作用。

35. 接缝料损坏是指由于接缝的填缝料( )、( )等原因,接缝内已无( ),接缝被砂、石、土等填塞。

36. 水泥混凝土路面的调查包括水泥混凝土( )、( )和( )三项内容。

37. 对于水泥混凝土路面的裂缝,常用的维修措施有( )、( )和( )三种。

38. 扩缝灌浆施工流程为扩缝、( )、填料、( )、开放交通。

39. 水泥混凝土路面唧泥病害,应采取压浆处理,采用( )、( )、( )和( )等方法。

40. 全深度补块法包括有( )、( )和( )。

41. 错台的处置方法有( )和( )两种。

42. 接缝损坏维修处理方法有( )、( )和( )。

43. 桥隧构造物包括( )、( )和( )三类。

44. 桥涵构造物养护,根据交通发展需要,可通过改造和改建来提高( )和( )。

45. 桥涵养护工作按"预防为主,防治结合"的原则,以( )为中心,以( )为重点,加强全面养护。

46. 经常检查主要指对( )、( )、( )及附属构造的技术状况进行的检查。

47. 桥梁特殊检查分( )和( )。

48. 年度养护计划一般分为( )、( )和( )三部分进行编制。

49. 桥梁评定分为( )和( )。

50. 桥梁一般评定由( )进行,适应性评定应( )进行。

51. 钢筋混凝土栏杆裂缝或剥落,轻者灌注( ),严重者凿除损坏部分,修补完整。

52. 增大截面与配筋加固法是通过( )或( )以提高钢筋混凝土梁承载能力的加固方法。

53. 人工地基加固的方法是( )和( )。

54. 公路养护作业按照作业可划分为( )、( )、( )和移动养护作业。

55. 桥墩的加固方法有( )、( )和( )。

56. 应急工程具有明显的( )和( ),主要由基层养管单位负责实施。

57. 沿线设施的损坏类别有( )、隔离栅损坏、( )、标线缺损和( )。

58. 养护施工组织管理分为( )、( )和( )三个阶段。

59. 公路大中修与改建工程,其生产组织方式采取( )或( )的方式进行。

60. 公路养护基层单位是做好公路养护管理工作的重要单元。普通国省干线公路的基层养管单位一般形式为(　　),高速公路的基层养管单位一般形式为(　　)。

二、单选题(选择一个正确的答案,将相应的字母填入题内的括号中)

1. 轻型的路面翻浆外观表现有(　　)。

A. 路面龟裂　　B. 大片裂纹　　C. 路面松散　　D. 局部鼓包

2. 中型的路面翻浆外观表现有(　　)。

A. 大片裂纹　　B. 路面龟裂

C. 湿润　　D. 车辆行驶时有轻微弹簧

3. 重型的路面翻浆外观表现有(　　)。

A. 严重变形　　B. 大片裂纹　　C. 路面松散　　D. 车辙较浅

4. 不属于造成路基破坏的不良工程地质与水文条件是(　　)。

A. 降雨量大　　B. 地质构造复杂　　C. 岩石风化严重　　D. 地下水位高

5. 不属于造成路基破坏的不利的水文与气候因素是(　　)。

A. 地下水位高　　B. 降雨量大　　C. 冰冻　　D. 积雪或温差过大

6. 轻度龟裂的主要裂缝宽度在(　　)以下,主要裂缝块度在0.2～0.5m之间。

A. 2mm　　B. 2～5mm　　C. 5mm　　D. 10mm

7. 中度龟裂主要裂缝宽度在2～5mm之间,部分裂缝块度(　　)。

A. 小于0.2m　　B. 等于0.2m

C. 0.2～0.5mm之间　　D. 大于0.5mm

8. 重度龟裂主要裂缝宽度(　　),大部分裂缝块度小于0.2m。

A. 2mm　　B. 2～5mm　　C. 5mm　　D. 大于5mm

9. 沥青路面沉陷是指路面局部垂直变形(　　)的下陷变形。

A. 大于10mm　　B. 小于10mm　　C. 小于7mm　　D. 小于5mm

10. 沥青路面车辙是指轮迹处深度(　　)的纵向带状凹槽(辙槽)。

A. 大于10mm　　B. 小于10mm　　C. 小于7mm　　D. 小于5mm

11. 沥青路面波浪壅包轻者表现为波峰波谷高差小,高差在(　　)之间。

A. 大于25mm　　B. 10～25mm　　C. 小于10mm　　D. 小于5mm

12. 沥青路面波浪壅包重者表现为波峰波谷高差小,高差在(　　)之间。

A. 大于25mm　　B. 10～25mm　　C. 小于10mm　　D. 小于5mm

13. 沥青路面基层完好面层有坑槽时,按照(　　)的原则,划出所需修补坑槽的轮廓线。

A. 圆洞正补,斜洞正补　　B. 圆洞方补,斜洞正补

C. 圆洞斜补,斜洞正补　　D. 圆洞斜补,斜洞斜补

14. 春融季节沥青路面出现网裂后,如不及时处理,容易发展为(　　)。

A. 坑槽　　B. 浅坑洞　　C. 深坑洞　　D. 车辙

15. 沥青路面基层含水量较大或质量差的路段,在行车作用下面层容易发软产生(　　)。

A. 沉陷　　B. 沉降　　C. 车辙　　D. 网裂

16. 一般公路水泥混凝土板露骨宜采用(　　)加以处治。

A. 沥青封层　　B. 改性沥青稀浆封层

C. 稀浆封层　　　　D. 沥青混凝土

17. 水泥混凝土板拱起是指横缝两侧的板体发生明显抬高，高度大于(　　)。

A. 5mm　　B. 7mm　　C. 9mm　　D. 10mm

18. 轻度水泥混凝土板裂缝表现为裂缝窄、裂缝处未剥落，缝宽(　　)，一般为未贯通裂缝。

A. 小于 3mm　　B. 3 ~ 10mm　　C. 大于 10mm　　D. 15mm 以上

19. 中度水泥混凝土板裂缝表现为裂缝边缘有碎裂现象，裂缝宽度在(　　)之间。

A. 小于 3mm　　B. 3 ~ 10mm　　C. 大于 10mm　　D. 15mm 以上

20. 重度水泥混凝土板裂缝表现为缝宽、边缘有碎裂并伴有错台出现，缝宽(　　)。

A. 小于 3mm　　B. 3 ~ 10mm　　C. 大于 10mm　　D. 15mm 以上

21. 轻度水泥混凝土板板角断裂表现为裂缝宽度(　　)。

A. 小于 3mm　　B. 3 ~ 10mm　　C. 大于 10mm　　D. 15mm 以上

22. 中度水泥混凝土板板角断裂表现为裂缝宽度在(　　)。

A. 小于 3mm　　B. 3 ~ 10mm　　C. 大于 10mm　　D. 15mm 以上

23. 轻度水泥混凝土板错台表现为高差(　　)。

A. 小于 10mm　　B. 等于 10mm　　C. 大于 10mm　　D. 15mm 以上

24. 轻度水泥混凝土板边角剥落表现为(　　)。

A. 浅层剥落　　B. 中深层剥落　　C. 深层剥落　　D. 透层剥落

25. 重度水泥混凝土板边角剥落表现为(　　)，接缝附近水泥混凝土多处开裂，深度超过接缝槽底部。

A. 浅层剥落　　B. 中深层剥落　　C. 深层剥落　　D. 透层剥落

26. 对桥梁的承载能力、通行能力、抗洪能力周期性评定的周期一般为(　　)年。

A. 1　　B. 1 ~ 2　　C. 3 ~ 6　　D. 7 ~ 8

27. 钢筋混凝土栏杆如发现有裂缝或剥落，轻者可灌注(　　)，重新修补完整。

A. 水泥砂浆　　B. 环氧树脂　　C. 石灰砂浆　　D. 水泥石灰砂浆

28. 基础局部冲空或损坏时，水深在(　　)时，可筑围堰，将水抽干，以砌石或混凝土填补冲空部分。

A. 3m 以下　　B. 3.5m　　C. 4m　　D. 4.5m

29. 基础局部冲空或损坏时，水深在(　　)时，可在四周打板桩或其他方法作坝围堰，灌注水下混凝土防护。

A. 1m 以下　　B. 2m　　C. 3m　　D. 3m 以上

30. 管涵严重错裂时，应挖开填土处理地基，再(　　)。

A. 加固基础　　B. 重建基础　　C. 提高承载力　　D. 加厚基础

三、多选题(选择一个或多个正确的答案，将相应的字母填入题内的括号中)

1. 沥青路面由于路面材料、施工质量、自然因素等影响易产生(　　)、车辙、波浪、壅包等病害。

A. 裂缝　　B. 坑槽　　C. 松散

D. 沉陷　　E. 错台

2. 路基养护与维修主要包括(　　)的维修与加固，预防与处理翻浆、滑坡、泥石流等病害。

A. 路肩　　B. 边坡

C. 地下排水设施　　D. 地上排水设施

E. 防护构造物

3. 路堤堤身下陷原因是因(　　)，在荷载和水温综合作用下，堤身可能向下沉陷。

A. 填料选择不当　　B. 填筑方法不合理

C. 压实不足　　D. 填料选择得当

E. 填筑方法合理

4. 地基的沉陷原因是原地面为软弱土层，如(　　)等，填筑前未经换土或压实，造成地基承载力不足，发生侧面剪裂凸起，地基发生下沉。

A. 泥沼　　B. 淤泥

C. 流沙　　D. 垃圾堆积

E. 湿土

5. 造成路基冻胀与翻浆的条件有(　　)。

A. 土质　　B. 水文　　C. 气候

D. 行车　　E. 养护

6. 根据路基中水分来源不同，可以把翻浆分为(　　)。

A. 地下水类　　B. 地面水类

C. 土体水类　　D. 气态水类

E. 混合水类

7. 设计不合理是造成路基破坏的主要原因之一，它包括(　　)。

A. 断面尺寸不符合要求　　B. 路基处于潮湿状态

C. 路基处于过湿状态　　D. 排水不良

E. 防护与加固不妥

8. 施工不符合有关规定是造成路基破坏的主要原因之一，它包括(　　)。

A. 填筑顺序不当　　B. 土基压实不足

C. 采用大型爆破　　D. 不按操作规程施工

E. 防护与加固不妥

9. 路基损坏调查的调查内容有(　　)路缘石缺损、路基沉降、排水系统淤塞等。

A. 路肩边沟不洁　　B. 路肩损坏

C. 边坡坍塌　　D. 水毁冲沟

E. 路基构造物损坏

10. 翻浆的防治措施有做好路基排水，提高路基填土高度和(　　)。

A. 设置隔温、隔离层　　B. 砂桩防治

C. 设置盲沟　　D. 换土

E. 改善路面结构

11. 路基边坡病害产生的主要原因有(　　)和风化严重等。

A. 边坡过陡　　B. 路堤填筑方法不当

C. 土体过于潮湿　　D. 坡脚被水冲刷

E. 岩石破碎

12. 陡坡路肩除设置截水明槽，同时在路肩边缘处设置(　　)的拦水土埂。

A. 高 10cm　　B. 上宽 10cm

C. 下宽 20cm　　D. 上宽 20cm

E. 下宽 30cm

13. 路基边坡防护与加固措施有(　　)、抛石防护和石笼防护。

A. 种草　　B. 铺草皮

C. 植树　　D. 坡面喷护

E. 砌石防护

14. 龟裂是裂缝与裂缝连接成形似(　　)的网状裂缝。

A. 龟背　　B. 小网格式

C. 成块　　D. 不规则

E. 规则

15. 块状裂缝是当沥青面层较宽时，(　　)，形成不规则的块状裂缝。

A. 横向开裂　　B. 纵向开裂

C. 斜向开裂相互交错　　D. 交错开裂

E. 平行开裂

16. 沥青路面的调查包括沥青路面(　　)等内容。

A. 损坏状况　　B. 平整度

C. 车辙　　D. 抗滑性能

E. 结构强度

17. 沥青路面损坏类型有龟裂、块状裂缝、纵裂、横裂、(　　)、波浪壅包、泛油及修补等。

A. 坑槽　　B. 松散

C. 沉陷　　D. 车辙

E. 错台

18. 沥青路面中修工程的内容有(　　)。

A. 整段铺装、罩面或封面　　B. 局部严重病害处理

C. 整段更换路缘石、整段维修路肩　　D. 路面的翻修

E. 路面的补强

19. 沥青路面大修工程的内容包括(　　)。

A. 整段铺装、罩面或封面　　B. 局部严重病害处理

C. 整段更换路缘石、整段维修路肩　　D. 路面的翻修

E. 路面的补强

20. 改建工程的工作内容有(　　)。

A. 提高路面等级　　B. 补强

C. 加宽　　D. 局部改线

E. 桥涵维修

21. 沥青路面常用的养护与改善技术主要有日常养护、灌缝技术、修补技术、(　　)。

A. 提高路面等级　　B. 罩面

C. 路面补强　　D. 加宽

E. 路面翻修与再生

22. 普通型罩面适用于铺筑厚度较大,(　　)。

A. 消除面层破损　　B. 完全恢复原有路面平整度

C. 部分恢复原有路面平整度　　D. 提高抗滑性能

E. 改善路面的使用品质

23. 滑坡的防治措施有(　　)。

A. 地面排水　　B. 地下排水

C. 减重　　D. 支挡工程

E. 地下排水

24. 崩塌的防治措施有(　　)、加强经常养护。

A. 整修边坡　　B. 做好排水设施

C. 加固边坡　　D. 修筑挡土墙或石垛

E. 禁止在边坡上任意取土挖石

25. 水泥混凝土路面损坏类型有(　　)、边角剥落、接缝料损坏、坑洞、拱起、露骨等。

A. 破碎板　　B. 裂缝

C. 板角断裂　　D. 错台

E. 唧泥

26. 水泥混凝土路面的日常养护包括(　　)。

A. 清扫保洁　　B. 接缝保养

C. 填缝料更换　　D. 排水设施养护

E. 冬季养护

27. 旧水泥混凝土路面反射裂缝可采用(　　)或做二灰碎石、水泥稳定粒料层来防治。

A. 土工格栅　　B. 油毡

C. 土工布　　D. 切缝填封橡胶沥青

E. 填砂浆

28. 公路桥涵养护应做到:(　　),标志、标线等附属设施齐全完好。

A. 桥涵外观整洁　　B. 桥面铺装坚实平整、横坡适度

C. 桥头连接顺适　　D. 排水畅通

E. 结构完好无损

29. 特殊检查是(　　),确定桥梁技术状态的工作。

A. 查清桥梁病害原因　　B. 破损程度

C. 承载能力　　D. 抗灾能力

E. 通行能力

30. 桥梁遭受(　　)、漂流物或船舶撞击,因超重车辆通过或其他异常情况影响造成损害时,应进行应急检查。

A. 洪水　　B. 流冰　　C. 滑坡

D. 地震　　E. 风灾

31. 对适应性不能满足的桥梁,应采取(　　)等改造措施。

A. 提高承载能力　　B. 加宽

C. 加长　　D. 基础防护

E. 提高通行能力

32. 水泥混凝土桥面铺装层病害采用黑色路面修补时，修补材料可采用(　　)，并注意施工前应涂刷粘层沥青，使新旧面层结合良好。

A. 沥青表处　　B. 沥青细砂

C. 沥青混凝土　　D. 沥青碎石

E. 微表处

33. 桥面铺装层如已损坏严重可采用全部凿除，重筑铺装层的方法修补，新铺的面层可采用(　　)等材料。

A. 普通水泥混凝土　　B. 钢纤维混凝土

C. 聚合物水泥混凝土　　D. 钢纤维聚合物水泥混凝土

E. 粉煤灰水泥混凝土

34. 人行道、栏杆、护栏、防撞墙的常见缺陷和损伤有(　　)。

A. 撞坏　　B. 缺损　　C. 裂缝

D. 变形过大　　E. 锈蚀

35. 桥面泄水管的病害包括(　　)。

A. 管道破损　　B. 管体脱落

C. 管内有泥石杂物堵塞　　D. 管口有泥石杂物堆积

E. 管道变形

36. 沥青类桥面铺装层的病害主要有(　　)及桥头跳车。

A. 泛油　　B. 松散　　C. 车辙

D. 裂缝　　E. 翻浆

37. 普通水泥混凝土桥面铺装层的病害主要有(　　)。

A. 磨光　　B. 裂缝　　C. 露骨

D. 桥头跳车　　E. 脱皮

38. 水泥混凝土铺装层如有损坏时，通常采用的方法有(　　)。

A. 原结构凿补　　B. 改建桥面

C. 重筑铺装层　　D. 抹水泥砂浆

E. 喷洒沥青

39. 涵洞养护工作的内容包括(　　)。

A. 经常检查　　B. 定期检查

C. 日常养护　　D. 维修

E. 加固与改建

40. 公路大中修与改建工程技术管理工作的主要内容有(　　)。

A. 建立和健全技术责任制　　B. 图纸会审

C. 技术交底　　D. 变更设计

E. 工程质量的检查与验收

四、判断题(将判断结果填入括号中，正确的填"√"，错误的填"×")

(　　)1. 小修保养是对公路及其沿线设施经常进行维护保养和修补其轻微损坏部分的作业。

(　　)2. 中修工程是对公路及其沿线设施进行定期的修理加固的作业。

(　　)3. 大修工程是对公路及其沿线设施进行周期修理,以恢复到原技术标准的工程项目。

(　　)4. 改建工程是对公路及其沿线设施不适应现有通行能力而提高技术等级的项目。

(　　)5. 公路养护工作应贯彻执行加强以路基养护为中心的全面养护的技术政策。

(　　)6. 公路养护工作可以发展公路养护机械化。

(　　)7. 维修保养是为保持高速公路的正常使用功能,而安排的经常性保养的作业。

(　　)8. 专项工程是对高速公路一般性磨损损坏,进行修理、加固、更新和完善的作业。

(　　)9. 春季是翻浆的暴露期,养护的主要任务是抢防工作。

(　　)10. 夏季是翻浆的恢复期,养护的主要内容是修复翻浆破坏的路基和路面。

(　　)11. 秋季主要任务是排水,保持路基处于干燥状态,清除产生翻浆的隐患。

(　　)12. 冬季养护内容是除雪,防水下渗,减轻路基水分在温差作用下向路基上层聚积的程度。

(　　)13. 路肩横坡应平整顺适,硬路肩应与路面横坡相同。

(　　)14. 严禁在边坡上及路堤坡脚、护坡道上挖土取料、种植农作物或修建其他建筑物。

(　　)15. 路堤坡率不陡于1:1,且浸水时水流速度在0.6m/s以下,可用平铺草皮护坡。

(　　)16. 路堤坡率不陡于1:1,且浸水时水流速度在1.5m/s以下,可用叠铺草皮护坡。

(　　)17. 挡土墙的泄水孔应经常保持畅通,泄水孔无法排水,孔内被杂物堵塞,应设法疏通。

(　　)18. 锚杆式如有墙身变形、倾斜,肋柱、挡板损坏、断裂等情况,应及时进行维修和加固。

(　　)19. 轻度块状裂缝缝细、裂缝区无散落,裂缝宽度在3mm以内,大部分裂缝块度大于2.0m。

(　　)20. 重度块状裂缝缝宽、裂缝区有散落,裂缝宽度在3mm以上,主要裂缝块度在0.5~1.0m之间。

(　　)21. 轻度纵向裂缝缝细、裂缝壁无散落或有轻微散落,无支缝或有少量支缝,裂缝宽度在2mm以内。

(　　)22. 重度纵向裂缝缝宽、裂缝壁有散落、有支缝,主要裂缝宽度大于3mm。

(　　)23. 轻度横向裂缝缝细、裂缝壁无散落或有轻微散落,裂缝宽度在2mm以内。

(　　)24. 重度横向裂缝缝宽、裂缝贯通整个路面、裂缝壁有散落并伴有少量支缝,主要裂缝宽度大于3mm。

(　　)25. 轻度松散表现为路面细集料散失、脱皮、麻面等表面损坏。

(　　)26. 重度松散表现为路面粗集料散失、麻面、露骨,表面剥落、有小坑洞。

(　　)27. 高速公路日常清扫的作业频率应根据路面污染程度而定,一般为每日一次全程清扫,清扫时间应尽量避开流量高峰时段。

(　　)28. 沥青路面结构强度调查指标是路面回弹弯沉值。

(　　)29. 摊铺、压实后的热拌沥青混合料路面,待摊铺层自然冷却,即可开放交通。

(　　)30. 乳化沥青在未破乳的路段上,可以通过施工车辆,控制车速不超过20km/h,并不得制动和掉头。

(　　)31. 施工质量差的沥青路面,在气温回升时易变软,矿料易产生松动,油层不稳定,容易出现车辙等。

(　　)32. 沥青用量过多,矿料过细或沥青黏度差的沥青路面容易出现壅包、波浪、发软等病害。

(　　)33. 防水型罩面对于高速、一级公路可采用沥青稀浆封层养护,但宜用粗粒式改性乳化沥青混合料。

(　　)34. 基层管养单位应坚持路况巡查制度和紧急情况报告制度。

(　　)35. 层铺法封层施工程序是:准备下承层→喷洒黏层油→撒布矿料→碾压。

(　　)36. 沥青路面石料棱角被磨掉,路面光滑,抗滑性能低于要求值时,应加铺抗滑层。

(　　)37. 重度水泥混凝土破碎板是指破碎板有松动、沉陷和唧泥等现象。

(　　)38. 错台是指水泥混凝土板接缝两边出现高差大于5mm的损坏。

(　　)39. 重度水泥混凝土板错台表现为高差大于10mm。

(　　)40. 边角剥落是指板边出现破裂或脱落现象,裂缝面垂直贯穿板厚,而是与板面成一定角度。

(　　)41. 重度水泥混凝土板接缝料损坏是指1/3以上接缝出现空缝或被砂、石、土填塞。

(　　)42. 水泥混凝土板坑洞是指板面出现有效直径大于30mm,深度大于15mm的局部坑洞。

(　　)43. 水泥混凝土板露骨是指板块表面细集料散失、粗集料暴露或表层疏松剥落。

(　　)44. 灌浆处治唧泥的施工程序为布孔→打孔→清孔→灌浆→开放交通。

(　　)45. 拱起是由于板受热时不能自由伸长或有硬物进入板两端间产生的。

(　　)46. 坑洞的产生主要由于冻融或膨胀,粗集料从混凝土中脱落出而形成坑洞。

(　　)47. 坑洞的产生主要由于材料质量不合格而出现的松散剥落形成坑洞。

(　　)48. 较深坑洞群的处理工艺为画线→切割→清槽→浇筑混凝土→养生。

(　　)49. 高速公路水泥混凝土板露骨宜采用改性沥青稀浆封层或沥青混凝土加以处治。

(　　)50. 对于较大面积的水泥混凝土面板露骨宜采取稀浆封层及沥青混凝土罩面措施。

(　　)51. 桥梁定期检查的周期根据桥梁技术状况而定,最长不得超过两年。

(　　)52. 在桥梁经常检查中发现的重要部(构)件有明显的缺损时,应立即安排一次检查。

(　　)53. 桥面应保持大于1.5%的横坡,以利于桥面排水。

(　　)54. 钢质栏杆、钢护栏与钢筋混凝土护栏上的外露钢构件应定期涂漆防锈。一般两年一次。

(　　)55. 改变结构受力体系加固法一般在不影响通航及桥梁排洪能力的情况下使用。

(　　)56. 每次洪水过后,应及时清理河床上的漂浮物和沉积物,使水流顺利宣泄。

(　　)57. 圬工砌体长期受大气影响、雨水侵蚀,而发生灰缝脱落,应重新用水泥砂浆勾缝。

(　　)58. 混凝土表面发生剥落、蜂窝麻面等病害,应及时将周围凿毛洗净,用混凝土抹平。

(　　)59. 圬工砌体镶面风化,用石料或混凝土预制块补砌,色泽和质地与原砌体基本一致。

(　　)60. 养护作业控制区由警告区,上游过渡区,纵向缓冲区,工作区,下游过渡区和终止区组成。

五、简答题

1. 作用于公路上的车辆荷载主要有哪些?
2. 路基养护工作的作业范围包括哪些内容?
3. 路基沉陷的原因有哪些?
4. 如何进行挡土墙裂缝、断缝处理?
5. 防治翻浆的基本途径有哪些?
6. 翻浆的防治措施有哪些?
7. 沥青路面损坏的类型有哪些?
8. 沥青路面的养护工作可分为哪几种类型?
9. 沥青砂填补严重错台施工过程有哪些?
10. 沥青路面加宽的方式有哪几种?
11. 水泥混凝土路面损坏的类型有哪些?
12. 水泥混凝土路面错台的处置方法有哪几种?
13. 桥梁定期检查的主要工作有哪些?
14. 定期检查报告包括哪些内容?
15. 特殊检查之后提交的检查报告,包括哪些主要内容?
16. 涵底和涵墙出现渗漏水,应查明原因,分别采取哪些方法处治?
17. 路况登记的内容有哪些?
18. 涵洞养护工作的内容有哪些?
19. 公路的沿线设施主要有哪些?
20. 公路养护生产的组织方式是什么?

六、论述题

1. 路基养护工作必须符合哪些要求?
2. 公路养护的分类是什么?
3. 路基沉陷的防治措施有哪些?
4. 试述锚固法、套墙加固法处理挡土墙倾斜、鼓肚、滑动、下沉?
5. 沥青路面调查的内容有哪些? 各项指标调查的方法和要求是什么?
6. 如何进行沥青路面面层翻修施工?
7. 简述沥青路面补强的程序?
8. 简述沥青路面挖补施工的程序及施工注意事项。
9. 水泥混凝土路面调查的内容有哪些? 各项指标调查的方法与要求是什么?
10. 如何进行水泥混凝土路面接缝的保养?
11. 水泥混凝土路面填缝料的更换及注意的问题有哪些?
12. 如何进行水泥混凝土路面中等裂缝条带罩面的施工?
13. 接缝填缝料损坏如何进行维修?

14. 对于混凝土板损坏面积较大可采取铺设土工格栅。采用土工格栅施工,应符合哪些规定?

15. 水泥混凝土路面养护的基本要求?

16. 桥梁定期检查后应整理提出哪些文件?

17. 增加构件截面和配筋加固法加固程序。

18. 当涵洞承载力不足时,一般采用什么方法进行处理?

19. 抗洪能力评定如何?

20. 桥梁养护对策如何?

《公路工程养护技术》试题参考答案

一、填空题

1. 预防为主　防治结合
2. 小修保养　中修　大修　改建工程
3. 垂直力　水平力　动压力　真空吸力
4. 水　温度
5. 维修保养　专项工程　大修工程
6. 垂直
7. 地质条件　水
8. 剥(碎)落　滑坍　崩塌　坍塌
9. 日常巡查　定期检查　定点观测
10. 平顺　坚实　无裂缝　冲沟
11. 路面行车方向　平行
12. 垂直
13. 局部脱落　局部脱落
14. 散失或脱落
15. 泛油
16. 全面调查　抽样调查
17. 日常保养　小修
18. 普通型罩面　防水型罩面　抗滑型罩面
19. 耐磨　强度高
20. 公路等级　使用功能
21. 防止水分侵入　减少网裂
22. 抗滑能力
23. 半刚性基层
24. 单层或多层
25. 单层或多层
26. 原有公路等级　交通量
27. 可不必
28. 必须
29. 平头接头法
30. 相错搭接法
31. 松动　沉陷
32. 横向　纵向　不规则的斜裂缝
33. 相交　小于或等于

34. 基层
35. 老化　剥落　填料
36. 路面损坏状况　平整度　抗滑性能
37. 扩缝灌浆　条带罩面　全深度补块
38. 清缝　配料灌缝
39. 沥青浆　水泥浆　水泥粉　煤灰浆　水泥砂浆
40. 集料嵌锁法　刨挖法　设置传力杆法
41. 磨平法或人工凿平法　填补法
42. 接缝填缝料损坏维修　纵向接缝张开维修　接缝碎裂维修
43. 旧路面进行处理　设置隔离层　加铺水泥混凝土面层
44. 承载能力　通行能力
45. 桥面养护　承重部件
46. 桥面设施　上部结构　下部结构
47. 应急检查　专门检验
48. 日常养护　小修保养　大中修工程
49. 一般评定　适应性评定
50. 负责定期检查者　委托相应资质及能力的单位
51. 环氧树脂砂浆
52. 增大构件截面面积　配筋率
53. 注浆法　砂桩法
54. 扩大基础加固法　增补桩基础加固法　人工地基加固法
55. 围带加固法　钢筋混凝土箍套加固法　斜支撑加固法
56. 洪水　冰雪前后
57. 防护设施缺损　标志缺损　绿化管护不善
58. 施工准备阶段　过程管理阶段　交工责任履约
59. 内部竞标　对外公开招标
60. 公路站　管理处

二、单选题(选择一个正确的答案,将相应的字母填入题内的括号中)

1. A　2. A　3. A　4. A　5. A　6. A　7. A　8. D　9. A　10. A
11. B　12. A　13. B　14. A　15. C　16. A　17. D　18. A　19. B　20. C
21. A　22. B　23. A　24. A　25. C　26. C　27. B　28. A　29. D　30. B

三、多选题(选择一个或多个正确的答案,将相应的字母填入题内的括号中)

1. ABCD　2. ABCDE　3. ABC　4. ABCD　5. ABCDE
6. ABCDE　7. ABCDE　8. ABCD　9. ABCDE　10. ABCDE
11. ABCDE　12. ABC　13. ABCDE　14. ABCD　15. ABC
16. ABCDE　17. ABCD　18. ABC　19. DE　20. ABCD
21. BCDE　22. ABCD　23. ABCD　24. ABCDE　25. ABCDE
26. ABCDE　27. ABCD　28. ABCDE　29. ABCD　30. ABCDE

31. ABCD	32. ABC	33. ABCD	34. ABCDE	35. ABCD
36. ABCD	37. ABCD	38. ABC	39. ABCDE	40. ABCDE

四、判断题（将判断结果填入括号中，正确的填"√"，错误的填"×"）

1. √	2. ×	3. ×	4. ×	5. ×	6. ×	7. ×	8. ×	9. √	10. √
11. √	12. √	13. √	14. √	15. √	16. ×	17. √	18. √	19. ×	20. √
21. ×	22. √	23. ×	24. √	25. √	26. √	27. √	28. √	29. ×	30. ×
31. √	32. √	33. √	34. √	35. √	36. √	37. ×	38. √	39. √	40. ×
41. √	42. ×	43. √	44. √	45. ×	46. √	47. √	48. √	49. √	50. √
51. ×	52. ×	53. √	54. ×	55. √	56. √	57. √	58. ×	59. ×	60. √

五、简答题

1. 作用于公路上的车辆荷载主要有哪些？

答：作用于公路上的车辆荷载主要有：垂直力、水平力、动压力和真空吸力。

2. 路基养护工作的作业范围包括哪些内容？

答：(1)整体：各部分保持完整，尺寸符合标准要求，不损坏不变形。

(2)路肩：横坡适度，边缘顺适；表面平整坚实、整洁、无杂物；无车辙、坑洼、隆起、沉陷、缺口等病害。

(3)边坡：边坡稳定、坚固、平顺无冲沟、松散，坡度符合规定。

(4)排水系统：保持无淤塞、无杂草；纵坡适度、排水通畅；进出口良好，不积水。

(5)防护工程：保持结构物完好无损坏；砌体伸缩缝填料良好；泄水孔无堵塞。

(6)路基病害：对翻浆路段要及时处理，并尽快修复；对坍方、山体滑坡、水毁、沉陷、泥石流等病害要做好防范抢修工作，尽力缩短阻车时间。

(7)加固改善：路基加宽、加高；改善急弯、陡坡；新增挡土墙、护坡。

3. 路基沉陷的原因有哪些？

答：(1)堤身下陷原因

因填料选择不当，填筑方法不合理，压实不足，在荷载和水温综合作用下，堤身可能向下沉陷。

(2)地基的沉陷原因

原地面为软弱土层，如泥沼、淤泥、流沙或垃圾堆积等，填筑前未经换土或压实，造成地基承载力不足，发生侧面剪裂凸起，地基发生下沉。

4. 如何进行挡土墙裂缝、断缝处理？

答：挡土墙的裂缝、断缝，如已停止发展，可将缝隙凿毛，清除碎碴、杂物，然后用水泥砂浆填塞；对水泥混凝土或钢筋混凝土挡墙的裂缝可用环氧树脂黏合，也可用混凝土粘结剂涂抹缝壁，再用然后用混凝土或水泥砂浆填塞。

5. 防治翻浆的基本途径有哪些？

答：(1)调节路基水温状况，防止各种水分在冻结前或冻结过程中进入路基上部。

(2)将积聚在路基上部的水分，在化冻期及时排除或暂时蓄积在透水性好的路面结构中。

(3)改善土基及路面结构。

(4)采用综合措施防治。

6. 翻浆的防治措施有哪些?

答:(1)做好路基排水,提高路基填土高度

(2)设置隔温、隔离层

(3)砂桩防治

(4)设置盲沟

(5)换土

(6)改善路面结构

7. 沥青路面损坏的类型有哪些?

答:龟裂、块状裂缝、纵向裂缝、横向裂缝、坑槽、松散、沉陷、车辙、波浪拥包、泛油、修补。

8. 沥青路面的养护工作可分为哪几种类型?

答:沥青路面养护工作可分为日常巡视与检查、小修保养、中修、大修、改建、专项工程。

9. 沥青砂填补严重错台施工过程有哪些?

答:(1)在沥青砂填补前,清除路面杂物和灰尘,并喷洒一层热沥青或乳化沥青,沥青用量为0.40~0.60kg/m^2。

(2)修补面纵坡变化应控制在i≤1%。

(3)沥青砂填补后,宜用轮胎压路机碾压。

(4)初期应控制车辆慢速通过。

10. 沥青路面加宽的方式有哪几种?

答:沥青路面加宽方式有路面双侧加宽(两侧相等加宽)、路面双侧加宽(两侧不相等加宽)、沥青路面单侧加宽。

11. 水泥混凝土路面损坏的类型有哪些?

答:破碎板、裂缝、板角断裂、错台、唧泥、边角剥落、接缝料损坏、坑洞、拱起、露骨、修补。

12. 水泥混凝土路面错台的处置方法有哪几种?

答:错台的处治方法有磨平法或人工凿平、填补法两种。

13. 桥梁定期检查的主要工作有哪些?

答:(1)现场校核桥梁基本数据(桥梁基本状况卡片)。

(2)当场填写“桥梁定期检查记录表”,记录各部件缺损状况并作出技术状况评分。

(3)实地判断缺损原因,估定维修范围及方式。

(4)对难以判断损坏原因和程度的部件,提出特殊检查(专检)的要求。

(5)对损坏严重、危及安全运行的危险桥梁,提出暂时限制交通的建议。

(6)根据桥梁的技术状况,确定下次检查时间。

14. 定期检查报告包括哪些内容?

答:(1)辖区内所有桥梁的保养小修情况。

(2)需要大中修或改善的桥梁计划。说明修理的项目,拟用修理方案,估计费用和实施时间。

(3)需要进行特殊检查的桥梁的报告,说明检验的项目及理由。

(4)需限制交通的桥梁的建议报告。

15. 特殊检查之后提交的检查报告,包括哪些主要内容?

答:(1)概述检查的一般情况,包括桥梁的基本情况、检查的组织、时间、背景和工作过程等。

（2）当前桥梁技术状况的描述，包括现场调查、试验与检测项目及方法、检测数据与分析结果和桥梁技术状况评价等。

（3）详细阐述检查部位的损坏原因及程度，并提出构件和总体的修理、加固或改造的建议方案。

16. 涵底和涵墙出现渗漏水，应查明原因，分别采取哪些方法处治？

答：（1）疏通水道，使洞底铺砌与上下游水槽坡道平齐顺适。

（2）保持洞内底面平顺，并有适当纵坡。

（3）用水泥砂浆对涵底和涵墙重新勾缝。

17. 路况登记的内容有哪些？

答：（1）路况平面图；

（2）公路基本资料；

（3）路况示意图；

（4）桥梁、隧道、渡口、过水路面、房屋等构造物卡片；

（5）涵洞、挡土墙、绿化等登记表。

18. 涵洞养护工作的内容有哪些？

答：涵洞养护工作的内容包括：经常检查和定期检查，日常养护、维修、加固与改建。

19. 公路的沿线设施主要有哪些？

答：公路沿线设施是公路的重要组成部分，它包括：交通安全设施、公路标志、路面标线、监控和通讯设施、收费设施、养护房屋以及其他设施等。

20. 公路养护生产的组织方式是什么？

答：（1）公路大中修与改建工程，其生产组织方式与公路基本建设工程相似，采取内部竞标或对外公开招标的方式进行。

（2）小修保养工程，由于具有点多、面广、线长、作业分散等特点，一般采用包干负责制组织施工，把养路责任与个人物质利益相结合。有条件的地区应采取公开招标或内部竞标的方式，选择养护生产企业。对养护单位的管理实现合同管理。

六、论述题

1. 路基养护工作必须符合哪些要求？

答：（1）路肩。公路路肩应保持平整、坚实，横坡适顺，排水顺畅。土路肩或草皮路肩的横坡应略大于路面横坡，硬路肩与路面同坡。硬路肩产生病害应参照同类型路面病害处治 。

（2）边坡。路基边坡应保持平顺、坚实，遇有缺口、坍塌、高边坡碎落、侧滑等病害，应分别针对具体情况采取各种相应的加固整修措施 。

（3）排水设施。路基排水设施应保持排水畅通。如有冲刷、堵塞和损坏，应及时疏通、修复或加固。路基排水设施断面尺寸和纵坡应符合原设计标准规定。对暗沟、渗沟等隐蔽性排水设施，应加强检查，防止淤塞，如有淤塞，应及时修理、疏通。原有排水设施不能满足使用要求时，应适时增设和完善。

（4）挡土墙。对挡土墙应加强检查，发现病害应查明原因，并观察其发展趋势，采取相应的修复、加固等措施，损坏严重时，可考虑全部或部分拆除重建。应保持挡土墙的泄水孔畅通，定期检查和维修，清理伸缩缝、沉降缝，使其正常发挥作用。重建或增建挡土墙，应根据公路所在地区地形及水文地质等条件合理选择挡土墙类型。

2. 公路养护的分类是什么?

答:我国对公路养护的过程按照交通部 2001 年颁布的《公路养护工程管理办法》之规定,分为小修保养、中修、大修和改建工程四类。

3. 路基沉陷的防治措施有哪些?

答:(1)注意选用良好的填料,泥炭、淤泥、冻土、强膨胀土、有机土及易溶盐超过允许含量的土等,不得直接用于填筑路堤。严禁用腐殖土或有草根的土块。路基填料应分层填筑、分层夯实,并及时排除流向路基的地面水并处理好地下水。

(2)填石路堤从下而上,应使用从大到小的石块认真填筑,并用石渣或石屑填空隙。

(3)原地面为软弱土层时,路堤高度较低时,且可中断行车时,应挖除换上良好的填料,然后按原高度填平夯实;路堤高度较高时,且又不能中断行车时,可采用打砂桩、混凝土桩等进行处理。

4. 试述锚固法、套墙加固法处理挡土墙倾斜、鼓肚、滑动、下沉?

答:(1)锚固法适用于水泥混凝土或钢筋混凝土挡墙。用高强钢筋作锚杆,穿入钻好的孔内,灌入水泥砂浆,固定锚杆,待砂浆达到一定强度后,张拉锚杆,固紧锚头。

(2)套墙加固法是用钢筋混凝土在原墙外侧加宽基础,加厚墙身。施工时,先挖除一部分墙后填土,减小土压力。同时,还要注意新旧混凝土的结合。可先将旧混凝土表面凿毛、洗净润湿或加设锚栓和石榫以增强联结;也可在已修整过的旧混凝土表面涂敷混凝土粘结剂,然后浇筑套墙。

5. 沥青路面调查的内容有哪些? 各项内容的调查指标是什么?

答:沥青路面的调查包括沥青路面损坏状况、平整度、车辙、抗滑性能、结构强度五项内容。

(1)沥青路面破损状况调查指标是综合破损率(DR)。

(2)路面平整度调查指标是国际平整度指数(IRI)。

(3)路面车辙调查指标是车辙深度(RD)。

(4)路面抗滑能力的调查指标是横向力系数(SFC)。

(5)路面结构强度调查指标是路面回弹弯沉值(Ls)。

6. 如何进行沥青路面面层翻修施工?

答:(1)根据调查分析资料,确定翻修路段,设计翻修厚度及施工方案。

(2)翻修部分的原沥青层,面积较大时,宜采用铣刨机按预定翻修厚度正确进行铣刨,铣刨时,应避免损坏完好的下面层或基层;翻修的面积较小,可采用小型机械或人工翻挖。对铣刨后的旧料应避免泥土或其他杂质混入并及时收集,运送至沥青拌和厂(场)用于再生沥青混合料。

(3)对路基、基层局部病害进行处理,达到规范要求。

(4)清扫碎屑、灰尘后,下层表面浇洒 0.3 ~ 0.6kg/m^2 黏层沥青;与不翻修路段接界的原路侧壁涂刷 0.3kg/m^2 左右黏层沥青。

(5)采用与原沥青层相同或按设计要求的材料和厚度进行铺筑。

(6)用压路机进行碾压密实。如采用热拌沥青混合料铺筑时,压实后对与不翻修路段的接缝采用热烙铁烫边封密。

(7)开放交通后应根据具体情况做好初期养护工作。

7. 简述沥青路面补强的程序?

答:(1)根据沥青路面调查,设计补强方案,并对方案进行技术和经济比较。

(2)确定补强方案。确定补强的结构形式、材料类型、加铺各结构层的强度、厚度、宽度、纵断高程、横坡度以及排水设施等。

(3)原沥青路面破碎。将原有损坏的路面进行破碎,清除;对其病害,根据产生的原因,采取有效地处理措施后再铺筑路面基层。

(4)加铺基层。

(5)浇(喷)洒透层或黏层油。

(6)加铺沥青面层。

(7)养护。

8. 简述沥青路面挖补施工的施工注意事项。

答:(1)根据破损状况、破损程度,制定挖补方案。

(2)在现场标划施工范围,并按照《公路养护安全作业规程》(JTG H30—2015)规定设置安全标志,专人指挥交通,根据工程进度随时移动标志牌,确保施工人员安全。

(3)准备施工所用机械设备、工具器具。如切割机、清扫工具、压实设备、摊铺器具等。

(4)施划轮廓线。按照"圆洞方补、斜洞正补"的原则,在路面上画出所需修补的轮廓线,轮廓线应是与路中线平行或垂直的正方形或长方形。

(5)开槽。沿轮廓线用铁镐人工刨挖,或用切割机沿轮廓线内侧 1cm 处顺线切直、开槽沥青面层分层开凿,呈阶梯形;基层损坏时,要深挖至槽底稳定部分,开槽的四个角在切割时不得过线,必要时用铁镐手工刨挖,四壁要垂直。

(6)清槽、废料外运。槽内松动部分、槽壁、槽底必须清除干净(必要时用铁刷清理),达到无粉尘、杂物;挖出的旧沥青面层及基层材料分开置于坑槽一边,堆放整齐,待运出场。

(7)基层材料回填。清槽完毕后尽快回填基层材料,要求回填均匀、厚度一致,当基层材料压实厚度较大时,应分层回填分层压实(边角处宜采用夯实),压实度达到规范规定要求。

(8)养生。基层材料压(夯)实后覆盖薄膜养生,上覆一层素土并压实,压实后与原路面平齐,养生时间不得少于 7 天。

(9)涂刷黏层或透层油。基层养生结束后,清除养生材料,将槽壁及基层表面清扫干净,做到干燥、无尘土、杂物。

(10)填补沥青混合料。将沥青混合料均匀摊铺到槽内并整平,在潮湿或低温季节,宜采用乳化沥青拌制的混合料;坑槽较深(7cm 以上)时,应将沥青混合料分粗料、细料两次或三次摊铺,并分层压实;新填补的部分应略高于原路面,碾压密实后,与原路面平齐。

(11)修整。修整挖补部分的边沿,使其整齐、美观,与原路面接茬平整。

(12)现场清理。坑槽修补完毕后,立即将现场清理干净,然后逆着交通流方向撤除施工作业区安全设施,恢复正常交通。

9. 公路绿化带日常养护内容主要有哪些?

答:(1)行道树、花草的抚育、抹芽、修建、治虫、施肥。

(2)苗圃内幼苗的抚育、灭虫、施肥、除草。

(3)行道树、花草缺株的补植。

(4)行道树冬季刷白。

(5)更新、新植行道树、花草,开辟苗圃等。

10. 如何进行水泥混凝土路面接缝的保养?

答:(1)根据调查分析资料,确定翻修路段,设计翻修厚度及施工方案。

(2)翻修部分的原沥青层,面积较大时,宜采用铣刨机按预定翻修厚度正确进行铣刨,铣刨时,应避免损坏完好的下面层或基层;翻修的面积较小,可采用小型机械或人工翻挖。对铣刨后的旧料应避免泥土或其他杂质混入并及时收集,运送至沥青拌和厂(场)用于再生沥青混合料。

(3)对路基、基层局部病害进行处理,达到规范要求。

(4)清扫碎屑、灰尘后,下层表面浇洒 0.3 ~0.6kg/m^2 黏层沥青;与不翻修路段接界的原路侧壁涂刷 0.3kg/m^2 左右黏层沥青。

(5)采用与原沥青层相同或按设计要求的材料和厚度进行铺筑。

(6)用压路机进行碾压密实。如采用热拌沥青混合料铺筑时,压实后对与不翻修路段的接缝采用热烙铁烫边封密。

(7)开放交通后应根据具体情况做好初期养护工作。

11. 水泥混凝土路面填缝料的更换及注意的问题有哪些?

答:(1)填缝料更换周期,主要取决于填缝料自身的寿命与施工质量,以及路面条件,一般为 2 ~3 年。

(2)填缝料局部脱落时应进行灌缝填补;填缝料脱落缺失大于三分之一缝长或填缝料老化、接缝渗水严重时应立即进行整条接缝的填缝料更换。

(3)填缝料更换时要注意问题。

填缝料的更换应做到饱满、密实、粘接牢固。清缝、灌缝宜使用专用机具。

①更换填缝料前应将原填缝料及掉入缝槽内的砂石杂物清除干净,并保持缝槽干燥,清洁。

②填缝料灌注深度宜为 3 ~4cm。当缝深过大时,缝的下部可填 2.5 ~3.0cm 高的多孔柔性垫底材料或泡沫塑料支撑条。

③填缝料的灌注高度夏天宜与面板平,冬天宜稍低于面板 2mm。多余的或溅到面板上的填缝料应予以清除。

④填缝料更换宜选在春秋两季,或宜在当地年气温居中且较干燥的季节进行。

12. 如何进行水泥混凝土路面中等裂缝条带罩面的施工?

答:(1)切缝。顺裂缝两侧各约 15cm,且平行于缩缝切 7cm 深的两条横缝。

(2)凿除混凝土。凿除两横缝内混凝土,深度以 7cm 为宜。

(3)打钯钉孔。每间隔 50cm 打一对钯钉孔,钯钉孔的大小应略大于钯钉直径 2 ~4mm。并在两钯钉孔之间打一对与钯钉孔直径相一致的钯钉槽。

(4)安装钯钉。将钯钉孔填满砂浆,把除过锈的钯钉(宜采用 Φ16 螺纹钢筋,长度不小于 20cm,弯钩长 7cm),插入钯钉孔内。

(5)凿毛缝壁。将切割的缝内壁凿毛,并清除松动的混凝土碎块及表面尘土、裸石。

(6)刷粘结砂浆。将修补混凝土毛面上刷一层粘结砂浆。

(7)浇筑混凝土。应浇筑快凝混凝土并及时振捣密实、抹平和喷洒养护剂。

(8)灌注填缝料。修补块面板两侧,应加深缩缝,并灌注填缝料。

13. 接缝填缝料损坏如何进行维修?

答:(1)接缝中的旧填缝料和杂物,应予清除,并将缝内灰尘吹净。

(2)在胀缝修理时,应先将热沥青涂刷缝壁,再将接缝板压入缝内。对接缝板接头及接缝板与传力杆之间的间隙,必须用沥青或其他填缝料填实抹平。上部用嵌缝条的胀缝及时嵌入嵌缝条。

(3)用加热式填缝料修补时,必须将填缝料加热至灌入温度。宜用嵌缝机填灌,填缝料应与缝壁粘结良好和填灌饱满。在气温较低季节施工时,应先用喷灯将接缝预热。

(4)用常温式填缝料修补时,除无须加热外其施工方法与加热式填缝料相同。

(5)填缝料的技术要求与施工质量验收标准,应符合水泥混凝土路面有关施工规范和养护规范的规定。

14. 对于混凝土板损坏面积较大可采取铺设土工格栅。采用土工格栅施工,应符合哪些规定?

答:(1)先在混凝土面板上洒粘层沥青,沥青用量为0.40~0.60kg/m^2;

(2)用1~2cm沥青砂调平旧混凝土路面;

(3)宜采用玻璃纤维格栅压入沥青调平层;

(4)采用膨胀螺丝加垫片固定格栅端部;

(5)格栅纵、横向的搭接部分不小于20cm;

(6)格栅中部在混凝土面板纵、横缝位置及两外侧边缘用铁钉加垫片固定。

15. 水泥混凝土路面养护的基本要求?

答:(1)行车道与硬路肩上的泥土和杂物,应经常予以清扫。

(2)水泥混凝土路面各种接缝的填缝料出现缺损或溢出,应及时填补或清除,并应防止泥土、砂石及其他杂物挤压进入接缝内,影响混凝土路面板的正常伸缩。

(3)路基路面(包括路肩、中央分隔带)排水设施,应经常检查和疏通,防止积水,以保护路面不受地面水和地下水的损害。

(4)对路面、路肩和路缘石等的局部损坏,采取合适的材料和相应的措施进行及时修复。

(5)对路面较大损坏,按路面检查评定结果确定的养护对策,安排大、中修或专项工程,进行维修和整治。局部路段路面损坏严重的,应予以翻修,以达到设计标准;整个路段路面平整度、抗滑能力不足的,可采取罩面,铺筑加铺层,以恢复其表面功能;整个路段路面接缝填缝料失效的,应予以全面更换。

(6)对承载能力不足或不适应交通发展要求的路面,可根据不同情况进行加铺、加宽,提高承载能力和通行能力。

16. 桥梁定期检查后应整理提出哪些文件?

答:(1)桥梁定期检查数据表。每天检查的桥梁现场记录,应在次日内整理成每座桥梁定期检查数据表。

(2)典型缺损和病害的照片及说明,缺损状况的描述应采用专业标准术语,说明缺损的部位、类型、性质、范围、数量和程度等。

(3)每座桥梁应有两张总体照片。一张为桥面正面照片,另一张为桥梁上游侧立面照片。桥梁改建后应重新照一次。如果桥梁拓宽改造后,上下游桥梁结构不一致,还要有下游侧立面照片,并标注清楚。

(4)桥梁清单。

(5)桥梁基本状况卡片。定期检查完成后,应将本次检查的桥梁各部件技术状况评定结果登记在桥梁卡片内。

(6)定期检查报告。

17. 增加构件截面和配筋加固法加固程序?

答:(1)将梁下面的混凝土保护层凿去,露出主筋,并将原箍筋切断拉直。

(2)在暴露的原有主钢筋上缠上或焊上需要补充的拉力钢筋。补强钢筋的尺寸和数量应按强度计算确定。

(3)恢复箍筋,即将原箍筋接长,焊接成形。如计算箍筋不足,应增设箍筋,新增箍筋上端埋入桥面板中,梁腹上增设销钉固定新增箍筋位置。

(4)浇筑混凝土保护层。材料可采用环氧树脂混凝土或膨胀水泥混凝土。

(5)养生。

18. 当涵洞承载力不足时,一般采用什么方法进行处理?

答:当涵洞承载力不足时,一般采用加大结构尺寸及用新结构更换的做法进行加固或改建。可分别采用下列方法:

(1)挖开填土,用混凝土或钢筋混凝土加大原涵洞断面。

(2)涵内用混凝土或钢筋混凝土预制块衬砌加固或用现浇衬砌进行加固。

(3)挖开填土,用新构件分段进行更换改建。

19. 抗洪能力评定如何?

答:(1)桥梁抗洪能力评定一般每 3 ~6 年进行一次。如遇设计洪水或超过设计的更大洪水,宜结合水毁调查,于当年进行一次抗洪能力评定。对经常受洪水威胁的山区公路桥梁宜每年进行一次抗洪能力评定。

(2)根据桥长及孔径大小、桥(孔)位置、桥下净空、基础埋深、墩台病害等情况,将公路桥梁的抗洪能力划分为强、可、弱、差四个等级。现场检查与测量后,按公路桥梁原来的技术等级进行检算评定。

20. 桥梁养护对策如何?

答:(1)对于一般评定划定的各类桥梁,分别采取不同的养护措施:

一类桥梁进行正常保养。

二类桥梁需要进行小修。

三类桥梁需进行中修,酌情进行交通管制。

四类桥梁需进行大修或改造,及时进行交通管制,如限载、限速通过,当缺损较严重时应关闭交通。

五类桥梁需进行改建或重建,及时关闭交通。

(2)对适应性不能满足的桥梁,应采取提高承载能力、加宽、加长、基础防护等改造措施。若整个路段有多座桥梁的适应性不能满足,应结合路线改造进行方案比较和决策。

参 考 文 献

[1] 任振生. 公路养护技术[M]. 北京:人民交通出版社,2008.
[2] 张树仁,王宗林. 桥梁病害诊断与改造加固设计[M]. 北京:人民交通出版社,2006.
[3] 杨振华. 农村公路养护与管理[M]. 北京:人民交通出版社,2005.
[4] 黄侨. 公路钢筋混凝土简支梁桥体外与应力加固技术[M]. 北京:人民交通出版社,1997.
[5] 中华人民共和国行业标准. JTG H10—2009 公路养护技术规范[S]. 北京:人民交通出版社,2009.
[6] 中华人民共和国行业标准. JTG H20—2007 公路技术状况评定标准[S]. 北京:人民交通出版社,2007.
[7] 中华人民共和国行业标准. JTG F10—2006 公路路基施工技术规范[S]. 北京:人民交通出版社,2006.
[8] 中华人民共和国行业标准. JTG F80/1—2004 公路工程质量检验评定标准[S]. 北京:人民交通出版社,2005.
[9] 中华人民共和国行业标准. JTJ 073.2—2001 公路沥青路面养护技术规范[S]. 北京:人民交通出版社,2001.
[10] 中华人民共和国行业标准. JTJ 073.1—2001 公路水泥混凝土路面养护技术规范[S]. 北京:人民交通出版社,2001.
[11] 中华人民共和国行业标准. TTJ H11—2004 公路桥涵养护规范[S]. 北京:人民交通出版社,2004.
[12] 中华人民共和国行业标准. JTG F40—2015 公路沥青路面施工技术规范[S]. 北京:人民交通出版社,2004.
[13] 中华人民共和国行业标准. JTG F30—2003 公路水泥混凝土路面施工技术规范[S]. 北京:人民交通出版社,2003.
[14] 中华人民共和国行业标准. JTG H30—2004 公路养护安全操作规程[S]. 北京:人民交通出版社,2004.
[15] 中华人民共和国行业标准. GB 5768—2009 道路交通标志和标线[S]. 北京:中国标准出版社,1999.
[16] 河南省交通厅公路局. 公路养护工[M]. 北京:人民交通出版社,2004.